Benen
Horenkamp
Ruwe
Salih

Lernsituationen Büromanagement

Lehr-Lern-Arrangements für die Lernfelder 1 bis 6

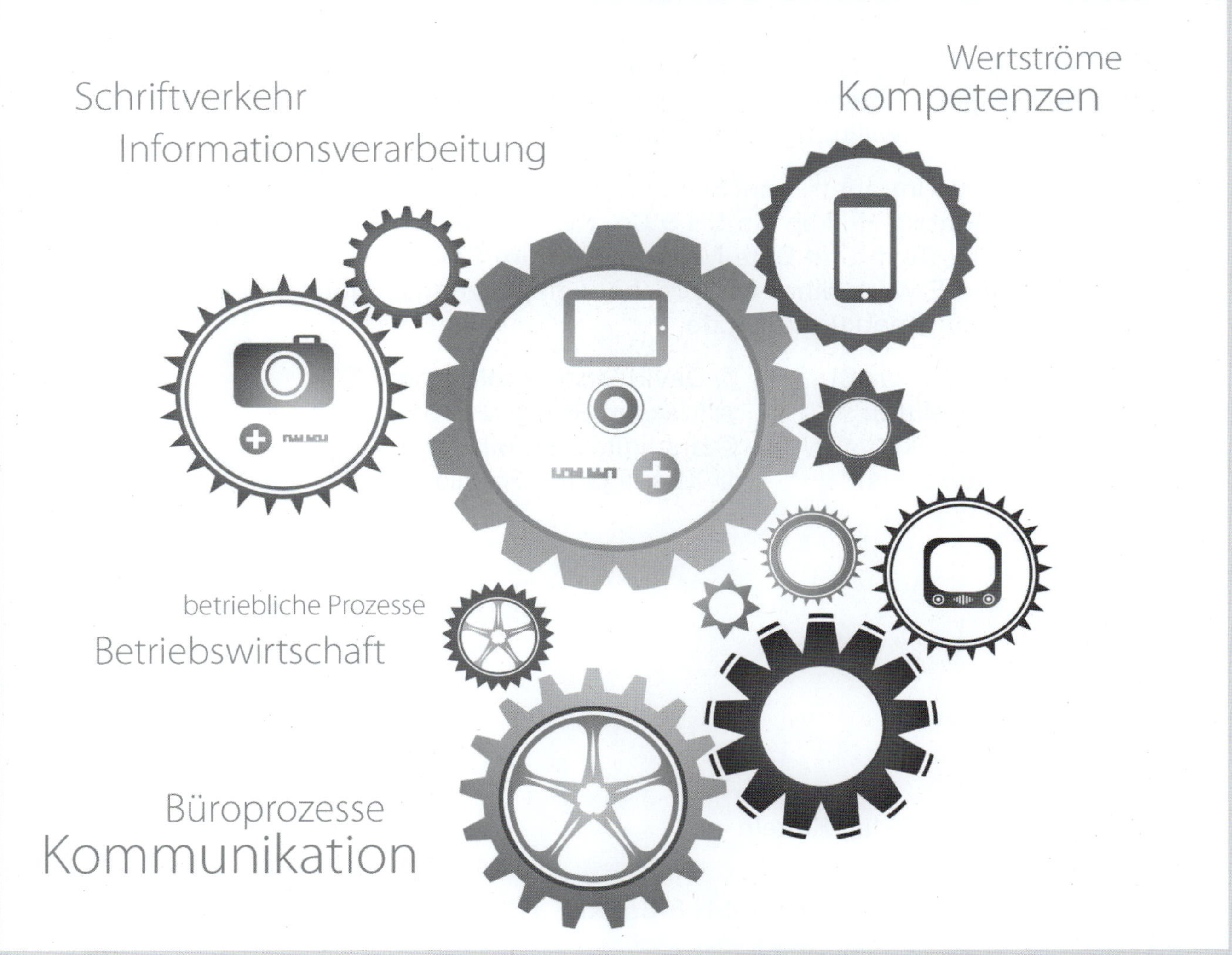

Merkur
Verlag Rinteln

Wirtschaftswissenschaftliche Bücherei für Schule und Praxis
Begründet von Handelsschul-Direktor Dipl.-Hdl. Friedrich Hutkap †

Verfasser:

Dr. Dieter Benen
Vanessa Horenkamp
Annette Ruwe
Ralf Salih

* * * * *

6. Auflage 2026

Gesamtherstellung:
Merkur Verlag Rinteln Hutkap GmbH & Co. KG, 31735 Rinteln

E-Mail: info@merkur-verlag.de
lehrer-service@merkur-verlag.de
Internet: www.merkur-verlag.de

Merkur Nr. 1681-06
ISBN 978-3-8120-1220-1

Vorwort

Das Arbeitsheft **„Lernsituationen Büromanagement – Lernfelder 1 bis 6"** ist der erste Teil einer zweibändigen Heftreihe (Merkurbücher 1681 und 1682) für den Ausbildungsberuf **„Kaufmann/Kauffrau für Büromanagement"**.

Die Arbeitshefte folgen dem Ansatz der **Lernfeldkonzeption** und fördern das berufsorientierte ganzheitliche und selbstbestimmte Lernen.

Die **Lernfelder** des Rahmenlehrplans werden **in Form von Lernsituationen konkretisiert.** Die Hefte vertiefen auf diese Weise den Gedanken der **Kompetenzorientierung** (situationsbezogen – problemorientiert – kompetenzfördernd), dokumentieren aufgrund ihres Workbook-Charakters den Kompetenzerwerb und entlasten die Lehrkraft hinsichtlich Unterrichtsvorbereitung, Kopieraufwand und didaktischer Jahresplanung.

Die Lernsituationen unterstützen zudem die **Teamfähigkeit** sowie die Fähigkeit zur **Präsentation** und **Diskussion** der Schülerinnen und Schüler. Sie fördern also Kompetenzen, die weit über die reine Fachkompetenz hinausgehen.

Schulbuch Kapitel x.x

Da die Arbeitshefte **mit den Schulbüchern „Büromanagement – Lernfelder 1 bis 6"** (Merkurbuch 0681) und **„Büromanagement – Lernfelder 7 bis 13"** (Merkurbuch 0682) **abgestimmt** sind, verspricht die Kombination die besten Lehr- und Lernerfolge. Zu Beginn jeder Situation verweisen Kapitelangaben auf die im Schulbuch enthaltenen Fachinformationen, auf die bei Bedarf zugegriffen werden kann.

Bei der Erarbeitung der Lernsituationen wird das **Modellunternehmen „Heinrich KG"** zugrunde gelegt. Die Heinrich KG ist ein fiktives Unternehmen. Um mit dem Datenkranz des Unternehmens im schulischen Alltag besser arbeiten zu können, werden quantitative Reduzierungen speziell im Bereich der Belegschaft und des Sortiments vorgenommen. Diese relevanten unternehmensspezifischen Daten sind den Situationen zu Beginn des Heftes vorangestellt und sollten bei der Bearbeitung der einzelnen Lernsituationen adäquat berücksichtigt werden.

Wichtig ist, dass sowohl die **Komplexität** als auch die **Qualität der betrieblichen Daten** der Heinrich KG **realistisch** sind. Mit den stimmig und ökonomisch glaubwürdig modellierten Daten können alle Qualifikationen und Kompetenzen, die im Rahmen der Ausbildung von kaufmännischen Auszubildenden gefordert werden, berufsbezogen und handlungsorientiert erarbeitet und erlernt werden.

Die offene Gestaltung der Lernsituationen lässt an vielen Stellen eine themen- bzw. **lernfeldübergreifende Verknüpfung** zu. So wird vor allem die Fähigkeit der Auszubildenden, Sachverhalte unter verschiedenen Aspekten zu beurteilen und situationsadäquat umzusetzen, intensiv geschult.

Aus Gründen der besseren Lesbarkeit wird in den meisten Fällen das generische Maskulinum verwendet.

Die Erarbeitung und Umsetzung der didaktischen Jahresplanung ist zentrale Aufgabe einer dynamischen Bildungsgangarbeit. Um diesen Prozess anzustoßen, wird auf der Internetseite des Verlags zu den Lernsituationen des Arbeitsbuchs eine **modellhafte didaktische Jahresplanung** angeboten (→ www.merkur-verlag.de, Schlagwort „1681"). Das dort verwendete Schema zur **Dokumentation von Lernsituationen** integriert die **Kategorie Digitale Kompetenzen.** In dieser Kategorie wird durch die Dokumentation des digitalen Kompetenzerwerbs und mittels weiterer Arbeitsaufträge sichergestellt, dass und in welcher Weise die Integration von Aspekten digitaler Kompetenzförderung erfolgt.

Bielefeld und Cuxhaven im Sommer 2026

Die Verfasser

Inhaltsverzeichnis

Informationen zur Heinrich KG

1 Unternehmensbeschreibung 9
2 Auszug aus dem Handelsregister 10
3 Auszug aus dem Gesellschaftsvertrag 10
4 Allgemeine Geschäftsbedingungen (Auszug) 11
5 Auszug: Kunden- und Lieferantenkonten 12
6 Organigramm der Heinrich KG 13
7 Personalbestand (Auszug) 14
8 Produktionsprogramm – Produktliste, -beschreibung; LVP (Auszug) 15
9 Handelswaren – Warenliste, -beschreibung; LVP (Auszug) 16

Lernfeld 1: Die eigene Rolle im Betrieb mitgestalten und den Betrieb präsentieren

1 Einen Berufsausbildungsvertrag abschließen 17
2 Die Ausbildung planen: Ausbildungsplan und Wocheneinsatzplan 24
3 Ein Ausbildungsverhältnis kündigen 28
4 Rechte und Pflichten in der Berufsausbildung berücksichtigen 30
5 Einen Betriebsrat wählen 33
6 Die Arbeit im Betriebsrat erkunden 40
7 Die Jugend- und Auszubildendenvertretung (JAV) erkunden 49
8 Das Jugendarbeitsschutzgesetz anwenden 54
9 Die Stellung des Betriebes in der arbeitsteiligen Wirtschaft 59
10 Erfolgsbezogene Unternehmensziele aus einem Unternehmensleitbild ableiten 62
11 Informationen aus einem Organigramm entnehmen 64
12 Befugnisse und Verantwortung auf Mitarbeiter übertragen 65
13 Den Ausbildungsbetrieb vorstellen 68

Lernfeld 2: Büroprozesse gestalten und Arbeitsvorgänge organisieren

1 Arbeitsraum und Arbeitsplatz gestalten: rechtliche Rahmenbedingungen 70
2 Ein Gruppenbüro reorganisieren 75
3 Das „Büro der Zukunft" gestalten 81
4 Arbeitsabläufe planen (Zeitmanagement) 86
5 Termine planen 92
6 Sitzungen und Besprechungen vor- und nachbereiten – Formulare 103
7 Sitzungen und Besprechungen vor- und nachbereiten – Protokolle und Dokumentvorlagen 110
8 Sitzungen und Besprechungen vor- und nachbereiten – Aktennotizen 115

9 Sitzungen und Besprechungen vor- und nachbereiten – Rundschreiben und Aushänge 117
10 Eine Konferenz vorbereiten und durchführen 119
11 Den Aufbau und die Struktur einer betrieblichen EDV-Anlage erschließen 123
12 Den Posteingang und den Postausgang optimieren 124
13 Dokumente und Schriftstücke aufbewahren 129
14 Daten sichern und pflegen 140
15 Mit stressbedingten Belastungen umgehen 145
16 Mobbing entgegenwirken 147
17 Konflikte am Arbeitsplatz bewältigen (AGG) 150

Lernfeld 3: Aufträge bearbeiten

1 Eine Kundenanfrage bearbeiten 154
2 Ein kundenorientiertes und rechtsverbindliches Angebot verfassen 158
3 Briefe DIN-gerecht gestalten 163
4 Einen Auftrag bestätigen, den Lieferschein und die Rechnung erstellen sowie das Kaufvertragsrecht berücksichtigen 171
5 Ausgangsrechnungen computergestützt erstellen 182
6 Offene Posten mit Zahlungseingängen abgleichen 187
7 Die Anfrage eines Neukunden bearbeiten und Textbausteine einsetzen 189

Lernfeld 4: Sachgüter und Dienstleistungen beschaffen und Verträge schliessen

1 Das Programm und die Beschaffung planen 204
2 Über Eigenfertigung oder Fremdbezug entscheiden 207
3 Güter mithilfe der ABC-Analyse klassifizieren 211
4 Güter just in time beschaffen 216
5 Die optimale Bestellmenge bestimmen 219
6 Den Lieferzeitpunkt bestimmen 223
7 Bezugsquellen recherchieren und Anfragen stellen 226
8 Angebote quantitativ vergleichen und bewerten 228
9 Angebote qualitativ vergleichen und bewerten 230
10 Alternative Beschaffungswege prüfen 233
11 Paletten disponieren 234
12 Geschäftsfähigkeit, Nichtigkeit und Anfechtbarkeit von Verträgen prüfen 239
13 Über Eigen- und Fremdlagerung entscheiden 243
14 Die Lagerhaltung analysieren und optimieren 247
15 Mit einer mangelhaften Lieferung (Schlechtleistung) rechtssicher umgehen 252
16 Waren annehmen und angemessen auf einen Schadensfall reagieren 257
17 Mit einer nicht rechtzeitigen Lieferung (Lieferungsverzug) rechtssicher umgehen 260
18 Zahlungen situationsbezogen veranlassen und abwickeln 265

Lernfeld 5: Kunden akquirieren und binden

1 Sich für ein Verfahren zur Datenerhebung entscheiden ... 273
2 Die eigene Marktsituation mithilfe eines Blasendiagramms darstellen ... 277
3 Die eigene Marktsituation mithilfe der ABC-Analyse untersuchen ... 279
4 Die Kundenstruktur mithilfe der ABC-Analyse untersuchen ... 282
5 Die konjunkturelle Lage deuten ... 285
6 Eine Befragung durchführen ... 288
7 Preisstrategien festlegen und Marktverhalten deuten ... 292
8 Einen Werbeplan erstellen ... 298
9 Kostenorientierte Preispolitik betreiben ... 301
10 Werbemittel auswählen und gestalten ... 305
11 Einen Werbebrief gestalten und als Serienbrief versenden ... 309
12 Grenzen der Werbung berücksichtigen ... 314
13 Die Rentabilität neuer Produktgruppen berechnen ... 319
14 Den Werbeerfolg kontrollieren ... 326

Lernfeld 6: Werteströme erfassen und beurteilen

1 Werteströme aus Belegen ableiten ... 329
2 Kassenbuch und Kassenkonto führen ... 334
3 Die Inventur durchführen und das Inventar erstellen ... 336
4 Die Bilanz erstellen ... 342
5 Bilanzveränderungen analysieren ... 345
6 Auf Bestandskonten buchen ... 350
7 Die Buchführung mithilfe des Kontenrahmens organisieren ... 356
8 Auf Erfolgskonten buchen ... 358
9 Bestandsveränderungen bei Waren buchen ... 363
10 Beim Ein- und Verkauf die Umsatzsteuer berücksichtigen ... 365
11 Rücksendungen beim Ein- und Verkauf von Waren buchen ... 368
12 Rabatte und Nebenkosten beim Ein- und Verkauf von Waren buchen ... 372
13 Nachlässe wegen Schlechtleistung beim Ein- und Verkauf von Waren buchen ... 380
14 Skonti beim Ein- und Verkauf von Waren buchen ... 384
15 Skontoabzug und Zielausnutzung beim Einkauf von Waren abwägen ... 388
16 Abschreibungen vornehmen ... 390
17 Den Betriebserfolg ermitteln und bewerten ... 398

Informationen zur Heinrich KG

1 Unternehmensbeschreibung

Name Geschäftssitz Registergericht	Heinrich KG – Büromöbel und Zubehör Rahlstedter Str. 144, 22143 Hamburg Amtsgericht Hamburg HRA 1101 Steuernummer: 27/430/0027 Die Heinrich KG ist Mitglied des Arbeitgeberverbandes. Der gültige Tarifvertrag findet Anwendung.
Gesellschafter (siehe Anlage 1)	Komplementärin: Gerda Heinrich Kommanditist: Peter Heinrich Kommanditistin: Monika Heinrich
Eigenkapital	9 Mio. Euro
Telefon – Telefax **Homepage** **E-Mail**	☎ 040 67245-0 Fax 040 67245-87 www.heinrich-hamburg.de info@heinrich-kg.de
Bankverbindung	Hamburger Sparkasse IBAN: DE07 2005 0550 1120 2399 08 BIC: HASPDEHHXXX Postbank Hamburg IBAN: DE61 2001 0020 0064 0697 54 BIC: PBNKDEFF200
Mitarbeiter/-innen	263 Beschäftigte, davon 12 Auszubildende. Ein Betriebsrat und eine Jugend- und Auszubildendenvertretung sind eingerichtet.
Auszug aus dem Absatzprogramm	**Produktionsprogramm** ➤ Schreibtische ➤ Rollcontainer ➤ Konferenztische ➤ Aktenschränke/-regale ➤ Bürostühle ➤ Konferenzstühle Produktgruppe 1 Echtholz in den Ausführungen Buche, Ahorn und Eiche Produktgruppe 2 Kunststoffbeschichtet in verschiedenen Farben **Dienstleistungen** ➤ Montage der gelieferten Möbel ➤ Entsorgung von Altmöbeln **Handelswaren** ➤ Aktenvernichter ➤ Schreibtischlampen ➤ Flipcharts ➤ Telefonschwenkarme ➤ Pinnwände ➤ PC-/TV-/Hifi-Möbel
Fertigungsart	Einzel- und Serienfertigung
Stoffe Rohstoffe Hilfsstoffe Betriebsstoffe Fremdbauteile	 Holzplatten, Aluminiumrohre, Edelstahlbleche, Kunststoff- und Glasteile Schrauben, Nägel, Kleinteile, Farben, Kitt, Stoffe Strom, Wasser, Heizöl, Gas, Schmierstoffe Türschlösser, Türknöpfe, Griffe aus Holz und Kunststoff
Bilanzsumme	22 Mio. Euro
Umsatz	170 Mio. Euro
Geschäftsjahr	1. Januar bis 31. Dezember

2 Auszug aus dem Handelsregister — Anlage 1

Amtsgericht	7876■4321	787654321■	787654■210	787654321 / 787654■21	Blatt I **HRA 1101**
Nr. der Eintragung	a) Firma b) Ort der Niederlassung (Sitz der Gesellschaft) c) Gegenstand des Unternehmens (bei juristischen Personen)	Geschäftsinhaber Persönlich haftende Gesellschafter Geschäftsführer Abwickler	Prokura	Rechtsverhältnisse	a) Tag der Eintragung und Unterschrift b) Bemerkungen
1	2	3	4	5	6
1	**a) Heinrich KG** **b) Hamburg**	**Gerda Heinrich** **Hamburg**	**Prokura zusammen mit einem anderen Prokuristen: Bärbel Oswald, Hamburg Leo Helbig, Hamburg**	**Kommanditgesellschaft Kommanditistin Monika Heinrich, Berlin, 800.000,00 EUR** **Kommanditist Peter Heinrich, Frankfurt a. M., 600.000,00 EUR**	**2. März [20..]** *Winterhausen*

3 Auszug aus dem Gesellschaftsvertrag

§ 4 Geschäftsführung und Vertretung sind gemäß § 164 HGB geregelt.

§ 6 Die Komplementärin erhält für die Geschäftsführungstätigkeit vorab eine monatliche Vergütung von 6.000,00 EUR.

Der nach Abzug der Vorabvergütung verbleibende Reingewinn wird wie folgt verteilt:

- Komplementärin Gerda Heinrich erhält 50 %,
- Kommanditistin Monika Heinrich erhält 30 %,
- Kommanditist Peter Heinrich erhält 20 %.

Einen Verlust tragen die Gesellschafter je zu einem Drittel.

4 Allgemeine Geschäftsbedingungen (Auszug)

1. Geltung der Verkaufsbedingungen

1.1 Sämtliche Lieferungen, Leistungen und Angebote der Heinrich KG – nachfolgend *Verkäuferin* genannt – erfolgen ausschließlich auf Grund dieser Allgemeinen Geschäftsbedingungen.

1.2 Alle Vereinbarungen, die zwischen der Verkäuferin und dem Kunden zwecks Ausführung dieses Vertrages getroffen werden, sind schriftlich niederzulegen.

2. Angebot und Vertragsschluss

2.1 In Prospekten, Anzeigen usw. enthaltene Angebote der Verkäuferin sind freibleibend und unverbindlich. An speziell ausgearbeitete Angebote hält sich die Verkäuferin 14 Kalendertage gebunden. Annahmeerklärungen und sämtliche Bestellungen bedürfen zur Rechtswirksamkeit der Bestätigung durch die Verkäuferin in Schriftform. Lehnt die Verkäuferin nicht binnen zwei Wochen nach Auftragseingang die Annahme ab, so gilt die Bestätigung als erteilt.

2.2 Zeichnungen, Abbildungen, Maße, oder sonstige Leistungsdaten sind nur verbindlich, wenn dies ausdrücklich schriftlich vereinbart wird.

3. Preise und Preisänderungen

3.1 Soweit nicht anders angegeben, hält sich die Verkäuferin an die in ihren Angeboten enthaltenen Preise 14 Tage ab Abgabedatum gebunden. Maßgebend sind ansonsten die in der Auftragsbestätigung der Verkäuferin genannten Preise, die die jeweilige gesetzliche Umsatzsteuer enthalten. Zusätzliche Lieferungen und Leistungen, insbesondere eine in Auftrag gegebene Montage, werden gesondert berechnet.

3.2 Alle Preise verstehen sich - falls nicht anders vereinbart - einschließlich normaler Verpackung, als Abholpreise.

3.3 Soweit zwischen Vertragsabschluss und vereinbartem und/oder tatsächlichem Lieferdatum mehr als sechs Monate liegen, gelten die zur Zeit der Lieferung oder Bereitstellung gültigen Preise der Verkäuferin; übersteigen die letztgenannten Preise die zunächst vereinbarten um mehr als 8 %, so ist der Käufer berechtigt, vom Vertrag zurückzutreten.

4. Liefer- und Leistungszeit

4.1 Liefertermine oder -fristen, die verbindlich oder unverbindlich vereinbart werden können, bedürfen der Schriftform.

4.2 Bei Vorliegen von durch die Verkäuferin zu vertretenden Lieferverzögerungen wird die Dauer der vom Käufer gesetzlich zu setzenden Nachfrist auf drei Wochen festgelegt, die mit Eingang der Nachfristsetzung bei der Verkäuferin beginnt.

4.6 Die Verkäuferin ist zu Teillieferungen und Teilleistungen berechtigt, es sei denn die Teillieferung oder Teilleistung ist für den Käufer nicht von Interesse.

5. Gefahrübergang

5.1 Die Gefahr geht auf den Käufer über, sobald die Sendung an die den Transport ausführende Person übergeben worden ist oder zwecks Versendung das Lager der Verkäuferin verlassen hat. Wird der Versand auf Wunsch des Käufers verzögert, geht die Gefahr mit der Meldung der Versandbereitschaft auf ihn über.

6. Rechte des Käufers wegen Mängel oder Garantie

6.1 Hat die Kaufsache nicht die vereinbarte Beschaffenheit oder eignet sie sich nicht für die nach dem Vertrag vorausgesetzte oder die Verwendung allgemein, oder hat sie nicht die Eigenschaften, die der Käufer nach den öffentlichen Äußerungen der Verkäuferin erwarten kann, leistet die Verkäuferin grundsätzlich Nacherfüllung durch Nachlieferung einer mangelfreien Sache. Mehrfache Nachlieferung ist zulässig. Schlägt zweifache Nacherfüllung fehl, kann der Käufer nach seiner Wahl den Kaufpreis angemessen herabsetzen oder vom Vertrag zurücktreten. Unwesentliche Abweichungen von Farbe, Abmessungen und/oder anderen Qualitäts- und Leistungsmerkmalen der Kaufsache begründen keinerlei Ansprüche des Käufers, insbesondere nicht auf Haftung für Sach- und Rechtsmängel.

6.6 Die Verjährungsfrist für die vorstehenden Ansprüche beträgt grundsätzlich zwei Jahre ab Ablieferung der Ware. Ist der Käufer Unternehmer, beträgt die Frist ein Jahr. Das gleiche gilt auch für Verbraucher, wenn es sich bei der Ware um eine gebrauchte Sache handelt.

7. Eigentumsvorbehalt

7.1 Die Kaufsache bleibt bis zur Erfüllung aller Forderungen einschließlich Nebenforderungen (z. B. Wechselkosten, Finanzierungskosten, Zinsen usw.), die der Verkäuferin gegen den Käufer zustehen - gleich aus welchem Rechtsgrund -, ihr Eigentum. Verarbeitung oder Umbildung erfolgen stets für die Verkäuferin als Herstellerin, jedoch ohne Verpflichtung für sie. Erlischt das (Mit-)Eigentum der Verkäuferin durch Verbindung, so wird bereits jetzt vereinbart, dass das (Mit-) Eigentum des Käufers an der einheitlichen Sache wertanteilmäßig (Rechnungswert) auf die Verkäuferin übergeht. Der Käufer verwahrt das (Mit-)Eigentum der Verkäuferin unentgeltlich. Ware, an der der Verkäuferin (Mit-)Eigentum zusteht, wird im Folgenden als Vorbehaltsware bezeichnet.

7.2 Der Käufer ist berechtigt, die Vorbehaltsware im ordnungsgemäßen Geschäftsverkehr zu verarbeiten und zu veräußern, solange er nicht in Verzug ist. Verpfändungen oder Sicherungsübereignungen sind unzulässig. Die aus dem Weiterverkauf oder einem sonstigen Rechtsgrund (Versicherung, unerlaubte Handlung) bezüglich der Vorbehaltsware entstehenden Forderungen (einschließlich sämtlicher Saldoforderungen aus Kontokorrent) tritt der Käufer bereits jetzt sicherungshalber in vollem Umfang an die Verkäuferin ab. Die Verkäuferin ermächtigt den Käufer widerruflich, die an die Verkäuferin abgetretenen Forderungen für dessen Rechnung im eigenen Namen einzuziehen. Diese Einziehungsermächtigung kann nur widerrufen werden, wenn der Käufer seinen Zahlungsverpflichtungen nicht ordnungsgemäß nachkommt.

7.3 Bei Zugriffen Dritter auf die Vorbehaltsware, insbesondere Pfändungen, wird der Käufer auf das Eigentum der Verkäuferin hinweisen und diesen unverzüglich benachrichtigen, damit die Verkäuferin ihre Eigentumsrechte durchsetzen kann. Soweit der Dritte nicht in der Lage ist, der Verkäuferin die in diesem Zusammenhang entstehenden gerichtlichen oder außergerichtlichen Kosten zu erstatten, haftet hierfür der Käufer.

8. Zahlung

8.1 Soweit nicht anders vereinbart, sind die Rechnungen der Verkäuferin sofort und ohne Abzug zahlbar. Die Verkäuferin ist berechtigt, auch bei anders lautenden Bestimmungen des Käufers Zahlungen zunächst auf dessen ältere Schulden anzurechnen. Sie wird den Käufer über die Art der erfolgten Verrechnung informieren. Sind bereits Kosten und Zinsen entstanden, so ist die Verkäuferin auch berechtigt, die Zahlung zunächst auf die Kosten, dann auf die Zinsen und zuletzt auf die Hauptforderung anzurechnen.

8.2 Eine Zahlung gilt erst dann als erfolgt, wenn die Verkäuferin über den Betrag verfügen kann. Im Falle der Annahme von Schecks gilt die Zahlung erst dann als erfolgt, wenn der Scheck eingelöst wird.

8.4 Gerät der Käufer in Verzug, so ist die Verkäuferin berechtigt, von dem betreffenden Zeitpunkt an Zinsen in Höhe von 8 % über dem Basiszinssatz als pauschalen Schadensersatz zu verlangen. Ist der Käufer Unternehmer, erhöht sich der Zinsanspruch auf 12,5 % Zinsen über dem Basiszins.

8.7 Der Käufer ist zur Aufrechnung, Zurückbehaltung oder Minderung, auch wenn Mängelrügen oder Gegenansprüche geltend gemacht werden, nur berechtigt, wenn die Gegenansprüche rechtskräftig festgestellt worden oder unstreitig sind. Zur Zurückbehaltung aus demselben Vertragsverhältnis ist der Käufer wegen Mängelansprüchen jedoch nur dann berechtigt, wenn er offensichtliche Mängel fristgemäß angezeigt hat.

9. Verwendung von Kundendaten

Die Verkäuferin ist berechtigt, die ihr zur Verfügung gestellten personenbezogenen Daten, soweit sie die Geschäftsbeziehung mit dem Käufer betreffen, gemäß den Bestimmungen des [...]Datenschutzes zu verarbeiten und elektronisch zu speichern. Die Daten werden nicht an Dritte weitergegeben, es sei denn, dass der Kunde ausdrücklich sein Einverständnis erteilt.

10. Haftung

Schadensersatzansprüche des Käufers sind unabhängig von der Art der Pflichtverletzung, einschließlich unerlaubter Handlungen, ausgeschlossen, soweit nicht vorsätzliches oder grob fahrlässiges Handeln vorliegt. Bei leicht fahrlässiger Pflichtverletzung beschränkt sich die Haftung der Verkäuferin auf den nach der Art der Ware vorhersehbaren, vertragstypischen, unmittelbaren Durchschnittsschaden.

11. Pauschaler Schadensersatz

Ein Anspruch der Verkäuferin auf Schadensersatz gegen den Käufer aus dem Gesichtspunkt der vertraglichen Pflichtverletzung, insbesondere auf entgangenen Gewinn, beträgt mindestens 15 % des Nettokaufpreises. Das Recht des Käufers zum Nachweis des Nichteintritts eines Schadens bzw. eines geringeren Schadens bleibt hiervon unberührt. Der Verkäuferin bleibt ihrerseits das Recht zum Nachweis eines höheren Schadens vorbehalten.

12. Anwendbares Recht, Gerichtsstand, Teilnichtigkeit

12.1 Für diese Geschäftsbedingungen und die gesamten Rechtsbeziehungen zwischen Verkäuferin und Kunde gilt das Recht der Bundesrepublik Deutschland. Die Bestimmungen des UN-Kaufrechts finden keine Anwendung.

12.2 Soweit der Kunde Kaufmann, juristische Person des öffentlichen Rechts oder öffentlich-rechtliches Sondervermögen ist, ist Hamburg ausschließlicher Gerichtsstand für alle sich aus dem Vertragsverhältnis unmittelbar oder mittelbar ergebenden Streitigkeiten.

12.3 Sollte eine Bestimmung in diesen Geschäftsbedingungen oder eine Bestimmung im Rahmen sonstiger Vereinbarungen unwirksam sein oder werden, so wird hiervon die Wirksamkeit aller sonstigen Bestimmungen oder Vereinbarungen nicht berührt.

5 Auszug: Kunden- und Lieferantenkonten

Heinrich KG
Büromöbel und Zubehör

Konto-Nr.	Kunden
24001	**Gertrud Brandt KG** Möbelhaus Südstraße 7 20083 Hamburg
24002	**Junges Wohnen GmbH** Möbelgroßhandlung Katrepeler Str. 45 28215 Bremen
24003	**Möblix GmbH** Im- und Export Schönhauser Allee 187 10437 Berlin
24004	**Westmoor KG** Möbelhaus Deichhausweg 28 32825 Blomberg
24005	**Büroausstatter Winter OHG** Unter den Linden 8 80637 München
24006	**Brandes GmbH & Co. KG** Möbelgroßhandlung Falkenstraße 5 04229 Leipzig
24007	**Innovation AG** Leipziger Straße 120 01127 Dresden
24008	**Weyermann & Söhne KG** Möbelgroßhandlung Falkenseestraße 15 73252 Lennigen
24099	**Sonstige Kunden**

Konto-Nr.	Lieferanten
44001	**Bernhard Müller OHG** Kunststoffwerke Lindenbergstraße 4 86807 Buchloe
44002	**Lenz KG** Lampenfabrik Industriestraße 19 90441 Nürnberg
44003	**Naturholz AG** Schäfflerbachstraße 26 86003 Augsburg
44004	**Holz- & Spanplattenfabrik Bresges GmbH** Duvenstraße 98 41199 Mönchengladbach
44005	**Schraubenspezialist Müller e. K.** Bahnhofstr. 44 b 38700 Braunlage
44006	**Holzschutz-, Lack- und Leimwerke AG** Boxhagener Str. 56 10245 Berlin
44007	**Blitz-Spedition GmbH** Alter Wandrahm 17 – 19 25462 Rellingen
44008	**Franz Meyer e. K.** Großhandel für Papier- und Bürobedarf Hamburger Straße 111 22083 Hamburg
44009	**Langen GmbH & Co. KG** Bürobedarfsfachhandel Bremer Straße 111 28816 Bremen
44099	**Sonstige Lieferanten**

6 Organigramm der Heinrich KG

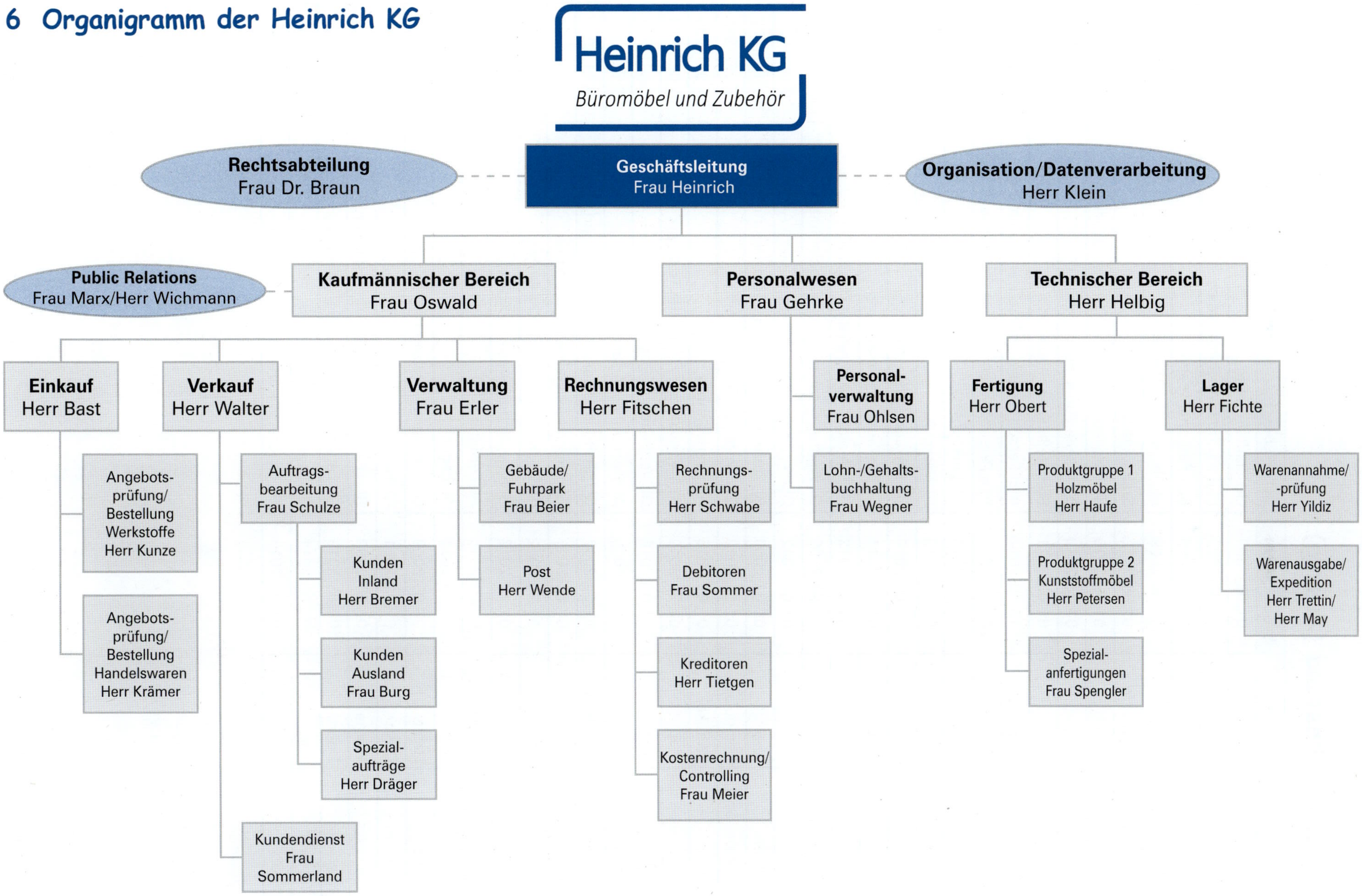

7 Personalbestand (Auszug)

Name	Vorname	beschäftigt seit	zur Zeit beschäftigt als	geboren am
Heinrich	Gerda	01.03.2009	Geschäftsführerin	29.08.1966
Oswald	Bärbel	15.04.2009	BLn Kaufmännischer Bereich	08.03.1975
Gehrke	Kornelia	15.03.2009	BLn Personalwesen	06.05.1970
Helbig	Leo	01.04.2009	BL Technischer Bereich	18.06.1977
Dr. Braun	Brunhilde	01.06.2012	Stabstelle Recht[1]	03.05.1974
Klein	Benno	01.03.2010	Stabstelle Organisation/Datenverarbeitung[2]	10.08.1973
Marx	Carla	01.10.2010	Stabstelle Public Relations[3]	20.06.1972
Wichmann	Ernst	01.07.2011	Stabstelle Public Relations[4]	30.05.1968
Ohlsen	Franziska	15.10.2012	ALn Personalwesen – Personalverwaltung	24.02.1974
Wegner	Olga	01.06.2009	ALn Personalwesen – Lohn-/Gehaltsbuchhaltung	28.10.1977
Bast	Arno	01.10.2014	AL Einkauf	01.03.1962
Walter	Björn	01.05.2013	AL Verkauf	05.09.1982
Kunze	Kurt	01.06.2010	GL Einkauf – Werkstoffe	15.01.1990
Krämer	Theo	01.09.2011	GL Einkauf – Handelswaren	12.06.1989
Schulze	Julia	01.01.2012	GLn Verkauf – Auftragsbearbeitung	20.05.1982
Bremer	Lutz	01.04.2009	GL Auftragsbearbeitung – Kunden Inland	10.04.1982
Burg	Lea	01.07.2012	GLn Auftragsbearbeitung – Kunden Ausland	10.08.1985
Dräger	Max	01.07.2009	GL Auftragsbearbeitung – Spezialaufträge	18.10.1972
Sommerland	Manuela	01.02.2012	GLn Verkauf – Kundendienst	17.05.1991
Erler	Wiebke	01.05.2015	ALn Verwaltung	05.06.1995
Beier	Pia	01.09.2010	GLn Verwaltung – Gebäude/Fuhrpark	10.02.1986
Wende	Rolf	01.09.2016	GL Verwaltung – Post	12.04.1994
Fitschen	Karl	01.10.2009	AL Rechnungswesen	18.12.1970
Schwabe	Konstantin	01.04.2012	GL Rechnungswesen – Rechnungsprüfung	03.11.1979
Sommer	Sonja	01.03.2011	GLn Rechnungswesen – Debitoren	12.06.1984
Tietgen	Max	01.10.2012	GL Rechnungswesen – Kreditoren	24.12.1982
Meier	Svenja	01.10.2017	GLn Rechnungswesen – KoRe/Controlling	15.05.1995
Obert	Michael	01.01.2015	AL Fertigung	06.03.1971
Fichte	Ralf	01.06.2011	AL Lager	03.03.1972
Haufe	Heinz	01.03.2009	GL Fertigung – Holzmöbel	20.10.1975
Petersen	Dieter	01.01.2011	GL Fertigung – Kunststoffmöbel	30.08.1976
Spengler	Wilma	01.03.2009	GLn Fertigung – Spezialanfertigungen	06.07.1970
May	Deniz	01.03.2013	GL Lager – Warenausgabe/-versand	05.08.1989
Trettin	Jörg	01.02.2011	GL Lager – Warenausgabe/-versand	13.04.1991
Yildiz	Fahri	01.09.2016	GL Lager – Warenannahme/-prüfung	25.08.1988

Legende:

BL/n = Bereichsleiter/-in
AL/n = Abteilungsleiter/-in
GL/n = Gruppenleiter/-in

1 Assistentin – Geschäftsleitung
2 Assistent – Geschäftsleitung
3 Assistent – Kaufmännische BL
4 Assistent – Kaufmännische BL

8 Produktionsprogramm – Produktliste, -beschreibung; LVP (Auszug)

Produkt Art.-Nr.	Produktbeschreibung	Maße in cm	Material	LVP, netto
Denver A-1001000	Schreibtisch; Oberfläche der Tischplatte unbehandelt	Standard: 140 x 120 Höhe: nach Wunsch 68–80	Buche, natur	245,00 €
Starlight A-1001100 A-1002100	Solitärschreibtisch in Nierenform aus Massivholz; Oberfläche der Tischplatte versiegelt	Standard: 200 x 100 Höhe: 72 Sondermaße auf Wunsch	Ahorn; Buche, natur	925,00 €
Future A-1004110	Schreibtisch; Rahmen aus Stahlrohr, pulverbeschichtet; Glastischplatte	Standard: 180 x 80 bis 100 Höhe: regulierbar von 68–76	pulverbeschichtetes Stahlrohr; Glasplatte	460,00 €
Tiamo A-1101000 A-1102000	Rollcontainer mit drei Schubladen; Holzgriffe; zentrales Sicherheitsschloss; Oberfläche versiegelt	Standard: 43 x 80 Höhe: 58 Sondermaße auf Wunsch	passend zu allen Schreibtischen, aus Ahorn oder Buche	485,00 €
Lilibe A-1101100 A-1102100	Rollcontainer, Schublade und Karteikarteneinsatz; Holzgriffe; zentrales Sicherheitsschloss; Oberfläche versiegelt	Standard: 43 x 60 Höhe: 58 Sondermaße auf Wunsch	passend zu allen Schreibtischen, aus Ahorn oder Buche	420,00 €
Logo A-1205111 A-1205112 A-1205113	Konferenztisch; Rahmen pulverbeschichtet; Spanplatte in blau, lichtgrau oder grafit mit Melamin beschichtet	Standard: 180 x 90 Höhe: regulierbar von 68–76 Sondermaße auf Wunsch	Spanplatten	375,00 €
Basic G A-1201100	Konferenztisch aus Massivholz; versiegelt; erweiterbar zu Arbeitsinseln	Standard: 160 x 80 Höhe: regulierbar von 68–75 Sondermaße auf Wunsch	Buche, natur	480,00 €
Noris A-1202170	Konferenztisch aus Massivholz; geölt	Standard: 180 x 80 Höhe: regulierbar von 68–75 Sondermaße auf Wunsch	Ahorn, natur	600,00 €
Solito A-1302170 A-1301170	Regalsystem aus Massivholz; drei eingebaute Schubladen; Sockelhöhenverstellung; geölt	90 x 30 Höhe: 200	Ahorn oder Buche, natur	1.101,00 €
Mixt A-1305121	Regal aus beschichteten Spanplatten; wahlweise in blau, lichtgrau oder grafit	120 x 42 Höhe: 180	beschichtete Spanplatten	280,00 €
Visit A-1406111 A-1406112 A-1406113	Konferenzstuhl; Rahmen pulverbeschichtet; mit Armlehnen; Sitz und Rücken umpolstert; Stoffbezug wahlweise in blau, lichtgrau oder grafit; stapelbar	Breite 57 Höhe: 83 Tiefe: 59 Lehne: 36	hochwertiger Stoffbezug	48,00 €
Meeting A-1401130	Konferenz- und Seminarstuhl verchromt; ohne Armlehnen; Formschale aus massiver Buche; verkettbar und stapelbar; Gleiter	Breite: 50,5 Höhe: 86,5 Tiefe: 59 Lehne: 45	Formschale aus Buche, natur	80,00 €
Smile A-1507006	Bürostuhl mit Armlehnen; ergonomischer Muldensitz; Kopfstütze und Rückenlehne verstellbar; Synchronmechanik; Sicherheitsrollen; schwarz	Breite: 48 Höhe: 45–60 Tiefe: 46 Lehne: 83	Echtleder	525,00 €
Verdan A-1507155	Bürostuhl mit Ring-Armlehnen; Bandscheibensitz; verstellbare Rückenlehne mit Formschaumpolsterung, grau gefärbt	Breite: 48 Höhe: 45–60 Tiefe: 46 Lehne: 83	Textilleder	78,00 €

9 Handelswaren – Warenliste, -beschreibung; LVP (Auszug)

Ware	Warenbeschreibung	Maße in cm	LVP, netto
Eco B-2009154 B-2009151 B-2009155	Aktenvernichter aus gefärbtem Kunststoff. ➤ Schnittleistung DIN A4 70 g/m²: 10 Blatt; 1 CD oder 1 Kreditkarte ➤ Auffangvolumen 12 Liter; Streifenschnitt ➤ Farben: wahlweise in rot, blau oder grau	Breite: 19,4 Tiefe: 33,2 Höhe: 31,3	89,00 €
Profi B-2001141	Aktenvernichter mit Holzunterschrank aus lasierter Buche. ➤ Lichtschranke für automatische Start-Stopp-Funktion ➤ Auffangvolumen 38 Liter; Partikelschnitt: 3,8 x 36 mm ➤ Schneidewalzen unempfindlich gegen Büro- und Heftklammern ➤ Schnittleistung DIN A4 70 g/m²: 15 Blatt	Breite: 41,5 Tiefe: 31,2 Höhe: 58,5	699,00 €
Intimus B-2001141	Besonders leiser Aktenvernichter aus lasierter Buche mit Vollstahl-Schneidwellen aus Spezialstahl – unempfindlich gegenüber Büro- und Heftklammern, CDs, DVDs, Kreditkarten, Mikrofilme, Overheadfolien, Karton und Papier. ➤ Start-/Stop-Funktion über Lichtschranke ➤ Leuchtanzeige für Betriebsbereitschaft, Papierstau, Korb voll ➤ Schneidleistung: gleichzeitig 20 Blatt DIN A4 (70 g/m²) ➤ Auffangvolumen 65 Liter; Partikelschnitt: 0,8 x 15 mm	Breite: 49 Tiefe: 38 Höhe: 83	975,00 €
Luna B-2103137	Schreibtischlampe aus Metall, verchromt; Schnurzwischenschalter; Opalglas weiß; ohne Leuchtmittel	Fuß: Ø 20 Armlänge: 40 Breite: 25 Höhe: 35	68,00 €
Optima B-2103138	Schreibtischleuchte aus Metall, verchromt; grüner langer Leuchtenkopf; effiziente Leuchtstofflampe; gleichmäßige Ausleuchtung	Fuß: Ø 20,4 Armlänge: 52,2 Kopf: 69,2	90,00 €
Praktiker B-2103126	Schreibtischlampe aus Metall, beschichtet; Niedervolt-Halogenleuchte; schwarz; Halogenleuchtmittel inklusive	Fuß: Ø 18,2 Ausladung: 52 Höhe: 60	32,00 €
Moflip B-2208160	Flipchart aus Aluminium, poliert; mobile Tafel; funktionales System; geradliniges Design	Höhe: 130,5 Breite: 80 Gewicht: 27 kg	1.375,00 €
Feflip B-2208167	Flipchart aus Aluminium, poliert; weiße Rückplatte mit Papierhalter und Stiftablage; höhenverstellbar	Höhe: 130,5 Breite: 84 Gewicht: 21 kg	700,00 €
Biflip B-2203125	Flipchart aus Metall, beschichtet; Dreibeinstativ, höhenverstellbar; Wechselblockhalter für Flipchart-Blocks; magnethaftende Tafeloberfläche; Stiftablage; grau	Höhe: bis 195 Breite: 98 Gewicht: 8 kg	80,00 €
Swing B-2303112	Telefonschwenkarm aus pulverbeschichtetem Metall in lichtgrau; 360° Aktionsradius, Tragplatte mit stufenlos höhenverstellbaren Haftwürfeln zum sicheren Halt; 4 kg Tragkraft	18,2 x 26,8 Tragplatte Armlänge: 30,2	57,00 €
Telearm B-2303127	Telefonschwenkarm aus beschichtetem Metall; für kleine Telefonstationen; Fax; Kombigeräte; Schwenkbereich 360°; Tragkraft 5 kg; Metallklemmfuß für Tischplatte; weiß	22,2 x 25,7 Tragplatte Armlänge: 29,8	43,50 €
Pinma B-2408167	Pinnwand aus Aluminium, poliert; Wandfläche weiß und zusätzlich magnetisch; beschreib- und trocken abwischbar	130 x 92 Wandfläche	72,50 €
Pintex B-2408161	Pinnwand; Filztafel in blau oder grau; Aluminium, poliert; hoch oder quer montierbar; inklusive Befestigungssatz	180 x 120 Filztafelfläche	125,00 €
Rimini B-2502100 B-2501100	TV-Lowboard; zwei Einlegeböden; Softkanten; wahlweise aus Ahorn oder Buche massiv; Oberfläche versiegelt	Höhe 88 Breite: 31 Tiefe: 18	175,00 €
Wolga B-2501170	TV Lowboard; zwei Schiebetüren; Fach mit verstellbarem Boden; Tragkraft Oberboden maximal 60 kg; Buche, geölt	Höhe 50 Breite: 160 Tiefe: 50	340,00 €

1 Einen Berufsausbildungsvertrag abschließen

Schulbuch Kap. 1.1

Situation:

Sonja kommt gerade aus der Schule. Da aus unerfindlichen Gründen das WLAN nicht funktioniert und ihre mobilen Daten schon wieder aufgebraucht sind, liest sie zum Zeitvertreib in der Fernsehzeitung ihrer Eltern. Unter dem Titel „Wir wollen Sie kennenlernen" findet sie einen Fragebogen, den man ausfüllen und einschicken kann. Unter den Einsendern wird eine Reise nach Hollywood ausgelost. Eigentlich ist ihr das Ausfüllen zu mühselig und sie fragt sich, warum die Zeitschrift so viel über sie wissen möchte. Wollen die vielleicht ihre Leser kennenlernen, damit sie wissen, was sie schreiben sollen? *„Warum auch nicht",* denkt Sonja, *„ich habe zwar nie Glück, aber einmal ist immer das erste Mal".* Sonja setzt sich hin und beginnt den Fragebogen auszufüllen.

Damit auch wir Sonja kennen lernen können, blicken wir ihr dabei über die Schulter.

Wir wollen dich kennenlernen!

Name:	*Schneider*	Schule:	*Gesamtschule*
Vorname:	*Sonja*	Klasse:	*10*
Geburtsdatum:	*15. Mai 2010*	Lieblingsfächer:	*Englisch, Deutsch, Informatik*
Geburtsort:	*Hamburg*	Hobbys:	*tanzen, singen*
Wohnort:	*22117 Hamburg*	Lieblingsmusiker/-in:	*Beyoncé*
	Lister Weg 10	Lieblingsfilm:	*Die Tribute von Panem*
Telefon:	*040 303464*	Lieblingsschauspieler/-in:	*Jennifer Lawrence*
		Wichtigstes Thema:	*Umwelt*
		Größter Fehler:	*schlafe gern, höre gern laute Musik*

Nach dem Ausfüllen des Fragebogens blättert Sonja ein wenig in der Tageszeitung, die ihre Eltern abonniert haben, und findet folgende Stellenanzeige:

Die **Heinrich KG** ist ein Unternehmen, das sich auf die Herstellung und den Vertrieb von Büromöbeln und Bürozubehör spezialisiert hat. Wir setzen auf Innovation bei unseren Produkten und Vertriebswegen sowie auf Selbstständigkeit und Eigenverantwortung bei unseren Mitarbeiterinnen und Mitarbeitern.

Zum 1. September 2026 suchen wir
zwei Auszubildende (m/w/d), die gerne
Kaufmann/Kauffrau für Büromanagement werden wollen.

Die Ausbildung erfolgt an den Lernorten Betrieb und Berufsschule. Wir bieten eine qualifizierte Ausbildung in einem Team junger Kolleginnen und Kollegen.

Die Voraussetzungen, die Sie mitbringen sollten, sind: mindestens qualifizierter Hauptschulabschluss und die Bereitschaft, sich auf Neues einzulassen.

Heinrich KG
Büromöbel und Zubehör

Rufen Sie uns an!
Frau Kornelia Gehrke steht Ihnen unter Tel. 040 67245-10 für alle weiteren Fragen zur Verfügung.
Heinrich KG, Rahlstedter Str. 144,
22143 Hamburg

Da Sonja plant, eine Ausbildung als Kauffrau für Büromanagement zu beginnen, beschließt sie sich zu bewerben. Etwas beklommen wählt sie die angegebene Nummer. Erleichtert stellt sie fest, dass Frau Gehrke, die Ansprechpartnerin und Ausbilderin der kaufmännischen Auszubildenden bei der Heinrich KG, sehr freundlich ist. Sie bittet Sonja, an einem der nächsten Tage zu einem ersten Vorstellungsgespräch vorbeizukommen und dabei relevante Bewerbungsunterlagen gleich mitzubringen.

...

Das Vorstellungsgespräch beginnt ganz anders als von Sonja erwartet. Frau Gehrke führt Sonja zunächst durch den Betrieb. Treppauf, treppab, und lauter nette Leute. Sonja ist beeindruckt. Bei einer Tasse Kaffee werden dann die Einzelheiten besprochen. Nach zwei Stunden ist das Gespräch zwischen Sonja Schneider und Frau Gehrke beendet. Frau Gehrke sagt Sonja zu, dass sie sich innerhalb von zwei Wochen bei ihr melden wird. ...

Genau zwei Wochen später erhält Sonja einen Brief von der Heinrich KG. Es ist eine Zusage! Sonja wird gebeten, mit ihren Eltern Monika und Paul Schneider vorbeizukommen, um den Berufsausbildungsvertrag zu unterschreiben. In dem Schreiben wird Sonja mitgeteilt, dass der Vertrag sich an Tarifverträgen für den Groß- und Außenhandel im Hamburger Wirtschaftsraum orientiert. Weiter wird Sonja zugesagt, dass sie wöchentlich innerbetrieblichen Unterricht erhält. Zudem wird Sonja darüber informiert, dass bei der Heinrich KG die Ausbildungsnachweise in elektronischer Form geführt werden.

Zur Information liegen dem Schreiben Auszüge aus den Tarifverträgen im Hamburger Groß- und Außenhandel (Material 2) und Hinweise zur Urlaubsberechnung (Material 3) bei.

Der Tag der Unterschrift ist gekommen. Sonja ist richtig feierlich zumute. Sie hat sich schick angezogen und ist ziemlich aufgeregt. Frau Gehrke hat die Leiterin des Kaufmännischen Bereichs, Frau Oswald, mitgebracht, die den Berufsausbildungsvertrag unterschreibt. Dann ist Sonja an der Reihe. Ein wenig eckig unterschreibt sie den Vertrag. Anschließend unterschreiben auch ihre Eltern den Berufsausbildungsvertrag. Als sie fertig sind, steht Frau Oswald auf, reicht Sonja die Hand und begrüßt sie als neue Auszubildende der Heinrich KG.

Arbeitsaufträge:

1. Bereiten Sie den Berufsausbildungsvertrag (Material 1) zur Unterschrift vor. Tragen Sie dazu die fehlenden Informationen in den blau gerahmten Textfeldern mithilfe der Informationen aus der Situationsbeschreibung sowie der Materialien 2 und 3 in das Formular ein.

2. Erläutern Sie, warum es strenge Mindestanforderungen an den Inhalt und die Form des Berufsausbildungsvertrages gibt.

Material 1: Berufsausbildungsvertrag

Berufsausbildungsvertrag

(§§ 10, 11 des Berufsbildungsgesetzes – BBiG)

Zwischen dem Ausbildenden (Ausbildungsbetrieb) und der/dem Auszubildenden wird nachstehender Berufsausbildungsvertrag zur Ausbildung im Ausbildungsberuf

(wenn einschlägig, bitte einschließlich Fachrichtung, Schwerpunkt, Wahlqualifikation(en) und/oder Einsatzgebiet nach der Ausbildungsordnung bezeichnen)

nach Maßgabe der Ausbildungsordnung[1] geschlossen.

Zuständige Berufsschule

Änderungen des wesentlichen Vertragsinhaltes sind vom Ausbildenden unverzüglich zur Eintragung in das Verzeichnis der Berufsausbildungsverhältnisse bei der Industrie- und Handelskammer anzuzeigen. Die beigefügten Angaben zur sachlichen und zeitlichen Gliederung des Ausbildungsablaufes (Ausbildungsplan) sowie die beigefügten **weiteren Bestimmungen** sind Bestandteil dieses Vertrages.

Angaben zum Ausbildenden

Name des Ausbildenden (Ausbildungsbetriebes)[2]

Straße, Haus-Nr.

PLZ Ort

Telefonnummer

E-Mail-Adresse (Angabe freiwillig)

Name, Vorname verantwortliche/r Ausbilder/in

Angaben zum/zu gesetzlichen Vertreter(n)[3]

☐ keiner ☐ Eltern ☐ Mutter ☐ Vater ☐ Vormund

Name, Vorname

Anschrift

Name, Vorname

Anschrift

Angaben zur/zum Auszubildenden

Name Vorname

Straße, Haus-Nr.

PLZ Ort

Geburtsdatum Mobil-/Telefonnummer (Angabe freiwillig)

E-Mail-Adresse (Angabe freiwillig)

§ 1 – Dauer der Ausbildung

Dauer

Die Ausbildungsdauer beträgt nach der Ausbildungsordnung

☐ 24 Monate. ☐ 36 Monate. ☐ 42 Monate.

Auf die Ausbildungsdauer wird die Berufsausbildung zur/zum[4]

bzw. eine berufliche Vorbildung in

mit ______ Monaten angerechnet.[5]

Die Berufsausbildung wird in

☐ Vollzeit ☐ Teilzeit[6] ______ (% der Ausbildungszeit in Vollzeit) durchgeführt.

Die Ausbildungsdauer verlängert sich aufgrund der Teilzeit um

______ Monate.

Die Ausbildungsdauer verkürzt sich vorbehaltlich der Entscheidung der zuständigen Stelle aufgrund

um Monate.[7]

Die Berufsausbildung wird im Rahmen eines ausbildungsintegrierenden dualen Studiums absolviert.

Das Berufsausbildungsverhältnis

beginnt am und endet am.[8]

Probezeit

Die Probezeit beträgt in Monaten[9]

einen zwei drei vier

§ 3 – Ausbildungsstätte

Die Ausbildung findet vorbehaltlich der Regelungen nach § 4 Nr. 12 dieses Vertrages in

Name/Anschrift der Ausbildungsstätte

und den mit dem Betriebssitz für die Ausbildung üblicherweise zusammenhängenden Bau-, Montage- und sonstigen Arbeitsstellen statt.

§ 4 – Pflichten des Ausbildenden

Ausbildungsmaßnahmen außerhalb der Ausbildungsstätte(n) sind für den folgenden Zeitraum in der/den folgenden Ausbildungsstätte(n) vorgesehen (hierzu zählen auch Auslandsaufenthalte)

§ 5 – Pflichten der/des Auszubildenden

Führung von schriftlichen oder elektronischen Ausbildungsnachweisen

Der Ausbildungsnachweis wird wie folgt geführt:

schriftlich elektronisch

§ 6 – Bestandteile der Vergütung und sonstige Leistungen

Höhe und Fälligkeit

Das Ausbildungsverhältnis fällt in den Geltungsbereich des folgenden Tarifvertrages:

Das Ausbildungsverhältnis fällt nicht in den Geltungsbereich eines gültigen Tarifvertrages.

Der Ausbildende zahlt der/dem Auszubildenden eine angemessene Vergütung; diese beträgt zurzeit monatlich brutto

EUR				
im	ersten	zweiten	dritten	vierten

Ausbildungsjahr.

Die Vergütung setzt sich aus verschiedenen Bestandteilen zusammen, die dem Vertrag als Anlage beigefügt werden.

Überstunden

Überstunden werden vergütet und/oder in Freizeit ausgeglichen.

§ 7 – Ausbildungszeit, Anrechnung und Urlaub

Tägliche und wöchentliche Ausbildungszeit[10]

Die regelmäßige tägliche Ausbildungszeit beträgt Stunden.[11]

Die durchschnittliche wöchentliche Ausbildungszeit beträgt Stunden.

Urlaub

Es besteht ein Urlaubsanspruch

im Kalenderjahr					
Werktage					
Arbeitstage					

§ 12 – Sonstige Vereinbarungen[12]; Hinweis auf anzuwendende Betriebs- bzw. Dienstvereinbarungen

Anlage gemäß § 4 Nr. 1 des Berufsausbildungsvertrages[13]

Die beigefügten weiteren Bestimmungen (Blatt 2 / Ausfertigung für Ausbildende / S. 3 und S. 4) sind Gegenstand dieses Vertrages.

Ort, Datum

Unterschrift der/des Auszubildenden

Stempel und Unterschrift des Ausbildenden

Unterschrift(en) der/des gesetzlichen Vertreter/s

Material 2: Auszüge aus den Tarifverträgen im Hamburger Groß- und Außenhandel

Auszüge aus dem Rahmentarifvertrag Hamburger Groß- und Außenhandel

...

§ 3 Arbeitszeit

1. Regelarbeitszeit

a) Die tarifliche Arbeitszeit beträgt wöchentlich 38,5 Stunden ausschließlich der Pausen und verteilt sich grundsätzlich auf maximal 5 Arbeitstage in der Woche. Mehrarbeit sind die Stunden, die über die wöchentliche Regelarbeitszeit hinausgehen. ...

§ 9 Urlaub

1. Urlaubsanspruch

a) Beschäftigte haben in jedem Urlaubsjahr (Kalenderjahr) Anspruch auf einen Erholungsurlaub unter Fortzahlung des Entgeltes.

b) Die Dauer des Jahresurlaubs beträgt 30 Arbeitstage, basierend auf einer 5-Tage-Woche.

c) Schwerbehinderte mit einem Grad der Behinderung von mindestens 50 % erhalten den gesetzlichen Zusatzurlaub.

d) Im Eintritts- und Austrittsjahr erhält der Beschäftigte für jeden Beschäftigungsmonat, in welchem das Arbeitsverhältnis mehr als 14 Kalendertage bestanden hat, 1/12 des Jahresurlaubs. Bruchteile von Urlaubstagen, die mindestens einen halben Tag ergeben, sind auf volle Urlaubstage aufzurunden. ...

Auszug aus dem Tarifvertrag über Gehälter, Löhne und Ausbildungsvergütungen

Die Ausbildungsvergütungen betragen:

1. Ausbildungsjahr	1.227 €
2. Ausbildungsjahr	1.317 €
Nach dem 2. Ausbildungsjahr	1.407 €

Material 3: Urlaubsberechnung nach dem Bundesurlaubsgesetz und dem Jugendarbeitsschutzgesetz

Bundesurlaubsgesetz (BUrlG)

§ 5 Abs. 2

Bruchteile von Urlaubstagen, die mindestens einen halben Tag ergeben, sind auf volle Urlaubstage aufzurunden.

Jugendarbeitsschutzgesetz (JArbSchG)

§ 19 Abs. 1

Der Arbeitgeber hat Jugendlichen für jedes Kalenderjahr einen bezahlten Urlaub zu gewähren.

§ 19 Abs. 2

Der Urlaub beträgt jährlich:

- Mindestens 30 **Werktage,** wenn der Jugendliche **zu Beginn** des Kalenderjahres noch **nicht** 16 Jahre alt ist. (Dies entspricht 25 Arbeitstagen [30 : 6 = 5; 5 · 5 = 25].)
- Mindestens 27 **Werktage,** wenn der Jugendliche **zu Beginn** des Kalenderjahres noch **nicht** 17 Jahre alt ist. (Dies entspricht 23 Arbeitstagen [27 : 6 = 4,5; 4,5 · 5 = 22,5 $\rightarrow$ 23].)
- Mindestens 25 **Werktage,** wenn der Jugendliche **zu Beginn** des Kalenderjahres noch **nicht** 18 Jahre alt ist. (Dies entspricht 21 Arbeitstagen [25 : 6 = $4{,}1\overline{6}$; $4{,}1\overline{6}$ · 5 = 20,83 $\rightarrow$ 21].)

Weitere Regelungen nach dem Bundesurlaubsgesetz (BUrlG)

Jeder Arbeitnehmer hat laut § 1 BUrlG in jedem **Kalenderjahr** Anspruch auf bezahlten Erholungsurlaub.

Ein Arbeitnehmer, der sechs Tage die Woche arbeitet, hat gemäß § 3 BUrlG einen **Urlaubsanspruch** von 24 Werktagen (= vier Wochen). Werktage sind alle Tage einer Woche, außer Sonn- und Feiertage.

Der Mindesturlaub für Arbeitnehmer, die fünf Tage in der Woche arbeiten, beträgt 20 Tage. Bei nur vier Arbeitstagen pro Woche, hat man 16 Urlaubstage pro Jahr.

Rechnung:

24 Werktage : 6 Werktage = 4 Wochen Urlaub

4 Wochen · 5 Arbeitstage = 20 Arbeitstage

4 Wochen · 4 Arbeitstage = 16 Arbeitstage

usw.

Der volle Urlaubsanspruch kann bei einem neuen Arbeitgeber erst nach einer **Wartezeit** von sechs Monaten erworben werden. Wenn Sie die Wartezeit noch nicht hinter sich gebracht haben, steht Ihnen ein Teilurlaub zu. Dieser beträgt 1/12 des Jahresurlaubs für jeden vollen Monat des bisherigen Arbeitsverhältnisses.

3. Nachdem der unterschriebene Vertrag bei der Handelskammer Hamburg eingereicht wurde, überprüft diese, ob folgende Voraussetzungen erfüllt werden:

➤ ____________________

➤ ____________________

➤ ____________________

Wurden sämtliche Voraussetzungen erfüllt, trägt die Kammer den vorliegenden Vertrag in das Verzeichnis der Berufsausbildungsverhältnisse ein. Hiermit ist ein anerkanntes Berufsausbildungsverhältnis begründet.

4. Stellen Sie Ihre eigenen Interessen und mögliche Interessen Ihres Ausbildungsbetriebs an der Durchführung der Ausbildung in der folgenden Liste gegenüber und kennzeichnen Sie Übereinstimmungen (☺) und mögliche Konfliktbereiche (☹) durch Ankreuzen!

Eigene Interessen	☺	☹	Betriebsinteressen

5. Befragen Sie Ihre Mitschüler nach der Höhe der Ausbildungsvergütung. Überlegen und recherchieren Sie, warum es hier zu Unterschieden kommen kann!

6. Vervollständigen Sie die folgende Übersicht zu den Rechtsnormen der Berufsausbildung, indem Sie den Textfeldern die folgenden Begriffe zuweisen: *Jugendarbeitschutzgesetz – Berufsschule – KMK-Rahmenlehrplan – Betrieb – Berufsbildungsgesetz – Ausbildungsordnung – beide – Ausbildungsrahmenlehrplan – Ausbildungsvertrag!*

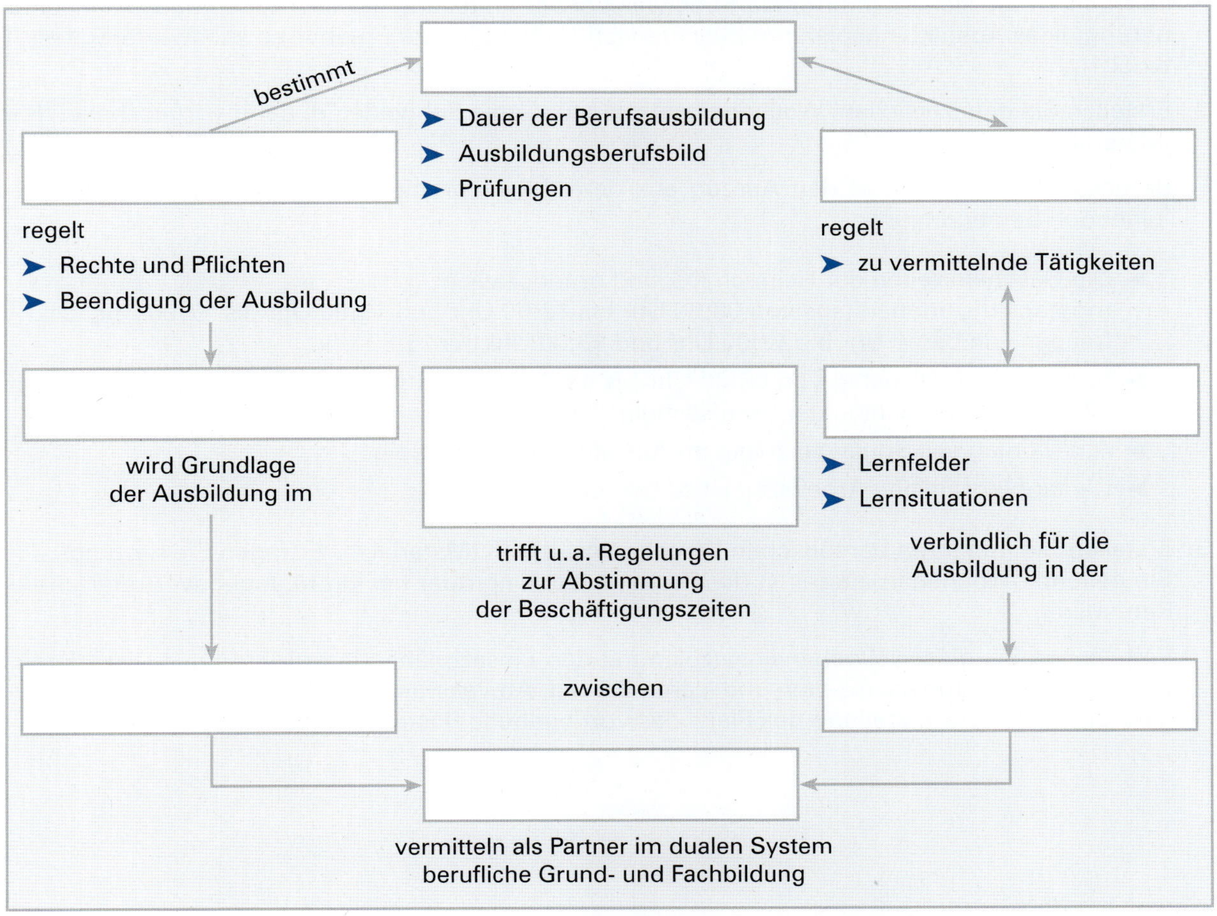

Schulbuch Kap. 1.1.2

2 Die Ausbildung planen: Ausbildungsplan und Wocheneinsatzplan

Situation:

Heinrich KG
Büromöbel und Zubehör

An ihrem ersten Arbeitstag steht Sonja Schneider pünktlich um 08:00 Uhr vor der Tür ihres Ausbildungsbetriebes. Frau Gehrke begrüßt sie und teilt ihr mit, dass sie in den ersten zwei Monaten bei ihr in der Personalabteilung ausgebildet wird. Sonja ist begeistert. Mit Frau Gehrke hat sie sich von Anfang an gut verstanden!

Nachdem sie durch das ganze Unternehmen geführt worden ist und nahezu allen Beschäftigten vorgestellt wurde, setzt Sonja sich etwas beklommen an ihren Schreibtisch. Frau Gehrke hat auch bereits die ersten Arbeitsaufträge für sie. Sonja soll sich zunächst mit dem sogenannten „Ausbildungsplan" auseinandersetzen und dann ihren eigenen (zeitlichen) Wocheneinsatzplan erstellen!

Sonja ist verblüfft. Dass sie selbstständig arbeiten muss, hat man ihr im Vorstellungsgespräch gesagt. Aber gleich am ersten Tag und ganz allein! Frau Gehrke beruhigt sie: *„Allein müssen Sie hier gar nichts machen. Wir sind ein großes Team und alle freuen sich, wenn sie Ihnen helfen können!"*

Arbeitsaufträge:

1. Der Ausbildungsplan beschreibt auf Grundlage des Ausbildungsrahmenplans den Ablauf der Ausbildung innerhalb bzw. außerhalb der Ausbildungsstätte. Er ist stets den betrieblichen und individuellen Gegebenheiten angepasst und muss Angaben zur sachlichen und zeitlichen Gliederung enthalten. Diese Gliederung sollte möglichst zusammengefasst werden, indem den Sachgebieten die entsprechenden Zeitangaben zugeordnet werden.

   Informieren Sie sich im Internet darüber, was bei der Erstellung der sachlichen und zeitlichen Gliederung eines Ausbildungsplans zu beachten ist! Halten Sie Ihre Ergebnisse stichwortartig fest (Material 1).

2. Erstellen Sie den (zeitlichen) Wocheneinsatzplan für Sonja Schneider im dafür vorgesehenen Raster (Material 3)!

   Berücksichtigen Sie dabei den Auszug aus dem Jugendarbeitsschutzgesetz (Material 2) und die folgenden Bedingungen:

   - Die Geschäftszeiten der Heinrich KG sind grundsätzlich
     montags bis donnerstags von 08:00 Uhr bis 12:00 Uhr und 13:00 Uhr bis 17:00 Uhr,
     freitags von 08:00 Uhr bis 12:00 Uhr und 13:00 Uhr bis 15:30 Uhr.
   - Sonja hat am Dienstag von 08:00 Uhr bis 14:00 Uhr und am Donnerstag von 08:00 Uhr bis 12:15 Uhr Unterricht in der Berufsschule.
   - Am Montag soll Sonja ganztägig im Ausbildungsbetrieb sein.
   - Die tarifvertragliche Arbeitszeit ist zu berücksichtigen.

3. Erstellen Sie nun Ihren persönlichen Wocheneinsatzplan (Material 4)! Erfragen Sie dazu ggf. die für Sie geltende Wochenarbeitszeit in der Personalabteilung oder bei Ihrem Jugendvertreter und/oder Betriebsrat.

   Vergleichen Sie diesen Wocheneinsatzplan mit den Einsatzplänen Ihrer Mitschüler. Diskutieren Sie Unterschiede, Gemeinsamkeiten und klären Sie ggf. Abweichungen von den gesetzlichen Regelungen. Sie sollten zur Erstellung des Plans das vorgegebene Raster nutzen!

Material 1: Vorlage Ausbildungsplan

Ausbildungsplan

sachliche Gliederung	zeitliche Gliederung

Material 2: Auszug aus dem Jugendarbeitsschutzgesetz (JArbSchG)

§ 4 Arbeitszeit

(1) Tägliche Arbeitszeit ist die Zeit vom Beginn bis zum Ende der täglichen Beschäftigung ohne die Ruhepausen (§ 11).

(2) Schichtzeit ist die tägliche Arbeitszeit unter Hinzurechnung der Ruhepausen (§ 11).

(3) ...

(4) Für die Berechnung der wöchentlichen Arbeitszeit ist als Woche die Zeit von Montag bis einschließlich Sonntag zugrunde zu legen. Die Arbeitszeit, die an einem Werktag infolge eines gesetzlichen Feiertags ausfällt, wird auf die wöchentliche Arbeitszeit angerechnet.

(5) ...

§ 8 Dauer der Arbeitszeit

(1) Jugendliche dürfen nicht mehr als acht Stunden täglich und nicht mehr als 40 Stunden wöchentlich beschäftigt werden.

(2) Wenn in Verbindung mit Feiertagen an Werktagen nicht gearbeitet wird, damit die Beschäftigten eine längere zusammenhängende Freizeit haben, so darf die ausfallende Arbeitszeit auf die Werktage von fünf zusammenhängenden, die Ausfalltage einschließenden Wochen nur dergestalt verteilt werden, dass die Wochenarbeitszeit im Durchschnitt dieser fünf Wochen 40 Stunden nicht überschreitet. Die tägliche Arbeitszeit darf hierbei achteinhalb Stunden nicht überschreiten.

(2a) Wenn an einzelnen Werktagen die Arbeitszeit auf weniger als acht Stunden verkürzt ist, können Jugendliche an den übrigen Werktagen derselben Woche achteinhalb Stunden beschäftigt werden.

(3) ...

§ 9 Berufsschule

(1) Der Arbeitgeber hat den Jugendlichen für die Teilnahme am Berufsschulunterricht freizustellen. Er darf den Jugendlichen nicht beschäftigen

1. vor einem vor 9 Uhr beginnenden Unterricht; dies gilt auch für Personen, die über 18 Jahre alt und noch berufsschulpflichtig sind,
2. an einem Berufsschultag mit mehr als fünf Unterrichtsstunden von mindestens je 45 Minuten, einmal in der Woche,
3. in Berufsschulwochen mit einem planmäßigen Blockunterricht von mindestens 25 Stunden an mindestens fünf Tagen; zusätzliche betriebliche Ausbildungsveranstaltungen bis zu zwei Stunden wöchentlich sind zulässig.

(2) Auf die Arbeitszeit des Jugendlichen werden angerechnet

1. Berufsschultage nach Absatz 1 Satz 2 Nr. 2 mit der durchschnittlichen täglichen Arbeitszeit,
2. Berufsschulwochen nach Absatz 1 Satz 2 Nr. 3 mit der durchschnittlichen wöchentlichen Arbeitszeit,
3. im Übrigen die Unterrichtszeit einschließlich der Pausen.

(3) Ein Entgeltausfall darf durch den Besuch der Berufsschule nicht eintreten.

§ 13 Tägliche Freizeit

Nach Beendigung der täglichen Arbeitszeit dürfen Jugendliche nicht vor Ablauf einer ununterbrochenen Freizeit von mindestens 12 Stunden beschäftigt werden.

§ 14 Nachtruhe

(1) Jugendliche dürfen nur in der Zeit von 6 bis 20 Uhr beschäftigt werden.

(2) Jugendliche über 16 Jahre dürfen

1. im Gaststätten- und Schaustellergewerbe bis 22 Uhr,
2. in mehrschichtigen Betrieben bis 23 Uhr,
3. in der Landwirtschaft ab 5 Uhr oder bis 21 Uhr,
4. in Bäckereien und Konditoreien ab 5 Uhr beschäftigt werden.

(3) ...

(4) An dem einem Berufsschultag unmittelbar vorangehenden Tag dürfen Jugendliche auch nach Absatz 2 Nr. 1 bis 3 nicht nach 20 Uhr beschäftigt werden, wenn der Berufsschulunterricht am Berufsschultag vor 9 Uhr beginnt.

...

§ 15 Fünf-Tage-Woche

Jugendliche dürfen nur an fünf Tagen in der Woche beschäftigt werden. Die beiden wöchentlichen Ruhetage sollen nach Möglichkeit aufeinander folgen.

Material 3: Erstellung des Wocheneinsatzplans für Sonja Schneider

Montag	Dienstag	Mittwoch	Donnerstag	Freitag

Material 4: Erstellung des persönlichen Wocheneinsatzplans

Montag	Dienstag	Mittwoch	Donnerstag	Freitag

Schulbuch Kap. 1.1.3

3 Ein Ausbildungsverhältnis kündigen

Situation:

Als Sonja Schneider am Abend nach Hause kommt, ist sie ganz schön geschafft. Die vielen neuen Leute und gleich mehrere richtige Aufgaben! Den Wochenplan hat sie sich mitgenommen und hängt ihn in der Küche auf. Damit die Eltern sehen, wie viel sie jetzt zu tun hat!

Da klingelt das Telefon. Sonjas Freund Jan-Josef ist am Apparat. Jan-Josef ist seit sechs Monaten kaufmännischer Auszubildender im Einzelhandel im Foto-Fachgeschäft Klara Klocke e.K. Eigentlich wollte er ja Fotograf werden, aber er hat keine Lehrstelle gefunden.

„Und jetzt stell dir vor: Ich könnte als auszubildender Fotograf bei der Foto-Fleitmann KG anfangen! Gleich morgen stelle ich mich vor und nächste Woche geht's schon los!“

Sonja ist skeptisch. Kann man als Auszubildender so einfach den Ausbildungsplatz wechseln?

Arbeitsaufträge:

1. Erarbeiten Sie die grundsätzlichen Möglichkeiten der Kündigung eines Ausbildungsverhältnisses während und nach der Probezeit!

während der Probezeit	
nach der Probezeit	

2. Stellen Sie fest, unter welchen Bedingungen Jan-Josef Junker seinen abgeschlossenen Berufsausbildungsvertrag kündigen kann!

3. Am 10.09.20.. entschließt sich Jan-Josef Junker zu kündigen. Kündigen Sie an Jan-Josefs Stelle den bestehenden Berufsausbildungsvertrag mit dem Foto-Fachgeschäft Klara Klocke e. K. form- und fristgerecht!

Jan-Josef Junker

Bullerdeich 37
22159 Hamburg
Tel. 040 80188

Jan-Josef Junker · Bullerdeich 37 · 22159 Hamburg
Foto-Fachgeschäft
Klara Klocke e. K.
Osterstraße 128
20255 Hamburg

Hamburg, ____________

Kündigung meines Berufsausbildungsvertrags

Schulbuch Kap. 1.1.3

4 Rechte und Pflichten in der Berufsausbildung berücksichtigen

Situation:

Heinrich KG
Büromöbel und Zubehör

Als Sonja Schneider am nächsten Tag zur Arbeit kommt, ist Frau Gehrke nicht da. Frau Sommer aus der Buchhaltung legt ihr einen Haufen Rechnungen auf den Tisch und fordert sie auf, diese nach dem Eingangsdatum zu sortieren.

Anschließend soll Sonja aus dem Lager die Lieferscheine der vergangenen Woche holen und für die Mittagspause beim Bäcker zwei Brötchen mit Schinken. Sonja ist ärgerlich! Sie ist doch kein „Laufbursche“! Und eigentlich ist sie doch in den nächsten drei Monaten im Personalwesen – dem Bereich von Frau Gehrke – eingesetzt.

Arbeitsaufträge:

1. Erstellen Sie ein Mindmap (Material 2) mit den Rechten und Pflichten eines Auszubildenden. Informieren Sie sich zuvor über die Methode des Mindmapping (Material 1).

Material 1: Auszug aus dem Methoden-ABC

Mindmapping[1]

Zielsetzungen. Mindmapping verfolgt drei Ziele:

- Gedanken, Ideen und Sachverhalte sollen aufgeschrieben werden.
- Die aufgeschriebenen Gedanken, Ideen und Sachverhalte werden in Form von Verästelungen bildlich dargestellt.
- Durch die Verbindung von sprachlicher und bildlicher Darstellung können die Gedanken und Vorstellungen strukturiert (geordnet) werden.

Vorgaben. Mindmapping kann in Einzel-, Partner- und Gruppenarbeit durchgeführt werden. Der Zeitbedarf hängt mit der Aufgabenstellung zusammen. Für eine Gruppenarbeit kann der Zeitbedarf bis zu 30 Minuten betragen.

Ablauf. Zunächst wird das zu bearbeitende Problem bzw. Thema in die Mitte eines DIN-A4-Blattes im Querformat (bzw. Tafel, Flipchart) geschrieben und eingekreist. Danach werden themenbezogene Einfälle der Schüler entweder durch Zuruf oder innerhalb einer Partner- oder Gruppenarbeit um dieses Thema herumgeschrieben, wobei folgende **Regeln** zu beachten sind:

- Die Teilnehmer sollen **Schlüsselbegriffe formulieren,** wobei – möglichst durch unterschiedliche Farben hervorgehoben – Oberbegriffe auf „Hauptästen“ und Unterbegriffe auf „Nebenästen“ zu notieren sind.
- Jedem „Ast“ sollte nur ein Schlüsselwort zugeordnet werden.
- Es darf während der Ideensammlung **keinerlei Bewertung und Kritik** an den vorgebrachten Ideen geübt werden.
- Es sollen **möglichst viele** Ideen gesammelt werden. Quantität geht vor Qualität.

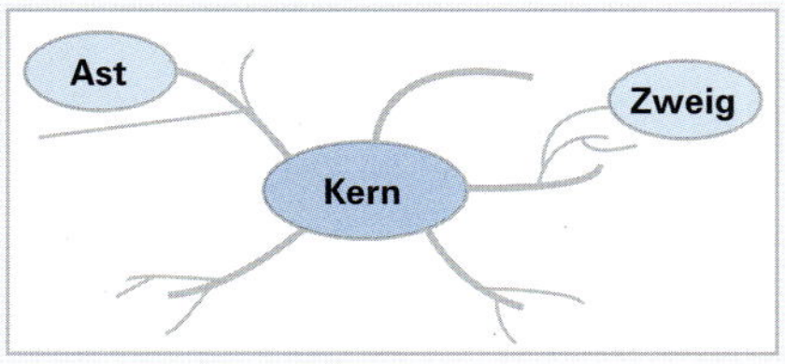

Erst im Anschluss an die Ideensammlung können unwichtige „Äste“ gestrichen, Verbindungen zwischen Ästen hergestellt, Äste – falls erforderlich – nummeriert oder farbige Symbole bzw. Zeichen eingesetzt werden.

1 **Mind** (engl.): Gedanken, Arbeitsergebnisse. **Map** (engl.): Landkarte. **Mindmap** könnte somit mit „Gedankenlandkarte“ übersetzt werden.

Material 2: Vorlage Mindmap

2. In § 6 Absatz 2 Berufsbildungsgesetz heißt es:

   „Dem Auszubildenden dürfen nur Verrichtungen übertragen werden, die dem Ausbildungszweck dienen und seinen körperlichen Kräften angemessen sind."

   Befragen Sie Ihre Mitschüler, welche Tätigkeiten sie in der vergangenen Woche ausgeführt haben, die dem Ausbildungszweck dienen, und welche Tätigkeiten nicht im Sinne der Ausbildung waren.

   Diskutieren Sie, warum es durchaus sinnvoll sein kann, auch die eine oder andere Tätigkeit auszuführen, die nicht im Sinne der Regelung des Berufsbildungsgesetzes ist!

3. Klären Sie in der Gruppe, ob Sonja Schneider die ihr übertragenen Aufgaben ausführen muss! Begründen Sie, wie Sie sich an Sonjas Stelle verhielten!

4. Nennen Sie jeweils mindestens drei Gründe, die aus Sicht der Unternehmensleitung für und gegen die betriebliche Berufsausbildung im eigenen Unternehmen sprechen!

pro Berufs-ausbildung	
contra Berufs-ausbildung	

5 Einen Betriebsrat wählen

Schulbuch Kap. 1.2

Situation:

Bei der Heinrich KG steht eine spannende Woche bevor, denn es gilt, den Betriebsrat neu zu wählen. Sonja, die bisher noch keine detaillierten Kenntnisse über den Betriebsrat hat, wird von Frau Gehrke aufgefordert, sich anhand eines Informationstextes (Material 1) und ggf. mithilfe des Internets über das wichtigste Organ der betrieblichen Mitbestimmung für Arbeitnehmer zu informieren.

Heinrich KG
Büromöbel und Zubehör

Arbeitsaufträge:

1. Legen Sie dar, in welchen Betrieben Betriebsräte gewählt werden und wie lange deren Amtszeit dauert!

2. Nennen Sie die gesetzliche Grundlage für die Wahl von Betriebsräten!

3. Erläutern Sie, wer bei der Betriebsratswahl
   3.1 das aktive,
   3.2 das passive Wahlrecht besitzt!

aktives Wahlrecht	
passives Wahlrecht	

4. Skizzieren Sie die Aufgaben des Wahlvorstandes und erläutern Sie, wer ihn einsetzt!

5. Bestimmen Sie, wie viele Betriebsratsmitglieder
   5.1 in einem Betrieb mit 250 wahlberechtigten Arbeitnehmern (AN)
   5.2 in einem Betrieb mit 2.000 wahlberechtigten Arbeitnehmern (AN)

   zu wählen sind!

Betrieb mit 250 wahlberechtigten AN	
Betrieb mit 2.000 wahlberechtigten AN	

6. Erläutern Sie die Begriffe „Mehrheitswahl" und „Verhältniswahl"!

Mehrheitswahl	Verhältniswahl

7. Erklären Sie die Bedeutung der Wählerliste!

8. Dokumentieren Sie, wer Wahlvorschläge für die Wahl des Betriebsrats machen kann!

9. Geben Sie an, von wie vielen wahlberechtigten Arbeitnehmern die Vorschlagslisten unterschrieben sein müssen!

10. Erläutern Sie am Beispiel der Betriebsratswahl bei der Heinrich KG die Begriffe „Persönlichkeitswahl“ und „Listenwahl“!

Persönlichkeitswahl	Listenwahl

11. Zeigen Sie auf, was unter „Wahlschutz“ zu verstehen ist!

12. Geben Sie an, wer die Kosten der Betriebsratswahl trägt!

13. Prüfen Sie, welche der folgenden aufgeführten Personen wahlberechtigt sind und für den Betriebsrat kandidieren können!

Person	Wahlberechtigt (ja/nein)?	Wählbar (ja/nein)?	Begründung
Michaela Meier, 17 Jahre alt, Auszubildende, seit drei Monaten beschäftigt			
Hannes Haubold, 42 Jahre alt, Prokurist, Betriebszugehörigkeit 15 Jahre			
Carlo Calabrese, 24 Jahre alt, Italiener, Sachbearbeiter, seit drei Jahren beschäftigt			
Jens Hüsemann, 49 Jahre alt, Hausmeister, Betriebszugehörigkeit 29 Jahre			
Mechtild Möhring, 25 Jahre alt, Buchhalterin, im 4. Monat ihrer Probezeit			

14. Erläutern Sie, was ein Arbeitgeber unternehmen kann, wenn er Zweifel daran hat, dass sein freigestellter Betriebsrat auch Betriebsratsaufgaben während seiner Arbeitszeit wahrnimmt!

Material 1: Informationsschreiben der Kanzlei Paulus & Partner

Die Wahl des Betriebsrats

KANZLEI PAULUS & PARTNER

In Betrieben mit in der Regel mindestens fünf ständig wahlberechtigten Arbeitnehmern, von denen drei wählbar sind, werden Betriebsräte gewählt. Dies regelt der § 1 des Betriebsverfassungsgesetzes (BetrVG) von 1972.

Das BetrVG ist in der heutigen Fassung seit dem 25. September 2001 die rechtliche Grundlage für die betriebliche Mitbestimmung der Arbeitnehmer. Als Arbeitnehmer im Sinne des BetrVG gelten Arbeiter und Angestellte, einschließlich zur Berufsausbildung Beschäftigte, unabhängig davon, ob sie im Betrieb, im Außendienst oder mit Telearbeit beschäftigt werden. Als Arbeitnehmer gelten auch die in Heimarbeit Beschäftigten, die in der Hauptsache für den Betrieb arbeiten (§ 5 BetrVG).

Wahlberechtigt sind alle Arbeitnehmer, die das 16. Lebensjahr vollendet haben (§ 7 BetrVG). Wählbar sind alle Wahlberechtigten, die das 18. Lebensjahr vollendet haben und sechs Monate dem Betrieb angehören oder als in Heimarbeit Beschäftigte in der Hauptsache für den Betrieb gearbeitet haben (§ 8 BetrVG).

Die Heinrich KG ist ein kleiner mittelständischer Betrieb. Alle soeben genannten Voraussetzungen sind gegeben. Deshalb wird in der Heinrich KG ein Betriebsrat gewählt. Wir beschäftigen uns heute damit, wie dieses für Arbeitnehmer so wichtige Organ zustande kommt.

Wahl des Betriebsrats

Der Betriebsrat wird in der Zeit vom 1. März bis 31. Mai in geheimer und unmittelbarer Wahl gewählt (§ 14 Abs. 1 BetrVG). Eine Stimmabgabe durch Handzeichen oder Ähnliches ist unzulässig. Vielmehr müssen Wahlkabinen aufgestellt und Wahlzettel sowie Wahlumschläge vorbereitet werden, sodass später ein Rückschluss auf die Person des Wählers nicht gezogen werden kann. Nur in Ausnahmefällen darf der Wähler, der aufgrund einer Behinderung oder Analphabetismus bei der Stimmabgabe beeinträchtigt ist, eine Person seines Vertrauens bestimmen, die ihm bei der Stimmabgabe behilflich sein soll. Dies muss der Wähler dem Wahlvorstand zuvor mitteilen.

Für die Durchführung der Wahl wird vom noch amtierenden Betriebsrat ein Wahlvorstand bestellt, der die Wahl unverzüglich einzuleiten, sie durchzuführen und das Wahlergebnis festzustellen hat (§ 18 BetrVG). Dieser Wahlvorstand muss spätestens 10 Wochen vor Ablauf der Amtszeit des Betriebsrates bestellt werden. Er besteht in der Regel aus drei Wahlberechtigten, auf jeden Fall aus einer ungeraden Zahl von Mitgliedern. Für jedes Mitglied kann ein Ersatzmitglied bestellt werden. Besteht in einem Betrieb noch kein Betriebsrat, so wird der Wahlvorstand in einer Betriebsversammlung von der Mehrheit der anwesenden Arbeitnehmer gewählt (§ 17 BetrVG).

Anzahl zu wählender Betriebsräte

Die Zahl der Betriebsratsmitglieder hängt ab von der Anzahl der wahlberechtigten Arbeitnehmer eines Betriebes. Gemäß § 9 BetrVG besteht der Betriebsrat in Betrieben mit in der Regel

- 5 bis 20 wahlberechtigten Arbeitnehmern aus einer Person
- 21 bis 50 wahlberechtigten Arbeitnehmern aus drei Mitgliedern
- 51 bis 100 wahlberechtigten Arbeitnehmern aus fünf Mitgliedern
- 101 bis 200 Arbeitnehmern aus sieben Mitgliedern
- 201 bis 400 Arbeitnehmern aus neun Mitgliedern
- 401 bis 700 Arbeitnehmern aus elf Mitgliedern

Die weitere Erhöhung der Arbeitnehmeranzahl erfolgt danach in 500er-Schritten. Dabei erhöht sich die Größe des Betriebsrats um jeweils zwei Mitglieder.

In Betrieben mit mehr als 9.000 Arbeitnehmern erhöht sich die Zahl der Mitglieder des Betriebsrats für je angefangene weitere 3.000 Arbeitnehmer um zwei Mitglieder.

Die Heinrich KG hat insgesamt 263 Arbeitnehmer (davon 76 Arbeitnehmerinnen). Demzufolge werden neun Betriebsratsmitglieder gewählt.

Freistellungen

Arbeiten im Betrieb 200 oder mehr Beschäftigte, muss der Arbeitgeber – je nach Mitarbeiterzahl – einen oder mehrere Betriebsräte freistellen. Dabei kann der Betriebsrat voll oder teilweise freigestellt werden. Der freigestellte Betriebsrat muss sich grundsätzlich am Sitz des Betriebsrats im Unternehmen bereithalten, um seine Aufgaben wahrzunehmen. Er muss also im Betrieb erreichbar sein und für die Betriebsratsarbeit zur Verfügung stehen, hat das Bundesarbeitsgericht (BAG) bereits 1989 entschieden.

Das gilt auch, wenn man vor der Freistellung eine Tätigkeit außerhalb des Betriebes ausgeübt hat, etwa als Außendienstler oder auf Montage. Wird man in so einem Fall als Betriebsrat freigestellt, führt das zu einer Änderung des Leistungsorts.

Freigestellte Betriebsräte unterliegen nicht mehr dem Direktionsrecht des Arbeitgebers. Aber sie müssen trotzdem die nicht unmittelbar mit der Arbeitsleistung zusammenhängenden Pflichten aus dem Arbeitsverhältnis sowie allgemeine Regelungen über das Verhalten der Mitarbeiter und die Ordnung im Betrieb beachten.

Werden im Betrieb Zeiterfassungsgeräte verwendet, wie etwa Stempeluhren, müssen diese auch vom freigestellten Betriebsrat benutzt werden.

Freigestellte Betriebsratsmitglieder müssen grundsätzlich – wie alle anderen Mitarbeiter – die betriebsübliche Arbeitszeit einhalten.

Von ihrer beruflichen Tätigkeit sind mindestens freizustellen in Betrieben mit in der Regel

- 200 bis 500 Arbeitnehmern ein Betriebsratsmitglied
- 501 bis 900 Arbeitnehmern zwei Betriebsratsmitglieder
- 901 bis 1.500 Arbeitnehmern drei Betriebsratsmitglieder
- 1.501 bis 2.000 Arbeitnehmern vier Betriebsratsmitglieder

Die weitere Erhöhung der Arbeitnehmeranzahl erfolgt danach in 1.000er-Schritten. Dabei erhöht sich die Anzahl der freizustellenden Arbeitnehmer um jeweils ein Mitglied.

In Betrieben mit über 10.000 Arbeitnehmern ist für je angefangene weitere 2.000 Arbeitnehmer ein weiteres Betriebsratsmitglied freizustellen.

Wahlberechtigung und Wählbarkeit

Wahlberechtigt zum Betriebsrat sind alle Arbeitnehmer, die das 16. Lebensjahr vollendet haben (§ 7 BetrVG). Nicht wahlberechtigt sind Geschäftsführer der Heinrich KG und die leitenden Angestellten (vgl. § 5 BetrVG).

Wählbar sind alle Wahlberechtigten, die das 18. Lebensjahr vollendet haben und sechs Monate dem Betrieb angehören oder als in Heimarbeit Beschäftigte in der Hauptsache für den Betrieb gearbeitet haben (§ 8 BetrVG). Werden Arbeitnehmer eines anderen Arbeitgebers zur Arbeitsleistung überlassen, so sind diese wahlberechtigt, wenn sie länger als drei Monate im Betrieb eingesetzt werden (Leiharbeitnehmer).

Zur Wahl des Betriebsrats können die wahlberechtigten Arbeitnehmer und die im Betrieb vorhandenen Gewerkschaften Wahlvorschläge machen.

In Betrieben mit in der Regel bis zu 20 wahlberechtigten Arbeitnehmern bedarf es keiner Unterzeichnung von Wahlvorschlägen. Wahlvorschläge sind in Betrieben mit in der Regel 21 bis 100 wahlberechtigten Arbeitnehmern von mindestens zwei wahlberechtigten Arbeitnehmern und in Betrieben mit in der Regel mehr als 100 wahlberechtigten Arbeitnehmern von mindestens einem Zwanzigstel der wahlberechtigten Arbeitnehmer zu unterzeichnen. In jedem Fall genügt die Unterzeichnung durch 50 wahlberechtigte Arbeitnehmer.

Wahlverfahren

In Betrieben mit in der Regel fünf bis 100 wahlberechtigten Arbeitnehmern gilt ein vereinfachtes Wahlverfahren. Der Betriebsrat wird in einem zweistufigen Verfahren gewählt. Auf einer ersten Wahlversammlung wird der Wahlvorstand nach § 17 a Nr. 3 BetrVG gewählt. Auf einer zweiten Wahlversammlung wird der Betriebsrat in geheimer und unmittelbarer Wahl gewählt. Diese Wahlversammlung findet eine Woche nach der Wahlversammlung zur Wahl des Wahlvorstands statt.

In Betrieben mit in der Regel 101 bis 200 wahlberechtigten Arbeitnehmern können der Wahlvorstand und der Arbeitgeber die Anwendung des vereinfachten Wahlverfahrens vereinbaren.

In größeren Unternehmen erfolgt die Wahl nach den Grundsätzen der Verhältniswahl (Ausnahme, wenn nur ein Wahlvorschlag eingereicht wird).

Aufstellen der Wählerliste

Der Wahlvorstand hat für jede Betriebsratswahl eine Wählerliste aufzustellen. Das aktive und passive Wahlrecht steht nur Arbeitnehmern zu, die in die Wählerliste eingetragen sind. Deshalb werden die Wählerlisten rechtzeitig vor der Wahl öffentlich ausgelegt, damit jeder Arbeitnehmer die Möglichkeit hat, die Richtigkeit der Eintragung zu prüfen.

Wahlausschreiben

Spätestens sechs Wochen vor dem ersten Tag der Stimmabgabe erlässt der Wahlvorstand ein Wahlausschreiben. Damit ist die Betriebsratswahl eingeleitet.

Vorschlagslisten

Aufgrund des Wahlausschreibens gehen beim Wahlvorstand mehrere Wahlvorschläge ein. Der Wahlvorstand prüft die Rechtmäßigkeit der eingegangenen Wahlvorschläge. Nach Ablauf der gesetzten Frist veröffentlicht er die Wahlvorschläge und macht die weitere Vorgehensweise für die Wahl des Betriebsrats bekannt. Vor der Wahl zum Betriebsrat findet bei der Heinrich KG noch eine Betriebsversammlung statt. Im Rahmen dieser Betriebsversammlung haben die Arbeitnehmer, die für den neu zu wählenden Betriebsrat kandidieren, Gelegenheit, sich den Wahlberechtigten persönlich vorzustellen. Natürlich findet bei der Heinrich KG darüber hinaus noch ein Wahlkampf statt. Die Kandidaten verteilen Flugblätter, auf denen sie den Wahlberechtigten mitteilen, warum gerade sie in den neuen Betriebsrat gewählt werden sollten und werben intensiv um die Stimmen der Wahlberechtigten.

Wahlschutz und Wahlkosten

§ 20 des BetrVG bestimmt, dass niemand die Wahl des Betriebsrats behindern darf. Insbesondere darf kein Arbeitnehmer in der Ausübung des aktiven und passiven Wahlrechts beschränkt werden. Ferner darf niemand die Wahl des Betriebsrats durch Zufügung oder Androhung von Nachteilen oder durch Gewährung oder Versprechen von Vorteilen beeinflussen. Versäumnis von Arbeitszeit, die zur Ausübung des Wahlrechts oder zur Betätigung im Wahlvorstand erforderlich ist, berechtigt den Arbeitgeber nicht zur Minderung des Arbeitsentgelts.

Für die Mitglieder des Wahlvorstandes und die Wahlbewerber besteht nach § 103 BetrVG in Verbindung mit § 15 des Kündigungsschutzgesetzes ein besonderer Kündigungsschutz. Bei Beschäftigten, die zu einer Wahl oder Betriebsversammlung einladen oder die gerichtliche Bestellung eines Wahlvorstandes beantragen, ist die ordentliche Kündigung ausgeschlossen, und zwar vom Zeitpunkt der Einladung bzw. Antragstellung bis zur Bekanntgabe des Wahlergebnisses. Dieser Schutz bezieht sich nur auf die ersten drei Beschäftigten, die einladen bzw. den Antrag stellen.

Die Kosten der Betriebsratswahl trägt der Arbeitgeber. Er muss auch die Wahlräume sowie die zur Wahl notwendigen Unterlagen wie beispielsweise Wahlzettel, Wahlumschläge und Wahlurnen zur Verfügung stellen.

Schulbuch Kap. 1.2

6 Die Arbeit im Betriebsrat erkunden

Situation:

Heinrich KG
Büromöbel und Zubehör

Bei der Heinrich KG ist die Betriebsratswahl inzwischen durchgeführt worden und das Ergebnis steht fest. Sonja sieht sich das Ergebnis an und überlegt, wie es nun wohl weitergehen wird. Frau Gehrke erklärt ihr, dass der neue Betriebsrat sich zunächst einmal konstituieren muss, bevor er seine umfangreichen Aufgaben angehen kann.

Frau Gehrke überreicht Sonja einen Informationstext (Material 1), der einiges Wissenswerte über die Arbeit des Betriebsrats enthält. Mit dieser Informationsquelle und dem Betriebsverfassungsgesetz gelingt es Sonja, die nachfolgenden Arbeitsaufträge selbstständig zu bearbeiten.

Arbeitsaufträge:

1. Beschreiben Sie, unter welchen Voraussetzungen die Mitgliedschaft im Betriebsrat erlischt!

2. Identifizieren Sie, wer die Geschäfte des Betriebsrats führt!

3. Erläutern Sie den Zusatz „… vertritt den Betriebsrat im Rahmen der von ihm gefassten Beschlüsse"!

4. Skizzieren Sie die besonderen Rechte und Pflichten des Betriebsratsvorsitzenden!

Rechte	Pflichten

5. Beschreiben Sie die Aufgaben des stellvertretenden Betriebsratsvorsitzenden!

6. Recherchieren Sie, aus welchen Mitgliedern der Betriebsausschuss besteht!

7. Erklären Sie die Aufgaben des Betriebsausschusses!

8. Beschreiben Sie die Aufgaben des Wirtschaftsausschusses!

9. Nennen Sie vier Beispiele für „wirtschaftliche Angelegenheiten“!

Beispiel 1	
Beispiel 2	
Beispiel 3	
Beispiel 4	

10. Ermitteln Sie, unter welchen Voraussetzungen ein Beauftragter einer Gewerkschaft an Sitzungen des Betriebsrats teilnehmen kann!

11. Zeigen Sie auf, wer die Aussetzung von Beschlüssen des Betriebsrats beantragen kann und wozu dies geschieht!

12. Erstellen Sie ein Mindmap (Material 2) mit den allgemeinen Aufgaben des Betriebsrats nach § 80 BetrVG! – Erläutern Sie ggf. das von Ihnen erstellte Mindmap!

13. Erläutern Sie die nachfolgende Abstufung der Beteiligungsrechte des Betriebsrats!

Abstufung der Beteiligungsrechte des Betriebsrats	
Informationsrecht	
Mitspracherecht/ Beratungsrecht	
Widerspruchsrecht/ Beteiligungsrecht	
Mitbestimmungsrecht	

14. Bestimmen Sie, wie viele Betriebsratsmitglieder bei der Heinrich KG freizustellen sind!

Zahl der freigestellten BR-Mitglieder bei der Heinrich KG	Begründung

15. Beurteilen Sie die Notwendigkeit des besonderen Kündigungsschutzes für Betriebsratsmitglieder!

Material 1: Informationsschreiben der Kanzlei Paulus & Partner

Die Arbeit des Betriebsrats

Regelmäßige Amtszeit

Die regelmäßige Amtszeit des Betriebsrats beträgt vier Jahre. Sie beginnt mit der Bekanntgabe des Wahlergebnisses oder, wenn zu diesem Zeitpunkt noch ein Betriebsrat besteht, mit Ablauf von dessen Amtszeit. Die Amtszeit endet spätestens am 31. Mai des Jahres, in dem die regelmäßigen Betriebsratswahlen stattfinden (vgl. § 21 BetrVG).

KANZLEI PAULUS & PARTNER

Die Mitgliedschaft im Betriebsrat erlischt aber auch, wenn ein Betriebsratsmitglied sein Amt niederlegt und wenn ein Betriebsratsmitglied sein Arbeitsverhältnis beendet (vgl. § 24 Abs. 1 BetrVG).

Geschäftsführung des Betriebsrats

Das Betriebsverfassungsgesetz räumt den Mitarbeitern, vertreten durch den Betriebsrat, starke Mitwirkungsrechte ein. Der Betriebsrat der Heinrich KG besteht aus insgesamt neun Mitgliedern. Das heißt, es gibt neun unterschiedliche Menschen, die die Interessen der Arbeitnehmer zu vertreten haben. Bei einem solchen Gremium ist es wichtig zu wissen, wer

a) der Ansprechpartner des Arbeitgebers ist,
b) wer Entscheidungen treffen darf und
c) wer Erklärungen rechtswirksam entgegennehmen darf.

Diese Problematik hat auch der Gesetzgeber erkannt und er hat Regelungen getroffen, damit in der Zusammenarbeit zwischen Arbeitgeber und Betriebsrat ein „luftleerer Raum" gar nicht erst entstehen kann.

Vgl. dazu den nachfolgenden Auszug aus dem § 26 BetrVG:

„(1) Der Betriebsrat wählt aus seiner Mitte den Vorsitzenden und dessen Stellvertreter.
(2) Der Vorsitzende des Betriebsrats oder im Fall seiner Verhinderung sein Stellvertreter vertritt den Betriebsrat im Rahmen der von ihm gefassten Beschlüsse. Zur Entgegennahme von Erklärungen, die dem Betriebsrat gegenüber abzugeben sind, ist der Vorsitzende des Betriebsrats oder im Fall seiner Verhinderung sein Stellvertreter berechtigt."

Der Betriebsrat muss deshalb in seiner konstituierenden Sitzung zunächst den Vorsitzenden und dessen Stellvertreter wählen. Ansprechpartner für den Arbeitgeber ist grundsätzlich der Vorsitzende. Nur im Falle seiner Verhinderung kann der stellvertretende Vorsitzende diese Aufgaben wahrnehmen. Verhinderungsgründe sind insbesondere Krankheit und Urlaub des Vorsitzenden. Nicht aber eine kurzfristige Verhinderung.

Rechte und Aufgaben des Betriebsratsvorsitzenden

Der Vorsitzende ist in erster Linie Betriebsratsmitglied, so wie die anderen Betriebsratsmitglieder auch. Darüber hinaus hat er jedoch noch besondere Befugnisse, die ihm das Betriebsverfassungsgesetz zuweist. Dazu gehören

- Vertreten des Betriebsrats im Rahmen der gefassten Beschlüsse (§ 26 Abs. 2 BetrVG)
- Recht zur Entgegennahme von dem Betriebsrat gegenüber abzugebenden Erklärungen (ebd.)
- Einberufen der Betriebsratssitzungen, Festlegung der Tagesordnung für die Sitzungen, Leiten der Verhandlung (§ 29 Abs. 2 u. 3 BetrVG)
- Unterzeichnen der Sitzungsniederschrift (§ 34 Abs. 1 BetrVG)
- Leiten der Betriebsversammlungen (§ 42 Abs. 1 BetrVG)
- Das Recht, an Sitzungen der Jugend- und Auszubildendenvertretung teilzunehmen, sofern nicht ein anderes Betriebsratsmitglied damit beauftragt wird (vgl. § 65 Abs. 2 BetrVG)
- Mitgliedschaft kraft Amtes im Betriebsausschuss.

Aufgaben des Betriebsausschusses

Hat ein Betriebsrat neun oder mehr Mitglieder, so bildet er einen Betriebsausschuss. Er besteht aus dem Betriebsratsvorsitzenden, dessen Stellvertreter und bei Betriebsräten mit 9 bis 15 Mitgliedern aus drei weiteren Ausschussmitgliedern.

In § 27 Abs. 1 BetrVG heißt es im Einzelnen:

> „Hat ein Betriebsrat neun oder mehr Mitglieder, so bildet er einen Betriebsausschuss. Der Betriebsausschuss besteht aus dem Vorsitzenden des Betriebsrats, dessen Stellvertreter und bei Betriebsräten mit
> 9 bis 15 Mitgliedern aus 3 weiteren Ausschussmitgliedern,
> 17 bis 23 Mitgliedern aus 5 weiteren Ausschussmitgliedern,
> 25 bis 35 Mitgliedern aus 7 weiteren Ausschussmitgliedern,
> 37 oder mehr Mitgliedern aus 9 weiteren Ausschussmitgliedern."

Die weiteren Ausschussmitglieder werden vom Betriebsrat aus seiner Mitte in geheimer Wahl und nach den Grundsätzen der Verhältniswahl gewählt. Der Betriebsausschuss führt die laufenden Geschäfte des Betriebsrats. Der Betriebsrat kann dem Betriebsausschuss Aufgaben zur selbstständigen Erledigung übertragen, allerdings nicht den Abschluss von Betriebsvereinbarungen (§ 27 Abs. 3 BetrVG).

Ist ein Betriebsausschuss gebildet, so kann der Betriebsrat weitere Ausschüsse bilden und ihnen bestimmte Aufgaben übertragen. Bei der Heinrich KG ist ein Betriebsausschuss installiert.

Aufgaben des Wirtschaftsausschusses

Nach dem Betriebsverfassungsgesetz muss der Betriebsrat eines Unternehmens ab einer Mitarbeiteranzahl von mehr als 100 einen Wirtschaftsausschuss einrichten. Dieser Wirtschaftsausschuss ist kein Mitbestimmungsorgan, sondern lediglich ein Informations- und Beratungsgremium, das nach § 106 BetrVG folgende Aufgaben zu erfüllen hat:

- Die Zusammenarbeit und Information zwischen dem Unternehmer und dem Betriebsrat in wirtschaftlichen Angelegenheiten fördern. – Fragen der Unternehmenspolitik sollen in diesem Gremium frühzeitig besprochen und abgeklärt werden, bevor aufgrund konkreter Planung die Unterrichts- und Beratungsrechte des Betriebsrats Platz greifen.
- Dem Betriebsrat unverzüglich und vollständig über jede Sitzung berichten.

Das Gremium besteht aus drei bis sieben Mitgliedern, die dem Unternehmen angehören müssen, darunter mindestens einem Betriebsratsmitglied. Die Mitglieder sollen die zur Erfüllung ihrer Aufgaben erforderliche fachliche und persönliche Eignung besitzen (vgl. § 107 Abs. 1 BetrVG). Sie werden vom Betriebsrat für die Dauer seiner Amtszeit bestimmt.

Der Wirtschaftsausschuss soll monatlich einmal zusammentreten. An den Sitzungen des Gremiums hat der Unternehmer oder sein Vertreter teilzunehmen (vgl. § 108 Abs. 1 u. 2 BetrVG).

Der Unternehmer oder sein Vertreter hat den Wirtschaftsausschuss rechtzeitig und umfassend über die wirtschaftlichen Angelegenheiten des Unternehmens unter Vorlage der erforderlichen Unterlagen zu unterrichten, soweit dadurch nicht die Betriebs- und Geschäftsgeheimnisse des Unternehmens gefährdet werden, sowie die sich daraus ergebenden Auswirkungen auf die Personalplanung darzustellen (vgl. § 106 Abs. 2 BetrVG).

Wirtschaftliche Angelegenheiten umfassen auch die personelle und soziale Seite. Nachfolgender Katalog ist lediglich exemplarisch und erschöpfend, da in NR. 10 eine „Generalklausel" besteht. Eine Verletzung stellt eine Ordnungswidrigkeit gemäß § 121 BetrVG dar. Parallel kommt auch § 23 Abs. 3 BetrVG in Betracht. Zu den wirtschaftlichen Angelegenheiten im Sinne dieser Vorschrift gehören insbesondere

1. die wirtschaftliche und finanzielle Lage des Unternehmens;
2. die Produktions- und Absatzlage;
3. das Produktions- und Investitionsprogramm;
4. Rationalisierungsvorhaben;
5. Fabrikations- und Arbeitsmethoden, insbesondere die Einführung neuer Arbeitsmethoden;

5a. Fragen des betrieblichen Umweltschutzes;
5b. Fragen der unternehmerischen Sorgfaltspflichten in Lieferketten gemäß dem Lieferkettensorgfaltspflichtengesetz;
6. die Einschränkung oder Stilllegung von Betrieben oder von Betriebsteilen;
7. die Verlegung von Betrieben oder Betriebsteilen;
8. der Zusammenschluss oder die Spaltung von Unternehmen und Betrieben;
9. die Änderung der Betriebsorganisation oder des Betriebszwecks;
9a. die Übernahme des Unternehmens, wenn hiermit der Erwerb der Kontrolle verbunden ist, sowie
10. sonstige Vorgänge und Vorhaben, welche die Interessen der Arbeitnehmer des Unternehmens wesentlich berühren können (vgl. § 106 Abs. 3 BetrVG).

Die Tätigkeit im Wirtschaftsausschuss ist ehrenamtlich. Zeitversäumnisse aufgrund der Tätigkeit im Wirtschaftsausschuss berechtigen den Arbeitgeber allerdings nicht zu Minderungen des Arbeitsentgelts. Die durch die Tätigkeit des Wirtschaftsausschusses entstehenden Kosten trägt der Arbeitgeber.

Sitzung des Betriebsrats

Die Sitzungen des Betriebsrats finden in der Regel während der Arbeitszeit statt. Sie werden vom Betriebsratsvorsitzenden einberufen. Er setzt die Tagesordnung fest und leitet die Verhandlung (vgl. § 29 Abs. 2 BetrVG). Der Betriebsrat hat bei der Ansetzung von Betriebsratssitzungen auf die betrieblichen Notwendigkeiten Rücksicht zu nehmen. Der Arbeitgeber ist vom Zeitpunkt der Sitzung vorher zu verständigen. Die Sitzungen des Betriebsrats sind nicht öffentlich (vgl. § 30 BetrVG). Sie finden als Präsenzsitzung statt (§ 30 BetrVG).

Abweichend hiervon kann die Teilnahme an einer Betriebsratssitzung mittels Video- und Telefonkonferenz erfolgen, wenn

- die Voraussetzungen für eine solche Teilnahme in der Geschäftsordnung unter Sicherung des Vorrangs der Präsenzsitzung festgelegt sind,
- nicht mindestens ein Viertel der Mitglieder des Betriebsrats binnen einer vom Vorsitzenden zu bestimmenden Frist diesem gegenüber widerspricht und
- sichergestellt ist, dass Dritte vom Inhalt der Sitzung keine Kenntnis nehmen können.

Eine Aufzeichnung der Sitzung ist unzulässig.

Erfolgt die Betriebsratssitzung mit der zusätzlichen Möglichkeit der Teilnahme mittels Video- und Telefonkonferenz, gilt auch eine Teilnahme vor Ort als erforderlich.

Auf Antrag von einem Viertel der Mitglieder des Betriebsrats kann ein Beauftragter einer im Betriebsrat vertretenen Gewerkschaft an den Sitzungen beratend teilnehmen; in diesem Fall sind der Zeitpunkt der Sitzung und die Tagesordnung der Gewerkschaft rechtzeitig mitzuteilen (vgl. § 31 BetrVG).

Die Beschlüsse des Betriebsrats werden in der Regel mit der Mehrheit der Stimmen der anwesenden Mitglieder gefasst. Betriebsratsmitglieder, die mittels Video- und Telefonkonferenz an der Beschlussfassung teilnehmen, gelten als anwesend. Bei Stimmengleichheit ist ein Antrag abgelehnt. Der Betriebsrat ist nur beschlussfähig, wenn mindestens die Hälfte der Betriebsratsmitglieder an der Beschlussfassung teilnimmt. Stellvertretung durch Ersatzmitglieder ist zulässig (vgl. § 33 BetrVG).

Über jede Verhandlung des Betriebsrats ist eine Niederschrift aufzunehmen, die mindestens den Wortlaut der Beschlüsse und die Stimmenmehrheit, mit der sie gefasst sind, enthält. Die Niederschrift ist von dem Vorsitzenden und einem weiteren Mitglied zu unterzeichnen. Der Niederschrift ist eine Anwesenheitsliste beizufügen, in die sich jeder Teilnehmer eigenhändig einzutragen hat. Nimmt ein Betriebsratsmitglied mittels Video- und Telefonkonferenz an der Sitzung teil, so hat er seine Teilnahme gegenüber dem Vorsitzenden in Textform zu bestätigen. Die Bestätigung ist der Niederschrift beizufügen(vgl. § 34 BetrVG).

Beschlüsse des Betriebsrats können grundsätzlich nur auf einer ordnungsgemäßen Sitzung des Betriebsrats gefasst werden. Eine Beschlussfassung im Umlaufverfahren ist unzulässig. Die Betriebsratsmitglieder stimmen grundsätzlich gemeinsam ab. Das einzelne Betriebsratsmitglied ist bei seiner Stimmabgabe nicht an Weisungen oder Aufträge gebunden, sondern es gibt seine Stimme in eigener Verantwortung ab.

Ein Beschluss des Betriebsrats kann, solange er noch keine Außenwirkung entfaltet hat, zum Beispiel durch die Mitteilung an den Arbeitgeber, jederzeit durch einen anderen Beschluss des Betriebsrats geändert oder aufgehoben werden.

Sobald ein Betriebsratsbeschluss jedoch Außenwirkungen entfaltet hat, kann dieser Beschluss nicht mehr aufgehoben oder geändert werden.

Aussetzung von Beschlüssen

Erachtet die Mehrheit der Vertreter einer Gruppe oder der Jugend- und Auszubildendenvertretung einen Beschluss des Betriebsrats als eine erhebliche Beeinträchtigung wichtiger Interessen der durch sie vertretenen Arbeitnehmer, so ist auf ihren Antrag der Beschluss auf die Dauer von einer Woche vom Zeitpunkt der Beschlussfassung an auszusetzen, damit in dieser Frist eine Verständigung, gegebenenfalls mithilfe der im Betrieb vertretenen Gewerkschaften, versucht werden kann. Nach Ablauf dieser Frist ist über die Angelegenheit neu zu beschließen.

Betriebsrat als Ehrenamt

Die Mitglieder des Betriebsrats führen ihr Amt unentgeltlich als Ehrenamt. Sie sind von ihrer beruflichen Tätigkeit ohne Minderung des Arbeitsentgelts zu befreien, wenn und soweit es nach Umfang und Art des Betriebs zur ordnungsgemäßen Durchführung ihrer Aufgaben erforderlich ist.

Verhältniswahlrecht bei Besetzung der BR-Funktionen

Die freizustellenden Betriebsratsmitglieder werden nach Beratung mit dem Arbeitgeber vom Betriebsrat aus seiner Mitte in geheimer Wahl gewählt. Freigestellte Betriebsratsmitglieder dürfen von inner- und außerbetrieblichen Maßnahmen der Berufsbildung nicht ausgeschlossen werden (vgl. § 38 BetrVG).

Entgegen der Forderung der Gewerkschaften bleibt es hinsichtlich der Bestimmung der freizustellenden Betriebsräte und bei der Besetzung der Ausschüsse beim sog. Verhältniswahlrecht; somit muss der Betriebsrat ggfs. eine Minderheitenliste berücksichtigen, wenn diese einen Sitz in einem Ausschuss oder eine Freistellung beanspruchen kann (§§ 27 Abs. 1, 28 Abs. 1, 38 Abs. 2 BetrVG).

Einbeziehung von Sachverständigen

Die Hinzuziehung von kompetenten Sachverständigen (Rechtsberater oder Wirtschaftsprüfer) als „Auskunftspersonen“ durch den Betriebsrat ist möglich (vgl. § 80 Abs. 2 BetrVG). Diese können auch an Verhandlungen teilnehmen.

Jedes Mitglied des Betriebsrats hat während seiner regelmäßigen Amtszeit Anspruch auf bezahlte Freistellung für insgesamt drei Wochen zur Teilnahme an Schulungs- und Bildungsveranstaltungen, die von der zuständigen obersten Arbeitsbehörde des Landes nach Beratung mit den Spitzenorganisationen der Gewerkschaften und der Arbeitgeberverbände als geeignet anerkannt sind (vgl. § 37 BetrVG).

Besonderer Kündigungsschutz

Nach § 15 des Kündigungsschutzgesetzes ist die Kündigung eines Mitglieds eines Betriebsrats und innerhalb eines Jahres nach Beendigung der Amtszeit unzulässig. Es sei denn, dass Tatsachen vorliegen, die den Arbeitgeber zur Kündigung aus wichtigem Grund ohne Einhaltung einer Kündigungsfrist berechtigen, und dass die nach § 103 des Betriebsverfassungsgesetzes erforderliche Zustimmung vorliegt oder durch gerichtliche Entscheidung ersetzt ist.

Allgemeine Aufgaben des Betriebsrats (siehe hierzu § 80 BetrVG)

- Überwachung, dass die zugunsten der Arbeitnehmer geltenden Gesetze, Verordnungen, Unfallverhütungsvorschriften, Tarifverträge und Betriebsvereinbarungen durchgeführt werden.
- Förderung der Vereinbarkeit von Familie und Erwerbstätigkeit.
- Wahl einer Jugend- und Auszubildendenvertretung vorzubereiten und durchzuführen.
- Entgegennahme von Anregungen und Beschwerden von Arbeitnehmern und der Jugend- und Auszubildendenvertretung, falls diese berechtigt erscheinen.

- Förderung und Eingliederung Schwerbehinderter und sonstiger schutzbedürftiger Personen.
- Förderung der Integration ausländischer Arbeitnehmer im Betrieb sowie Beantragung von Maßnahmen zur Bekämpfung von Rassismus und Fremdenfeindlichkeit im Betrieb.
- Förderung der Durchsetzung der Gleichstellung von Frauen und Männern, speziell bei der Einstellung, Beschäftigung, Aus-, Fort- und Weiterbildung und dem beruflichen Aufstieg.
- Förderung der Maßnahmen des Arbeitsschutzes und des betrieblichen Umweltschutzes.
- Förderung und Sicherung der Beschäftigung im Betrieb.

Informationsrecht

Der Arbeitgeber hat den Betriebsrat über geplante personelle Maßnahmen rechtzeitig und umfassend zu informieren. Unter die Informationspflicht fallen auch geplante technische und organisatorische Veränderungen. Die Information hat so frühzeitig zu erfolgen, dass der Betriebsrat weitergehende, ihm zustehende Rechte wahrnehmen kann.

Mitspracherecht/Beratungsrecht

Der Arbeitgeber muss sich die Argumente des Betriebsrats anhören und in seine Entscheidungen mit einbeziehen.

Widerspruchsrecht/Beteiligungsrecht

- Vor jeder Kündigung ist zwingend der Betriebsrat anzuhören.
- Der Betriebsrat muss vor jeder Einstellung, Ein- oder Umgruppierung sowie Versetzung angehört werden.

Mitbestimmungsrecht

Der Betriebsrat hat ein Mitbestimmungsrecht bei der Gestaltung von Personalfragebogen, Beurteilungsgrundsätzen und Maßnahmen der betrieblichen Fortbildung.

Zudem hat der Betriebsrat auch bei folgenden Punkten ein Mitbestimmungsrecht:

- Lohngestaltung (insbesondere Gehaltsgrundsätze, Gehaltsstufen)
- Leistungsbezogenes Entgelt (beispielshalber Leistungsprämien)
- Arbeitszeiten (zum Beispiel Pausenregelung oder Gleitzeit)
- Vorübergehende Verkürzung oder Verlängerung der Arbeitszeit (Kurzarbeit, Überstunden)
- Gruppenarbeit
- Unfallverhütung
- Urlaubsregelung
- Ordnung im Betrieb (etwa Parkplatzvergabe, Videoüberwachung, Ethikgrundsätze)

Diese Punkte sind oft Bestandteil einer **Betriebsvereinbarung** und gelten dann zwingend für alle Beschäftigten, soweit nicht einzelne Bereiche oder Beschäftigtengruppen ausgenommen sind.

Material 2: Vorlage Mindmap

Aufgaben des Betriebsrates nach § 80 BetrVG

7 Die Jugend- und Auszubildendenvertretung (JAV) erkunden

Schulbuch Kap. 1.2

Situation:

„Und wo bleiben wir Auszubildende", fragt Sonja Schneider nach den langen Ausführungen über den Betriebsrat, *„haben wir gar keine Möglichkeiten uns zu organisieren und unsere Interessen gemeinsam zu vertreten? Wir haben zwar keine minderjährigen Arbeitnehmer im Betrieb, aber immerhin gibt es doch bei uns elf Auszubildende, deren Durchschnittsalter bei ca. 20 Jahren liegt."*

Heinrich KG
Büromöbel und Zubehör

„Doch, ich glaube schon", meint Tatjana, eine andere Auszubildende der Heinrich KG, *„ich bin aber nicht sicher wie. Jedenfalls bin ich gleich gefragt worden, ob ich nicht kandidieren wolle, obwohl ich gar nicht wusste, wofür und was ich dann für ein Amt übernehmen würde."*

Frau Gehrke, die das Gespräch der beiden Auszubildenden mitbekommen hat, schaltet sich ein und übergibt ihnen einen Informationstext zur Jugend- und Auszubildendenvertretung (Material 1).

Arbeitsaufträge:

1. Stellen Sie fest, wann in einem Betrieb eine Jugend- und Auszubildendenvertretung (JAV) gebildet werden kann!

2. Nennen Sie die wichtigsten Bestimmungen zur Wahl einer JAV!

- ➤
- ➤
- ➤
- ➤
- ➤

3. Identifizieren Sie die allgemeinen Aufgaben der JAV laut § 70 BetrVG!

➤ ______________________________

____

➤ ______________________________

____

➤ ______________________________

____

➤ ______________________________

____

➤ ______________________________

____

4. Erläutern Sie kurz, ob bei der Heinrich KG eine JAV gewählt werden kann!

Wahl einer JVA möglich (ja/nein)?	**Begründung**

5. Erläutern Sie, ob in Ihrem Ausbildungsbetrieb eine JAV existiert oder ob eine JAV eingerichtet werden könnte!

____

____

____

____

____

____

____

6. Sind Sie dazu bereit, aktiv in einer JAV mitzuarbeiten und unter Umständen sogar ein Amt zu übernehmen? Begründen Sie mit mindestens drei Argumenten, weshalb Sie sich für oder gegen Ihre persönliche Mitarbeit in einer JAV entscheiden!

Ich entscheide mich

☐ für

☐ gegen

eine persönliche Mitarbeit in einer JAV.

Pro-Argumente	Kontra-Argumente
➤ ______	➤ ______
______	______
______	______
➤ ______	➤ ______
______	______
______	______
➤ ______	➤ ______
______	______
______	______

Persönliche Begründung:

Material 1: Informationsschreiben der Kanzlei Paulus & Partner

KANZLEI
§ PAULUS & PARTNER

Die Jugend- und Auszubildendenvertretung

In § 60 BetrVG heißt es:

„(1) In Betrieben mit in der Regel mindestens fünf Arbeitnehmern, die das 18. Lebensjahr noch nicht vollendet haben (jugendliche Arbeitnehmer) oder die zu ihrer Berufsausbildung beschäftigt sind, werden Jugend- und Auszubildendenvertretungen gewählt.

(2) Die Jugend- und Auszubildendenvertretung nimmt nach Maßgabe der folgenden Vorschriften die besonderen Belange der in Absatz 1 genannten Arbeitnehmer wahr."

Zur Verbesserung der Chancen der Minderheiten soll die JAV – wie der Betriebsrat – nach den Grundsätzen der Verhältniswahl gewählt werden. Wenn nur ein Wahlvorschlag eingereicht wird oder die Jugend- und Auszubildendenvertretung nur aus einer Person besteht, soll die Wahl nach den Grundsätzen der Mehrheitswahl erfolgen. Das vereinfachte Wahlverfahren gilt auch für die JAV (§ 63 Abs. 4). Das betrifft Betriebe mit 5 bis 100 zur JAV wahlberechtigten Beschäftigten. Bei 101 bis 200 Wahlberechtigten kann das vereinfachte Wahlverfahren mit dem Arbeitgeber vereinbart werden.

Die Jugend- und Auszubildendenvertretung kann vor oder nach jeder Betriebsversammlung im Einvernehmen mit dem Betriebsrat eine eigene Jugend- und Auszubildendenversammlung einberufen. Im Einverständnis mit Betriebsrat und Arbeitgeber kann eine Versammlung auch zu einem anderen Zeitpunkt stattfinden.

Die **Zahl der Jugend- und Auszubildendenvertreter** ist in § 62 BetrVG wie folgt geregelt:

„(1) Die Jugend- und Auszubildendenvertretung besteht in Betrieben mit in der Regel

5 bis	20 der in § 60 Abs. 1 genannten Arbeitnehmer aus	einer Person,
21 bis	50 der in § 60 Abs. 1 genannten Arbeitnehmer aus	3 Mitgliedern,
51 bis	150 der in § 60 Abs. 1 genannten Arbeitnehmer aus	5 Mitgliedern,
151 bis	300 der in § 60 Abs. 1 genannten Arbeitnehmer aus	7 Mitgliedern,
301 bis	500 der in § 60 Abs. 1 genannten Arbeitnehmer aus	9 Mitgliedern,
501 bis	700 der in § 60 Abs. 1 genannten Arbeitnehmer aus	11 Mitgliedern,
701 bis	1.000 der in § 60 Abs. 1 genannten Arbeitnehmer aus	13 Mitgliedern,
mehr als	1.000 der in § 60 Abs. 1 genannten Arbeitnehmer aus	15 Mitgliedern."

Die **Zusammensetzung der Jugend- und Auszubildendenvertretung** regelt § 62 BetrVG so:

...

„(2) Die Jugend- und Auszubildendenvertretung soll sich möglichst aus Vertretern der verschiedenen Beschäftigungsarten und Ausbildungsberufe der im Betrieb tätigen in § 60 Abs. 1 BetrVG genannten Arbeitnehmer zusammensetzen.

(3) Das Geschlecht das unter den in § 60 Abs. 1 BetrVG genannten Arbeitnehmern in der Minderheit ist, muss mindestens entsprechend seinem zahlenmäßigen Verhältnis in der Jugend- und Auszubildendenvertretung vertreten sein, wenn diese aus mindestens 3 Mitgliedern besteht."

Die neue Jugend- und Auszubildendenvertretung ist ein dem Betriebsrat zuarbeitendes Organ.

Die regelmäßigen **Wahlen der Jugend- und Auszubildendenvertretung** finden alle zwei Jahre in der Zeit vom 1. Oktober bis zum 30. November statt. Die regelmäßige Amtszeit der Jugend- und Auszubildendenvertretung beträgt zwei Jahre. Ein Mitglied der Jugend- und Auszubildendenvertretung, das im Laufe der Amtszeit das 25. Lebensjahr vollendet oder sein Berufsausbildungsverhältnis beendet, bleibt bis zum Ende der Amtszeit Mitglied der Jugend- und Auszubildendenvertretung (§ 64 BetrVG).

Die Jugend- und Auszubildendenvertretung kann nach Verständigung des Betriebsrats Sitzungen abhalten; § 29 BetrVG gilt entsprechend. An diesen Sitzungen kann der Betriebsratsvorsitzende oder ein beauftragtes Betriebsratsmitglied teilnehmen. Ihre **Rechte und Aufgaben** sind vor allem in den folgenden Paragrafen niedergelegt:

§ 66 BetrVG Aussetzung von Beschlüssen des Betriebsrats

(1) Erachtet die Mehrheit der Jugend- und Auszubildendenvertreter einen Beschluss des Betriebsrats als eine erhebliche Beeinträchtigung wichtiger Interessen der in § 60 Abs. 1 BetrVG genannten Arbeitnehmer, so ist auf ihren Antrag der Beschluss auf die Dauer von einer Woche auszusetzen, damit in dieser Frist eine Verständigung, gegebenenfalls mithilfe der im Betrieb vertretenen Gewerkschaften, versucht werden kann.

(2) Wird der erste Beschluss bestätigt, so kann der Antrag auf Aussetzung nicht wiederholt werden; dies gilt auch, wenn der erste Beschluss nur unerheblich geändert wird.

§ 67 BetrVG Teilnahme an Betriebsratssitzungen

(1) Die Jugend- und Auszubildendenvertretung kann zu allen Betriebsratssitzungen einen Vertreter entsenden. Werden Angelegenheiten behandelt, die besonders die in § 60 Abs. 1 BetrVG genannten Arbeitnehmer betreffen, so hat zu diesen Tagesordnungspunkten die gesamte Jugend- und Auszubildendenvertretung ein Teilnahmerecht.

(2) Die Jugend- und Auszubildendenvertreter haben Stimmrecht, soweit die zu fassenden Beschlüsse des Betriebsrats überwiegend die in § 60 Abs. 1 BetrVG genannten Arbeitnehmer betreffen.

(3) Die Jugend- und Auszubildendenvertretung kann beim Betriebsrat beantragen, Angelegenheiten, die besonders die in § 60 Abs. 1 BetrVG genannten Arbeitnehmer betreffen und über die sie beraten hat, auf die nächste Tagesordnung zu setzen. Der Betriebsrat soll Angelegenheiten, die besonders die in § 60 Abs. 1 BetrVG genannten Arbeitnehmer betreffen, der Jugend- und Auszubildendenvertretung zur Beratung zuleiten.

§ 68 BetrVG Teilnahme an gemeinsamen Besprechungen

Der Betriebsrat hat die Jugend- und Auszubildendenvertretung zu Besprechungen zwischen Arbeitgeber und Betriebsrat hinzuzuziehen, wenn Angelegenheiten behandelt werden, die besonders die in § 60 Abs. 1 BetrVG genannten Arbeitnehmer betreffen.

§ 69 BetrVG Sprechstunden

In Betrieben, die in der Regel mehr als fünfzig der in § 60 Abs. 1 BetrVG genannten Arbeitnehmer beschäftigen, kann die Jugend- und Auszubildendenvertretung Sprechstunden während der Arbeitszeit einrichten. Zeit und Ort sind durch Betriebsrat und Arbeitgeber zu vereinbaren. § 39 Abs. 1 Satz 3 und 4 und Abs. 3 BetrVG gilt entsprechend. An den Sprechstunden der Jugend- und Auszubildendenvertretung kann der Betriebsratsvorsitzende oder ein beauftragtes Betriebsratsmitglied beratend teilnehmen.

§ 70 BetrVG Allgemeine Aufgaben

(1) Die Jugend- und Auszubildendenvertretung hat folgende allgemeine Aufgaben:

1. Maßnahmen, die den in § 60 Abs. 1 BetrVG genannten Arbeitnehmern dienen, insbesondere in Fragen der Berufsbildung und der Übernahme der zu ihrer Berufsausbildung Beschäftigten in ein Arbeitsverhältnis beim Betriebsrat zu beantragen;

1 a. Maßnahmen zur Durchsetzung der tatsächlichen Gleichstellung der in § 60 Abs. 1 BetrVG genannten Arbeitnehmer entsprechend § 80 Abs. 1 Nr. 2 a und 2 b BetrVG beim Betriebsrat zu beantragen;

2. darüber zu wachen, dass die zugunsten der in § 60 Abs. 1 BetrVG genannten Arbeitnehmer geltenden Gesetze, Verordnungen, Unfallverhütungsvorschriften, Tarifverträge und Betriebsvereinbarungen durchgeführt werden;

3. Anregungen von in § 60 Abs. 1 BetrVG genannten Arbeitnehmern, insbesondere in Fragen der Berufsbildung, entgegenzunehmen und, falls sie berechtigt erscheinen, beim Betriebsrat auf eine Erledigung hinzuwirken. Die Jugend- und Auszubildendenvertretung hat die betroffenen in § 60 Abs. 1 BetrVG genannten Arbeitnehmer über den Stand und das Ergebnis der Verhandlungen zu informieren;

4. die Integration ausländischer, in § 60 Abs. 1 BetrVG genannter Arbeitnehmer im Betrieb zu fördern und entsprechende Maßnahmen beim Betriebsrat zu beantragen.

(2) Zur Durchführung ihrer Aufgaben ist die Jugend- und Auszubildendenvertretung durch den Betriebsrat rechtzeitig und umfassend zu unterrichten. Die Jugend- und Auszubildendenvertretung kann verlangen, dass ihr der Betriebsrat die zur Durchführung ihrer Aufgaben erforderlichen Unterlagen zur Verfügung stellt.

Schulbuch Kap. 1.3

8 Das Jugendarbeitsschutzgesetz anwenden

Situation:

Sonja Schneider kommt heute sehr aufgewühlt in den Ausbildungsbetrieb. Frau Gehrke registriert dies und fragt die Auszubildende nach dem Grund. Sonja überlegt kurz und schildert dann, dass ihre beste Freundin, die 16-jährige Anke Adler, Auszubildende bei der Peter Peinlich GmbH ist. Anke ging am Donnerstag nach dem 6-stündigen Berufsschulunterricht nicht mehr zurück in den Betrieb. Am Freitag wurde sie zur Geschäftsleitung zitiert, wo sich folgender Dialog abspielte:

Peter Peinlich: *„Frau Adler, so geht das nicht. Sie können froh sein, einen Ausbildungsplatz bekommen zu haben. Ich habe gestern auf Sie gewartet. In Zukunft erscheinen Sie regelmäßig und pünktlich zur Arbeit, und zwar auch dann, wenn Sie vormittags Schule gehabt haben. Ist das klar?"*

Anke Adler: *„Ja, aber ich dachte, nach der Berufsschule brauche ich nicht mehr zur Arbeit zu kommen. Die anderen Auszubildenden sind auch nicht mehr in die Ausbildungsbetriebe gegangen und außerdem hatten wir ziemlich viele Hausaufgaben auf."*

Peter Peinlich: *„Nun, da haben Sie eben falsch gedacht. Und eines merken Sie sich bitte: Wenn das noch einmal vorkommen sollte, dann haben Sie bald ganz frei. So, hier liegen einige Rechnungen und warten darauf, pünktlich verschickt zu werden. Ich denke, Sie verzichten heute auf Ihre Pausen und holen die versäumte Zeit nach."*

Anke Adler: *„Ja, ist ja schon gut. Es wird bestimmt nicht wieder vorkommen, dass ich nach der Berufsschule nicht mehr zur Arbeit komme."*

Peter Peinlich: *„Übrigens, ich habe Ihren Urlaubsantrag für den nächsten Monat leider kürzen müssen. Ihnen steht nur ein Jahresurlaub von 21 Tagen zu und da haben Sie in diesem Jahr nur noch 9 Tage."*

Anke Adler: *„Ja aber ich dachte, das sei ein Schreibfehler im Ausbildungsvertrag. Ich bin doch erst 16, habe ich da nicht mehr Urlaub? Ich meine, in der Berufsschule wurde so etwas gesagt."*

Peter Peinlich: *„Was denn? Haben Sie eine Ahnung, wie viel Urlaub ich als ‚Stift' hatte? Insgesamt ganze 10 Tage! Sie wissen gar nicht, wie gut Sie es haben. Ach ja, noch etwas: Sie haben sicher davon gehört, dass nachdem die firmeninternen Abläufe analysiert und EDV-technisch umgesetzt wurden, nun ein ERP-System[1] eingeführt werden soll. Für die Geschäftsleitung und die Abteilungsleitungen ergibt sich dadurch ein schneller, aktueller und flexibler Zugriff auf sämtliche unternehmensrelevante Daten, um daraus wichtige Entscheidungsgrundlagen zeitnah ableiten zu können. In der nächsten Woche müssen Sie daher am Montag und Dienstag jeweils drei Stunden länger im Betrieb bleiben. Die Überstunden bekommen Sie natürlich bezahlt. Das Geld können Sie doch sicher gut gebrauchen?"*

Anke Adler: *„Das stimmt, da ich mir einen Tablet-PC kaufen will. Aber am Dienstag passt es mir ganz schlecht. Können wir das nicht auf Mittwoch verschieben?"*

Peter Peinlich: *„Völlig ausgeschlossen, es muss bei Montag und Dienstag bleiben."*

Sonja ist empört darüber, wie Peter Peinlich mit ihrer besten Freundin umgeht, und fragt Frau Gehrke, ob das denn wirklich so korrekt sei. Diese erklärt Sonja, dass für Anke Adler das Gesetz zum Schutz der arbeitenden Jugend (Jugendarbeitsschutzgesetz) gilt und bittet Sonja, sich zunächst mit diesem Gesetz vertraut zu machen und dann Rücksprache mit ihr zu nehmen.

1 Der Begriff ERP steht für Enterprise Resource Planning und bezieht sich auf Softwarelösungen, die für die Planung und Verwaltung der Ressourcen eines Unternehmens entwickelt worden sind. ERP-Systeme werden in kleinen und mittelständischen Unternehmen eingesetzt. Die vorhandenen Ressourcen eines Betriebes in Form von Kapital, Betriebsmittel und Personal werden mithilfe der verschiedenen Programmmodule, aus denen sich ein ERP-System zusammensetzt, gesteuert, kontrolliert und koordiniert.

Arbeitsaufträge:

1. Erarbeiten Sie mithilfe des Materials 2 aus Situation 2 (siehe S. 26) und dem nachfolgenden Auszug aus dem Jugendarbeitsschutzgesetz (Material 1) die Grundlagen zu den folgenden Punkten:

Arbeitszeit bzw. Ausbildungszeit – was ist das und wie lange dauert sie?	
Urlaubsanspruch – gibt es da bei Jugendlichen Unterschiede?	

Berufsschulunterricht – und dann zurück in den Betrieb?	
Pausen – was ist für Jugendliche damit gemeint?	
Freizeit – wie ist die für Jugendliche genau geregelt?	
Nachtarbeit – wenn die Sterne funkeln?	

Material 1: Auszug aus dem Jugendarbeitsschutzgesetz (JArbSchG)

§ 1 Geltungsbereich

(1) Dieses Gesetz gilt in der Bundesrepublik Deutschland und in der ausschließlichen Wirtschaftszone für die Beschäftigung von Personen, die noch nicht 18 Jahre alt sind,

1. in der Berufsausbildung, ...

siehe auch Material 2 aus Situation 2, S. 26!

§ 2 Kind, Jugendlicher

(1) Kind im Sinne dieses Gesetzes ist, wer noch nicht 15 Jahre alt ist.

(2) Jugendlicher im Sinne dieses Gesetzes ist, wer 15, aber noch nicht 18 Jahre alt ist.

(3) Auf Jugendliche, die der Vollzeitschulpflicht unterliegen, finden die für Kinder geltenden Vorschriften Anwendung.

§ 3 Arbeitgeber

Arbeitgeber im Sinne dieses Gesetzes ist, wer ein Kind oder einen Jugendlichen gemäß § 1 beschäftigt.

...

§ 11 Ruhepausen, Aufenthaltsräume

(1) Jugendlichen müssen im Voraus feststehende Ruhepausen von angemessener Dauer gewährt werden. Die Ruhepausen müssen mindestens betragen

1. 30 Minuten bei einer Arbeitszeit von mehr als viereinhalb bis zu sechs Stunden,
2. 60 Minuten bei einer Arbeitszeit von mehr als sechs Stunden.

Als Ruhepause gilt nur eine Arbeitsunterbrechung von mindestens 15 Minuten.

(2) Die Ruhepausen müssen in angemessener zeitlicher Lage gewährt werden, frühestens eine Stunde nach Beginn und spätestens eine Stunde vor Ende der Arbeitszeit. Länger als viereinhalb Stunden hintereinander dürfen Jugendliche nicht ohne Ruhepause beschäftigt werden. ...

§ 19 Urlaub

(1) Der Arbeitgeber hat Jugendlichen für jedes Kalenderjahr einen bezahlten Erholungsurlaub zu gewähren.

(2) Der Urlaub beträgt jährlich

1. mindestens 30 Werktage, wenn der Jugendliche zu Beginn des Kalenderjahrs noch nicht 16 Jahre alt ist,
2. mindestens 27 Werktage, wenn der Jugendliche zu Beginn des Kalenderjahrs noch nicht 17 Jahre alt ist,
3. mindestens 25 Werktage, wenn der Jugendliche zu Beginn des Kalenderjahrs noch nicht 18 Jahre alt ist.

Jugendliche, die im Bergbau unter Tage beschäftigt werden, erhalten in jeder Altersgruppe einen zusätzlichen Urlaub von drei Werktagen.

(3) Der Urlaub soll Berufsschülern in der Zeit der Berufsschulferien gegeben werden. Soweit er nicht in den Berufsschulferien gegeben wird, ist für jeden Berufsschultag, an dem die Berufsschule während des Urlaubs besucht wird, ein weiterer Urlaubstag zu gewähren.

...

§ 21 Ausnahmen in besonderen Fällen

(1) Die §§ 8 und 11 bis 18 finden keine Anwendung auf die Beschäftigung Jugendlicher mit vorübergehenden und unaufschiebbaren Arbeiten in Notfällen, soweit erwachsene Beschäftigte nicht zur Verfügung stehen.

(2) Wird in den Fällen des Absatzes 1 über die Arbeitszeit des § 8 hinaus Mehrarbeit geleistet, so ist sie durch entsprechende Verkürzung der Arbeitszeit innerhalb der folgenden drei Wochen auszugleichen.

§ 28 Menschengerechte Gestaltung der Arbeit

(1) Der Arbeitgeber hat bei der Einrichtung und der Unterhaltung der Arbeitsstätte einschließlich der Maschinen, Werkzeuge und Geräte und bei der Regelung der Beschäftigung die Vorkehrungen und Maßnahmen zu treffen, die zum Schutz der Jugendlichen gegen Gefahren für Leben und Gesundheit sowie zur Vermeidung einer Beeinträchtigung der körperlichen oder seelisch-geistigen Entwicklung der Jugendlichen erforderlich sind. ...

...

§ 51 Aufsichtsbehörde, Besichtigungsrechte und Berichtspflicht

(1) Die Aufsicht über die Ausführung dieses Gesetzes und der auf Grund dieses Gesetzes erlassenen Rechtsverordnungen obliegt der nach Landesrecht zuständigen Behörde (Aufsichtsbehörde). ...

§ 58 Bußgeld- und Strafvorschriften

...

(4) Die Ordnungswidrigkeit kann mit einer Geldbuße bis zu dreißigtausend Euro geahndet werden.

(5) Wer vorsätzlich eine ... ein Kind, einen Jugendlichen oder ... eine Person, die noch nicht 21 Jahre alt ist, in ihrer Gesundheit oder Arbeitskraft gefährdet, wird mit Freiheitsstrafe bis zu einem Jahr oder mit Geldstrafe bestraft. ...

2. Erläutern Sie, an welchen Punkten Peter Peinlich mit seinen Äußerungen gegenüber Anke Adler gegen das Jugendarbeitsschutzgesetz verstößt.

➤ ______________________________

____

____

➤ ______________________________

____

____

➤ ______________________________

____

____

3. Entscheiden Sie, wie sich die Auszubildende Anke Adler gegenüber der Geschäftsleitung (Peter Peinlich) bzw. dem Ausbildungsbetrieb verhalten sollte.

____

____

____

4. Vervollständigen Sie das nachfolgende Strukturmodell zum Jugendarbeitsschutzgesetz.

Ziel des Gesetzes ist es, ______________________________

____

____

Das Gesetz gilt für die Beschäftigung von Personen ______________ Jahren

grundsätzliches Beschäftigungs______________	➤ Mindestalter für die Beschäftigung ➤ Bestimmungen über Arbeits- und Freizeit ➤ Beschäftigungsverbote, etwa bei gefährlichen Arbeiten, Akkordarbeit und Arbeit unter Tage ➤ Gesundheitliche Betreuung: hier insbesondere die Pflicht zur ärztlichen Erstuntersuchung

Überwachung, ob die Vorschriften eingehalten werden, durch staatliche **Gewerbeaufsichtsämter** und nach dem **Betriebsverfassungsgesetz** durch Jugendvertreter, Betriebs- und Personalräte.

§ 58 JArbSchG: ______________

9 Die Stellung des Betriebes in der arbeitsteiligen Wirtschaft

Schulbuch Kap. 2.4

Situation:

Sonja Schneider ist aufgeregt. Die geschäftsführende Gesellschafterin der Heinrich KG, Gerda Heinrich, rief gestern höchstpersönlich bei ihr in der Personalabteilung an, um sich mit ihr für den heutigen Tag zu verabreden. Frau Gehrke konnte Sonja beruhigen: *„Das ist nichts Ungewöhnliches. Frau Heinrich möchte stets wissen, was in ihrem Unternehmen vor sich geht. Daher ist sie bemüht, möglichst jeden neuen Auszubildenden der Heinrich KG in den ersten Tagen zumindest kurz kennenzulernen."*

Heinrich KG
Büromöbel und Zubehör

In der Tat ist Sonjas Nervosität unbegründet. Gerda Heinrich zeigt sich im Gespräch sehr freundlich und aufgeschlossen. Sie fragt nicht nur nach, wie Sonja nun die ersten Tage bei der Heinrich KG gefallen haben, sie erklärt auch einige Hintergründe, die Sonja so noch nicht in den Blick genommen hat.

So erklärt sie Sonja z. B., von wie vielen Akteuren der Erfolg des Unternehmens abhängt. Dabei führt sie zunächst an, wie wichtig es für die Zukunft des Unternehmens sei, auch in den nächsten Jahren hinreichend motivierte und gut ausgebildete Fachkräfte zu bekommen. Nicht umsonst investiere das Unternehmen sehr viel Geld in die Ausbildung der Mitarbeiter, da ohne sie der Erfolg der vergangenen Jahre so nicht möglich gewesen wäre.

Als wichtige Partner bezeichnet Gerda Heinrich zudem die Banken, die das Unternehmen seit der Existenzgründung vor etwa fünfzehn Jahren begleiten. Sie weist vor allem darauf hin, dass es dem Unternehmen ohne die Finanzierung durch die Banken gar nicht möglich gewesen wäre, notwendige Investitionen im Maschinenpark durchzuführen. Schließlich habe das Unternehmen durch die Absatzsteigerungen in den Anfangsjahren nicht nur neu investieren müssen, auch der vermehrte Material- und Lohnaufwand musste finanziell bewältigt werden. Außerdem musste die Heinrich KG neue Fertigungshallen pachten, um die eingehenden Aufträge zeitnah bearbeiten zu können.

Sorge bereitet Gerda Heinrich der aktuelle Preiskampf in der Büromöbelbranche. Viele der Mitbewerber lieferten sich eine regelrechte Rabattschlacht, wodurch wiederum ein hoher Druck seitens der Geschäfts- und Privatkunden auf die Heinrich KG ausgeübt werde. So sei die Erwartungshaltung zunehmend so, dass alles zum günstigsten Preis in bester Qualität in kürzester Zeit und unter Einhaltung nachhaltiger Aspekte lieferbar sein müsse. Natürlich versuche man dann, die Kompromisse, die das Unternehmen beim Verkaufspreis machen muss, beim Einkauf der Werkstoffe und Waren wieder auszugleichen.

Arbeitsaufträge:

1. Nennen Sie die von Frau Gerda Heinrich genannten Akteure, die das komplexe Betriebsgeschehen der Heinrich KG beeinflussen.

➤ ______________________ ➤ ______________________

➤ ______________________ ➤ ______________________

➤ ______________________

2. Beschreiben Sie die in der Situation aufgezeigten Beziehungen der Wirtschaftssubjekte untereinander!

____

____

____

____

3. Beschreiben Sie exemplarisch an zwei Beispielen, wie sich veränderte Aktivitäten eines Akteurs auf die Heinrich KG auswirken!

Beispiel 1:	
Beispiel 2:	

4. Die Heinrich KG ist als Unternehmen Teil des vollständigen Wirtschaftskreislaufs mit Geld- und Güterströmen. Ordnen Sie die folgenden Vorgänge entsprechend den Kennziffern zu und zeichnen Sie die Geldströme mit einer durchgehenden Linie und die Güterströme mit einer gestrichelten Linie in Material 1 ein.

Vorgänge:

1. Die Heinrich KG zahlt an ihre Mitarbeiter für die geleistete Arbeit Löhne und Gehälter.
2. Die Mitarbeiter beziehen von der Heinrich KG für private Zwecke Büromöbel und Zubehör.
3. Die hergestellten Büromöbel werden in europäische Länder exportiert.
4. Die Forderungen der Kunden im Ausland wurden schnell beglichen.
5. Außerdem importiert die Heinrich KG Möbelstoffe aus Italien.
6. Die Importausgaben betragen ca. 10.000 € monatlich.
7. Ein Teil des Gewinns wird von der Sparkasse Hamburg mit 4 % verzinst.
8. Für Investitionen vergibt die Bank Kredite an die Heinrich KG.
9. Staatliche Fördermittel und Zuschüsse erhält die Heinrich KG für Projekte.
10. Mitarbeiter der Heinrich KG erhalten für den Neubau in energiesparender Bauweise staatliche Fördermittel.

Material 1: Vorlage Wirtschaftskreislauf

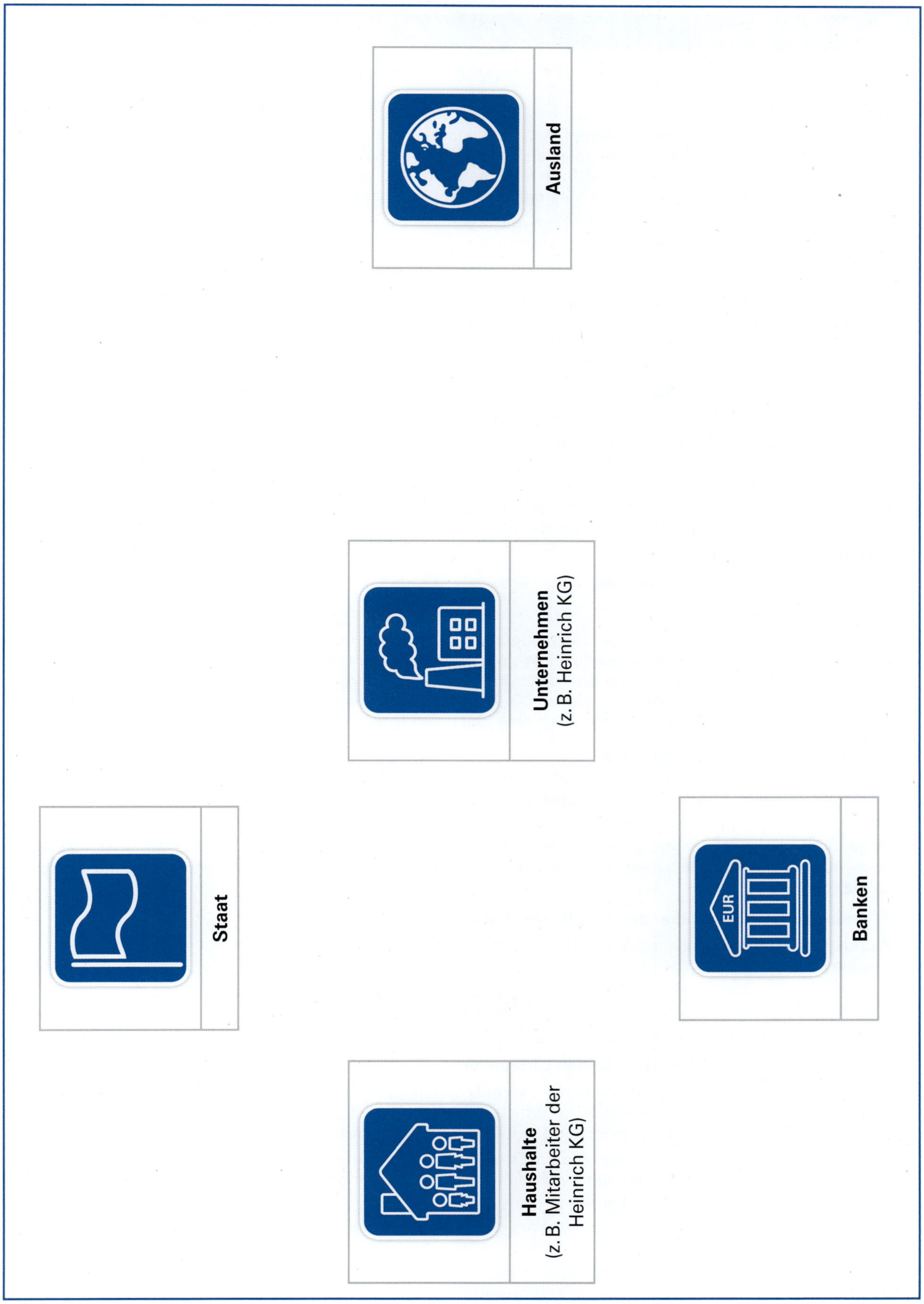

Schulbuch Kap. 2.5

10 Erfolgsbezogene Unternehmensziele aus einem Unternehmensleitbild ableiten

Situation:

Die Heinrich KG hat folgendes Unternehmensleitbild formuliert (Auszüge):

Heinrich KG
Büromöbel und Zubehör

1. Was wir sind

Wir sind ein mittelständisches Unternehmen, das mit seiner Herstellung und dem Vertrieb von Büromöbeln einen hervorragenden Ruf über die nationalen Grenzen hinaus genießt. Es ist unsere Absicht, diesen Ruf im Interesse unserer Kunden und Mitarbeiter weiter auszubauen.

Unser handwerkliches und technisches Know-how werden wir auch in Zukunft nutzen, um unsere Marktstellung zu festigen.

2. Was wir wollen

Um in der Zukunft erfolgreich sein zu können, wollen wir die Erfahrungen unserer Mitarbeiter nutzen und unser Wissen ständig verbessern. Wir wollen mit unseren Produkten ein führender Hersteller von Büromöbeln sein. Wir bauen unsere Marktstellung aus. Auf neue Märkte gehen wir nur, wenn dies mit unserer Unternehmensphilosophie übereinstimmt.

3. Unsere Kundenphilosophie

Das Unternehmen lebt von den Aufträgen unserer Kunden. Wir sind uns bewusst, dass unsere Angebote erst dann zu lohnenden Aufträgen werden, wenn wir die Bedürfnisse der Kunden besser befriedigen als unsere Mitbewerber. Diese Bedürfnisse zu ergründen und Maßnahmen zu ihrer Befriedigung zu ergreifen ist eine unserer Hauptaufgaben.

Unser Streben nach absolut fehlerfreier Qualität soll Kundenreklamationen überflüssig machen. Mögliche Mängelrügen unserer Kunden behandeln wir großzügig und kulant.

4. Unternehmenswachstum

Wir wollen schneller wachsen als die Mitbewerber.

5. Personalpolitik

Unsere Personalpolitik beruht auf der Überzeugung, dass ein Unternehmen nur so gut wie seine Mitarbeiter ist. Sind diese engagiert, flexibel, sachkundig und erfolgreich, dann ist auch das ganze Unternehmen leistungsfähig und erfolgreich. Unsere Mitarbeiter haben am Erfolg des Unternehmens teil. Ihre Arbeitsplätze sollen aufgrund ihrer Leistungen sicher sein. Die Arbeitsplätze sind ansprechend zu gestalten und sie dürfen keine Gefährdung für die Arbeitskräfte darstellen. Die individuelle Leistung ist anzuerkennen.

6. Gesellschaftliche Verantwortung

Wir betrachten uns als Teil der Region, in der wir produzieren, und fühlen uns mit ihr eng verbunden. Als Bürger ihrer Region können und sollen unsere Mitarbeiter z. B. in Vereinen, Kirchen, Parteien, Schulen, städtischen und karitativen Einrichtungen mitwirken.

Gegenüber unseren Kunden, Lieferern, Kreditgebern und Mitbewerbern verhalten wir uns fair. Unsere Zulieferer müssen eine Chance haben, ihrerseits Gewinne zu erzielen. Wir unterstützen Regionalität und stärken so die Region.

7. Verantwortung gegenüber der natürlichen Umwelt

Produktionsbedingte Belastungen der Umwelt mit Lärm, Abgasen und Abwasser müssen durch entsprechende Maßnahmen auf dem niedrigstmöglichen Niveau gehalten werden.

Wir streben Umweltschutz und Nachhaltigkeit an. Dies umfasst alle Vor- und Folgestufen des gesamten Produktionsprozesses – von der Beschaffung, der Lagerung, der Herstellung, dem Verkauf, der Verteilung bis zur Entsorgung der Abfälle.

8. Verpflichtung gegenüber dem eigenen Unternehmen

Unser oberstes Ziel ist die Erhaltung und Weiterentwicklung unseres Unternehmens, um die Arbeitsplätze zu sichern und das eingesetzte Kapital zu erhalten und zu mehren. Dieses Ziel kann nur erreicht werden, wenn das Unternehmen einen ausreichenden Gewinn erwirtschaftet.

Der Gewinn muss so groß sein, dass die zur Erreichung der Unternehmensziele erforderlichen Ersatz- und Erneuerungsinvestitionen durchgeführt werden können und das von den Gesellschaftern eingesetzte Kapital eine angemessene Verzinsung erhält.

Als mittelständisches Unternehmen gehen wir keine Risiken ein, die die Existenz des Unternehmens gefährden können.

Arbeitsauftrag:

Arbeiten Sie heraus, welche erfolgsbezogenen Unternehmensziele sich jeweils aus den zitierten Unternehmensleitsätzen (Nr. 1 bis 8) der Heinrich KG vorrangig ableiten lassen.

Beschreiben Sie kurz die Ziele und ordnen Sie ihnen jeweils die Art des angestrebten Erfolgs (ökonomisch, ökologisch, sozial) zu. Beachten Sie, dass für einige Ziele mehrere Zielarten infrage kommen können.

Nr.	Beschreibung des Unternehmensziels	erfolgsbezogene Ziele: ökonomisch, ökologisch, sozial?
1		
2		
3		
4		
5		
6		
7		
8		

Schulbuch Kap. 3.1

11 Informationen aus einem Organigramm entnehmen

Situation:

Sonja Schneider hat offenbar in dem Gespräch mit Gerda Heinrich einen guten Eindruck hinterlassen. So erklärt sie sich zumindest, dass Frau Heinrich sie nach Rücksprache mit Frau Gehrke mit einer recht speziellen Aufgabe betraut: Für die Erstellung einer Präsentation soll Sonja nach betriebsinternen Informationen recherchieren. So soll sie u. a. Folgendes ermitteln:

Heinrich KG
Büromöbel und Zubehör

Informationen ...

(1) zu den drei Kunden, mit denen die Heinrich KG derzeit die höchsten Umsätze erzielt.
(2) zum Anfangsgehalt eines Auszubildenden, der seine Abschlussprüfung bestanden hat.
(3) zum aktuellen Lagerbestand der Heinrich KG an produzierten Rollcontainern.
(4) zu den Beschäftigten der Heinrich KG, die „im eigenen Hause" ausgebildet wurden.
(5) zum Produktspektrum der Heinrich KG an höhenverstellbaren Holzmöbeln.
(6) zu den Kosten der Entsorgung von Altmöbeln in den letzten fünf Jahren.
(7) zum Firmennamen des Lieferanten, bei dem die Heinrich KG im vergangenen Jahr wertmäßig am meisten eingekauft hat.

Sonja möchte ihre Sache möglichst gut machen und überlegt nun, wie sie am besten vorgehen soll ...

Arbeitsauftrag:

Nutzen Sie das Organigramm der Heinrich KG (siehe S. 13) um zu ermitteln, welcher Mitarbeiter als Anlaufstelle für die Informationsbeschaffung jeweils infrage kommt. Beachten Sie, dass Sonja für die Beschaffung bestimmter Informationen eventuell auf mehrere Ansprechpartner zugehen muss.

Information	Ansprechpartner in der Heinrich KG
(1)	
(2)	
(3)	
(4)	
(5)	
(6)	
(7)	

Schulbuch Kap. 3.3

12 Befugnisse und Verantwortung auf Mitarbeiter übertragen

Situation:

Heinrich KG
Büromöbel und Zubehör

Kurz bevor sich Frau Wegner, bei der Heinrich KG verantwortlich für die Lohn- und Gehaltsbuchführung, in den Feierabend verabschiedet, beauftragt sie Sonja Schneider, einen Geschäftsbrief möglichst schnell auf den Postweg zu bringen. *„Lesen Sie ihn besser noch mal durch und prüfen Sie, ob mir da kein Rechtschreibfehler unterlaufen ist, es musste eben sehr schnell gehen“,* sagt Frau Wegner – und weg ist sie.

In dem Brief geht es darum, dass die Heinrich KG das Angebot einer Zeitarbeitsfirma zur Überlassung eines Arbeitnehmers annimmt. Sonja entdeckt beim genauen Lesen in der Tat einen ärgerlichen Flüchtigkeitsfehler. *„So können wir das nicht wegschicken“,* denkt Sonja, *„was hinterlässt denn das für einen Eindruck! Ich könnte natürlich den Fehler korrigieren und den Brief noch mal neu ausdrucken, aber dann fehlt mir ja die Unterschrift von Frau Wegner ...“*

Sonja hat bisher in ihrer Ausbildung bei der Heinrich KG noch keine Geschäftsbriefe unterschrieben und ist unsicher, ob sie das überhaupt schon darf. Glücklicherweise kommt Frau Gehrke gerade zur Tür herein, sodass Sonja ihr Problem schildern kann. *„Gut, dass du nachfragst, Sonja. Wenn jeder Mitarbeiter alles unterschreiben dürfte, würde es intern und vor allem extern vermutlich ein heilloses Durcheinander geben.“* Frau Gehrke beauftragt Sonja, sich über die unterschiedlichen Vollmachten im Handelsrecht zu informieren und zu klären, ob und gegebenenfalls wie sie den Geschäftsbrief unterschreiben darf.

Arbeitsaufträge:

1. Informieren Sie sich über die unterschiedlichen Arten der handelsrechtlichen Vollmachten und ergänzen Sie die nachfolgende Übersicht.

   Verdeutlichen Sie dabei die Arten der Handlungsvollmacht jeweils an einem konkreten Beispiel aus der Heinrich KG.

Handelsrechtliche Vollmachten
Handlungsvollmacht
➤ **Allgemeine Handlungsvollmacht:** Berechtigung zur Ausführung aller ____________________ Geschäfte, die im Geschäftszweig des Handelsgewerbes vorkommen. **Beispiel:**
➤ **Artvollmacht:** Berechtigung zur Vornahme einer ____________________ Art von Rechtsgeschäften, die alltäglich in dem Handelsgewerbe dieses Geschäftszweiges vorkommen. **Beispiel:**
➤ **Einzelvollmacht:** Berechtigung zur Vornahme eines ____________________ zu einem Handelsgewerbe gehörigen Rechtsgeschäfts. **Beispiel:**

Prokura
➤ **Einzelprokura:** Der Prokurist ist ______________ vertretungsberechtigt.
➤ **Gesamtprokura:** Mehrere Prokuristen sind nur ____________ vertretungsberechtigt (Zweck: gegenseitige Kontrolle).
➤ **Filialprokura:** Die Prokura ist hierbei auf eine ____________ Filiale (Niederlassung) beschränkt.

2. Informieren Sie sich zunächst über den Umfang der Prokura im Vergleich zur allgemeinen Handlungsvollmacht und kreuzen Sie in der nachfolgenden Tabelle an, welche rechtsgeschäftlichen Handlungen dem Prokuristen und welche dem Handlungsbevollmächtigten nach den gesetzlichen Vorschriften **nicht** erlaubt sind!

Rechtsgeschäftliche Handlung	Prokurist	Handlungs-bevollmächtigter
Grundstücke kaufen		
Firma ändern oder löschen		
Prokura erteilen		
Ohne besonders erteilte Befugnis ein Grundstück belasten		
Gesellschafter aufnehmen		
Darlehen aufnehmen		
Unternehmen verkaufen		
(Rechts-)Geschäfte abschließen, die das Unternehmen gewöhnlich mit sich bringt		
Für den/die Gesellschafter einen Eid leisten		
Eintragungen in das Handelsregister beantragen		
Allgemeine Handlungsvollmacht erteilen und übertragen		
Insolvenzverfahren beantragen		
Prozesse im Namen des Unternehmens führen		
Unternehmen auflösen		
Bürgschaften eingehen		
Ohne besonders erteilte Befugnis ein Grundstück verkaufen		
Bilanzen und Steuererklärungen der Geschäftsinhaber unterschreiben		

3. Füllen Sie den folgenden Lückentext zu den Formvorschriften der Vollmachtserteilung aus.

Formvorschriften der Vollmachtserteilung

Die ______________________________ kann vom Geschäftsinhaber oder Prokuristen erteilt werden. Dies kann formlos, entweder ausdrücklich (mündlich, schriftlich) oder auch durch ______ ____________________ erfolgen. Die Vollmacht wird nicht in das Handelsregister eingetragen.

Jeder Bevollmächtigte kann innerhalb seiner Vollmacht __________________ erteilen. So kann z. B. der Angestellte mit allgemeiner Handlungsvollmacht Artvollmacht und der Mitarbeiter mit Artvollmacht Einzelvollmacht erteilen.

Die ____________ kann nur von einem Unternehmer bzw. Geschäftsführer, Vorstand oder gesetzlichen Vertreter ausdrücklich erteilt werden. Diese Erklärung sollte schriftlich abgefasst werden, da die Prokura ______________________ eingetragen und die Unterschrift dort hinterlegt wird.

Im ______________ beginnt die Prokura mit der Erteilung. Im ________________ beginnt die Prokura, wenn ein Dritter Kenntnis davon hat oder wenn sie ________________________ eingetragen und bekannt gemacht ist. Sie hat dann _________________ (= rechtsbezeugende) Wirkung und keine ____________________ (= rechtserzeugende) Wirkung.

➤ ________________ unterschreiben mit einem Zusatz, der das Vollmachtsverhältnis ausdrückt.

Üblich sind folgende Formen:

i. A. = ______________

i. V. = ______________ oder ______________

➤ ________________ unterschreiben mit einem Zusatz, der die ____________ erkennen lässt.

Üblich sind folgende Formen:

ppa. = ______________

pp. = ______________

4. Klären Sie die Ausgangssituation: Unter welchen Umständen könnte Sonja Schneider den Brief anstelle von Frau Wegner unterschreiben? Begründen Sie Ihre Einschätzung.

Schulbuch Kap. 4

13 Den Ausbildungsbetrieb vorstellen

Situation:

Im Berufsschulunterricht unterhält sich Sonja Schneider mit den anderen Auszubildenden und ihrer Klassenlehrerin Sabrina Saftig über die Ausbildungsbetriebe, die in der Klasse vertreten sind. Dabei stellen die Auszubildenden fest: *„Außer den Firmennamen wissen wir nur sehr wenig über die Betriebe der anderen Mitschülerinnen und Mitschüler!“*

Es stellt sich ferner heraus, dass die Betriebe durchaus Gemeinsamkeiten haben, sich aber zugleich in vielen Aspekten, wie etwa dem Warenangebot, der Anzahl der Beschäftigten oder der Produktions- und Arbeitsweise, doch stark unterscheiden. Die Auszubildenden schlagen deshalb vor: *„Wir sollten uns jeder einmal genau mit dem eigenen Ausbildungsbetrieb beschäftigen und diesen danach den Mitschülerinnen und Mitschülern kurz vorstellen.“* Dabei stoßen die Auszubildenden auf verschiedene Probleme wie beispielsweise: *„Woher sollen Auszubildende zuverlässige und zielführende Informationen zur Erstellung und Gestaltung der Präsentation bekommen?“ „Dürfen Auszubildende bedenkenlos durch den Betrieb gehen, um die Produkte und Dienstleistungen des Unternehmens zu identifizieren?“ „Darf ich jegliche Informationen zu meinem Betrieb an meine Mitschülerinnen und Mitschüler weitergeben? Wo gibt es ggf. Einschränkungen?“*

Arbeitsaufträge:

1. Erstellen Sie eine Präsentation über Ihren Ausbildungsbetrieb und zusätzlich für Ihre Mitschüler auf einer DIN-A4-Seite ein Handout zu den wichtigsten Fakten!

   Nutzen Sie die Methode der Kartenabfrage (Material 1), um gemeinsam die Präsentation zu planen.

   Exemplarische Fragestellungen:

   - Welche Inhalte sind für eine Präsentation des Ausbildungsbetriebs von Interesse?
   - An welchen Merkmalen lassen sich Unterschiede zwischen Betrieben gut darstellen?
   - Welche Informations- und Kommunikationssysteme sollen eingesetzt werden?

   Erstellen Sie aus den Ergebnissen eine Zielvereinbarung.

   Exemplarische Fragestellungen:

   - Was wird Inhalt der Präsentation des Ausbildungsbetriebs?
   - Welche Ansprüche haben Sie an die Präsentation (Gestaltung, Umfang, Dauer, ...)?
   - Welche Präsentationsform erscheint Ihnen geeignet für die Präsentation?

   Erstellen Sie gemeinsam einen passenden Bewertungsbogen für die Präsentation.

   Mögliche Bewertungsbereiche:

   - Inhaltlich – fachlicher Bereich (Aufbau, Gliederung, Struktur, roter Faden, Gewichtung, ...)
   - Methodisch – strategischer Bereich (Phasierung, Medieneinsatz, Lesbarkeit, Zeitmanagement, ...)
   - Kommunikativer Bereich (Sprechweise, Pausen, Körpersprache, Gestik, ...)
   - Gestalterischer Bereich (Qualität der Unterlagen, Folien, Originalität, ...)
   - Personenbezogener Bereich (Engagement, Arbeitsaufwand, Kritikfähigkeit, ...)

   Bei der Erstellung der Präsentation gibt es eine Vielzahl an Dingen zu beachten:

   - Planen Sie Ihre Präsentation, indem Sie einen realistischen Zeit- und Arbeitsplan festlegen und danach vorgehen.
   - Gehen Sie auf Informationssammlung; werten Sie die von Ihnen genutzten Informationsquellen (Internet, Mensch, Text) aus (wichtig, unwichtig) und ordnen Sie die Materialien.
   - Wählen Sie die Präsentationsform aus, die Ihnen für Ihre Präsentation passend erscheint (Vortrag mit klassischen Tools wie PowerPoint oder modernen, interaktiven Anwendungen wie Canva und Prezi; Videos; Poster; sonstige interaktive Tools; ...).
   - Ermitteln Sie die Voraussetzungen für Ihre Präsentation (technische Ausstattung, Lichtverhältnisse, räumliche Gegebenheiten, ...).

2. Stellen Sie zunächst Ihre Präsentation unter Beachtung grundlegender Präsentationsregeln wie Gestik, Mimik, Design etc. im Plenum vor.
3. Diskutieren und bewerten Sie danach die Präsentation – im Gespräch mit Ihren Mitschülern – anhand der Zielvereinbarung und unter Einbezug des erstellten Bewertungsbogens!

Material 1: Auszug aus dem Methoden-ABC

Kartenabfrage (analoge Form)

Zielsetzung: Zusammentragen von Ideen auf Karten zur Lösung eines Problems.

Vorgaben: Bildung von Kleingruppen mit jeweils ca. fünf Schülern. Die Zeit für die Ideenfindung sollte ca. 10 bis 15 Minuten betragen.

Ablauf: Bei der Kartenabfrage werden Ideen **stichwortartig** mit einem dicken Filzstift (Boardmarker) auf eine Karte (Metaplankarte) geschrieben. Nach Ablauf der Ideensammlung werden die Karten in der Kleingruppe thematisch zu **„Ideenklumpen"** zusammengefasst (geclustert) und mit Themenüberschriften versehen. Danach präsentieren die einzelnen Gruppen ihre Ideensammlung, indem sie die Karten an eine Pinwand heften oder mittels Klebebandstreifen an der Tafel anbringen.

Die Lerngruppe kann nunmehr auf der Basis des **visualisierten Plans** mit der Diskussion und Bewertung der strukturierten Ideen beginnen. Dabei können beispielsweise zum gleichen Thema vorgestellte Ergebnisse zu einem gemeinsamen Plan zusammengefasst werden. Im weiteren Verlauf lassen sich zu den einzelnen Ideenklumpen Arbeitsgruppen bilden, um Teilprobleme tiefer gehend zu behandeln.

Bei der Entscheidung, welche der Vorschläge tiefer gehend bearbeitet werden sollen, bietet sich eine Abstimmung mittels **Punktabfrage** an. Bei dieser Auswahltechnik erhält jeder Teilnehmer einen oder mehrere bunte **„Klebepunkte"**. Die Stimmabgabe erfolgt nunmehr dadurch, dass die Teilnehmer die Klebepunkte ihren Interessen gemäß den auf dem Plan dargestellten Vorschlägen zuordnen. Die Rangordnung der zu bearbeitenden Schwerpunktthemen ergibt sich aus der Anzahl der Punkte, die die einzelnen Vorschläge erhalten haben.

Hinweis: Natürlich kann die Methode auch digital durchgeführt werden. Es gibt verschiedene Tools, die das Ausfüllen und Sortieren von virtuellen Karten ermöglichen. Dazu zählt zum Beispiel das Tool MIRO.

Schulbuch Kap. 1.1

Lernfeld 2: Büroprozesse gestalten und Arbeitsvorgänge organisieren

1 Arbeitsraum und Arbeitsplatz gestalten: rechtliche Rahmenbedingungen

Situation:

Um die Sicherheit und den Gesundheitsschutz der Beschäftigten in der Heinrich KG zu sichern und zu verbessern, erteilt die Geschäftsführerin, Gerda Heinrich, dem ernannten Sicherheitsbeauftragten Fari Yildiz den Auftrag, ein neues System zur Sicherung des Arbeits- und Gesundheitsschutzes zu installieren.

Heinrich KG
Büromöbel und Zubehör

In diesem Kontext soll Herr Fari Yildiz in den Abteilungen des kaufmännischen Bereichs überprüfen, ob die dort bestehenden Bildschirm- und Büroarbeitsplätze ergonomischen Anforderungen genügen.

Arbeitsaufträge:

1. Entwerfen Sie eine Übersicht, aus der hervorgeht, in welchen Phasen die Einführung des neuen Systems zur Sicherung des Arbeits- und Gesundheitsschutzes erfolgen sollte!

   Orientieren Sie sich dabei an den Auszügen aus dem Arbeitsschutzgesetz (Material 1).

1. Phase:	§ 5 ArbSchG

↓

2. Phase:	§ 6 ArbSchG

↓

3. Phase:	§ 12 ArbSchG

Beim Arbeitsschutz geht es um aktives Tun – die Durchführung von Maßnahmen – mit dem Ziel der kontinuierlichen Verbesserung. Arbeitsschutz ist ein aktiv zu gestaltender kontinuierlicher Prozess.

Material 1: Auszug aus dem Arbeitsschutzgesetz

§ 3 Grundpflichten des Arbeitgebers

(1) Der Arbeitgeber ist verpflichtet, die erforderlichen Maßnahmen des Arbeitsschutzes unter Berücksichtigung der Umstände zu treffen, die Sicherheit und Gesundheit der Beschäftigten bei der Arbeit beeinflussen. Er hat die Maßnahmen auf ihre Wirksamkeit zu überprüfen und erforderlichenfalls sich ändernden Gegebenheiten anzupassen. Dabei hat er eine Verbesserung von Sicherheit und Gesundheitsschutz der Beschäftigten anzustreben. [...]

§ 4 Allgemeine Grundsätze

Der Arbeitgeber hat bei Maßnahmen des Arbeitsschutzes von folgenden allgemeinen Grundsätzen auszugehen:

1. Die Arbeit ist so zu gestalten, dass eine Gefährdung für Leben und Gesundheit möglichst vermieden und die verbleibende Gefährdung möglichst gering gehalten wird;
2. Gefahren sind an ihrer Quelle zu bekämpfen;
3. bei den Maßnahmen sind der Stand von Technik, Arbeitsmedizin und Hygiene sowie sonstige gesicherte arbeitswissenschaftliche Erkenntnisse zu berücksichtigen;
4. Maßnahmen sind mit dem Ziel zu planen, Technik, Arbeitsorganisation, sonstige Arbeitsbedingungen, soziale Beziehungen und Einfluss der Umwelt auf den Arbeitsplatz sachgerecht zu verknüpfen;
5. individuelle Schutzmaßnahmen sind nachrangig zu anderen Maßnahmen;
6. spezielle Gefahren für besonders schutzbedürftige Beschäftigtengruppen sind zu berücksichtigen;
7. den Beschäftigten sind geeignete Anweisungen zu erteilen;
8. mittelbar oder unmittelbar geschlechtsspezifisch wirkende Regelungen sind nur zulässig, wenn dies aus biologischen Gründen zwingend geboten ist.

§ 5 Beurteilung der Arbeitsbedingungen

(1) Der Arbeitgeber hat durch eine Beurteilung der für die Beschäftigten mit ihrer Arbeit verbundenen Gefährdung zu ermitteln, welche Maßnahmen des Arbeitsschutzes erforderlich sind.

(2) Der Arbeitgeber hat die Beurteilung je nach Art der Tätigkeiten vorzunehmen. Bei gleichartigen Arbeitsbedingungen ist die Beurteilung eines Arbeitsplatzes oder einer Tätigkeit ausreichend.

(3) Eine Gefährdung kann sich insbesondere ergeben durch

1. die Gestaltung und die Einrichtung der Arbeitsstätte und des Arbeitsplatzes,
2. physikalische, chemische und biologische Einwirkungen,
3. die Gestaltung, die Auswahl und den Einsatz von Arbeitsmitteln, insbesondere von Arbeitsstoffen, Maschinen, Geräten und Anlagen sowie den Umgang damit,
4. die Gestaltung von Arbeits- und Fertigungsverfahren, Arbeitsabläufen und Arbeitszeit und deren Zusammenwirken,
5. unzureichende Qualifikation und Unterweisung der Beschäftigten,
6. psychische Belastungen bei der Arbeit.

§ 6 Dokumentation

(1) Der Arbeitgeber muss über die je nach Art der Tätigkeiten und der Zahl der Beschäftigten erforderlichen Unterlagen verfügen, aus denen das Ergebnis der Gefährdungsbeurteilung, die von ihm festgelegten Maßnahmen des Arbeitsschutzes und das Ergebnis ihrer Überprüfung ersichtlich sind. Bei gleichartiger Gefährdungssituation ist es ausreichend, wenn die Unterlagen zusammengefasste Angaben enthalten.

(2) Unfälle in seinem Betrieb, bei denen ein Beschäftigter getötet oder so verletzt wird, dass er stirbt oder für mehr als drei Tage völlig oder teilweise arbeits- oder dienstunfähig wird, hat der Arbeitgeber zu erfassen.

§ 12 Unterweisung

(1) Der Arbeitgeber hat die Beschäftigten über Sicherheit und Gesundheitsschutz bei der Arbeit während ihrer Arbeitszeit ausreichend und angemessen zu unterweisen. Die Unterweisung umfasst Anweisungen und Erläuterungen, die eigens auf den Arbeitsplatz oder den Aufgabenbereich der Beschäftigten ausgerichtet sind. Die Unterweisung muss bei der Einstellung, bei Veränderungen im Aufgabenbereich, der Einführung neuer Arbeitsmittel oder einer neuen Technologie vor Aufnahme der Tätigkeit der Beschäftigten erfolgen. Die Unterweisung muss an die Gefährdungsentwicklung angepasst sein und erforderlichenfalls regelmäßig wiederholt werden.

(2) Bei einer Arbeitnehmerüberlassung trifft die Pflicht zur Unterweisung nach Absatz 1 den Entleiher. Er hat die Unterweisung unter Berücksichtigung der Qualifikation und der Erfahrung der Personen, die ihm zur Arbeitsleistung überlassen werden, vorzunehmen. Die sonstigen Arbeitsschutzpflichten des Verleihers bleiben unberührt.

2. Beschreiben Sie drei Arbeitsschutzmaßnahmen, die nach dem Arbeitsschutzgesetz von den Führungskräften der Heinrich KG – in ihrem jeweiligen Kompetenzbereich – ergriffen werden könnten, um „Gestaltungsdefizite“ zu beheben und damit das Gesundheitsrisiko der Beschäftigten deutlich zu reduzieren!

➤ ___

➤ ___

➤ ___

3. Durch die Nutzung eines ERP-Systems sowie weiterer moderner, vernetzter IT-Systeme sind viele Beschäftigte der Heinrich KG in der Weise betroffen, dass sie einen erheblichen Teil ihrer Arbeit am Bildschirm durchführen. Die Arbeitsstättenverordnung macht im Anhang in Bezug auf den täglichen Arbeitsablauf bestimmte Vorgaben. Stellen Sie diese Vorgaben dar. Recherchieren Sie hierzu in Ihrem Schulbuch oder im Internet unter: https://www.gesetze-im-internet.de/arbst_ttv_2004/anhang/html.

Täglicher Arbeitsablauf	ArbstättV

4. Die Arbeitsstättenverordnung fasst im Anhang, Abschnitt 6, die Maßnahmen zur Gestaltung von Bildschirmarbeitsplätzen zusammen. Die zu stellenden Anforderungen umfassen die Bildschirmarbeitsplätze allgemein, Bildschirm und Bildschirmgeräte, Bildschirmgeräte und Arbeitsmittel für die ortsgebundene Verwendung an Arbeitsplätzen, tragbare Bildschirmgeräte für die ortsveränderliche Verwendung an Arbeitsplätzen sowie die Benutzerfreundlichkeit von Bildschirmarbeitsplätzen. Beschreiben Sie für jede dieser vier Kategorien jeweils mindestens eine Anforderung!

Bildschirmarbeitsplätze	
Bildschirm und Bildschirmgeräte	
Bildschirmgeräte und Arbeitsmittel für die ortsgebundene Verwendung an Arbeitsplätzen	
tragbare Bildschirmgeräte für die ortsveränderliche Verwendung an Arbeitsplätzen	
Benutzerfreundlichkeit von Bildschirmarbeitsplätzen	

5. Erstellen Sie eine Checkliste mit acht wesentlichen Merkmalen eines ergonomisch gestalteten Büroarbeitsplatzes!

Nr.	Merkmale	✓
1		
2		
3		
4		
5		
6		
7		
8		

2 Ein Gruppenbüro reorganisieren

Schulbuch
Kap. 1.2.6

Situation:

Während der Ausbildung zum Kaufmann für Büromanagement wird der Auszubildende Leon Laus in der Heinrich KG im Kundendienst eingesetzt. Der Abteilungsleiterin, Frau Manuela Sommerland, sind die Sachbearbeiterinnen Frau Anja Alm und Frau Svenja Schröder direkt unterstellt. Stellenbeschreibungen dieser drei Büroarbeitsplätze ergänzen den Organisations- und Führungsplan und bilden die Basis für alle routinemäßig ablaufenden Arbeitsprozesse in der Abteilung.

Heinrich KG
Büromöbel und Zubehör

Das Gruppenbüro wurde vor über 10 Jahren neu gestaltet und auf die damaligen Bedingungen abgestimmt **(Material 1)**. Der Schreibtisch der Abteilungsleiterin steht zwischen den beiden Fenstern an der linken Außenwand. Frau Alm sitzt bei der Erledigung ihrer Aufgaben direkt am Fenster. Der Arbeitsplatz von Frau Schröder befindet sich an der rechten Innenwand. Eine Stehlampe sorgt in der „Besuchersitzecke" für ausreichende Lichtverhältnisse. Den Beschäftigten steht nur ein Telefon zur Verfügung, das auf Frau Sommerlands Schreibtisch steht. Dies ermöglicht allen Beschäftigten einen schnellen Zugriff. Die Bürostühle sind nicht verstellbar, haben ein Fußkreuz und sind mit fünf Rollen ausgestattet. Direkt neben der Eingangstür wurde ein PC Arbeitsplatz eingerichtet, den sowohl Frau Alm als auch Frau Schröder nutzen.

Der Computer ist u.a. mit einem 3-GHz-P4-Prozessor, einer Radeon-9800-SE-Grafikkarte, einer 160-GByte-Festplatte und einem DVD-Brenner ausgestattet. Unter Windows Vista sind als Softwareanwendungen u.a. MS Excel 2010 und MS Word 2010 installiert. Der Drucker arbeitet im Korrespondenzdruck (schwarzweiß) mit bis zu 22 Seiten und im Farb-Druck mit bis zu 15 Seiten pro Minute. Durch Arbeitsgeräusche des Tintendruckers werden Telefonate und Besprechungen vielfach gestört. Der Kopierer und das Faxgerät erhöhen den Lärmpegel zusätzlich.

Für den Auszubildenden Leon Laus ist kein Schreibtisch vorhanden. Er muss seine Arbeiten am Computer oder in der „Besuchersitzecke" erledigen. Mit der Geschäftsführerin Gerda Heinrich wurde vereinbart, Vorschläge für eine Neugestaltung des Büros durch die davon betroffenen Beschäftigten und den Betriebsrat erarbeiten zu lassen und diese auf der nächsten „Abteilungsbesprechung" vorzustellen **(Material 2)**.

Arbeitsaufträge:

1. Bilden Sie vier thementeilige Arbeitsgruppen, um die Handlungs- und Gestaltungsmöglichkeiten für die Reorganisation des Gruppenbüros in der Abteilung Kundendienst unter folgenden Gesichtspunkten zu vertiefen:

   - Arbeits- und Gesundheitsschutz
   - Gestaltung der Arbeitsumgebung
   - Technische Ausstattung/Hardware-Ergonomie
   - Software-Ergonomie

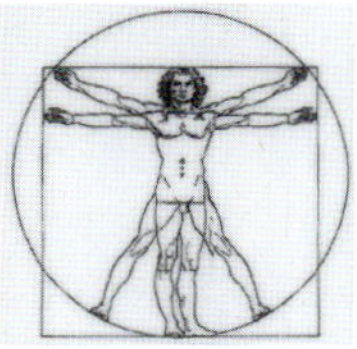

2. Planen Sie in den einzelnen Arbeitsgruppen selbstständig die Herangehensweise an die jeweiligen Arbeitsaufträge, deren Durchführung und Präsentation! Führen Sie eine digitale Informationsrecherche durch und versuchen Sie dabei möglichst zielorientiert zu Ergebnissen zu kommen!
3. Erstellen Sie (gemeinsam) einen Beurteilungsbogen, um damit das Ergebnis und die Präsentation der einzelnen Arbeitsgruppen zu bewerten!

- Raumskizze des Gruppenbüros der Abteilung Kundendienst siehe **Material 1.**
- Siehe hierzu die Gesprächsnotiz und Einladung zur „Abteilungsbesprechung" **(Material 2).**

Arbeitsgruppe 1

Arbeits- und Gesundheitsschutz

Im Rahmen der Reorganisation des Gruppenbüros soll die technische Grundausstattung erneuert und durch eine leistungsfähigere Hard- und Software ersetzt werden.

Als Mitglied des Betriebsrats sind Sie u. a. für den Arbeits- und Gesundheitsschutz zuständig. Die ständige Verbesserung der Arbeitsbedingungen für alle Beschäftigten liegt Ihnen besonders am Herzen.

Arbeitsaufträge:

1. Beschreiben Sie die gesundheitlichen Gefährdungen und Beeinträchtigungen, die bei der Arbeit in einem Büro mit Bildschirmen vorhanden sind!
2. Erläutern Sie, wie die ergonomische Gestaltung von Büro- und Bildschirmarbeitsplätzen in Deutschland geregelt ist!
3. Entwerfen Sie eine Betriebsvereinbarung für Bildschirmarbeitsplätze, die ausdrücklich auch die Gesundheitsvorsorge für die Beschäftigten einbezieht!
4. Wählen Sie eine geeignete Präsentationsform, um Ihre Ergebnisse auf der nächsten „Abteilungsbesprechung" vorzustellen!
5. Einigen Sie sich in der Gruppe, wer die Präsentation der Ergebnisse übernimmt!

Orientieren Sie sich am eingesetzten Schulbuch, am Informationstext (Material 3) und befragen Sie das Internet beispielsweise unter den folgenden Internetadressen:

- http://www.sozialnetz.de/
- http://www.baua.de (Bundesanstalt für Arbeitsschutz und Arbeitsmedizin)
- http://www.bmas.de/DE/Startseite/start.html
- http://www.vbg.de/DE/0_Home/home_node.html

Arbeitsgruppe 2

Gestaltung der Arbeitsumgebung

Im Rahmen der Reorganisation des Gruppenbüros soll eine ergonomische Büroausstattung dafür sorgen, dass die Beschäftigten einen möglichst geeigneten Arbeitsplatz vorfinden.

Für die Neugestaltung des Büros ist insgesamt ein Budget von 27.500 Euro vorhanden. Etwaige Handwerkerarbeiten können hausintern vorgenommen werden.

Arbeitsaufträge:

1. Analysieren Sie den Raum und die Arbeitsplätze anhand der Raumskizze (Material 1)!
2. Verändern Sie das Büro durch Umstellen, Entfernen oder Neuanschaffung von Objekten, bis es idealen Arbeitsbedingungen entspricht!
3. Stellen Sie die Kosten für die ergonomische Ausstattung des Büros in einer Übersicht zusammen. Beraten Sie, welche Anschaffungen unbedingt erforderlich sind und wo Sie Kompromisse eingehen könnten!
4. Erstellen Sie eine Präsentation mit einem geeigneten Medium (wie z. B. PowerPoint), um Ihre Ergebnisse auf der nächsten „Abteilungsbesprechung" vorstellen zu können!
5. Einigen Sie sich in der Gruppe, welches Tandem-Team die Präsentation übernimmt!

Orientieren Sie sich am eingesetzten Schulbuch und befragen Sie das Internet etwa unter den folgenden Internetadressen:

- http://www.sozialnetz.de/
- http://www.baua.de (Bundesanstalt für Arbeitsschutz und Arbeitsmedizin)
- http://www.bmas.de/DE/Startseite/start.html
- http://www.vbg.de/DE/0_Home/home_node.html

Tipp: Unternehmen, die Büromöbel verkaufen, verfügen häufig über CAD-Software, mit deren Hilfe Büros virtuell „eingerichtet" werden können. Lassen Sie sich doch bei der Einrichtung des Gruppenbüros beraten!

Arbeitsgruppe 3

Technische Ausstattung/Hardware-Ergonomie

Im Rahmen der Reorganisation des Gruppenbüros soll die technische Büroausstattung unter besonderer Berücksichtigung des ergonomischen Profils von PC-Peripheriegeräten erneuert werden. Alle Beschäftigten sollen auf multifunktionale Büro- und Kommunikationsgeräte zurückgreifen und mit Beschäftigten in anderen Unternehmensbereichen über den PC bzw. das Computersystem kommunizieren können. Um weiterhin kundenorientiert zu arbeiten, soll eine Software zur Kundenpflege und als Standardsoftware entweder Microsoft Office oder OpenOffice eingesetzt werden.

Für die Reorganisation des Büros stehen insgesamt 27.500 Euro zur Verfügung.

Arbeitsaufträge:

1. Stellen Sie die erforderlichen „Hardware-Komponenten" in einer Übersicht zusammen! Berücksichtigen Sie bei der Auswahl speziell auch ergonomische Anforderungen!
2. Führen Sie basierend auf dieser Übersicht eine Internetrecherche über die erforderlichen, „Hardware-Komponenten", deren Preise und ggf. die Kosten für Support und Wartung durch! Informieren Sie sich explizit über die Umweltfreundlichkeit und Recyclingfähigkeit der einzelnen Geräte!
3. Wählen Sie eine geeignete Präsentationsform, um die Ergebnisse Ihrer Recherche auf der nächsten „Abteilungsbesprechung" vorstellen zu können!
4. Einigen Sie sich innerhalb der Gruppe, wer die Präsentation übernimmt!

Orientieren Sie sich am eingesetzten Schulbuch und befragen Sie das Internet beispielsweise unter den folgenden Internetadressen:

- http://www.volkscomputer.info/
- http://www.alternate.de/html/index.html
- http://www.baua.de (Bundesanstalt für Arbeitsschutz und Arbeitsmedizin)
- http://www.vbg.de/DE/0_Home/home_node.html

Arbeitsgruppe 4

Software-Ergonomie

Im Rahmen der Reorganisation des Gruppenbüros soll eine Software zur Kundenpflege und als Standardsoftware Microsoft Office oder OpenOffice eingesetzt werden. Die Programme sollen bereichsbezogene Prozesse und Arbeitsabläufe unterstützen, ohne die Beschäftigten zusätzlich zu belasten. Die in den Programmen verwendeten Begriffe und Symbole sollen den arbeitsspezifischen Regelungen entsprechen und widerspruchsfrei, eindeutig und möglichst abkürzungsfrei sein.

Arbeitsaufträge:

1. Stellen Sie in einem Impulsreferat die Bedeutung der Software-Ergonomie dar und erläutern Sie, wie Software-Ergonomie geprüft werden kann!
2. Überprüfen Sie, ob die von den Beschäftigten favorisierte Standardsoftware den Zielen einer arbeitnehmerorientierten Softwaregestaltung entspricht!
3. Erstellen Sie eine Präsentation mit einem geeigneten Medium (wie z. B. PowerPoint), um Ihre Ergebnisse auf der nächsten „Abteilungsbesprechung" vorstellen zu können!
4. Einigen Sie sich in der Gruppe, welches Tandem-Team die Präsentation übernimmt!

Orientieren Sie sich am eingesetzten Schulbuch und befragen Sie das Internet beispielsweise unter den folgenden Internetadressen:

- http://www.sovt.de/
- http://www.vbg.de/DE/0_Home/home_node.html
- http://www.baua.de (Bundesanstalt für Arbeitsschutz und Arbeitsmedizin)

Material 1: Raumskizze des Gruppenbüros der Abteilung Kundendienst

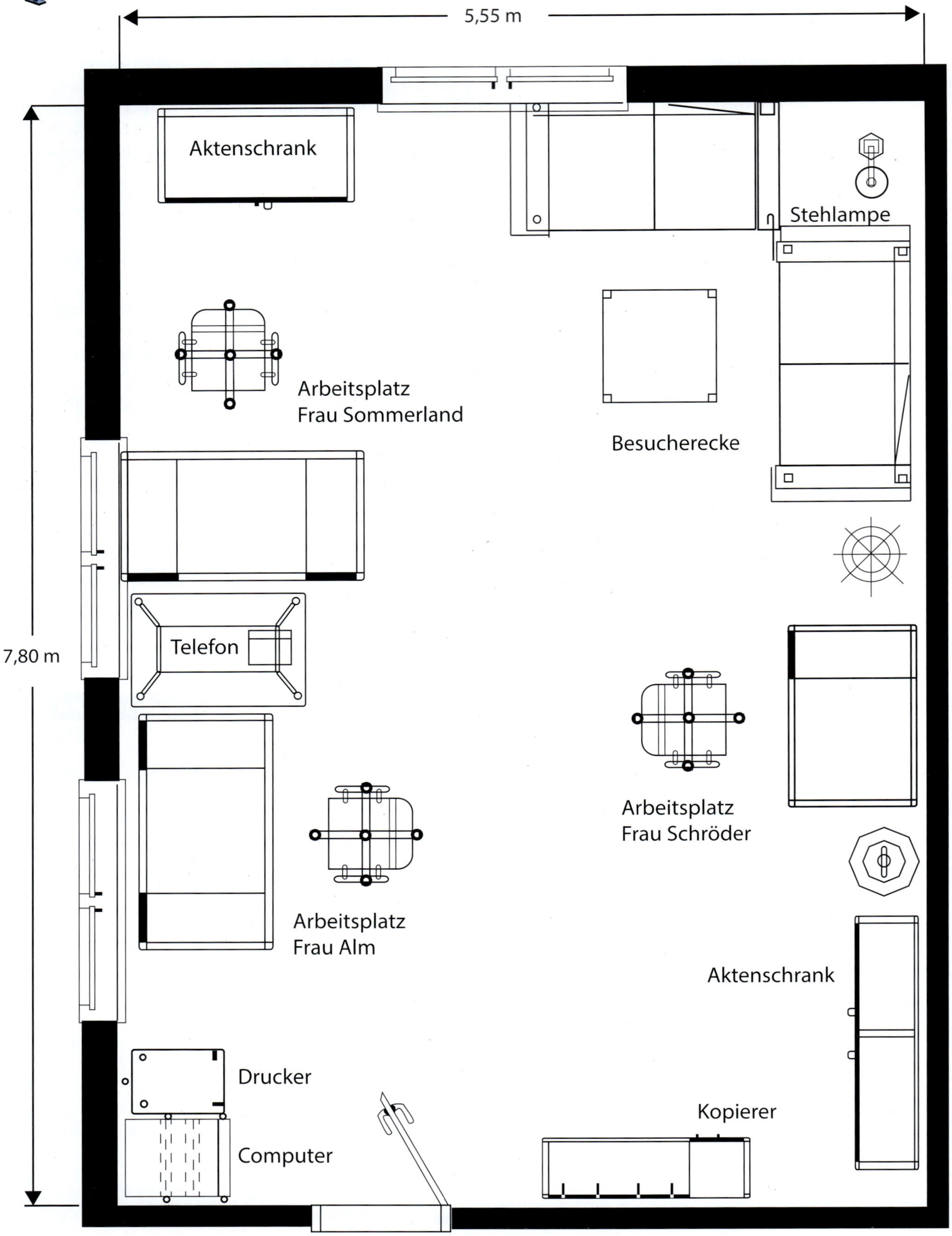

Material 2: Gesprächsnotiz und Einladung zur „Abteilungsbesprechung"

Gesprächsnotiz		Datum: 03.01.20.. Uhrzeit: 09:30 Uhr
Gesprächspartner/-in:	Frau Gerda Heinrich Frau Manuela Sommerland Frau Anja Alm Frau Svenja Schröder Frau Pia Brause	(Geschäftsführung) (ALn Kundendienst) (Sachbearbeiterin Kundendienst) (Sachbearbeiterin Kundendienst) (Betriebsrätin)

Anlass: Reorganisation des Gruppenbüros in der Abteilung Kundendienst

1. Arbeitsstättenverordnung, Arbeitsschutzgesetz
2. Budget 27.500 Euro
   (Durchführung von Handwerkerarbeiten firmenintern)
3. Aspekte:
   - Arbeitsschutz
   - Gestaltung der Arbeitsumgebung
   - Technische Ausstattung/Hardware-Ergonomie
   - Software-Ergonomie
3. Konzeptioneller Vorschlag durch die Abteilung Kundendienst
   bis zum 12.02.20..

4. Januar 20.. Anja Alm

Einladung zur „Abteilungsbesprechung"

Thema:	Reorganisation des Gruppenbüros in der Abteilung Kundendienst
Leitung:	Frau Manuela Sommerland
Teilnehmer/-innen:	Frau Gerda Heinrich Frau Anja Alm Frau Svenja Schröder Frau Pia Brause
Protokoll:	Frau Svenja Schröder
Ort:	Konferenzraum 1
Datum:	12.02.20..
Zeit:	09:30 Uhr

Tagesordnung:

1. Vorstellung der jeweiligen Handlungs- und Gestaltungsmöglichkeiten
   Bereiche:
   - Arbeitsschutz
   - Gestaltung der Arbeitsumgebung
   - Technische Ausstattung/Hardware Ergonomie
   - Software Ergonomie

   (Vortragszeit: jeweils ca. 15 Minuten)
2. Diskussion der Berichte
3. Beschlussfassung
4. Verschiedenes

Material 3: Informationstext zur Betriebsvereinbarung für Bildschirmarbeitsplätze

Vorbemerkung:

Bildschirmarbeit führt immer häufiger zur Einbindung des Arbeitnehmers in vernetzte, komplexe Systeme der Datenverarbeitung. Die technische Entwicklung schreitet rasant voran. Im Bereich der Softwareanwendungen finden multifunktionale Büroorganisations- und Kommunikationsanwendungen zunehmend Verbreitung. Personalinformations-, Finanzbuchhaltungs-, Kundenpflege-, Lagerhaltungs- und Verwaltungsprogramme sowie Systeme zur Entwicklung und Herstellung von Produkten sind heute ebenso Standard wie branchen- und problembezogene Speziallösungen.

Hardware- und systemseitig setzt sich bei Unternehmen der Trend fort, Cloud-Dienste zu nutzen. Relevant bleibt es weiterhin, vernetzte Systeme mit immer leistungsstärkeren Arbeitsplatzrechnern im Netzverbund auszustatten. Über private oder öffentliche Netze (LAN, WAN) pflegen Geschäftspartner den organisierten, standardisierten elektronischen Daten- und Dokumentenaustausch (Electronic Data Interchange).

Daneben wirkt sich die Miniaturisierung in Gestalt des betrieblichen Einsatzes mobiler Systeme (Laptops, Notebooks, Smartphones und Tablets) aus. So können beispielsweise Außendienstmitarbeiter über Mobilfunk an nahezu jedem Ort in den elektronischen Daten- und Dokumentenaustausch eingebunden werden.

Für den einzelnen Arbeitnehmer stellen sich dabei u. a. Fragen in Bezug auf folgende Bereiche:

- die arbeitsmedizinisch unbedenkliche Gestaltung seines Arbeitsplatzes,
- den Schutz vor unkontrollierter technischer Überwachung am Arbeitsplatz bzw. den Schutz personenbezogener Daten,
- grundlegende betriebliche Umorganisationen und gegebenenfalls der Verlust des eigenen Arbeitsplatzes als Folge von Rationalisierung.

Betriebsvereinbarung:

Zu beachten ist, dass eine Betriebsvereinbarung – jedenfalls wenn sie nicht durch den Spruch einer Einigungsstelle festgelegt wird – das Ergebnis eines Verhandlungsprozesses ist, der auch Kompromisse erfordert, die meist über die rein rechtliche Betrachtung hinausgehen.

3 Das „Büro der Zukunft“ gestalten

Schulbuch Kap. 1.2.6

Situation:

Die Heinrich KG importiert seit über fünf Jahren moderne und exklusive Designermöbel und Büroaccessoires aus Italien und beliefert damit Kunden im gesamten Bundesgebiet.

Speziell Chefschreibtische mit ihren individuellen Gestaltungsmöglichkeiten und Sideboards trafen den Geschmack der Kunden so gut, dass im Sommer ein großes Lagergebäude im Hamburger Industriegebiet Süd errichtet werden musste.

Heinrich KG
Büromöbel und Zubehör

Da mittlerweile die Büroräume am Standort in Hamburg für die hier Beschäftigten zu klein werden, soll ein neues Bürogebäude an das Lagergebäude angebaut werden. In diesem Zusammenhang ist die Einrichtung eines Großraumbüros geplant. Auf der gemeinsamen Sitzung von Geschäftsführung und Betriebsrat werden unter anderem die Vor- und Nachteile dieser Büroform diskutiert.

Arbeitsaufträge:

1. Beschreiben Sie mindestens fünf Merkmale eines Großraumbüros!

➤ ______________________________

____

➤ ______________________________

____

➤ ______________________________

____

➤ ______________________________

____

➤ ______________________________

____

2. Zeigen Sie die Vorzüge von Großraumbüros sowie deren Probleme und Nachteile – insbesondere im Vergleich zum Einzelbüro – auf!

Vorzüge	

Probleme und Nachteile	

3. Einzel-, Gruppen- und Großraumbüros unterscheiden sich speziell durch raumbezogene Eigenschaften, „non-territoriale Büros" basieren indes auf organisatorischen Ansätzen. Bei diesem Bürokonzept (non-territorial = nicht ortsgebunden) verfügt der Mitarbeiter über keinen festen Arbeitsplatz, vielmehr sucht er sich im „Büroterritorium" (nach aufgabenspezifischen Erfordernissen und/oder Verfügbarkeit) seinen zeitweisen Arbeitsplatz. Die Anzahl der eingerichteten Arbeitsplätze ist bei diesem Modell geringer als die Zahl der Nutzer. Recherchieren Sie nach den unterschiedlichen Ausprägungsformen des „non-territorialen Büros" und legen Sie dar, für welche Mitarbeiter das „non-territoriale Büro" eine sinnvolle Alternative sein kann!

4. In der Heinrich KG hat die Digitalisierung den Arbeitsalltag verändert. Das Büro arbeitet vernetzt in der Cloud und kann in Echtzeit am Arbeitsplatz auf Dokumente zugreifen. Selbst Homeoffice stellt die Heinrich KG nicht mehr vor große Herausforderungen.

4.1 Erklären Sie, was man unter Homeoffice versteht!

____

____

____

____

____

4.2 Unterscheiden Sie drei Formen der Telearbeit!

➤ ______________________________

____

➤ ______________________________

____

➤ ______________________________

____

4.3 Nennen Sie sechs Tätigkeiten, die sich besonders gut vom Homeoffice aus erledigen lassen!

➤ ______________ ➤ ______________

➤ ______________ ➤ ______________

➤ ______________ ➤ ______________

4.4 Geben Sie vier Voraussetzungen an, die für Homeoffice erfüllt sein müssen!

➤ ______________________________

____

➤ ______________________________

____

➤ ______________________________

____

➤ ______________________________

____

4.5 Listen Sie in den folgenden Tabellen mögliche Chancen und Risiken eines sogenannten Homeoffice-Arbeitsplatzes für Erwerbstätige, Unternehmen und die Gesellschaft auf!

➤ Chancen und Risiken eines Homeoffice-Arbeitsplatzes für Erwerbstätige:

Vorteile	Nachteile

➤ Chancen und Risiken eines Homeoffice-Arbeitsplatzes für Unternehmen:

Vorteile	Nachteile

➤ Chancen und Risiken eines Homeoffice-Arbeitsplatzes für die Gesellschaft:

Vorteile	Nachteile

4.6 Erstellen Sie eine Checkliste mit 10 Angaben für den Arbeitnehmer, die beim Homeoffice zu beachten sind!

Nr.	Merkmale	✓
1		
2		
3		
4		
5		
6		
7		
8		
9		
10		

4.7 Die Rahmenbedingungen für ein Homeoffice können über eine Vereinbarung zwischen Arbeitgeber und Mitarbeiter abgesteckt werden. Erstellen Sie diese Vereinbarung mit individuellen Regelungen in Word!

Schulbuch Kap. 2.2

4 Arbeitsabläufe planen (Zeitmanagement)

Situation:

Heinrich KG
Büromöbel und Zubehör

Konstantin Küper hat vor etwa sechs Monaten, direkt nach der erfolgreich absolvierten Berufsausbildung, bei der Heinrich KG eine auf zwei Jahre befristete Stelle als Angestellter in der Abteilung Verkauf angetreten. Wie gewohnt holt ihn sein Kollege Sinan Sol mit dem Auto zur Arbeit ab. Während der Fahrt überlegt sich Herr Küper, was er heute im Büro erledigen muss. Um nichts zu vergessen, gibt er alles in die kostenlose Notizblock-App seines Smartphones, das er als ständigen Begleiter mit sich trägt, ein:

- *Geschäftsvorgang Westmoor KG bearbeiten, E-Mail verfassen und mit Anlagen senden*
- *E-Mail der Bereichsleiterin Frau Oswald beantworten*
- *Antrag auf Genehmigung meiner Fortbildung stellen, begründen und Kosten ermitteln*
- *drei E-Mails von gestern bearbeiten und an Frau Erler weiterleiten*
- *Werbebriefe an ausgewählte Privatkunden verfassen*
- *bisher liegen gebliebene Schriftstücke sichten, sortieren und Ablage machen*

Zu den eingetragenen Verpflichtungen sind Herrn Küper folgende Fakten bekannt:

- *Herr Kirchhoff, Ansprechpartner bei der Westmoor KG, ist zurzeit in Urlaub*
- *die E-Mail der Bereichsleiterin Frau Oswald muss bis morgen beantwortet sein*
- *die Werbebriefe sollen in der nächsten Woche versendet werden*
- *der Antrag auf Genehmigung der Fortbildung muss heute gestellt werden*

Als Herr Küper seinen PC-Arbeitsplatz im Büro erreicht, ruft er zuerst in MS Outlook seine E-Mails ab und beginnt diese zu lesen. Einige E-Mails findet er so interessant, dass er sich sofort näher mit ihnen beschäftigt. Danach schaut er auf die im Auto erstellte To-do-Liste und beginnt damit, den Geschäftsvorgang Westmoor KG zu bearbeiten, der am Anfang seiner To-do-Liste steht. Wiederholt läutet dabei sein Telefon.

Abgelenkt nimmt Herr Küper die Telefonate entgegen und beantwortet die gestellten Nachfragen. Für manche Fragen muss er Schriftstücke aus der Ablage/Registratur nehmen und Fakten nachschlagen oder in MS Outlook im Posteingang bzw. -ausgang recherchieren. Zu einigen E-Mails benötigt er noch ergänzende Informationen, die er irgendwo auf seinem PC abgelegt hat. *„Oh je, es ist ja schon 12:15 Uhr und ich habe so gut wie nichts geschafft“,* bemerkt Herr Küper auf einmal. Er speichert die gerade begonnene E-Mail an die Westmoor KG als Entwurf in MS Outlook und geht in die Mittagspause.

Als Herr Küper um ca. 13:00 Uhr aus der Kantine zurückkehrt, gönnt er sich einen Cappuccino, surft ein wenig im Internet und öffnet dann die als Entwurf in MS Outlook gespeicherte E-Mail an die Westmoor KG und schreibt weiter. Dabei liest er eingehende E-Mails, die auf seinem Desktop angezeigt werden und ihn sehr interessieren, sofort. Da Herr Küper eingehende E-Mails prinzipiell im Posteingang lässt, fällt sein Blick eher zufällig auf die E-Mail von Frau Oswald: *„Ach du meine Güte, die muss ich ja auch noch beantworten!“* Er bricht die Bearbeitung der E-Mail an die Westmoor KG ab und beschäftigt sich mit der E-Mail an Frau Oswald. Weil er dazu einige relevante hausinterne Informationen und Auskünfte benötigt, ruft er verschiedene Personen aus anderen Abteilungen an und sucht bereits abgelegte Schriftstücke aus Ordnern heraus. Schließlich ist er mit der Antwort fertig.

Die Büro-Uhr signalisiert 16:15 Uhr, Herr Küper hat in einer Viertelstunde Feierabend. Schnell schreibt er die E-Mail an die Westmoor KG fertig und versendet sie mit den Anlagen. Ein Blick auf die To-do-Liste im eigenen Smartphone zeigt, dass er bisher nur zwei Punkte der Liste abgearbeitet hat und er auf jeden Fall noch heute den Antrag auf die Genehmigung seiner Fortbildung stellen muss. *„Mist, vermutlich wieder eine Überstunde mehr und eine Besserung ist nicht in Sicht, da bereits morgen neue Verpflichtungen anstehen und ich noch nicht einmal die alten Aufgaben erledigt habe“,* denkt Herr Küper. Frust und ein schlechtes Gewissen melden sich – das Gefühl der Überforderung stellt sich bei ihm ein.

Arbeitsaufträge:

1. Nehmen Sie kritisch zum Zeit- und Selbstmanagement von Herrn Küper Stellung! Identifizieren Sie gemachte Fehler, Zeitdiebe und Zeitfallen mithilfe des eingesetzten Schulbuchs.

2. Nennen Sie die zwei maßgeblichen Kriterien, von denen sich die Priorität einer Aufgabe ableiten lässt!

1. Kriterium: ______________________ **2. Kriterium:** ______________________

3. Ordnen Sie die von Herrn Küper in seiner Notizbook-App angefertigte To-do-Liste, indem Sie eine Rangfolge festlegen, in der die Aufgaben idealerweise abgearbeitet werden sollten!

➤ ______________________________

____

➤ ______________________________

____

➤ ______________________________

____

➤ ______________________________

____

➤ ______________________________

____

➤ ______________________________

____

4. Unterbreiten Sie vier situationsbezogene Vorschläge zur Optimierung des Zeit- und Selbstmanagements von Herrn Küper!

Vorschlag 1	
Vorschlag 2	
Vorschlag 3	
Vorschlag 4	

5. Erläutern Sie den Stellenwert eines systematischen Zeitmanagements!

6. Die Arbeit, die auf Herrn Küpers Schreibtisch landet, nimmt täglich zu! Aber wie soll er die wachsenden Arbeitsberge bewältigen, wenn in Zukunft seine Überstunden in einem überschaubaren Rahmen gehalten oder gar vermieden werden sollen? In einer eintägigen Inhouse-Schulung „Zeitmanagement" lernt er, die bewährten Zeitmanagement-Methoden effektiv einzusetzen. Denn wer gut organisiert ist, spart Energie für die täglichen Aufgaben.

6.1 Informieren Sie sich in Ihrem Schulbuch über die Methoden des Zeitmanagements! Planen Sie Ihren nächsten Arbeitstag mit der ALPEN-Methode!

6.2 Geben Sie Vor- und Nachteile der ALPEN-Methode an!

Vorteile

-
-
-
-
-

Nachteile

-
-
-
-
-

6.3 Für die Anwendung der Eisenhower-Methode stellt Herr Küpers sich für jede Aufgabe die folgenden Fragen:

- Ist die Aufgabe wichtig für das Unternehmen?
- Ist die Aufgabe wichtig und dringend, also sofort zu erledigen?
- Kann die Aufgabe delegiert werden?
- Kann die Aufgabe im Papierkorb landen?

Ordnen Sie die unten stehenden Aufgaben, die Herr Küpers zu bearbeiten hat, nach Wichtigkeit und Dringlichkeit den Kategorien des Eisenhower-Prinzips zu! Begründen Sie Ihre Entscheidung!

Der Büroausstatter Winter OHG, München, beanstandet, dass die für gestern zugesagte Lieferung der drei Schreibtische „Denver" nicht eingetroffen ist.

☐-Aufgabe

Begründung:

Weyermann & Söhne KG bittet um ein Angebot über fünf Bürostühle „Smile". Die Abgabefrist ist in einer Woche.

☐-Aufgabe

Begründung:

Die Regale im Showroom müssen mit den Prospekten der Handelswaren aufgefüllt werden.

☐-Aufgabe

Begründung:

Die Produktion der Konferenztische ist wegen eines Defektes der Flächenschleifmaschine unterbrochen. Weil der Monteur die Ersatzteile erst in drei Tagen einbauen kann, verzögert sich die Auslieferung der Ware an den Kunden Weyermann & Söhne KG um eine Woche.

☐-Aufgabe

Begründung:

____

____

____

In der Eingangspost liegt ein Essensangebot eines Caterers. Expliziert wird auf die Vielfältigkeit erprobter Lösungen für die Betriebsverpflegung hingewiesen. Die Heinrich KG hat vor geraumer Zeit das Kantinenessen auf eine gesunde und leichte Kost umgestellt. Die Mitarbeiter sind begeistert von dem ausgewogenen Ernährungsangebot.

☐-Aufgabe

Begründung:

____

____

____

6.4 Geben Sie Vor- und Nachteile der Eisenhower-Methode an!

Vorteile

- ______________________________
- ______________________________
- ______________________________
- ______________________________
- ______________________________

Nachteile

- ______________________________
- ______________________________
- ______________________________
- ______________________________
- ______________________________

Schulbuch Kap. 2.3

5 Termine planen

Situation:

In der Heinrich KG ist die Terminverwaltung ein wichtiges Management-Element. Um eine lücken- und vor allem pannenlose Terminplanung zu garantieren, ist eine gute Abstimmung erforderlich. Folgende W-Fragen helfen bei der Terminkoordinierung:

Heinrich KG
Büromöbel und Zubehör

wer mit wem	wann	wo	weshalb	wie lange
zusammenkommen soll.				

Bei festen Terminverpflichtungen ist zu berücksichtigen:

was	wann	wohin	weshalb	wodurch/womit
erfolgen soll.				

Die Anlässe und Aktivitäten der Treffen werden in drei Prioritätsstufen unterteilt:

- ➤ A-Aufgaben sind erstrangig und damit wichtig.
  Für diese Termine sollte die meiste Zeit eingeplant werden.
- ➤ B-Aufgaben sind zweitrangig.
  Sie können delegiert oder auf einen anderen Termin verschoben werden.
- ➤ C-Aufgaben sind Routineaufgaben.
  Sie sind für die Erreichung von Zielen unwesentlich.

Im Rahmen ihrer Ausbildung soll Rita Roth die Kompetenz erwerben, Termine zu planen, festzulegen, vorzubereiten und zu kontrollieren. Weil nicht jedes Gespräch zeitlich genau geplant werden kann, sind Terminüberschneidungen durch genügend „Pufferzeiten" zu vermeiden. Insbesondere soll Rita Roth dabei berücksichtigen, dass nicht jedes Gespräch zeitlich genau geplant werden kann und der Besprechungsraum zum Erfolg des Gesprächs beiträgt.

Arbeitsaufträge:

1. Ein Termin ist ein für alle Teile verbindlich festgesetzter Zeitpunkt, der durch ein Datum und eine Uhrzeit bezeichnet wird. Im Berufsalltag wird zwischen festen und variablen Terminen unterschieden. Ein variabler Termin wird nach Vereinbarung zum festen Termin. Ergänzen Sie die folgenden Tabellen um jeweils sieben Beispiele.

Feste Termine	➤	➤	➤
➤	➤	➤	➤

Variable Termine	➤	➤	➤
➤	➤	➤	➤

2. Für Meetings-, Präsentations- und Seminartermine verfügt die Heinrich KG über vier Besprechungsräume, die mit komfortablen Systemtischen und modernster Konferenz- und Präsentationstechnik ausgestattet sind.

   Um die Termine der Beteiligten in dem jeweils anlassgerechten Raum festzulegen, erstellen Sie zunächst in MS Word in Arial 11 eine Übersicht über die Ausstattung der einzelnen Veranstaltungsräume in Tabellenform in Querformat (Befehlsfolge: Layout, Ausrichtung, Querformat). Nutzen Sie dazu die folgenden Informationen:

Für eine **Tabelle** charakteristisch sind die horizontal laufenden Zeilen – von links nach rechts – und die vertikal laufenden Spalten – von oben nach unten. Die Zellen werden automatisch durch Tabellenrasterlinien oder einen Rahmen kenntlich gemacht.

Spalte ↓

Zeile →			Zelle

Tabelle einrichten!

Befehlsfolge: *Einfügen, Tabelle, Spaltenanzahl 4, Zeilenanzahl 6*

Mithilfe der **TAB-Taste** springen Sie von Zelle zu Zelle. In der letzten Zelle der Tabelle erscheint nach Betätigung der **TAB-Taste** eine neue Zeile.

Equipment	Besprechungsraum	Seminarraum	
Visuelle Medien	Großbild-Display, Tablet zur Präsentationssteuerung	Smartboard, Beamer mit motorisierter Leinwand	
Zubehör	Presenter, Adapter-Set	Flipchart und Marker, Dokumentenkamera	
Audiovisuelle Medien	Soundbar mit Kamera	Dezentrale Sprech- und Tontechnik	
Konferenztechnik	Videokonferenz-Kit	Raumsteuerung	
Anschlüsse	USB-C/HDMI-Tischfeld	LAN-Dosen und WLAN	

Neben der Spalte mit der Angabe „Besprechungsraum“ soll rechts eine Spalte mit der Angabe **Teambüro** eingefügt werden. Dazu setzen Sie den Cursor in die Spalte mit dem Leitwort „Besprechungsraum“. In der Menüleiste wird „Tabellentools“ angezeigt. Über die Registerkarte „Layout“ können Sie Spalten und Zeilen einfügen.

Ergänzen Sie die Tabelle!

Teambüro
Whiteboard
Headsets, Moderationsmaterial
Webcams
Nutzung individueller Laptops
WLAN

Fügen Sie eine weitere Spalte links vor der Spalte „Seminarraum“ ein!

Erweitern Sie die Tabelle durch die Spalte **„Konferenzraum“!**

Konferenzraum
Großbild-Display
Adapter-Set, Presenter
Konferenz-Soundbar, Raum-Mikrofone
Videokonferenz-System
LAN, WLAN, HDMI/USB-C Anschlussfeld

Löschen Sie die nicht benötigte Spalte über die Registerkarte Layout!

Ergänzen Sie die Tabelle um eine weitere Zeile!

Equipment: Bestuhlung
Besprechungsraum: Runder Tisch
Teambüro: Blockform/Inseln
Konferenzraum: U-Form
Seminarraum: Gruppentische

Gestalten Sie die Tabelle ansprechend!

Setzen Sie den Cursor in die erste Zelle „Equipment“, fügen Sie eine neue Zeile oberhalb der Tabelle ein. Geben Sie in der Zelle oberhalb des Leitwortes „Besprechungsraum“ „Veranstaltungsräume“ ein!

Markieren Sie die gesamte Tabelle, geben Sie eine Zellenhöhe von 1 cm und eine Spaltenbreite von 5 cm ein!

Markieren Sie die ersten beiden Zellen der ersten Spalte. Verbinden Sie die Zellen miteinander. Verbinden Sie nun die ersten Zellen der Spalten 2 bis 5!

Die Überschrift „Veranstaltungsräume“ und die Leitwörter der Spalten 2 bis 5 sind vertikal und horizontal in der Zelle zu zentrieren, die anderen Zellen sind vertikal zu zentrieren und an der linken Seite der Zelle auszurichten.

Formatieren Sie die waagerechten und senkrechten Leitwörter fett sowie mit einer dezenten Schattierung!

Sollten nur die Rasterlinien angezeigt werden, sind die Außen- und Innenlinien der Tabelle zu rahmen.

Speichern Sie die Tabelle unter „Veranstaltungsräume“!

3. Zum 1. August 20.. will die Heinrich KG drei Auszubildende für das Berufsfeld Kaufmann/Kauffrau für Büromanagement einstellen. Aus diesem Grund wurde in der regionalen Zeitung eine Stellenanzeige geschaltet, auf die sich zahlreiche Bewerber gemeldet haben. Frau Franziska Ohlsen, die im Unternehmen für die Personalentwicklung und Ausbildung zuständig ist, hat bereits die Bewerbungsunterlagen geprüft und eine Personalvorauswahl getroffen.

   Die infrage kommenden Bewerber

   - Serdar Daban
   - Lars Maus
   - Pascal Rüter
   - Julius Krenz
   - Sabrina Niehaus
   - Hendrik Seefeld

   sollen am 12. Februar 20.. zu einem Vorstellungsgespräch und Eignungstest eingeladen werden.

   Die Gespräche (Dauer 1 Stunde) werden von Frau Ohlsen (Besprechungsraum) und Frau Gehrke (Teambüro) geführt, sodass zeitliche Überschneidungen bei gleichzeitigen Gesprächen möglich sind. Unmittelbar danach soll jeder Bewerber einzeln einem Einstellungstest (Dauer 30 Minuten) unterzogen werden. Herr Wende führt hierbei in Raum 203 die Aufsicht. Das Auswahlverfahren soll in der Zeit von 09:00 Uhr (erster Bewerber) bis 13:00 Uhr (Ende letzter Test) stattfinden.

   Rita Roth koordiniert die Belegung des Besprechungsraumes sowie des Teambüros. Erstellen Sie einen Terminplan mit einer übersichtlichen Einteilung in Tabellenform, damit den Bewerbern in der Einladung zum Vorstellungsgespräch die Uhrzeit und der Raum mitgeteilt werden kann. Dabei ist zu berücksichtigen:

   - genauer zeitlicher Ablauf von 09:00 Uhr bis 13:00 Uhr
   - die von den eingesetzten Mitarbeitern gerade durchzuführenden Tätigkeiten
   - Beginn/Ende des Gesprächs und des Tests für jeden einzelnen Bewerber

   Für die Bewerber sollen bei Einhaltung der Zeitplanung keine Wartezeiten zwischen Gespräch und Test entstehen.

   Speichern Sie die Tabelle unter **„Auswahl"!**

   Lassen Sie die Tabelle ausdrucken!

4. Aus einem Protokoll übernimmt Rita Roth für die 17. Kalenderwoche die angemeldeten Termine für das „Teambüro":

   - Jeden Mittwoch von 08:00 Uhr bis 10:00 Uhr; Dienstbesprechung Öffentlichkeitsarbeit, Frau Marx
   - Projektgruppe „Green Office" am Donnerstag von 10:30 Uhr bis 14:30 Uhr, Herr Walter, Gruppenleiter Verkauf
   - Abteilungsleiter Fertigung, Herr Obert, Arbeitsgruppe neue Arbeitsorganisation, Mittwoch, 10:30 Uhr bis 12:00 Uhr
   - Montag, 12:30 Uhr bis 14:30 Uhr, Frau Schulze, Gruppenleiterin Auftragsbearbeitung
   - Arbeitsgruppe Qualitätsentwicklung (QE), Herr Helbig, Bereichsleiter Technischer Bereich, Dienstag, 09:00 Uhr bis 15:30 Uhr
   - Alle Auszubildenden der kaufmännischen Berufe mit Frau Ohlsen, Ausbilderin, Montag, 08:00 Uhr bis 11:00 Uhr
   - Betriebsratssitzung, Herr Tietgen, Freitag, 09:00 Uhr bis 12:00 Uhr

   Die Arbeitsgruppe Corporate Identity möchte das Teambüro für einen Termin von ca. zwei Stunden belegen, Ende spätestens um 17:00 Uhr, nicht Freitag.

4.1 Erstellen Sie einen übersichtlichen Raumbelegungsplan in MS Word und teilen Sie der Arbeitsgruppe die Terminvorschläge mit!

Terminvorschläge für die Arbeitsgruppe Corporate Identity
➤ ______
➤ ______
➤ ______
➤ ______

4.2 Nennen Sie vier Kriterien, die bei der Koordination von Belegungsplänen wichtig sind!

➤ ______

➤ ______

➤ ______

➤ ______

5. Der Kunde Modern Office Furniture Limited aus London wird in der Zeit vom 6. bis 10. Oktober dieses Jahres in Hamburg sein. Der Firmeninhaber möchte die Produktionsstätten der Heinrich KG besichtigen. Frau Heinrich gibt an, dass außer ihr der Technische Bereichsleiter, Herr Helbig, die Leiterin Kaufmännischer Bereich, Frau Oswald, und der Verkaufsleiter, Herr Walter, bei dem ganztägigen Besuch anwesend sein müssen.

Folgende Termine entnimmt Rita Roth dem Terminkalender von Frau Heinrich sowie einigen Telefonaten mit den Assistentinnen der genannten Personen:

Geschäftsführerin	**Leiter Technischer Bereich**
06.10. eigener Vortrag bei der IHK 08.10. internationales Meeting in Paris 09.10. internes Meeting mit allen Abteilungsleitern 10.10. Urlaub	07.10. Besuch einer Messe 10.10. Produktgruppenbesprechung
Leiterin Kaufmännischer Bereich	**Verkaufsleiter**
06.10. Seminar 07.10. Abteilungsbesprechung	08.10. Jubiläumsempfang bei einem Kunden 09.10. Abteilungsbesprechung 10.10. Kundengespräch

5.1 Unterbreiten Sie Frau Heinrich zwei Terminvorschläge und begründen Sie Ihre Entscheidung!

Terminvorschlag 1:

Terminvorschlag 2:

Begründung:

5.2 Auf der letzten Besprechung der Bereichs- und Abteilungsleiter wurde vorgeschlagen, einen elektronischen Terminkalender einzurichten, der für alle einsehbar ist.

Führen Sie insgesamt drei Argumente an, die dafür oder dagegen sprechen!

➤

➤

➤

6. Die Heinrich KG veranstaltet jedes Jahr einen Tag der offenen Tür für Kunden und Lieferanten. Rita Roth wird beauftragt, Vorschläge zu machen, um geeignete Termine für dieses Event im zweiten Quartal des Jahres zu finden.

Nennen Sie fünf Kriterien, die Rita Roth beachten sollte, bevor sie Termine vorschlägt!

➤

➤

➤

➤

➤

7. Die Heinrich KG veranstaltet am Freitag, 20. März 20.. von 09:00 Uhr bis 18:00 Uhr eine Hausmesse im Showroom in Hamburg. Unter dem Motto „Office Life" werden den Kunden die aktuellen Trends der Büro- und Besprechungsräume vorgestellt. Die Produktpalette umfasst Empfangs- und Konferenzmöbel sowie Teamarbeitsplätze.

7.1 Erstellen Sie einen Terminplan für den Einsatz der Mitarbeiter in Tabellenform (Querformat), aus dem ersichtlich ist, welche Mitarbeiter und Mitarbeiterinnen von 09:00 bis 12:00 Uhr, von 12:00 bis 15:00 Uhr und von 15:00 bis 18:00 Uhr an den drei Messeständen „Empfangsmöbel", „Konferenzmöbel" und „Teamarbeitsplätze" eingesetzt sind. Um einen reibungslosen Ablauf des Events zu gewähren, sind immer zwei Personen je Messestand einzuteilen.

Geben Sie in die Kopfzeile Ihren Vor- und Zunamen ein.

Folgende Angaben sind zu berücksichtigen:

- Herr Walter hat ab 13:00 Uhr privat einen Termin wahrzunehmen.
- Frau Schulze ist eine Halbtagskraft, die nur vormittags arbeitet.
- Herr Bremer hat um 17:00 Uhr einen Termin. Er ist für sechs Stunden einzuteilen.
- Frau Heinrich steht den Kunden den ganzen Tag beratend zur Verfügung.
- Herr Dräger hat morgens einen Zahnarzttermin, ab mittags ist er einsetzbar.
- Die Auszubildende Ute Ulrich, die nach ihrer Abschlussprüfung im Juni einen einjährigen Arbeitsvertrag als Sachbearbeiterin im Verkauf erhält, hat bis 14:00 Uhr Berufsschulunterricht. Anschließend ist sie einzuplanen.
- Frau Burg, Betriebsratsvorsitzende, hat vormittags einen Besprechungstermin mit der Personalleiterin. Ab 12 Uhr kann sie eingesetzt werden.
- Frau Oswald steht den Kunden den ganzen Tag zur Verfügung.
- Herr Helbig, technischer Leiter, steht den ganzen Tag für Sonderanfertigungen zur Verfügung.

7.2 Nehmen Sie folgende Formatierungen vor:

- Die Zeilen der Tabelle sollen mit einer Höhe von 0,7 cm eingerichtet werden.
- Die Leitwörter sind fett, in Arial 12 und grau (15 %) schattiert, vertikal zentriert zu formatieren.
- Die restlichen Zeilen sind in Arial 11, vertikal zentriert zu formatieren.
- Verbinden Sie Zellen, wenn Sie Teilüberschriften hinzugefügt haben, zentrieren Sie diese sowie die gesamte Tabelle.

7.3 Speichern Sie die Tabelle unter **Hausmesse.**

7.4 Lassen Sie die Tabelle ausdrucken.

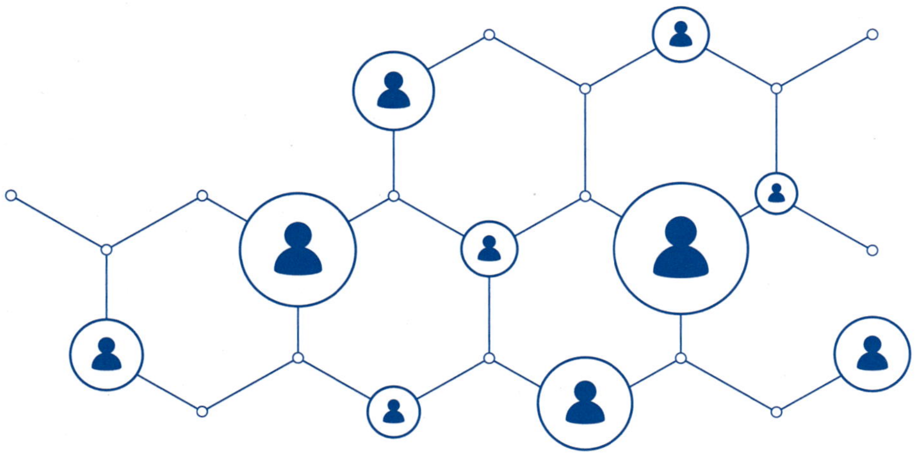

8. In der Heinrich KG werden für umfangreiche Terminplanungen als grafische Terminplanungsmethoden das Balkendiagramm und die Netzplantechnik eingesetzt.

   Erläutern Sie die beiden Planungsmethoden und geben Sie jeweils ein geeignetes Beispiel für deren Anwendung an! Befragen Sie dazu Ihr Schulbuch und das Internet!

9. Für den Sommerurlaub haben die Beschäftigten der Abteilung Verkauf folgende Terminwünsche angemeldet:

Herr Walter, Abteilungsleiter Verkauf	22. bis einschließlich 25. Woche
seine Stellvertretung, Frau Schulze	25. bis einschließlich 27. Woche
Herr Bremer	22. bis einschließlich 25. Woche
Frau Burg	23. bis einschließlich 26. Woche
Herr Dräger	25. bis einschließlich 28. Woche
Frau Sommerland	26. bis einschließlich 29. Woche

Erstellen Sie den Urlaubsplan in Form eines Balkendiagramms, in dem sichergestellt ist, dass mindestens ein leitender Angestellter (Abteilungsleiter oder Stellvertretung) und zwei Sachbearbeiter anwesend sind. Zu berücksichtigen ist, dass Herr Walter, Herr Bremer und Frau Burg schulpflichtige Kinder haben und dass jeder Mitarbeiter mindestens drei zusammenhängende Urlaubswochen erhält. Die Schulferien im Bundesland Hamburg beginnen in der 22. und enden in der 27. Woche.

10. Um die anfallenden Arbeiten im Einkauf der Heinrich KG rationell bewältigen zu können, hat der Abteilungsleiter Herr Bast vorgeschlagen, weitere vier PCs mit Office-Paketen anzuschaffen. Diese PCs sollen vernetzt werden. Damit die Installation nicht den gesamten Arbeitsablauf behindert, muss die Aufstellung und Inbetriebnahme organisatorisch, personell und räumlich geplant werden.

Informieren Sie sich zunächst mithilfe des Auszugs aus dem Lexikon für Büromanagement (Material 1) über die Netzplantechnik.

Erstellen Sie danach aus den unten aufgeführten einzelnen Vorgängen einen Netzplan!

Errechnen Sie die Gesamtzeit der Aktion und zeigen Sie den kritischen Weg auf, und geben Sie die Vorgänge an!

Nutzen Sie zur Bearbeitung wahlweise die nachfolgende Vorlage (Material 2) oder Excel.

Nummer	Vorgang	Dauer (Tage)	Vorgänger	Nachfolger
1	Konzept erstellen	5		2, 3
2	Raumfrage klären	3	1	5
3	Angebote einholen	10	1	4
4	Angebote vergleichen und günstigstes/ geeignetstes auswählen	1	3	5
5	Genehmigung durch Geschäftsleitung	1	2, 4	6, 7
6	Auftrag erteilen	1	5	8
7	Mitarbeiter informieren	3	5	8
8	Wareneingangskontrolle und Installation	4	6, 7	9
9	Mitarbeiter einweisen und schulen	4	8	10
10	Arbeit aufnehmen/Begleitung durch Schulungspersonal	1	9	

Material 1: Auszug aus dem Lexikon für Büromanagement

Die Netzplantechnik stellt die zeitlichen Abläufe mit vorhergehenden und nachfolgenden Tätigkeiten dar sowie die Abhängigkeit der Termine untereinander.

Ein Beispiel für einen Netzplan ist die unten stehende Abbildung eines Webinars. Zunächst sind die einzelnen aufeinander folgenden Vorgänge mit der Zeitangabe in Tagen, dem Vorgängervorgang und dem nachfolgenden Vorgang aufgelistet. Die Nr. 1 ist Vorbedingung für Nr. 2 und dieser Vorgang wiederum von Nr. 3, 4 und 5. Die Vorgänge 3, 4 und 5 können erst beginnen, wenn der Vorgang 2 beendet ist, sie sind also Nachfolger von Nr. 2. Nr. 3, 4 und 5 sind Vorgänger für Nr. 6, Nr. 7 ist Vorbedingung für Nr. 8.

Nummer	Vorgang	Dauer (Tage)	Vorgänger	Nachfolger
1	Termin festlegen	1		
2	Zielgruppe einladen	1	1	3, 4, 5
3	Erwartungen der Teilnehmer abfragen und auswerten	3	2	6
4	Vorbereitung eines Methodenmixes	2	2	6
5	Datenschutz und Datensicherheit gewährleisten	1	2	6
6	Webinar durchführen	1	3, 4, 5	7
7	Fortlaufender Support	1	6	8
8	Evaluierung des Webinars	1	7	

Ein Vorgang wird grafisch durch ein Rechteck dargestellt. Hier werden alle wichtigen Informationen eingetragen: Vorgangsnummer, Dauer der Tätigkeit, frühester Start- und Endtermin.

FAZ FEZ

Nr.	Vorgangsbezeichnung	
D	GP	FP

SAZ SEZ

FAZ – Früheste Anfangszeit
FEZ – Früheste Endzeit (FAZ + D)
D – Dauer
GP – Gesamtpuffer (SAZ – FAZ)
FP – Freier Puffer (FAZ [Nachfolger] – FEZ [Vorgänger])
SAZ – Späteste Anfangszeit (SEZ – D)
SEZ – Späteste Endzeit

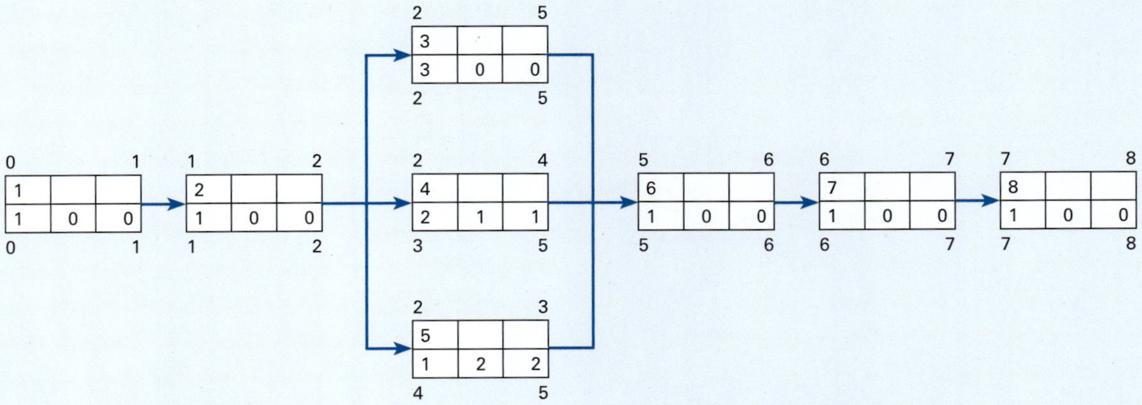

Zuerst werden durch fortlaufendes Aufaddieren der Dauer von links nach rechts alle frühestmöglichen Termine berechnet. Bei mehreren Vorläufern einer Tätigkeit gilt als deren Startpunkt die höchste Zahl seiner Vorgänge. Die Ergebnisse werden in der oberen Zeile des Rechtecks erfasst. Anschließend werden die spätesten Termine berechnet. Dazu geht man vom frühesten Endtermin der letzten Tätigkeit im Plan aus und berechnet rückwärts von rechts nach links durch fortlaufende Subtraktion alle spätesten Termine. Bei mehreren Nachfolgern einer Tätigkeit ist jeweils der späteste Beginn eines Nachfolgers steuernd für das späteste Ende des Vorgängers. Die Ergebnisse werden in die untere Zeile des Rechtecks eingetragen. Auf diese Art ist aus dem Netzplan sofort der kritische Weg ersichtlich. Hier sind alle Tätigkeiten mit Pufferzeit Null gemeint.

Material 2: Vorlage für den Netzplan

Hinweis: Es werden nicht alle vorgegebenen Elemente benötigt.

6 Sitzungen und Besprechungen vor- und nachbereiten – Formulare

Schulbuch Kap. 3

Situation:

In der Heinrich KG nehmen Sitzungen und Besprechungen insbesondere bei Führungskräften einen immer größeren Anteil der Arbeitszeit in Anspruch. Je nach Zweck und Teilnehmerkreis stehen hierfür Konferenz-, Seminar- und Besprechungsräume zur Verfügung. Oft werden Einzelgespräche mit Mitarbeitern oder ein Informationsaustausch im kleinen Personenkreis in den Büros der Vorgesetzten geführt.

Heinrich KG
Büromöbel und Zubehör

Seitdem ein Termin den anderen jagt, gehen immer häufiger Teilnehmer unbefriedigt aus den Besprechungen. Viele haben den Eindruck, dass diese Meetings struktur- und ziellos verlaufen. Entsprechend ineffektiv ist dann auch das Ergebnis. Bei den Verantwortlichen und Teilnehmern stellt sich zunehmend Sitzungsfrust ein.

Arbeitsaufträge:

1. Besprechungen und Sitzungen sind in der Heinrich KG so häufig, dass sie für viele Mitarbeiter schon zur Routine geworden sind. Innerhalb der verschiedenen Hierarchieebenen sind die Anlässe dieser Meetings sehr unterschiedlich.

   1.1 Geben Sie jeweils drei Beispiele zu den verschiedenen Arten von Zusammenkünften!

Beispiele für *kurzfristig angesetzte* Besprechungen	Beispiele für *regelmäßig stattfindende* Besprechungen
➤ ______________________	➤ ______________________
______________________	______________________
➤ ______________________	➤ ______________________
______________________	______________________
➤ ______________________	➤ ______________________
______________________	______________________

   1.2 Nennen Sie mindestens vier Zwecke, denen Besprechungen dienen!

➤ ______________________

➤ ______________________

➤ ______________________

➤ ______________________

➤ ______________________

➤ ______________________

1.3 Besprechungen, die zu Problemlösungen führen sollen, nehmen eine besondere Stellung ein. Skizzieren Sie vier thematische Vorüberlegungen, die Sie bei der Vorbereitung einbringen sollten!

2. Damit eine Besprechung effektiv und nicht zeitraubend ist, muss sie inhaltlich und organisatorisch optimal vorbereitet sein. Dies sorgt für einen reibungslosen Ablauf und für das Einhalten des vorgesehenen zeitlichen Rahmens.

Nennen Sie acht zentrale Fragen, die im Rahmen einer planvollen Vorbereitung zu klären sind!

➤ ______________________________

➤ ______________________________

➤ ______________________________

➤ ______________________________

➤ ______________________________

➤ ______________________________

➤ ______________________________

➤ ______________________________

3. Obwohl in der Heinrich KG an allen Arbeitsplätzen MS Office installiert ist, arbeiten die Beschäftigten in den Abteilungen vorwiegend nur mit Excel, Word und PowerPoint. Die Kommunikationssoftware Outlook wird hingegen bislang kaum genutzt. In Outlook lassen sich Besprechungen effektiv planen und Teilnehmer zu Terminen einladen. Mit einer solchen Kalenderfunktion sind alle Termine im Blick und Doppelbuchungen werden vermieden. Deshalb will Frau Gerda Heinrich, Geschäftsführerin der Heinrich KG, die in der Verwaltung Beschäftigten in Form eines eintägigen Seminars in den Firmenräumlichkeiten durch den Anbieter Excellent Training GmbH, Hamburg, in Outlook qualifizieren.

   3.1 Erstellen Sie für Rita Roth eine Checkliste zur Vorbereitung dieser Schulung, die Absprachen mit dem Seminaranbieter und die notwendigen organisatorischen Aktivitäten innerhalb der Heinrich KG berücksichtigt!

Checkliste zur Vorbereitung der Outlook-Schulung	
a) Absprache mit dem Seminaranbieter (Excellent Training GmbH)	
➤ ______________________________	☐
➤ ______________________________	☐
➤ ______________________________	☐
➤ ______________________________	☐
➤ ______________________________	☐
➤ ______________________________	☐
➤ ______________________________	☐
➤ ______________________________	☐
➤ ______________________________	☐
b) notwendige organisatorische Aktivitäten innerhalb der Heinrich KG	
➤ ______________________________	☐
➤ ______________________________	☐
➤ ______________________________	☐
➤ ______________________________	☐
➤ ______________________________	☐
➤ ______________________________	☐
➤ ______________________________	☐
➤ ______________________________	☐
➤ ______________________________	☐

3.2 Erstellen Sie für die Auszubildende Rita Roth für die Nachbereitungen der Veranstaltung eine To-do-Liste!

Nachbereitung der Seminarveranstaltung – To do

➤ ______________________________

____

➤ ______________________________

____

➤ ______________________________

____

➤ ______________________________

____

➤ ______________________________

____

➤ ______________________________

____

3.3 Beschreiben Sie anhand eines Aspektes, warum die Nachbereitung einer Veranstaltung eine große Bedeutung hat!

____

____

____

____

____

____

____

____

____

____

4. Die Vor- und Nachbereitung von Besprechungen und Sitzungen ist eine der Kernkompetenzen im Sekretariat. Deshalb soll Rita Roth ein unternehmensspezifisches Formular entwickeln, das die Reihenfolge der wiederkehrenden Arbeitsabläufe strukturiert.

4.1 Informieren Sie sich zunächst über die Aufgaben, die Bedeutung und die Gestaltung von Formularen mithilfe des folgenden Auszugs aus dem Lexikon für Büromanagement!

Der **Begriff „Formular"** steht für ein mit Software erstellter Vordruck, der je nach Verwendung offline oder online genutzt wird. Offline-Formulare werden ausgedruckt und von Hand (also manuell) ausgefüllt. Online-Formulare sind am PC vom Benutzer aufzurufen, zu bearbeiten und zu ergänzen. Die Formulare sind sowohl Korrespondenzmittel (Informationsträger) als auch Organisationsmittel.

1. Aufgaben und Bedeutung eines guten Formulars:

- Er ist gleichzeitig Arbeits- und Organisationsmittel.
- Er stellt ein klares Ablaufschema selbst schwieriger Arbeitsvorgänge dar.
- Er entlastet von wiederkehrender Schreibarbeit.
- Er sorgt dafür, dass nichts vergessen wird.
- Er kann zur systematischen Erfassung von Daten für die manuelle und automatisierte Verarbeitung dienen (Offline- und Onlineformulare).
- Er enthält eine klare Arbeitsanweisung, d. h., die Kontrolle wird verringert und erlaubt ein in Grenzen selbstständiges Arbeiten.
- Dieselben Datenangaben befinden sich immer an der gleichen Stelle.
- Weniger gut ausgebildete Mitarbeiter können mit Vordrucken auch kompliziertere Vorgänge erfassen und bearbeiten.
- Ein gut gestaltetes Formular bringt Zeit- und Kostenersparnis.

2. Ein gutes Formular entsteht durch:

- Feststellung wiederkehrender Schreibarbeit, die mit Formular vereinfacht werden könnte,
- Sammlung von Daten, die für die Lösung des Problems als sinnvoll angesehen werden,
- Strukturierung der Datensammlung in der Reihenfolge des Arbeitsablaufs des betreffenden Sachgebietes,
- zielführende Gestaltung des Formulars:
  - Zweckbestimmung
    - interne Verwendung mit Firmennamen bzw. Logo
    - externe Verwendung mit Firmenadresse bzw. Briefkopf
  - Titel des Formulars festlegen
  - Hervorhebung besonderer Textstellen (durch Umrandung, Fettdruck, Schriftart und -größe)
  - Möglichkeit, Eintragungen manuell oder am PC vorzunehmen
    - Tabellenfunktion einsetzen
    - Leitwörter stehen über dem Schreibfeld (OLE-Prinzip) (Empfehlung: Arial 8 bis 12, fett) oder
    - Leitwörter stehen links vor dem Schreibfeld
    - Fluchtlinien beachten
    - Schreibfelder entsprechend groß vorsehen
    - Auswahlkästchen verwenden
    - Formular am PC entwerfen
    - interne Angaben, z. B. Erstellungsdatum, in der Fußzeile vermerken
  - Papierformat A4 verwenden
  - Papierqualität bestimmen
  - Farbe des Formularpapiers bestimmen (evtl. Signalfarbe oder Kennfarbe der Abteilung)
  - Test des Formulars unter Alltagsarbeitsbedingungen

Alle im Unternehmen vorhandenen Formulare sind stets zu kontrollieren und ggf. zu aktualisieren. Überflüssig gewordene oder veraltete Formulare sind auszusondern.

Werden die Empfehlungen zur Formulargestaltung beachtet, werden auch schwierige Arbeitsvorgänge wesentlich vereinfacht. So stellen Formulare eine echte Arbeitshilfe dar.

4.2 Rita Roth soll sich zum Layout der unten angegebenen Gegenüberstellungen äußern. Dabei soll sie die Kriterien für erfolgreiche Formulargestaltung berücksichtigen.

Notieren Sie für jede Gegenüberstellung, gegen welche Grundregel („und nicht so") jeweils verstoßen wird!

So

Name, Vorname, Beruf
Berg, Julia, Kauffrau für Büromanagement
Anschrift (Straße, Haus-Nr., PLZ, Ort)
Fröbelstr. 10, 33604 Bielefeld

und nicht so

Berg, Julia, Kauffrau für Büromanagement
Name, Vorname, Beruf
Fröbelstr. 10, 33604 Bielefeld
Anschrift (Straße, Haus-Nr., PLZ, Ort)

Notizen

____

____

____

So

Name, Vorname
Berg, Julia
Geburtsdatum und -ort
17.09.1988, Herford

und nicht so

Name, Vorname
Berg, Julia
Geburtsdatum und -ort
17.09.1988, Herford

Notizen

____

____

____

So

Name:	**Vorname:**
Berg,	Julia
Geburtsdatum:	**Geburtsort:**
17.09.1988,	Herford

und nicht so

Name	**Vorname**
Berg	Julia
Geburtsdatum	**Geburtsort**
17.09.1988	Herford

Notizen

____

____

____

So

Name, Vorname
Berg, Julia
Geburtsdatum, Geburtsort
17.09.1988, Herford

und nicht so

Name, Vorname
Berg, Julia
Geburtsdatum, Geburtsort
17.09.1988, Herford

Notizen

____

____

____

So

Name, Vorname
Berg, Julia
Geburtsdatum und -ort
17.09.1988, Herford

und nicht so

Name, Vorname

Berg, Julia

Geburtsdatum und -ort

17.09.1988, Herford

Notizen

____

____

____

So

Familienstand

☐ ledig
☐ verheiratet
☐ verwitwet
☐ geschieden

und nicht so

Familienstand

ledig ☐
verheiratet ☐
verwitwet ☐
geschieden ☐

Notizen

____

____

____

4.3 Erstellen Sie für Rita Roth mit MS Word ein Entlastungsformular, das ihr die Vorbereitung und Nachbereitung von Besprechungen und Sitzungen erleichtern soll. Berücksichtigen Sie dabei die Kriterien für eine erfolgreiche Formulargestaltung! Passen Sie ggf. das Menüband an! Erweitern Sie die Hauptregisterkarte um Entwicklertools, um Kontrollkästchen einzusetzen!

Speichern Sie das Formular unter **„Besprechungen"!**

Schulbuch Kap. 3.3

7 Sitzungen und Besprechungen vor- und nachbereiten – Protokolle und Dokumentvorlagen

Situation:

Heinrich KG
Büromöbel und Zubehör

Lange galt Stress als Privatangelegenheit. Inzwischen greifen immer mehr Firmen die Signale einer sich rasant verändernden Berufswelt auf – und steuern gegen Burnout & Co. bei ihren Beschäftigten an.

Auch die Heinrich KG will in die Gesundheitsförderung investieren und den Menschen in den Mittelpunkt stellen. Um die Mitarbeiter herum sollen die Arbeitsbedingungen so gestaltet sein, dass sie motiviert sind, volle Leistung zu erbringen, ohne gesundheitliche Schäden davonzutragen. Deshalb will die Geschäftsführerin, Frau Heinrich, mit der Bereichsleiterin Personalwesen, Frau Gehrke, und dem Betriebsratsvorsitzenden, Herrn Tietgen, beraten, wie eine Gesundheitsförderung am Arbeitsplatz zum Wohlbefinden der Mitarbeiter beitragen kann.

Frau Heinrich lädt Frau Gehrke und Herrn Tietgen am Montag um 09:00 Uhr in ihr Büro zu einer Besprechung ein. Da Frau Fanny Flink, die Sekretärin der Geschäftsführerin, im Urlaub ist, ist es Ihre Aufgabe, das Protokoll zu schreiben.

Arbeitsaufträge:

In vielen Unternehmen und Verwaltungen ist das Erstellen von Protokollen ein leidiges Thema. Alle Angestellten müssen damit rechnen, irgendwann diese Aufgabe zu übernehmen.

1. Informieren Sie sich in Ihrem Schulbuch sowie mithilfe der Checkliste zur Ausarbeitung eines Protokolls (Material 2) über die Protokollarten, den Aufbau eines Protokolls und die Schreib- und Gestaltungsregeln eines Protokolls.
2. Erstellen Sie eine Dokumentvorlage Protokoll! Hinweise zur Erstellung und Bearbeitung finden Sie in Material 1.
3. Rufen Sie Ihre erstellte Dokumentvorlage auf, schreiben Sie das Protokoll nach den in Material 3 stehenden Aufzeichnungen!
4. Speichern Sie das Protokoll unter **„Gesundheitsförderung"**!

Material 1: Auszug aus dem Lexikon für Büromanagement

Basiskenntnisse zur Erstellung und Bearbeitung von Dokumentvorlagen

Dokumentvorlagen bilden das Fundament aller Dokumente. Dabei umfassen sie sowohl die Layoutmerkmale als auch die Funktionen zum Ausführen von bestimmten Befehlen und können – je nach Vorlage – auch schon konkreten Inhalt enthalten, beispielsweise Text, Grafiken sowie Kopf- und Fußzeilen.

1. Erstellen einer Dokumentvorlage

Befehlsfolge:
Registerkarte **Datei** → Schaltfläche **Neu** Dokument nach Wunsch bearbeiten Datei **speichern unter** Dateiname eingeben Dateityp **Word-Vorlage (*.dotx**) aktivieren Die Datei wird unter Dokumente → **Benutzerdefinierte Office-Vorlagen** gespeichert

Alternativ können Dokumentvorlagen in einem dafür angelegten Ordner **Formulare** gespeichert werden.

2. Vorhandene Dokumentvorlagen nutzen

a) Die Dokumentvorlage wurde unter **Benutzerdefinierte Office-Vorlagen** gespeichert.

Befehlsfolge:
Registerkarte **Datei** → Schaltfläche **Neu** **Persönlich** → alle gespeicherten Dokumentvorlagen werden angezeigt. gewünschte Dokumentvorlage aufrufen

b) Die Dokumentvorlage wurde im Ordner **Formulare** gespeichert

Befehlsfolge:
Verzeichnis **Eigene Dateien** aufrufen Ordner **Formular** öffnen Doppelklick auf die gewünschte Vorlage

Der Bildschirm zeigt ein Dokument an, das auf der Dokumentvorlage basiert. Das erstellte Schriftstück wird als Dokument mit dem Suffix **…docx** gespeichert.

3. Vorhandene Dokumentvorlage korrigieren

Befehlsfolge:
Verzeichnis **Benutzerdefinierte-Office-Vorlagen** bzw. den eigenen Ordner **Formulare** aufrufen **Rechtsklick** auf die zu korrigierende Vorlage Schaltfläche **Öffnen** Korrekturen vornehmen → erneut speichern bei Online-Formularen den Schutz zunächst aufheben → Änderungen vornehmen → Schutz anwenden → erneut speichern

Erstellen einer Dokumentvorlage als Online-Formular

In der Praxis werden für wiederkehrende Arbeitsvorgänge Entlastungsformulare eingesetzt, die in MS Word als Dokumentvorlagen erstellt werden. Wenn Formularfelder bzw. Inhaltssteuerelemente eingesetzt werden und das Formular danach geschützt wird, sodass nur noch die Bereiche ausfüllbar sind, in denen Einträge zugelassen bzw. Auswahlmöglichkeiten angeboten werden, spricht man von Online-Formularen. Einsatzmöglichkeiten sind z. B. Protokolle, Aktennotizen, Gesprächsnotizen, Mitteilungen etc., die für die Vor- bzw. Nachbereitung von Sitzungen und Besprechungen anzufertigen sind. Sie automatisieren das Erstellen dieser Dokumente und ersparen fehlerträchtige Routine-Arbeiten, denn das neu einzugebende Dokument basiert auf der Formularvorlage.

Arten der Formularfelder

Textfelder	Sie erlauben die freie Eingabe von Text, wobei zwei Arten von Textfeldern zur Verfügung stehen: ➤ Das Rich-Text-Inhaltssteuerelement ermöglicht Texteingabe einschließlich Absatzgestaltung durch Zeilenschaltungen. ➤ Beim Nur-Text-Inhaltssteuerelement kann nur fortlaufender Text eingegeben werden.
Bildinhaltssteuer-element	Ein gespeichertes Bild oder eine Grafik kann in die mittig sitzende Schaltfläche eingefügt werden.
Bausteinkatalog-Inhaltssteuer-element	Textbausteine können unter Eigenschaften mit diesem Steuerelement verknüpft werden und bei Bedarf ausgewählt werden. Allerdings darf die Dokumentvorlage nicht geschützt werden.
Dropdownlisten	Diese Listen bieten die Möglichkeit, einen Eintrag aus einer Liste auszuwählen.
Kombinationsfelder	Diese Felder bieten wie Dropdownlisten die Möglichkeit, einen Eintrag aus einer Liste auszuwählen. Der Unterschied ist, dass diese Felder zusätzlich auch die Eingabe von Text erlauben.
Kontrollkästchen	Damit werden Kästchen eingefügt, die aktiviert bzw. deaktiviert werden können.
Datumsauswahlfeld	Ein Feld wird eingefügt, in das ein Datum eingegeben oder in dem aus einem kleinen Kalender ausgewählt werden kann.

Geben Sie die Überschrift **Protokoll** und anschließend zwei Leerzeilen ein!

Fügen Sie für den Protokollrahmen eine zweispaltige und achtzeilige Tabelle ohne Rahmenlinien ein, so dass nur die Rasterlinien sichtbar sind! Die erste Spalte soll 5,5 cm breit sein.

Der Eintrag **Thema** bzw. **Tagesordnungspunkte** soll aus einer Liste ausgewählt werden. Die Schaltfläche Dropdownlisten-Inhaltssteuerelement ist anzuklicken. Nachdem das Element eingefügt wurde, wird der Text **Wählen Sie ein Element aus** angezeigt. Die Schaltfläche **Eigenschaften** ist anzuklicken. Der **Dialog Eigenschaften von Inhaltssteuerelementen** wird präsentiert. Klicken Sie **Hinzufügen** an, um die Auswahlmöglichkeiten einzugeben. Anschließend ist die Eingabe mit **OK** zu bestätigen. Für die Einträge Vorsitzende/Vorsitzender, Protokollführer/Protokollführerin sind ebenfalls Dropdownlisten-Inhaltssteuerelemente zu setzen.

Um das Datum der Besprechung oder Sitzung später einzugeben, wird die Schaltfläche **Datumsauswahl-Inhaltssteuerelement** angeklickt. Dadurch wird das Inhaltssteuerelement mit dem Standardtext **Klicken Sie hier, um ein Datum einzugeben** eingefügt.

Beenden Sie die Eingabe der Inhaltssteuerelemente in der zweiten Spalte mit einer Zeilenschaltung.

Nach einer Leerzeile unter der Tabelle ist ein Rich-Text-Inhaltssteuerelement für die Texteingabe zu platzieren. Nach zwei Zeilenschaltungen sind der Ort, und ein Datumsauswahl-Inhaltssteuerelement zu setzen. Geben Sie anschließend Leerzeilen nach Bedarf für die späteren Unterschriften ein. An der Fluchtlinie setzen Sie ein Dropdownlisten-Inhaltssteuerelement für den Protokollführer und auf Tabulatorstoppposition 10 cm für den Vorsitzenden. Setzen Sie nach zwei Zeilenschaltungen ein weiteres Rich-Text-Inhaltssteuerelement nur für den Verteilvermerk bzw. für einen eventuellen Anlagen- und Verteilvermerk ein.

Inhaltssteuerelement löschen für evtl. Korrekturen

Befehl: Inhaltssteuerfeld markieren, Entf-Taste drücken

Schutz der Dokumentvorlage

Schaltfläche **Bearbeitung einschr.** anklicken. Am rechten Bildschirmrand wird der Aufgabenbereich Formatierung und Bearbeitung einschränken eingeblendet. Die Bearbeitungsrechte werden unter **2. Bearbeitungseinschränkungen** eingestellt.

Befehlsfolge:
Nur diese Bearbeitungen im Dokument zulassen aktivieren Eintrag **Ausfüllen von Formularen** im Menü wählen Schaltfläche **ja, Schutz jetzt anwenden** anklicken

Im Dialog Dokumentenschutz anwenden kann ein Kennwort eingegeben werden.
Nach Eingabe eines Kennwortes erscheint im Aufgabenbereich der Hinweis, dass das Dokument geschützt ist und nur das Ausfüllen von Formularen erlaubt ist.
Rechts ganz unten wird die Schaltfläche Schutz aufheben eingeblendet.
Um den Schutz aufzuheben, muss in einem kleinen Dialog erneut das Kennwort eingegeben werden.

Formular testen

Sind alle Eingaben vorgenommen, ist das Formular zu testen. Achten Sie darauf, dass der Entwurfsmodus deaktiviert ist. Bei den Elementen, für die eine Dropdownliste bzw. ein Kombinationsfeld eingesetzt wurde, erscheint ein Auswahlpfeil, sobald der Cursor in dieses Element gesetzt wird. Durch Klicken werden die Auswahlmöglichkeiten angezeigt. Das Datumauswahl-Inhaltssteuerelement fügt einen Kalender ein, über den das gewünschte Datum ausgewählt werden kann.

Die Dokumentvorlage ist nun in Ihrem Ordner Formulare zu speichern!

Dateiname: Protokoll

Dateityp: Word-Vorlage

Material 2: Checkliste zur Ausarbeitung eines Protokolls

1.	Sehen Sie sich die Tagesordnungspunkte und vorhandene Unterlagen an.	☐
2.	Überlegen Sie sich vorher Abkürzungen für immer wieder vorkommende Spezialausdrücke.	☐
3.	Benutzen Sie zur Aufnahme linierte oder karierte A4-Blätter.	☐
4.	Verwenden Sie für jeden Tagesordnungspunkt ein Extrablatt.	☐
5.	Nummerieren Sie die Blätter.	☐
6.	Notieren Sie alles Wesentliche in Stichpunkten; schreiben Sie Beschlüsse wörtlich auf.	☐
7.	Unterstreichen Sie wichtige Termine, damit Ihnen diese sofort ins Auge fallen.	☐
8.	Beschreiben Sie nur die linke Hälfte des Blattes, dann können Sie auf der rechten Hälfte Ihren Entwurf anfertigen und stets kontrollieren, ob nichts Wesentliches vergessen wurde.	☐
9.	Schreiben Sie sich Unklarheiten bei der Aufnahme auf einen besonderen andersfarbigen Zettel und klären Sie die Frage sofort nach der Sitzung.	☐
10.	Können Sie einen wesentlichen Beitrag eines Redners nicht verstehen, dann fragen Sie nach Möglichkeit sofort während der Sitzung.	☐
11.	Lesen Sie die Formulierungen der Beschlüsse möglichst den Teilnehmern noch einmal vor, damit sie Ihnen die Richtigkeit bestätigen.	☐
12.	Schreiben Sie das Protokoll so schnell es geht im Anschluss an die Sitzung, damit Ihnen der Inhalt noch in guter Erinnerung ist.	☐
13.	Hören Sie zu, denken Sie mit und schreiben Sie nur das Wesentliche auf (nur bei Wortprotokollen müssen Sie wörtlich mitschreiben).	☐
14.	Lesen Sie sich noch einmal alles durch, bevor Sie mit der Ausarbeitung beginnen. Unterstreichen Sie dabei wesentliche Fakten, streichen Sie Unwesentliches.	☐
15.	Überlegen Sie sich die Gliederung und schreiben Sie den Entwurf rechts neben Ihre Aufzeichnungen.	☐
16.	Fassen Sie alle Besprechungspunkte zusammen, auch wenn sie in einer anderen Reihenfolge behandelt wurden.	☐
17.	Übertragen Sie den Entwurf am Computer und ergänzen Sie den Protokollrahmen.	☐
18.	Gliedern Sie den gesamten Text übersichtlich in Absätze. Insbesondere sind neue Tagesordnungspunkte und verschiedene Redner deutlich hervorzuheben.	☐
19.	Verfassen Sie Tatsachen, Anträge und Beschlüsse sowie wörtliche Ausführungen in der direkten Rede. Die indirekte Rede wird bei Meinungen und Behauptungen gewählt.	☐
20.	Lesen Sie sich jede Seite des Protokolls noch einmal durch, bevor Sie es ausdrucken. Unterschreiben Sie das Protokoll als Protokollführer und legen Sie es dem Vorsitzenden möglichst rasch vor.	☐

Material 3: Aufzeichnungen aus der Besprechung

Protokoll

Thema:	Gesundheitsförderung	
Datum:	Montag letzter Woche	
Teilnehmer/-innen:	Frau Gehrke (Bereichsleitung Personalwesen) Herr Tietgen (Betriebsratsvorsitzender)	(G) (T)
Vorsitz:	Frau Heinrich (Geschäftsführerin)	(H)
Protokoll:	eigener Name	
Beginn:	09:00 Uhr	
Ende:	10:30 Uhr	
Ort:	Büro der Geschäftsführerin	

Name	Aufzeichnung	Entwurf
H	Anstieg der krankheitsbedingten Fehlzeiten in den Abteilungen der Verwaltung im letzten Jahr?	
G	Im Durchschnitt 10 Tage krank, Hauptursache der Erkrankungen: Muskel-Skelett-System, Atemwege und Psyche, zwei Mitarbeiter wegen Burn-out und Depressionen in Frühberentung	
T	Stress gehört zum größten Gesundheitsrisiko der modernen Arbeitswelt Grund: zunehmender Leistungsdruck, Arbeitsverdichtung, ständige Erreichbarkeit der Mitarbeiter, Arbeitgeber hat Fürsorgepflicht, Geschäftsleitung muss betriebliche Gesundheitsförderung zur Managementaufgabe machen, Verbesserung der Arbeitsbedingungen, Gesundheit, Leistungsfähigkeit, Motivation der Mitarbeiter schützen und fördern	
G	Entwicklung eines Fragebogens zu den psychischen Arbeitsbelastungen und Beanspruchungen, Maßnahmen (Schulung, Kampagne, ergonomische Arbeitsplatzanpassung) setzen Kenntnis über Gründe der krankheitsbedingten Fehlzeiten voraus	
H	Veröffentlichung eines kostenlosen Stress-Tools einer Schweizer Pilot-Studie im Internet für Unternehmen, Überprüfung der Stressfaktoren durch diesen Online-Fragebogen, Ausschaltung negativer Einflüsse	
T	Analyse der Gesundheitsrisiken und Entwicklung von Maßnahmen durch Experten des TÜV Nord, Hamburg	
H	Annahme des Vorschlags, Anforderung eines Angebots u. Vereinbarung eines Beratungstermins durch Frau Gehrke	

8 Sitzungen und Besprechungen vor- und nachbereiten – Aktennotizen

Schulbuch Kap. 3.4

Situation:

Nachdem Frau Heinrich mit Herrn Tietgen und Frau Gehrke über die Einführung eines betrieblichen Gesundheitsmanagements in den Abteilungen der Verwaltung beraten hat, vereinbart Frau Gehrke einen Termin mit Frau Bruning, der Expertin des TÜV Nord, Hamburg, am 15. d. M.

Heinrich KG
Büromöbel und Zubehör

Die Auszubildende Britta Broscheidt war bei dieser Besprechung dabei und hat den folgenden Besprechungsinhalt notiert:

Frau Heinrich bat Frau Bruning bei einer Besprechung in ihrem Büro um Prüfung der Gesundheitsrisiken in den Abteilungen Sekretariat, Personal, Allgemeine Verwaltung, Einkauf, Verkauf und Buchhaltung. Frau Bruning wies darauf hin, dass zunächst eine Analyse der Ist-Situation erfolgen müsse. Eine Mitarbeiterbefragung ist der erste Weg zu einer effektiven Veränderung im Unternehmen. Außerdem werden die psychischen Belastungen und Beanspruchungen, die Demografie und die Ergonomie untersucht. Anschließend erfolgt – an den konkreten Bedarf angepasst – eine Beratung zur Erreichung von Gesundheitszielen sowie die Planung, Durchführung und Evaluation konkreter Maßnahmen. Sowohl die Führungskräfte als auch der Betriebsrat und die Mitarbeiter werden in dieses Projekt eingebunden und informiert. Dadurch ist die Akzeptanz der Maßnahmen von Anfang an gegeben. Für einen Besichtigungstermin in den Abteilungen vereinbarte Frau Heinrich mit ihr den Freitag nächster Woche. Frau Bruning betonte, dass die Ist-Analyse etwa sieben Tage in Anspruch nehmen wird. Allein vier Tage sind für den Ergonomie-Check in den Abteilungen erforderlich. Falls sie zwei ihrer Mitarbeiterinnen für diese Untersuchung einsetzen könne, kann die Analyse an zwei Tagen durchgeführt werden. Frau Heinrich war von diesem Vorschlag sehr angetan.

Frau Bruning schlug als Termine Montag und Dienstag 09:00 bis 16:00 Uhr in der ersten Woche des nächsten Monats vor, die auch Frau Heinrich zusagten.

Frau Heinrich betonte, dass sie die Zeiten aber erst noch von ihrer Sekretärin, Frau Flink, auf die betriebliche Durchführbarkeit überprüfen lassen müsse. Sie bat Frau Bruning, den Termin bis zum 30. d. M. zu reservieren. Bis dahin wolle sie ihr verbindlich Bescheid geben. Frau Bruning sagte zu.

Frau Bruning bat Frau Heinrich um schriftliche Bestätigung bis spätestens 30. d. M. Frau Flink wurde beauftragt alle Abteilungen rechtzeitig zu informieren.

Arbeitsaufträge:

1. Informieren Sie sich anhand von Material 1 über Aktennotizen!
2. Erstellen Sie ein Entlastungsformular für eine Aktennotiz!
3. Speichern Sie dieses Formular als Dokumentvorlage unter **„Aktennotiz"**!
4. Versuchen Sie, die ausführliche Notiz von Britta Broscheidt soweit wie irgend möglich zu kürzen. Dazu müssen Sie den Text in einzelne Besprechungspunkte gliedern und insbesondere erwähnen:

   wer
was } vereinbart hat
wann

5. Füllen Sie Ihr Entlastungsformular am PC aus!
6. Speichern Sie die Aktennotiz unter **„Besprechung"**!

Material 1: Auszug aus dem Lexikon für Büromanagement

Aktennotizen

Aktennotizen werden nach einer Besprechung von den Gesprächsteilnehmern gemeinsam formuliert und unterschrieben oder auch aus dem Gedächtnis eines Teilnehmers verfasst. Sie sind an keine formalen Vorschriften in der Gestaltung gebunden. Die Zeitform ist Perfekt.

Sie dienen dazu:

- das Besprechungsergebnis kurz festzuhalten und aktenkundig zu machen,
- einen Vorgang zusammenzufassen, um den Überblick zu erleichtern und anderen, die bei dem Gespräch nicht anwesend waren, in knapper Form die Ergebnisse mitzuteilen,
- Ansichten und Fakten festzuhalten,
- Grundlage und Information für weitere Bearbeitungen zu sein,
- Beweismittel für spätere Handlungen oder Meinungsverschiedenheiten zu sein.

Eine Aktennotiz hat nur dann Beweiskraft, wenn sie nach einer Besprechung von allen Teilnehmern unterschrieben wurde oder nach der Verteilung kein Einspruch erfolgte.

Inhalt der Aktennotiz

Jede Aktennotiz sollte auf folgende Fragen Antwort geben:

wer hat mit wem
wann
wo } gesprochen
worüber
wie

Außerdem muss aus der Aktennotiz erkennbar sein:

wer	sie geschrieben hat,
wann	sie angefertigt wurde,
welche	Konsequenzen sich ergeben bzw. Aufgaben zu erledigen sind,
was	mit der Aktennotiz geschieht.

Es ist besonders auf objektive, kurze und verständliche Abfassung zu achten.

Zu den Aktennotizen im weiteren Sinne zählen:

- Telefonnotizen
- Gesprächs- und Besuchsnotizen
- Reiseberichte
- Messeberichte
- Notizen über besuchte Veranstaltungen und Seminare.

9 Sitzungen und Besprechungen vor- und nachbereiten – Rundschreiben und Aushänge

Schulbuch Kap. 3.4

Situation:

Fanny Flink, Sekretärin der Geschäftsleitung, hat Frau Bruning gestern die vorgesehenen Termine für die betriebliche Durchführbarkeit einer Arbeitsplatzanalyse schriftlich mitgeteilt. Am Montag und Dienstag der ersten Woche nächsten Monats wird somit von Mitarbeitern des TÜV Nord geprüft, wie ergonomisch Schreibtisch & Co. in den Abteilungen der Verwaltung sind.

Heinrich KG
Büromöbel und Zubehör

Arbeitsaufträge:

Frau Flink, die heute noch viele Geschäftsvorgänge für Frau Heinrich bearbeiten muss, hat Sie damit beauftragt, ein Rundschreiben an alle Abteilungen zu schicken. Unter der Telefondurchwahl 345 ist das Sekretariat zu erreichen.

1. Informieren Sie sich anhand von Material 1 über
   - Rundschreiben und Aushänge sowie
   - den Aufbau dieser Schriftstücke!
2. Rufen Sie ein leeres Dokument auf, und schreiben Sie ein Rundschreiben an alle Abteilungen der Verwaltung! Gehen Sie auf folgende Inhalte ein:

- Die Heinrich KG investiert in die Gesundheitsförderung der Belegschaft.
- Eine Mitarbeiterbefragung per Post findet in einer Woche statt.
- Neben demografischen Angaben sollen Informationen zu den subjektiv empfundenen Belastungen und Beanspruchungen aus Arbeitsumgebung und Arbeitsorganisation, dem persönlichen Wohlbefinden sowie dem Gesundheitszustand und -interesse der Beschäftigten angegeben werden.
- Der Rücklauf des ausgefüllten Fragebogens in einem Rückumschlag erfolgt durch die Hauspost. (Frist angeben!)
- Betriebsspezifische Gesundheitsrisiken werden durch gezielte Maßnahmen reduziert.
- Eine Arbeitsplatzanalyse wird unter ergonomischen Gesichtspunkten durchgeführt.
- Richtlinien der Arbeitsstättenverordnung müssen dabei umgesetzt sein.
- Die Abteilungen Sekretariat, Personal, Allgemeine Verwaltung, Einkauf, Verkauf und Buchhaltung sind von der Maßnahme betroffen.
- Eine Ergonomieexpertin des TÜV Nord wird am Freitag nächster Woche die betroffenen Abteilungen in der Zeit von 09:00 bis 10:00 Uhr besichtigen.
- Eine Analyse der Bildschirmarbeitsplätze wird am Montag und Dienstag in der ersten Woche des nächsten Monats von 09:00 bis 16:00 Uhr nach folgendem Plan durchgeführt.

Montag		Dienstag	
vormittags	nachmittags	vormittags	nachmittags
Sekretariat Allg. Verwaltung	Personal	Einkauf Buchhaltung	Verkauf

- Über Maßnahmen zur Beseitigung eventueller ergonomischer Mängel werden die Abteilungen einzeln informiert.

3. Speichern Sie das Rundschreiben unter **„Analyse“**!
4. Lassen Sie das Schriftstück ausdrucken!

Material 1: Auszug aus dem Lexikon für Büromanagement

Rundschreiben und Aushänge

Rundschreiben

Zu besonderen Anlässen oder auch turnusmäßig werden an einen vorher bestimmten Personenkreis Rundschreiben – oft als Anhang an eine E-Mail – verschickt. Der Inhalt und die Ausdrucksweise sind dem Niveau des Empfängerkreises anzupassen. Durch ein Rundschreiben können Informationen weitergegeben oder Wünsche und Anweisungen bekanntgegeben werden. Wichtig ist dabei die rechtzeitige Verteilung an die Zielgruppe. Der Unterschrift einer kompetenten Person kann besondere Bedeutung zukommen.

In größeren Unternehmen werden von bestimmten Bereichen (Geschäftsleitung, Personalabteilung, Organisation) mehrmals im Jahr Rundschreiben an die einzelnen Abteilungen verschickt. Dann empfiehlt es sich, die Rundschreiben zu nummerieren (Rundschreiben Nr. 1/20..), um dadurch eine bessere Kontrolle und Ablage bei den Empfängern zu erreichen. Statt turnusmäßiger Rundschreiben geben größere Unternehmen auch in regelmäßigen Abständen Firmenbroschüren heraus, in denen Informationen weitergegeben werden.

Aushang

In kleineren Unternehmen, in denen die Mitarbeiterinnen und Mitarbeiter nicht in turnusmäßigen Abständen zu besonderen Anlässen durch ein Rundschreiben informiert werden, wählt man einen Aushang am Schwarzen Brett.

Gestaltung

Rundschreiben und Aushänge sind an keine formalen Gestaltungsregeln gebunden. Die Form soll ganz einfach dem Zweck entsprechen. Der Absender mit Angabe der Abteilung und Telefondurchwahl steht in der linken oberen Ecke. Auf Tabstoppposition 10 des Zeilenlineals ist neben der ersten beschriebenen Zeile das Ausstellungsdatum anzugeben. Nach einem angemessenen Abstand zu den Absenderangaben ist die Zielgruppe aufzuführen. Das Wort Rundschreiben bzw. Aushang wird in einer ansprechenden Hervorhebungsart darunter gesetzt. Auf die persönliche Anrede des Empfängerkreises kann verzichtet werden. Alle notwendigen Informationen werden – durch sinnvolle Absätze unterteilt – im Kern des Schriftstücks aufgeführt. Die maschinenschriftliche Unterschrift einer kompetenten Person steht – durch Leerzeilen nach Ermessen – unter dem Schriftstück an der Fluchtlinie.

Checkliste zur Anfertigung

- Wurde das richtige interne Schriftstück gewählt?
- Ist die Form ansprechend?
- Wurde der richtige Empfänger oder Personenkreis ausgewählt und angeschrieben?
- Ist der Verfasser klar erkennbar?
- Wurden die richtige Sprache, ein guter Stil und eine klare Ausdrucksform gewählt?
- Sind alle notwendigen Fakten erwähnt, logisch aufgebaut, ausreichende Informationen gegeben, alle Anweisungen eindeutig und ist das Ziel klar erkennbar?
- Wurde das Schriftstück so unterschrieben, wie es von seinem Inhalt her erforderlich ist?
- Erfolgt die Verteilung des Schriftstücks rechtzeitig?

Schulbuch Kap. 3.5

10 Eine Konferenz vorbereiten und durchführen

Situation:

Die Heinrich KG stellt im zweijährigen Turnus neue Lösungen und Produkte – rund um den Arbeits- und Lebensraum Büro – auf der ORGATEC, einer Messe in Köln, aus. Denn auch im Zeitalter von digitalen, cloudbasierten Anwendungen und Plattformen ist der persönliche Kontakt zum Kunden auf einer Messe durch nichts zu ersetzen. Vor dieser Messe findet grundsätzlich eine Konferenz statt, auf der die wesentlichen Neuheiten allen in- und ausländischen Handelsvertretungen vorgestellt werden.

Heinrich KG
Büromöbel und Zubehör

Der Auszubildende Finn Fröhlich ist in die inhaltliche und praktische Vorbereitung dieser Konferenz, zu der insgesamt 58 Personen erwartet werden, eingebunden.

Arbeitsaufträge:

1. Zur Vorbereitung dieser Konferenz sind bestimmte Tätigkeiten zu erledigen. Stellen Sie diese Tätigkeiten in dem unten stehenden Ablaufschema dar, indem Sie die folgenden Arbeitsschritte in sachlogischer Reihenfolge den Textfeldern zuordnen:

(1) Für auswärtige Teilnehmer ggf. Hotelunterkunft buchen, ...

(2) Vorab: Terminabstimmung mit den anvisierten Teilnehmern (persönlich, per Telefon, per E-Mail, ...)

(3) Konkretes Datum und einen detaillierten Verlauf (Zeitplan) festlegen

(4) Personenzahl ermitteln, die eingeladen werden soll

(5) Veranstaltungsort und Veranstaltungsdauer festlegen

(6) Für die Antwort auf die Einladung einen verbindlichen Stichtag festlegen

(7) Veranstaltungsziel definieren

(8) Einladungsschreiben formulieren und an die Teilnehmer verschicken (mit der Bitte, sich verbindlich bezüglich der Teilnahme zu äußern und noch offene Fragen zu klären, etwa über eine benötigte Unterkunft ...)

(9) Zielgruppe auswählen

Phasen der Konferenzvorbereitung

( )

☑ intern: Mitarbeiter
☑ extern: selbstständige Handelsvertreter

↓

( )

↓

( )

☑ Innovationen vorstellen
☑ kontextbezogene Wünsche/Probleme erörtern

↓

(5)

→

(2)

↓

( )

↓

( )

↓

( )

↓

( )

2. Beschreiben Sie sechs Tätigkeiten, die nach dem Eingang der Antworten auf die Einladungen vorgenommen werden müssen!

➤ ___

➤ ___

➤ ___

➤ ___

➤ ___

➤ ___

3. Herr Björn Walter, Abteilungsleiter im Verkauf, übernimmt die Rolle des Moderators. Beschreiben Sie die Aufgaben eines Moderators bei Ablauf der Konferenz!

4. Drei Geschäftsführer von bedeutenden Handelsvertretungen in Südamerika, Australien und China möchten gern per Onlinekonferenz an der Sitzung teilnehmen.

4.1 Beschreiben Sie drei zentrale Vorteile, die der Einsatz einer Onlinekonferenz bietet!

Vorteil 1	
Vorteil 2	
Vorteil 3	

4.2 Listen Sie stichwortartig die für die Onlinekonferenz erforderliche Hard- und Softwareeinrichtung auf und veranschaulichen Sie das Zusammenwirken dieser Komponenten in einer Skizze!

Benötigte Hard- und Softwareeinrichtung:

Skizze: Onlinekonferenz-System

4.3 Unterscheiden Sie die klassische Videokonferenz (Gruppenkonferenz, Raumsystem) von einer Onlinekonferenz und beschreiben Sie die zentralen Nachteile!

5. Bei dieser Konferenz sollen zur Veranschaulichung während der unterschiedlichen Vorträge auch geeignete Präsentationshilfen eingesetzt werden. Nennen Sie mindestens vier Möglichkeiten, die geeignet sind, die Anschaulichkeit einer Präsentation zu erhöhen!

-
-
-
-
-

Schulbuch Kap. 4

11 Den Aufbau und die Struktur einer betrieblichen EDV-Anlage erschließen

Situation:

Heinrich KG
Büromöbel und Zubehör

Sonja Schneider, Auszubildende im 1. Ausbildungsjahr, ist seit nunmehr acht Wochen in der Einkaufsabteilung der Heinrich KG beschäftigt.

Soeben hat sie von der Sachbearbeiterin Özlem Önal den Auftrag erhalten, am Computer mit MS Word eine Reklamation an die Bernhard Müller OHG, Lieferant von Kunststoffen, zu erstellen. Das bei der Heinrich KG eingesetzte ERP-System soll die Textverarbeitung dazu zunächst mit Daten versorgen. Als Sonja Schneider auf das neue ERP-System zugreifen will, passiert es: Der Computer steigt aus und stürzt unkontrolliert ab. Mehrere Versuche von Sonja Schneider, sich erneut im Netzwerk der Heinrich KG anzumelden, schlagen fehl.

Eine Rückfrage bei Özlem Önal ergibt, dass auch diese keinen Zugriff auf das ERP-System hat. Frau Önal ruft deshalb umgehend den Netzwerkadministrator Gerd Gernke, der für die Stabilität und Sicherheit im Netzwerk zuständig ist, zur Reparatur in die Einkaufsabteilung.

Sonja Schneider führt dem Netzwerkadministrator zunächst den fehlerhaften Computer vor. Da sie ohnehin an der betrieblichen EDV-Anlage interessiert ist, nutzt sie die Gelegenheit, mit dem permanent nach Möglichkeiten zur Optimierung suchenden Administrator einige grundlegende Fragen zum Aufbau einer EDV-Anlage zu klären.

Arbeitsaufträge:

1. Erstellen Sie im Tandem eine Mindmap in geeigneter Form (z. B. digital) zu den grundlegenden Bestandteilen einer betrieblichen EDV-Anlage (Hardware, Software, Netzwerke)!

   Nutzen Sie dazu Ihr Schulbuch und ggf. das Internet. Bereiten Sie sich auf die Präsentation der Mindmap vor.

2. Unterscheiden Sie Branchensoftware und ERP-Systeme!

Branchen-software	
ERP-Systeme	

3. Erläutern Sie die hauptsächlichen Aufgaben eines Netzwerkadministrators innerhalb eines betrieblichen Netzwerkes!

   Recherchieren Sie hierzu im Internet und informieren Sie sich bei den IT-Verantwortlichen in Ihrem Ausbildungsbetrieb.

Schulbuch Kap. 4.2.3

12 Den Posteingang und den Postausgang optimieren

Situation:

Heinrich KG
Büromöbel und Zubehör

In der Poststelle der Heinrich KG muss täglich eine Vielzahl an Briefen, Päckchen usw. angenommen und verschickt werden. Rolf Wende, der Gruppenleiter „Verwaltung – Post" der Heinrich KG, beauftragt die an selbstständiges Arbeiten gewöhnte Auszubildende Sabine Solle damit, Arbeitsabläufe des Posteingangs und Postausgangs zu optimieren.

Zur Bearbeitung der Ausgangpost hat sich die Auszubildende mithilfe der Internetseite der Deutschen Post AG nachstehende Übersicht über Möglichkeiten einer dokumentierten Zustellung von Briefsendungen angefertigt:

Die Deutsche Post AG bietet als Zustellnachweis für Briefsendungen das Einschreiben an. Der Kunde kann dabei zwischen verschiedenen Produktvarianten wählen.

Einschreiben
Das Einschreiben dokumentiert die Einlieferung und garantiert die persönliche Übergabe durch den Zusteller an den Empfänger oder einen Empfangsberechtigten, beispielsweise den Ehegatten. Der Empfänger oder der Empfangsberechtigte quittiert mit seiner Unterschrift den Erhalt des Briefes.

Eigenhändig
Der Zusteller übergibt die Sendung nur an den Empfänger persönlich oder an einen schriftlich Bevollmächtigten.
National: Nur in Verbindung mit Einschreiben

Rückschein
Der Zusteller übergibt die Sendung persönlich nur gegen Unterschrift an den Empfänger oder einen Empfangsberechtigten. Der Absender bekommt die Empfangsbestätigung mit dem Zustelldatum und der Originalunterschrift des Empfängers zugesendet.
National: Nur in Verbindung mit Einschreiben

Einschreiben Einwurf
Der Zusteller dokumentiert, dass die Sendung in den Briefkasten oder das Postfach des Empfängers eingeworfen wurde.
National: Haftung für Verlust und Beschädigung maximal 20,00 €.

Doppel des Auslieferungsbelegs
Der Zusteller übergibt die Sendung persönlich nur gegen Unterschrift und ausschließlich an den Empfänger oder schriftlich Bevollmächtigten. Der Absender bekommt die Empfangsbestätigung mit dem Zustelldatum und der Originalunterschrift des Empfängers zugesendet.

Arbeitsaufträge:

1. Bereiten Sie das folgende Schriftgut im Postausgang zum Versand mit der Deutschen Post AG vor.
   - Der Mitarbeiterin Julia Jupiter der Heinrich KG soll heute die ordentliche Kündigung *postalisch* zugestellt werden. Begründen Sie Ihre Entscheidung und problematisieren Sie zugleich die Zustellung per Post!
   - Einige ergänzende Anlagen zur aktuellen Steuererklärung (470 g) sollen heute an das Finanzamt für Körperschaften geschickt werden. Die Heinrich KG benötigt einen Nachweis darüber, dass die Unterlagen fristgerecht zugegangen sind!
   - Die Abteilung Verwaltung der Heinrich KG konnte den Firmenwagen der Reisenden Wilma Weber gestern erfolgreich verkaufen. Heute hat der Käufer den vereinbarten Kaufpreis bezahlt. Deshalb soll der Kfz-Brief (25 g) im A5-Format umgehend an den Käufer versendet werden. Es ist wichtig, dass der neue Eigentümer die Sendung persönlich erhält. Die Heinrich KG benötigt über die Übergabe einen Nachweis!

   Alle Empfänger haben Adressen in Deutschland. Entscheiden Sie anhand des Auszugs aus der Übersicht, welche Sendungsarten und Zusatzleistungen zu wählen sind.

Zustellung der ordentlichen Kündigung:

Übersendung der ergänzenden Anlagen zur Steuererklärung:

Versendung des Kfz-Briefs:

2. Die Zustellung der Eingangspost erfolgt durch die Deutsche Post AG bzw. durch private Briefversender. Die Auszubildende Sabine Solle überlegt, zusätzlich ein Postfach für die Heinrich KG zu beantragen. Zeigen Sie drei grundsätzliche Vorteile eines Postfachs für die Heinrich KG auf.

➤ ___

➤ ___

➤ ___

3. Nennen Sie in logischer Reihenfolge fünf Arbeitsschritte, die ein „Posteingangssystem" gewährleisten muss.

➤ ___

➤ ___

➤ ___

➤ ___

➤ ___

4. Erstellen Sie in Einzel- oder Partnerarbeit in MS Excel in einem Arbeitsblatt, das Sie mit „Post-AG" bezeichnen, eine tabellarische Übersicht (Maße, Gewicht und Preise) über die nationalen Produkte und Zusatzleistungen der Deutschen Post AG.

   Orientieren Sie sich an der nachfolgenden Tabelle (Stand: 1. Mai 2026) und informieren Sie sich dazu auf der Internetseite der Deutschen Post AG:

   https://www.deutschepost.de/de.html

	A	B	C	D	E	F
1	**Blindensendung**	**Länge**	**Breite**	**Höhe**	**Gewicht**	**Preis**
2	Blindensendung - leicht	100-353 mm	70-250 mm	bis 50 mm	bis 1.000 g	0,00 €
3	Blindensendung - schwer	150-600 mm	110-300 mm	10-150 mm	bis 7.000 g	0,00 €
4	**Bücher und Warensendung**	**Länge**	**Breite**	**Höhe**	**Gewicht**	**Preis**
5	Bücher- und Warensendung 1000	bis 353 mm	bis 250 mm	50 mm	1000 g	2,70 €
6	Bücher- und Warensendung 2000	bis 353 mm	bis 250 mm	50 mm	2000 g	3,55 €
7	**Brief**	**Länge**	**Breite**	**Höhe**	**Gewicht**	**Preis**
8	Standard	140-235 mm	90-125 mm	bis 5mm	bis 20 g	0,95 €
9	Kompakt	100-235 mm	70-125 mm	bis 10mm	bis 50 g	1,10 €
10	Groß	100-353 mm	70-250 mm	bis 20mm	bis 500 g	1,80 €
11	Maxi	100-353 mm	70-250 mm	bis 50mm	bis 1000 g	2,90 €
12	**Einschreiben**					**Preis**
13	Einschreiben	Die Preise für diese Zusatzleistungen verstehen sich immer zuzüglich zum Beförderungsentgelt der Basissendung.				2,65 €
14	Einschreiben Einwurf					2,35 €
15	Einschreiben Rückschein					4,85 €
16	Doppel des Auslieferungsbelegs	Immer				5,00 €
17	**Päckchen**	**Länge**	**Breite**	**Höhe**	**Gewicht**	**Preis**
18	Päckchen S	350 mm	250 mm	100 mm	2 kg	4,19 €
19	Päckchen M	600 mm	300 mm	150 mm	2 kg	5,19 €
20	**Dialogpost**	**Länge**	**Breite**	**Höhe**	**Gewicht**	**Preis (zzgl. Ust)**
21	Standard	150-235 mm	90-125 mm	bis 5 mm	bis 50 g	
22	Standard bis 20 g:	Bei fehlender Automationsfähigkeit der Dialogpost ist ein Zuschlag von 0,05 € pro Sendung zu entrichten.				0,36 €
23	Standard über 20 g bis 50 g:					0,41 €
24	Groß	140-355 mm	90-250 mm	bis 300 mm	bis 1000 g	
25	Groß bis 50 g:	Mindestmengen beim Versand per Dialogpost: 5.000 Sendungen - bundesweit 200 Sendungen - für dieselbe Leitregion (Übereinstimmung der ersten beiden Stellen der Postleitzahl)				0,52 €
26	Groß über 51 g bis 100 g:					0,65 €
27	Groß über 101 g bis 250 g:					0,80 €
28	Groß über 251 g bis 500 g:					0,91 €
29	Groß über 501 g bis 1000 g:					1,07 €
30	Zuschläge					
31	Fehlende Automationsfähigkeit					0,05 €
32	Easy (Kleinmengen ab 500 bis 4.999 Sendungen, nur gewerbliche Inhalte)					0,18 €

5. Berechnen Sie mithilfe von Zellbezügen auf das erstellte Arbeitsblatt „Post-AG" in einem zweiten Arbeitsblatt, dem Sie den Namen „Postgebühren" geben, die entsprechenden Preise (Gebühren) und den Gesamtpreis für die folgenden nationalen Postsendungen:

   - zwei Standardbriefe per Einschreiben mit Rückschein
   - 75 Rechnungen an Kunden (DIN lang; 20 g)
   - 10 Mappen (Länge 340 x Breite 240 x Höhe 35 mm; 750 g)
   - 12 Warensendungen (Länge 150 x Breite 25 x Höhe 50 mm; 980 g)
   - 218 aktualisierte AGB an Kunden in einer Leitregion (2 DIN-A4-Seiten; unter 20 g)
   - drei Blindensendungen (Länge 350 x Breite 250 x Höhe 40 mm; 800 g)
   - 25 gedruckte Broschüren jeweils mit ergänzenden digitalen Inhalten (Länge 240 x Breite 170 x Höhe 35 mm; 900 g)

6. Wie viele Kurier-, Express- und Paketdienste unterhält auch die Deutsche Post AG ein EDV-gestütztes Sendungsverfolgungssystem. Erläutern Sie, was darunter zu verstehen ist!

7. Erfragen Sie, ob Ihr Ausbildungsbetrieb Waren mithilfe von Kurier-, Express- und Paketdiensten versendet, wenn ja, warum diese Dienste in Anspruch genommen werden und zu welchen Bedingungen und Konditionen dies geschieht!

8. Die Auszubildende Sabine Solle überwacht seit Beginn des Kalenderjahres mithilfe von MS Excel den monatlichen Postausgang der Heinrich KG. Sie hat dazu eine Datei mit zwölf Tabellenblättern – passend zu den jeweiligen Monatsnamen – und ein weiteres Tabellenblatt mit dem Namen „Entgelte" erstellt.

   - Öffnen Sie in MS Excel eine neue Arbeitsmappe und benennen Sie in dieser Mappe ein Tabellenblatt mit „Mai" und ein weiteres Tabellenblatt mit „Entgelte".
   - Speichern Sie die Arbeitsmappe unter dem Namen „Postausgang.xlsx" und erfassen Sie die unten abgebildeten Tabellenblätter positionsgerecht mit allen Formatierungen im Tabellenblatt „Mai" und im Tabellenblatt „Entgelte".

	A	B	C	D	E
1	Postausgang im Monat Januar				
2	Datum	Anzahl	Sendungsart	Entgelt pro Sendung	Gesamt
3	04.01.20..	4	Großbrief		
4		17	Standardbrief		
5	06.01.20..	18	Standardbrief		
6		2	Maxibrief		
7	08.01.20..	9	Kompaktbrief		
8	09.01.20..	19	Standardbrief		
9	10.01.20..	14	Standardbrief		
10		2	Päckchen M		
11	12.01.20..	8	Kompaktbrief		
12	13.01.20..	16	Standardbrief		
13		2	Großbrief		
14	15.01.20..	15	Standardbrief		
15		7	Kompaktbrief		
16		5	Standardbrief		
17	18.01.20..	16	Standardbrief		
18		4	Maxibrief		
19	20.01.20..	4	Großbrief		
20	21.01.20..	3	Päckchen M		
21	22.01.20..	12	Standardbrief		
22					
23					
24	Auswertung des Postausgang im Monat Januar				
25	Art des Briefes	Gesamt	Anzahl	Anteil an der Gesamtanzahl in %	
26	Standardbrief				
27	Kompaktbrief				
28	Großbrief				
29	Maxibrief				
30	Päckchen M				
31	Summe				

	A	B
1	Deutsche Post AG	
2		
3	**Briefe**	**Entgelt** pro Sendung
4	Standardbrief	0,95 €
5	Kompaktbrief	1,10 €
6	Großbrief	1,80 €
7	Maxibrief	2,90 €
8	Päckchen M	5,19 €
9		
10	**Einschreiben**	**Aufpreis** zum Beförderungsentgelt
11	Einschreiben	2,65 €
12	Einschreiben Einwurf	2,35 €
13	Einschreiben Rückschein	4,85 €
14	Doppel des Auslieferungsbeleg	5,00 €
15		
16	*01.03.2026*	

- Ermitteln Sie im Tabellenblatt „Mai" mit der Funktion SVERWEIS den jeweiligen Einzelpreis je Sendungsart. Entnehmen Sie die dazu benötigten Daten aus der Tabelle „Entgelte". Berechnen Sie im Bereich E3:E21 den jeweiligen Gesamtbetrag.
- Ermitteln Sie im Auswertungsbereich des Tabellenblatts „Mai" im Bereich B26:B30 mit der Funktion SUMMEWENN den jeweiligen Gesamtbetrag je nach Sendungsart. Die Anzahl der jeweils versendeten Sendungen im Bereich C26:C30 ist ebenfalls mit dieser Funktion zu ermitteln.
- Bestimmen Sie in der Zelle B31 die insgesamt angefallenen Gesamtkosten und in der Zelle C31 die Anzahl der Sendungen insgesamt jeweils mit einer dazu geeigneten Funktion.
- Berechnen Sie abschließend im Bereich D26:D30 wie hoch der jeweilige prozentuale Anteil der einzelnen Sendungsarten an den insgesamt verschickten Sendungen ist (Prozentformat mit zwei Nachkommastellen).

9. Frau Schulze bittet Leon Laus zu prüfen, ob es sinnvoll ist Päckchen und Pakete, die bei der Heinrich KG bisher ausschließlich mit der Deutschen Post AG[1] befördert werden, ggf. auch von anderen Paketdiensten zustellen zu lassen.

Informieren Sie sich im Internet über andere (private) Paketdienste!

Beispiele hierfür sind:

http://www.hermes-logistik-gruppe.de/

http://www.dpd.net/

www.gls-germany.de

http://www.ups.com

http://www.general-overnight.com/de/

http://www.fedex.com/de/

HERMES LOGISTIK GRUPPE | GLS General Logistics Systems | DPD | ups | FedEx Express | GO! EXPRESS & LOGISTICS

1 DHL ist der Partner für den vollständigen (inter)nationalen Express- und Paketversand.

13 Dokumente und Schriftstücke aufbewahren

Schulbuch Kap. 5

Situation:

Heinrich KG
Büromöbel und Zubehör

Der heutige Tag beginnt für den Auszubildenden Leon Laus mit einer sehr unbeliebten Tätigkeit, der Ablage. In den vergangenen Tagen haben sich wieder unzählige Dokumente und Schriftstücke bei den jeweiligen Sachbearbeitern angesammelt und müssen nun an der dafür vorgesehenen Stelle abgelegt werden. Wie jedes Mal fällt es Leon auch heute schwer, sich konzentriert an die Arbeit zu machen. Angesichts der Papiermengen, die in der Ablage zu finden sind, fragt sich Leon ernsthaft, ob hier nicht eine umfangreiche Entsorgungsaktion stattfinden könnte, zumal die Ablage seiner Meinung nach sehr umständlich organisiert ist. Er findet, dass etliche Unterlagen nach spätestens ein oder zwei Jahren vernichtet werden könnten.

Mit dieser Idee stößt Leon zu seiner Überraschung bei der Sachbearbeiterin Julia Schulze aber auf entschiedenen Widerstand. Diese erinnert Leon an die gesetzlichen Aufbewahrungspflichten, die eine Unternehmung hat und bittet ihn, sich hierüber einmal selbst zu informieren.

Arbeitsaufträge:

1. Informieren Sie sich im eingesetzten Schulbuch, im abgedruckten Auszug aus dem Handelsgesetzbuch (HGB, Material 1) sowie der Abgabenordnung (AO, Material 2) oder im Internet etwa unter dem folgenden Link:

http://www.online-aktenvernichtung.de/aufbewahrungsfristen/index.html

über die Aufbewahrungspflicht und -frist für Dokumente und Daten nach Handels- und Steuerrecht und die korrespondierenden gesetzlichen Grundlagen!

> Die wichtigsten Aufbewahrungsfristen sind im Handelsgesetzbuch (HGB), in der Abgabenordnung (AO) und im Umsatzsteuergesetz (UStG) geregelt.
> Während das HGB den Kern des Handelsrechts in Deutschland enthält, sind die AO und das UStG rein steuerrechtliche Vorschriften.

1.1 Vervollständigen Sie den folgenden Lückentext!

- Für Unterlagen nach Handels- und Steuerrecht gelten im Allgemeinen Aufbewahrungsfristen ______________________________

- Die Frist beginnt stets ______________________________

- Nach Ablauf der Aufbewahrungsfrist ______________________________

- Unterlagen dürfen nicht vernichtet werden, wenn ______________________

____

____

____

1.2 Erstellen Sie mithilfe der folgenden Vorlage eine Übersicht über die handels- und steuerrechtlichen Aufbewahrungsfristen!

Aufbewahrungs-dauer	Handelsrechtliche Vorschriften aus dem HGB	Steuerrechtliche Vorschriften laut AO

2. Entscheiden Sie, aus welchem Jahr die folgenden Unterlagen stammen müssen, damit sie mit Ablauf des Jahres 2026 vernichtet werden dürfen!

Folgende Unterlagen können vernichtet werden:	Aus dem Jahr:
➤ Handelsbücher	
➤ Buchungsbelege	
➤ Inventare	
➤ Eröffnungsbilanzen	
➤ Jahresabschlüsse	
➤ Empfangene Aufträge	
➤ Erhaltene Rechnungen	
➤ Kopien der abgesandten Handelsbriefe	
➤ Erhaltene Frachtbriefe	
➤ Erhaltene Auftragsbestätigungen	

3. Erläutern Sie, welche Arten der Aufbewahrung es gibt und welche Einschränkungen der Gesetzgeber den Unternehmen bezüglich der Aufbewahrungsart und des -ortes macht!

4. Nennen Sie vier Faktoren, die die Standortentscheidung für die Ablage des Schriftgutes beeinflussen!

-
-
-
-

5. Ungünstig findet Leon Laus, dass es für die Ablage in der Heinrich KG verschiedene Standorte gibt. Er hält es für effektiver, alle Unterlagen an einem zentralen Ort aufzubewahren. Das sei zwar eine Möglichkeit, pflichtet ihm die Sachbearbeiterin Julia Schulze bei, diese sei aber nicht für alle Unterlagen sinnvoll. In der Heinrich KG werden überwiegend die Arbeitsplatz-, die Abteilungs- und die Zentralregistratur als Standorte zur Aufbewahrung von Schriftgut genutzt. Notieren Sie in der nachfolgenden Übersicht zu jedem dieser drei Standorte die jeweiligen Voraussetzungen sowie die Vor- und Nachteile!

	Voraussetzungen	Vorteile	Nachteile
Arbeitsplatzregistratur			
Abteilungsregistratur			
Zentralregistratur			

6. Bei Schriftgütern wird zwischen „Tageswert“, „Prüfwert“, „Gesetzeswert“ und „Dauerwert“ unterschieden. Informieren Sie sich im eingesetzten Schulbuch oder im Internet über die Bedeutung dieser Begriffe und füllen Sie dann die folgende Übersicht aus!

	Schriftgut mit			
	Tageswert	**Prüfwert**	**Gesetzeswert**	**Dauerwert**
Erklärung				
Beispiele				
Frist				
Bearbeitungshinweis				
Ablagestandort				

7. Nennen Sie vier Schriftgutbehälter, die in einer Registratur eingesetzt werden könnten! Orientieren Sie sich dabei am eingesetzten Schulbuch und Ihren eigenen betrieblichen Erfahrungen.

- ______
- ______
- ______
- ______

8. Es gibt mehrere Möglichkeiten Unterlagen aufzubewahren. Unterscheiden Sie kurz die drei Hauptarten: liegende, stehende und hängende Ablage/Registratur!

- Liegende Registratur:

- Stehende Registratur:

- Hängende (pendelnde) Registratur:

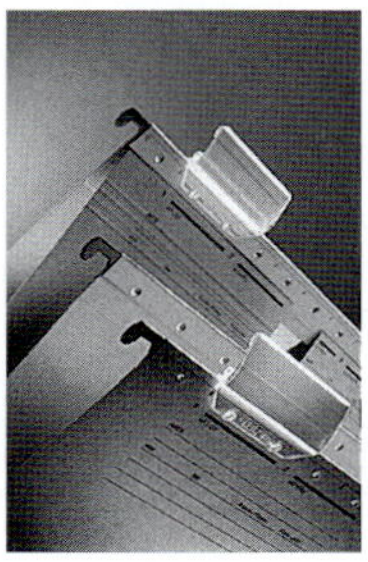

9. Ordnen Sie der liegenden, stehenden und hängenden Ablage/Registratur jeweils zwei passende Schriftgutbehälter zu!

liegende Registratur	➤ __________ ➤ __________
stehende Registratur	➤ __________ ➤ __________
hängende Registratur	➤ __________ ➤ __________

10. Mitentscheidend für eine funktionierende Ablage ist das verwendete Ordnungssystem. Informieren Sie sich im eingesetzten Schulbuch und/oder befragen Sie das Internet etwa unter:
http://www.nips.de/produkte oder
http://www.classei.de/de/
über Ordnungssysteme. Erstellen Sie eine Übersicht über verbreitete Ordnungssysteme und geben Sie zu jedem ein denkbares Ablagebeispiel für die Heinrich KG an!

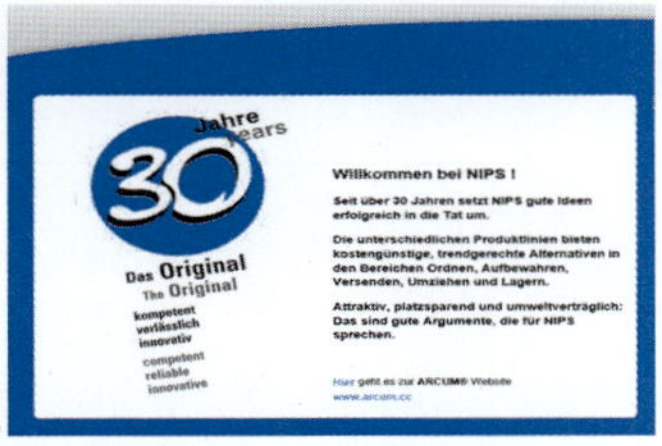

Ordnungssysteme	**Ablagebeispiel**

Fortsetzung der Situation:

Leon Laus ist noch eine weitere Woche in der Registratur eingesetzt. Das systematische Abheften sämtlicher Schriftstücke ist eine sehr stupide Tätigkeit, die ihm so gar keinen Spaß macht. Er fragt Frau Schulze, ob denn alle Briefe, E-Mails und Mitteilungen ausgedruckt und abgeheftet werden müssen. Einige Dokumente werden sogar in zweifacher Ausführung gedruckt, um sie in der Abteilungs- und der Zentralablage zu archivieren. Es wäre doch sinnvoller, alle Dokumente und Schriftstücke zu digitalisieren.

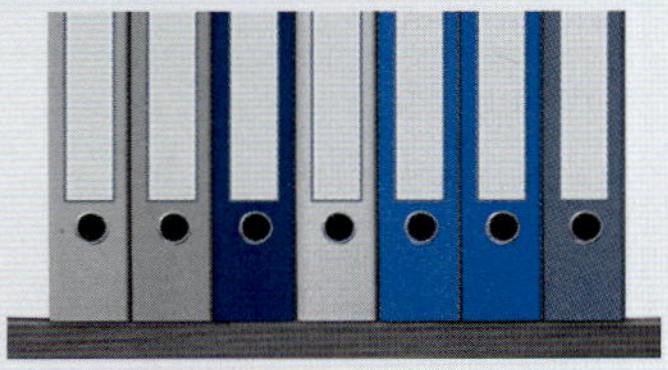

11. Informieren Sie sich im Schulbuch oder Internet über die Digitalisierung von Schriftgut und erläutern Sie, was darunter zu verstehen ist!

____

____

____

____

____

____

12. Ein digitales Archiv bietet im Vergleich zur analogen Ablage von Informationen etliche Chancen. Es birgt aber auch Risiken für die Heinrich KG.

12.1 Listen Sie fünf Vorteile auf, die für eine Digitalisierung sprechen!

➤ ______________________________

➤ ______________________________

➤ ______________________________

➤ ______________________________

➤ ______________________________

12.2 Geben Sie fünf Risiken eines papierlosen Büros an!

➤ ______________________________

➤ ______________________________

➤ ______________________________

➤ ______________________________

➤ ______________________________

13. Geben Sie fünf unmittelbare Auswirkungen einer Digitalisierung für die Mitarbeiterinnen und Mitarbeiter an!

➤ ______________________________

➤ ______________________________

➤ ______________________________

➤ ______________________________

➤ ______________________________

14. Das Management der Heinrich KG hat die Relevanz der Digitalisierung erkannt. Deshalb will Frau Heinrich den digitalen Arbeitsplatz aktiv vorantreiben. Sie hat veranlasst, ein Dokumentenmanagementsystem zu implementieren.

14.1 Erklären Sie, was ein Dokumentenmanagementsystem ist! Recherchieren Sie ggf. im Internet!

____

____

____

____

____

____

____

____

____

____

14.2 Beschreiben Sie zehn wichtige Funktionen eines Dokumentenmanagementsystems!

- ➤ ______
- ➤ ______
- ➤ ______
- ➤ ______
- ➤ ______
- ➤ ______
- ➤ ______
- ➤ ______
- ➤ ______
- ➤ ______

14.3 Erstellen Sie eine Checkliste mit 10 wesentlichen Punkten zur Einführung eines Dokumentenmanagementsystems!

Nr.	Punkte zur Einführung eines Dokumentenmanagementsystems	✓
1		
2		
3		
4		
5		
6		
7		
8		
9		
10		

Material 1: Auszug aus dem Handelsgesetzbuch (HGB)

§ 257 Aufbewahrung von Unterlagen und Aufbewahrungsfristen

(1) Jeder Kaufmann ist verpflichtet, die folgenden Unterlagen geordnet aufzubewahren:

1. Handelsbücher, Inventare, Eröffnungsbilanzen, Jahresabschlüsse [...], Lageberichte, Konzernabschlüsse, Konzernlageberichte sowie die zu ihrem Verständnis erforderlichen Arbeitsanweisungen und sonstigen Organisationsunterlagen,
2. die empfangenen Handelsbriefe,
3. Wiedergaben der abgesandten Handelsbriefe,
4. Belege für Buchungen in den von ihm nach § 238 Abs. 1 zu führenden Büchern (Buchungsbelege).

(2) Handelsbriefe sind nur Schriftstücke, die ein Handelsgeschäft betreffen.

(3) Mit Ausnahme der Eröffnungsbilanzen und Abschlüsse können die in Absatz 1 aufgeführten Unterlagen auch als Wiedergabe auf einem Bildträger oder auf anderen Datenträgern aufbewahrt werden, wenn dies den Grundsätzen ordnungsgemäßer Buchführung entspricht und sichergestellt ist, dass die Wiedergabe oder die Daten

1. mit den empfangenen Handelsbriefen und den Buchungsbelegen bildlich und mit den anderen Unterlagen inhaltlich übereinstimmen, wenn sie lesbar gemacht werden,
2. während der Dauer der Aufbewahrungsfrist verfügbar sind und jederzeit innerhalb angemessener Frist lesbar gemacht werden können.

Sind Unterlagen auf Grund des § 239 Abs. 4 Satz 1 auf Datenträgern hergestellt worden, können statt des Datenträgers die Daten auch ausgedruckt aufbewahrt werden; die ausgedruckten Unterlagen können auch nach Satz 1 aufbewahrt werden.

(4) Die in Absatz 1 Nummer 1 aufgeführten Unterlagen sind zehn Jahre, die in Absatz 1 Nummer 4 aufgeführten Unterlagen acht Jahre und die sonstigen in Absatz 1 aufgeführten Unterlagen sechs Jahre aufzubewahren. [...]

(5) Die Aufbewahrungsfrist beginnt mit dem Schluss des Kalenderjahres, in dem die letzte Eintragung in das Handelsbuch gemacht, das Inventar aufgestellt, die Eröffnungsbilanz oder der Jahresabschluss festgestellt, [...] der Konzernabschluss aufgestellt, der Handelsbrief empfangen oder abgesandt worden oder der Buchungsbeleg entstanden ist.

Material 2: Auszug aus der Abgabenordnung (AO)

§ 147 Ordnungsvorschriften für die Aufbewahrung von Unterlagen

(1) Die folgenden Unterlagen sind geordnet aufzubewahren:

1. Bücher und Aufzeichnungen, Inventare, Jahresabschlüsse, Lageberichte, die Eröffnungsbilanz sowie die zu ihrem Verständnis erforderlichen Arbeitsanweisungen und sonstigen Organisationsunterlagen,
2. die empfangenen Handels- oder Geschäftsbriefe,
3. Wiedergaben der abgesandten Handels- oder Geschäftsbriefe,
4. Buchungsbelege, [...]
5. sonstige Unterlagen, soweit sie für die Besteuerung von Bedeutung sind.

(2) Mit Ausnahme der Jahresabschlüsse und der Eröffnungsbilanz [...] können die in Absatz 1 aufgeführten Unterlagen auch als Wiedergabe auf einem Bildträger oder auf anderen Datenträgern aufbewahrt werden, wenn dies den Grundsätzen ordnungsmäßiger Buchführung entspricht und sichergestellt ist, dass die Wiedergabe oder die Daten

1. mit den empfangenen Handels- oder Geschäftsbriefen und den Buchungsbelegen bildlich und mit den anderen Unterlagen inhaltlich übereinstimmen, wenn sie lesbar gemacht werden,
2. während der Dauer der Aufbewahrungsfrist jederzeit verfügbar sind, unverzüglich lesbar gemacht und maschinell ausgewertet werden können.

(3) Die in Absatz 1 Nummer 1 [...] aufgeführten Unterlagen sind zehn Jahre, die in Absatz 1 Nummer 4 aufgeführten Unterlagen acht Jahre und die sonstigen in Absatz 1 aufgeführten Unterlagen sechs Jahre aufzubewahren, sofern nicht in anderen Steuergesetzen kürzere Aufbewahrungsfristen zugelassen sind. Kürzere Aufbewahrungsfristen nach außersteuerlichen Gesetzen lassen die in Satz 1 bestimmte Frist unberührt. [...] Die Aufbewahrungsfrist läuft jedoch nicht ab, soweit und solange die Unterlagen für Steuern von Bedeutung sind, für welche die Festsetzungsfrist noch nicht abgelaufen ist; § 169 Abs. 2 Satz 2 gilt nicht.

(4) Die Aufbewahrungsfrist beginnt mit dem Schluss des Kalenderjahres, in dem die letzte Eintragung in das Buch gemacht, das Inventar, die Eröffnungsbilanz, der Jahresabschluss oder der Lagebericht aufgestellt, der Handels- oder Geschäftsbrief empfangen oder abgesandt worden oder der Buchungsbeleg entstanden ist, ferner die Aufzeichnung vorgenommen worden ist oder die sonstigen Unterlagen entstanden sind.

...

Schulbuch Kap. 7

14 Daten sichern und pflegen

Situation:

Heinrich KG
Büromöbel und Zubehör

Seit der Unternehmensgründung hat sich die „Welt der Daten" in der Heinrich KG durch die fortschreitende Digitalisierung und Vernetzung spürbar verändert. Im Unternehmen werden jeden Tag große Mengen an Informationen erfasst, verarbeitet und ausgegeben. Dazu gehören erst einmal alle Daten rund um die Produktion, das Warensortiment und die Warenbewegungen. Aber auch die Verwaltung von Kunden und Lieferanten sowie der IT-Einsatz im Personalwesen erfordert die Verarbeitung großer Datenmengen.

Um die selbst vorzuhaltende Infrastruktur und den Bedarf an IT-Fachpersonal zu verringern und zudem alle Anwendungen und Daten jederzeit und überall verfügbar zu haben, erwägen die IT-Verantwortlichen der Heinrich KG, einen „Cloud-Computing-Anbieter" zu beauftragen.

Das Ansinnen stellt für die Geschäftsführung und den betrieblichen Datenschutzbeauftragten eine erhebliche Herausforderung dar, gilt es doch sicherzustellen, dass personenbezogene Daten sowie brisante Unternehmensdaten, wenn sie in der Cloud liegen, nicht für jedermann zugänglich sind. Darüber hinaus ist die Datensicherheit speziell beim Austausch von Daten mit Fremdunternehmen von hoher Relevanz.

Um Daten sicher vor der Manipulation von innen und außen zu schützen, müssen strenge Regeln eingehalten werden. Die Heinrich KG plant für ihre Beschäftigten eine zweitägige Weiterbildungsmaßnahme zum Thema „Datenschutz, Datensicherheit und Datenpflege", die vom 5. bis zum 6. September im Hotel Hamburg Gastwerk, Beim Alten Gaswerk 3 in 22761 Hamburg stattfinden soll.

Arbeitsaufträge:

1. Die Bedeutung des Datenschutzes ist in der Heinrich KG stetig gestiegen. Stellen Sie dar, was in der Datenschutz-Grundverordnung (DSGVO) als Datenschutz definiert wird!
   Befragen Sie dazu Ihr Schulbuch!

   Internettipp
   http://www.bmwi.de/Redaktion/DE/Artikel/Digitale-Welt/europaeische-datenschutzgrundverordnung.html

2. Im Rahmen der geplanten Weiterbildungsmaßnahme wird bei unterschiedlichen Vorträgen und Workshops der Zugriff auf Daten im Unternehmensnetz der Heinrich KG per WLAN benötigt.
   Stellen Sie drei Maßnahmen dar, die dazu geeignet sind, den Zugriff auf das WLAN für unerwünschte Personen verhindern!

3. Der externe Zugriff auf relevante Unternehmensdaten der Heinrich KG soll während der geplanten Weiterbildungsmaßnahme möglich sein.

   Nennen Sie vier zweckmäßige Maßnahmen, um den Zugriff auf die im Unternehmensnetz der Heinrich KG gespeicherten Daten sicher zu gestalten!

   ➤ ______________________________

   ➤ ______________________________

   ➤ ______________________________

   ➤ ______________________________

   ➤ ______________________________

4. Um die Flexibilität und die Kreativität der Beschäftigten zu erhöhen, beabsichtigt die Heinrich KG verstärkt Laptops einzusetzen. Diese sollen allerorts (im Unternehmen, unterwegs und auch zu Hause) mit Zugriff auf das Unternehmensnetz einsetzbar sein.

   Erläutern Sie drei Maßnahmen, die den sicheren Einsatz dieser Laptops unterstützen!

   ➤ ______________________________

   ____

   ____

   ➤ ______________________________

   ____

   ____

   ➤ ______________________________

   ____

   ____

5. Die Heinrich KG plant das Update des seit Jahren eingesetzten Betriebssystems. Eine gerade am Markt erschienene Update-Version soll verwendet werden.

   Geben Sie einen Grund an, der für, und einen Grund, der gegen die Durchführung des Betriebssystem-Updates spricht!

Gründe für das Update	

Gründe gegen das Update	

6. Das Betriebssystem besteht aus mehreren Programmen, die die Fähigkeit der Hardware nutzen und zusammen mit den Anwendungsprogrammen das Informationssystem der Heinrich KG bilden. In diesem Kontext kommen auch Datenbanksysteme ins Spiel. Erläutern Sie die Begriffe „Datensatz" und „Datenbankmanagementsystem"!

   Recherchieren Sie dazu in Ihrem Schulbuch und/oder im Internet, z. B. unter: **https://www.information-lexikon.de**.

Datensatz	
Datenbankmanagementsystem	

7. Erläutern Sie die Bedeutung und die grundsätzlichen Aufgaben eines Beauftragten für den Datenschutz bei der Heinrich KG!

   Informieren Sie sich dazu in Ihrem Schulbuch, im Internet und eventuell auch beim Datenschutzbeauftragten Ihres Ausbildungsbetriebs.

Aufgabenbereiche eines Datenschutzbeauftragten
➤
➤
➤
➤

8. Der Datenschutzbeauftragte der Heinrich KG beschäftigt sich bereits seit längerer Zeit mit der Thematik Cloud Computing. Er sieht die Chance, dass die Heinrich KG von den Vorteilen[1] des Cloud Computing profitieren kann.

   In allen Geschäftsanwendungen kommt für ihn derzeit nur die Beauftragung eines Cloud-Anbieters mit einer Auftragsdatenverarbeitung in einer EU-Cloud infrage.

   Begründen Sie diese Entscheidung und beschreiben Sie drei konkrete Möglichkeiten, die Cloud Computing der Heinrich KG im Bereich Personalwesen bietet, personenbezogene Daten in der Cloud zu verarbeiten!

   Orientieren Sie sich dazu an Ihrem Schulbuch sowie an dem Artikel „Datenschutzkonforme Cloud-Speicher“ (Material 1).

Begründung für die Wahl einer EU-Cloud:

Möglichkeiten des Cloud Computing im Bereich Personalwesen:

➤ ______________________________

____

____

➤ ______________________________

____

____

➤ ______________________________

____

____

1 Cloud Computing bietet der Heinrich KG die Möglichkeit, Software, Speicherkapazitäten und Rechenleistung über das Internet zu beziehen. Dies ermöglicht eine bedarfsgerechte und flexible Nutzung. Der ortsunabhängige Zugang wird durch verschiedene Endgeräte wie Laptop, Tablet-PC oder Smartphone ermöglicht. Damit kann jederzeit auf erforderliche Informationen wie E-Mails oder benötigte Geschäftsanwendungen zugegriffen werden.

Material 1: Artikel „Datenschutzkonforme Cloud-Speicher"

Datenschutzkonforme Cloud-Speicher

Die am häufigsten genutzten Cloud-Speicher

Im Markt für Cloud-Speicher stehen große US-amerikanische Anbieter an der Spitze, die ihre Speicherangebote im Rahmen weitverbreiteter Dienste und Softwarelösungen vermarkten. Software und Speicherkapazität sind daher optimal aufeinander abgestimmt, was für die Kunden komfortabel und praktisch ist. Zu den weltweit größten Anbietern zählen Amazon mit Amazon Drive, Apple mit iCloud, Google mit Google Drive, Microsoft mit OneDrive und Dropbox.

Risiken von Cloud-Speichern bei personenbezogenen Daten

Alle kommerziellen Anbieter verarbeiten personenbezogene Daten der Cloud-Nutzer. Wer die Cloud eines Dienstleisters nutzt, gibt die Hoheit über seine Daten ein Stück weit aus der Hand. Dessen müssen sich alle Nutzer bewusst sein. Privatnutzer sollten bei der Auswahl geeigneter Anbieter deshalb besonders auf Datensparsamkeit achten. Insbesondere Unternehmen, die die personenbezogenen Daten ihrer Mitarbeiter und Kunden in Cloud-Speichern verwalten, sollten sich bei der Wahl eines Anbieters genau auf dem Markt umsehen.

Datenschutzkonforme Clouds erkennen

Cloud-Speicher von Anbietern mit einem Firmensitz und Serverstandorten in Deutschland oder einem Staat der EU oder des Europäischen Wirtschaftsraums (EWR) erfüllen höchstwahrscheinlich die Vorgaben der DSGVO. Anders sieht es beispielsweise bei US-Anbietern aus, die in Deutschland aus Gründen der DSGVO-Konformität ihre Dienste über eine europäische Tochtergesellschaft anbieten und Server-Standorte in Europa betreiben. In diesen Fällen entsprechen sie zwar prinzipiell den Voraussetzungen der DSGVO. Um sicherzugehen, sollten die Datenschutzbeauftragen von Firmen aber genau hinsehen und die Cloud-Speicher diesbezüglich überprüfen.

Folgende Kriterien verdienen dabei Beachtung:

- Verschlüsselte Datenübertragung und Speicherung: Der Schlüssel darf nur dem Nutzer bekannt sein. Der Sinn geht verloren, wenn auch der Anbieter die Daten entschlüsseln und auswerten kann – oder dieser, wie in den USA, sogar gesetzlich dazu verpflichtet ist, Daten auf Anordnung zu dechiffrieren und an die Behörden weiterzugeben.
- Prüfsiegel und Zertifikate: Der Cloud-Anbieter wurde nach einem international anerkannten Standard zertifiziert, beispielsweise durch die ISO/IEC 27001 oder das C5-Testat des BSI (Bundesamt für Informationssicherheit).
- Serverstandort: Es gelten immer die datenschutzrechtlichen Bestimmungen des Landes, in dem sich der Server befindet.
- Back-up: Neben der Cloud sollten zudem alternative Speicher zum Einsatz kommen. Selbst bei sehr sicheren Anbietern verbleibt immer ein Restrisiko, dass Daten verloren gehen oder nicht verfügbar sind. Ein solches Szenario führt nicht nur zu datenschutzrechtlichen Konsequenzen in Form von Bußgeldern und Schadenersatzforderungen, sondern auch zu möglichen materiellen und nichtmateriellen Schäden. Dazu zählen Reputationsschäden und der Verlust von sensiblen Daten wie Geschäftsgeheimnissen oder Kundendaten.

Konsequenzen einer nicht DSGVO-konformen Nutzung von Cloud-Speichern

Wer personenbezogene Daten von Dritten verarbeitet (Kunden, Interessenten oder Mitarbeiter), muss dies DSGVO-konform tun. Andernfalls drohen Sanktionen in Form von hohen Bußgeldern. Beinahe noch kritischer als diese ist für Unternehmen die Tatsache, dass die Aufsichtsbehörden bei Verstößen eine sofortige Einstellung der widerrechtlichen Datenverarbeitung verfügen können. Dies kann – je nach Firma – sogar das Ende für die aktuelle Geschäftstätigkeit bedeuten.

Die perfekte Cloud gibt es nicht, zumindest nicht von der Stange. Jedes Unternehmen hat spezifische Anforderungen, beispielsweise im Hinblick auf die Synchronisation der Daten, Design und Usability, gemeinsames Arbeiten, Anzahl der Nutzer, Verschlüsselung und Datenschutzniveau sowie die Kosten im Verhältnis zur Speicherkapazität. Jedoch gibt es in Deutschland viele gute Alternativen zu den großen US-Anbietern.

Cloud-Speicher selbst einrichten

Für viele Unternehmen dürfte eine eigene Firmen-Cloud die beste Alternative sein, obwohl der Aufbau und die Umsetzung einigen Aufwand erfordern. Denn die Verantwortlichen müssen in eine geeignete IT-Infrastruktur, ein Back-up-Konzept, in Datenschutzlösungen und regelmäßige Wartungsarbeiten investieren. Der Aufwand lohnt sich aber, denn wer eine eigene Firmen-Cloud besitzt, profitiert von den Vorteilen, ohne die Nachteile einer Fremdlösung in Kauf nehmen zu müssen. Das Unternehmen behält mit der eigenen Cloud die Hoheit über sämtliche Daten. Zudem lassen sich Speichervolumen, Berechtigungsmanagement, Funktionalität und Usability präzise auf die individuellen Anforderungen abstimmen. Auch Datenschutz und Datensicherheit bleiben in eigener Hand und unter Kontrolle.

Quelle: https://www.informatik-aktuell.de/betrieb/virtualisierung/datenschutzkonforme-cloud-speicher.html [Zugriff vom 02.03.2026].

Schulbuch Kap. 8

15 Mit stressbedingten Belastungen umgehen

Situation:

Die Mitarbeiter der Heinrich KG sind im Berufsalltag und im Privatleben unterschiedlichen Stresssituationen ausgesetzt. Die Folge können Abgeschlagenheit und Lustlosigkeit sein und auch zu Depressionen und Burnout führen.

Heinrich KG
Büromöbel und Zubehör

Arbeitsaufträge:

1. Definieren Sie den Begriff Stress und erläutern Sie seine positive und negative Wirkung!

Definition „Stress“	
positive Wirkung („positiver Stress“)	**negative Wirkung („negativer Stress“)**

2. Nennen Sie vier „Stressoren“ (Stressfaktoren) im Berufsalltag und unterbreiten Sie jeweils einen Vorschlag, wie Sie ihm begegnen können!

Stressoren	Bewältigung

3. Im Berufsalltag kann der Einzelne nur wenig Einfluss auf die meisten Stressfaktoren nehmen. Nur durch einen souveränen Umgang mit Stress kann der Einzelne dem daraus resultierenden Druck – auch im privaten Umfeld – auf Dauer standhalten. Geben Sie fünf Möglichkeiten an, um wieder in Work-Life-Balance zu kommen!

➤ ______________________________

➤ ______________________________

➤ ______________________________

➤ ______________________________

➤ ______________________________

4. Ziel eines betrieblichen Gesundheitsmanagements ist es, die Gesundheit und das Wohlbefinden der Mitarbeiter am Arbeitsplatz speziell durch nachhaltige Maßnahmen zu fördern und zu erhalten. Diskutieren Sie zunächst im Tandem geeignete Maßnahmen, die kurzfristig, mittelfristig und langfristig umgesetzt werden können! Ergänzen Sie dann die folgende Tabelle, indem Sie jeweils mindestens drei geeignete Maßnahmen zuordnen! Befragen Sie dazu ggf. Ihr Schulbuch und/oder das Internet unter folgender Internetadresse: **http://www.bmg.bund.de/**

Kurzfristige Maßnahmen	Mittelfristige Maßnahmen	Langfristige Maßnahmen

Schulbuch Kap. 8

16 Mobbing entgegenwirken

Situation:

Heinrich KG
Büromöbel und Zubehör

Im Rahmen des betrieblichen Gesundheitsmanagements bietet die Heinrich KG ihren Mitarbeitern an, Sprechstunden bei einer betriebspsychologischen Beraterin des TÜV Nord wahrzunehmen.

Ein Mitarbeiter, der sehr lange krankheitsbedingt fehlte, hat dieses Beratungsangebot angenommen. Dabei hat sich herausgestellt, dass er von Kollegen regelmäßig und systematisch schikaniert und diskriminiert wurde. Hinter dem Rücken des Mitarbeiters wurden Gerüchte verbreitet, plötzlich verschwanden Arbeitsmaterialien und Unterlagen und Termine wurden nicht weitergeleitet. Häufig musste er unsinnige Arbeitsaufträge erledigen und ständig wurde Kritik an seiner Arbeit geübt mit dem Ziel, den Betroffenen zu isolieren und vom Arbeitsalltag auszuschließen.

Diese belastende Situation verursachte bei ihm zunächst Kopfschmerzen, dann Magen- und Darmbeschwerden und Herzrasen bis hin zu Nervosität, Panikattacken, Seh- und Sprachstörungen.

Arbeitsaufträge:

1. Nach einem Mobbing-Report der Sozialforschungsstelle Dortmund klagen immer mehr Mitarbeiter über „Mobbing am Arbeitsplatz" – Tendenz steigend. Beschreiben Sie den Begriff Mobbing! Recherchieren Sie in diesem Zusammenhang auch die Bedeutung der Begriffe „Bossing" und „Staffing"!

Mobbing	
Bossing	
Staffing	

2. Die Ursachen von Mobbing sind unterschiedlich. Situative Faktoren und Persönlichkeitsmerkmale des Opfers und des Täters begünstigen Mobbing am Arbeitsplatz. Geben Sie vier Gründe an, die einen Kollegen zum Mobber werden lassen!

➤ ____________________

➤ ____________________

➤ ____________________

➤ ____________________

3. Arbeitnehmer, die zum Mobbingopfer wurden, sind ständigen Anfeindungen ausgeliefert. Erstellen Sie im Tandem oder in Teamarbeit eine To-do-Liste mit 7 Punkten gegen Mobbing!

To do: Wie man sich angemessen gegen Mobbing zur Wehr setzt

- ➤ ______
- ➤ ______
- ➤ ______
- ➤ ______
- ➤ ______
- ➤ ______
- ➤ ______

4. Kleinere Frotzeleien und Konflikte unter Kollegen gibt es in jedem Unternehmen. Münden diese Auseinandersetzungen jedoch in Mobbing, fühlen sich die Opfer oft ausgeliefert. Informieren Sie sich in Ihrem Schulbuch und/oder recherchieren Sie im Internet nach den wichtigsten rechtlichen Regelungen bei Mobbingvorfällen!

Fortsetzung der Situation:

Die Geschäftsführerin der Heinrich KG, Frau Gerda Heinrich, wurde frühzeitig über den Mobbingfall informiert. Konflikte zwischen Arbeitskollegen, die zu Mobbing am Arbeitsplatz ausarten, verursachen hohe Kosten. Krankheitsbedingte Fehlzeiten, geringe Leistungsfähigkeit beim Mobbingopfer und Mitarbeiterfluktuation sind die Folgen. Der gestörte Betriebsfrieden wirkt sich sogar auf das gesamte Abteilungsteam negativ aus.

Heinrich KG
Büromöbel und Zubehör

Deshalb will Frau Heinrich gegensteuern. Sie duldet Mobbing von Kollegen und auch von Vorgesetzten gegenüber Mitarbeitern nicht und fordert ab sofort jeden Mitarbeiter auf, eine Verpflichtungserklärung zu unterschreiben, die in die Personalakte gelegt wird.

5. Informieren Sie sich über Betriebsanweisungen als Informationsaustausch!

Betriebsanweisungen

Bei Betriebsanweisungen wird den Empfängern ein Missstand geschildert, anschließend werden genaue Richtlinien zum Handeln gegeben. Dadurch können bestimmte Arbeitsabläufe neu geregelt werden. Eine präzise Darstellung der Fakten, klare und eindeutige Ausdrucksweise und eine genaue Unterweisung der Betroffenen ist notwendig.

Man sagt dem Empfänger:	**was**	er tun soll,
	wie	er es am besten tun soll,
	warum	er es tun soll.

Für den Erfolg ist die Unterschrift einer kompetenten Person entscheidend.

6. Erstellen Sie ein internes Schreiben an alle Mitarbeiter, in dem Sie die Konfliktsituation zwischen Kollegen durch Mobbing erläutern, und fordern Sie jeden Mitarbeiter auf, eine Verpflichtungserklärung zu unterschreiben.
7. Schreiben Sie die Verpflichtungserklärung mit allen erforderlichen Daten auf einem abtrennbaren Abschnitt, der unterzeichnet an die Personalabteilung innerhalb einer bestimmten Frist zurückgegeben werden muss.
8. Speichern Sie die Betriebsanweisung unter **„Mobbing“**.
9. Lassen Sie das Schriftstück ausdrucken.

Schulbuch
Kap. 8

17 Konflikte am Arbeitsplatz bewältigen (AGG)

Situation:

Heinrich KG
Büromöbel und Zubehör

Sabine Schröder, Auszubildende der Heinrich KG, ist total schockiert. Sie musste heute eine Akte in die Abteilung „Verwaltung" bringen und wurde dort ihrer Meinung nach in übelster Weise von Herrn Hase belästigt. Als sie an ihren derzeitigen Arbeitsplatz in der Personalverwaltung zurückkommt, schildert sie der Bereichsleiterin Personalwesen, Frau Gehrke, was ihr geschehen ist:

„Frau Gehrke, ich brauche Ihren Rat und vielleicht auch eine rechtliche Auskunft. Herr Hase hat mich eine ‚kleine knackige Büromaus' genannt und am Handgelenk gefasst, um mich auf seinen Schoß zu ziehen. Als ich ihn aufgefordert habe, mich loszulassen, hat er das zwar getan, gleichzeitig hat er aber gegrinst und gesagt, ich solle nicht so prüde sein und ein bisschen Spaß mitmachen. Für mich ist dieses Verhalten aber kein harmloser Spaß mehr. Kann man gegen unerwünschte Berührungen und aufdringliches Verhalten nicht etwas tun?"

Arbeitsaufträge:

Sie sollen mit der Methode des Rollenspiels die arbeitsrechtlichen Bestimmungen, die in der oben dargestellten Ausgangssituation relevant sind, erarbeiten. Ein Ziel des Rollenspiels ist es, die Situation aus verschiedenen Blickwinkeln (mehrperspektivisch) zu betrachten.

1. Bilden Sie vier Arbeitsgruppen und erarbeiten Sie in der jeweiligen Gruppe Argumente, um die gewählte bzw. die zugewiesene Rolle zu stützen!
   - ➤ Entwickeln Sie in der Gruppe mögliche Gesprächsstrategien für die Rolle!
   - ➤ Einigen Sie sich auf eine Gesprächsstrategie und bestimmen Sie ein Gruppenmitglied, das dann die Rolle spielt!
2. Bewerten Sie das Ergebnis des Rollenspiels hinsichtlich der praktischen Umsetzung und nennen Sie – auf der Grundlage des Rollenspiels – arbeitsrechtliche Maßnahmen, die in der Ausgangssituation ergriffen werden könnten!
3. Die Geschäftsführung will – zusammen mit dem Betriebsrat – eine Betriebsvereinbarung gegen sexuelle Belästigung erarbeiten. Stellen Sie drei bedeutende Vorteile einer derartigen Vereinbarung heraus.
4. Entwerfen Sie in MS Word einen Verhaltenskodex, der die Mitarbeiter/-innen der Heinrich KG zu einer partnerschaftlichen Zusammenarbeit auf Basis des AGG verpflichtet!

Material 1: Rollenkarten

Rollenkarte	**Gerda Heinrich** (Arbeitgeber)
Sie sind die Geschäftsführerin Gerda Heinrich und wurden von der Bereichsleiterin Frau Gehrke über den Vorfall zwischen der Auszubildenden Frau Schröder und dem Sachbearbeiter Herrn Hase informiert. Zusammen mit Frau Gehrke haben Sie Frau Schröder und Herrn Hase zu einem gemeinsamen Gespräch geladen. **Arbeitsauftrag:** ➤ Lesen Sie die Pressemitteilung „Gezieltes Anfassen kann sexuelle Belästigung sein" (Material 2) und den Auszug aus dem Allgemeinen Gleichbehandlungsgesetz (AGG) (Material 3)! ➤ Bereiten Sie sich auf ein gemeinsames Gespräch mit allen Beteiligten vor und vertreten Sie dort (engagiert) Ihre Rolle! Im Rahmen dieses Gesprächs sollen Sie zu einer gemeinsamen Lösung gelangen!	

Rollenkarte **Holger Hase** (Sachbearbeiter)

Sie sind Herr Hase, Sachbearbeiter in der „Personalverwaltung" und Sie haben zweifelsfrei die Auszubildende Sabine Schröder belästigt. Frau Gehrke, Bereichsleiterin Personalwesen und die Geschäftsleiterin Frau Heinrich haben Sie heute zu einem Gespräch gebeten, an dem auch Frau Schröder teilnehmen wird.

Arbeitsauftrag:

- Lesen Sie die Pressemitteilung „Gezieltes Anfassen kann sexuelle Belästigung sein" (Material 2) und den Auszug aus dem Allgemeinen Gleichbehandlungsgesetz (AGG) (Material 3)!
- Bereiten Sie sich auf ein gemeinsames Gespräch mit allen Beteiligten vor und vertreten Sie dort (engagiert) Ihre Rolle!

  Im Rahmen dieses Gesprächs sollen Sie zu einer gemeinsamen Lösung gelangen!

Rollenkarte **Sabine Schröder** (Auszubildende)

Sie sind Sabine Schröder und Sie wurden vom Sachbearbeiter Herrn Hase unerwünscht körperlich berührt. Nach dem Vorfall vertrauten Sie sich der Bereichsleiterin Frau Gehrke an. Diese ist zugleich Ihre direkte Vorgesetzte, da Sie derzeit im Bereich Personalwesen ausgebildet werden. Frau Gehrke hat Sie gebeten, an einem gemeinsamen Gespräch, zu dem auch Herr Hase und die Geschäftsleiterin Frau Heinrich kommen werden, teilzunehmen.

Arbeitsauftrag:

- Lesen Sie die Pressemitteilung „Gezieltes Anfassen kann sexuelle Belästigung sein" (Material 2) und den Auszug aus dem Allgemeinen Gleichbehandlungsgesetz (AGG) (Material 3)!
- Bereiten Sie sich auf ein gemeinsames Gespräch mit allen Beteiligten vor und vertreten Sie dort (engagiert) Ihre Rolle!

  Im Rahmen dieses Gesprächs sollen Sie zu einer gemeinsamen Lösung gelangen!

Rollenkarte **Kornelia Gehrke** (Bereichsleiterin Personalwesen)

Sie sind Frau Gehrke, die unmittelbare Vorgesetzte der Auszubildenden Sabine Schröder. Diese, seit vier Wochen im Bereich Personalwesen tätig, berichtete Ihnen, dass sie von Herrn Hase belästigt wurde. Die Geschäftsführerin der Heinrich KG, Frau Heinrich, haben Sie von diesem Vorfall in Kenntnis gesetzt. Gemeinsam mit ihr haben Sie die Beteiligten zu einem Gespräch gebeten.

Arbeitsauftrag:

- Lesen Sie die Pressemitteilung „Gezieltes Anfassen kann sexuelle Belästigung sein" (Material 2) und den Auszug aus dem Allgemeinen Gleichbehandlungsgesetz (AGG) (Material 3)!
- Bereiten Sie sich auf ein gemeinsames Gespräch mit allen Beteiligten vor und vertreten Sie dort (engagiert) Ihre Rolle!

  Im Rahmen dieses Gesprächs sollen Sie zu einer gemeinsamen Lösung gelangen!

Material 2: Pressemitteilung

„Gezieltes Anfassen kann sexuelle Belästigung sein"

Kiel/Berlin – Wer die allgemein übliche minimale körperliche Distanz nicht wahrt, sondern eine Mitarbeiterin gezielt unnötig und wiederholt anfasst oder berührt, kann bereits eine sexuelle Belästigung begehen, erklärt der Deutsche Anwaltverein (DAV) in Berlin.

Der DAV beruft sich auf ein Urteil des Landesarbeitsgerichts Kiel (Aktenzeichen: 3 Sa 163/06). In dem Fall hatte der Arbeitgeber einem seit 33 Jahren bei ihm beschäftigten Fachbereichsleiter fristlos gekündigt. Der Mann hatte eine Mitarbeiterin über einen langen Zeitraum körperlich bedrängt, zum Teil mit der Bemerkung „Stell Dich nicht so an". Außerdem hatte er ihr unter vier Augen pornografische Bilder vorgelegt und gesagt, solche Bilder auch von ihr anfertigen zu können. Als Entschuldigung gab er an, er habe die Mitarbeiterin als nicht attraktiv empfunden und daher deren Empfindung seiner Handlung als sexuelle Anmache als abwegig erachtet.

Das Gericht akzeptierte diese Erklärung nicht und folgte der Argumentation des Arbeitgebers. Es sah im Verhalten des Fachbereichsleiters ebenfalls eine über Jahre anhaltende Verletzung der Intimsphäre und Menschenwürde der Mitarbeiterin. Dies rechtfertige eine fristlose Kündigung vor allem auch deswegen, weil er als Vorgesetzter eine besondere Schutzfunktion zu erfüllen hatte.

http://archiv.rhein-zeitung.de/on/07/03/13/service/berufbildung/recht/t/rzo320734.html

Material 3: Allgemeines Gleichbehandlungsgesetz (AGG) – Auszug

§ 1 Ziel des Gesetzes

Ziel des Gesetzes ist, Benachteiligungen aus Gründen der Rasse oder wegen der ethnischen Herkunft, des Geschlechts, der Religion oder Weltanschauung, einer Behinderung, des Alters oder der sexuellen Identität zu verhindern oder zu beseitigen.

§ 3 Begriffsbestimmungen

(1) Eine unmittelbare Benachteiligung liegt vor, wenn eine Person wegen eines in § 1 genannten Grundes eine weniger günstige Behandlung erfährt, als eine andere Person in einer vergleichbaren Situation erfährt, erfahren hat oder erfahren würde. Eine unmittelbare Benachteiligung wegen des Geschlechts liegt in Bezug auf § 2 Abs. 1 Nr. 1 bis 4 auch im Falle einer ungünstigeren Behandlung einer Frau wegen Schwangerschaft oder Mutterschaft vor.

(2) Eine mittelbare Benachteiligung liegt vor, wenn dem Anschein nach neutrale Vorschriften, Kriterien oder Verfahren Personen wegen eines in § 1 genannten Grundes gegenüber anderen Personen in besonderer Weise benachteiligen können, es sei denn, die betreffenden Vorschriften, Kriterien oder Verfahren sind durch ein rechtmäßiges Ziel sachlich gerechtfertigt und die Mittel sind zur Erreichung dieses Ziels angemessen und erforderlich.

(3) Eine Belästigung ist eine Benachteiligung, wenn unerwünschte Verhaltensweisen, die mit einem in § 1 genannten Grund in Zusammenhang stehen, bezwecken oder bewirken, dass die Würde der betreffenden Person verletzt und ein von Einschüchterungen, Anfeindungen, Erniedrigungen, Entwürdigungen oder Beleidigungen gekennzeichnetes Umfeld geschaffen wird.

(4) Eine sexuelle Belästigung ist eine Benachteiligung in Bezug auf § 2 Abs. 1 Nr. 1 bis 4, wenn ein unerwünschtes, sexuell bestimmtes Verhalten, wozu auch unerwünschte sexuelle Handlungen und Aufforderungen zu diesen, sexuell bestimmte körperliche Berührungen, Bemerkungen sexuellen Inhalts sowie unerwünschtes Zeigen und sichtbares Anbringen von pornographischen Darstellungen gehören, bezweckt oder bewirkt, dass die Würde der betreffenden Person verletzt wird, insbesondere wenn ein von Einschüchterungen, Anfeindungen, Erniedrigungen, Entwürdigungen oder Beleidigungen gekennzeichnetes Umfeld geschaffen wird.

(5) Die Anweisung zur Benachteiligung einer Person aus einem in § 1 genannten Grund gilt als Benachteiligung. Eine solche Anweisung liegt in Bezug auf § 2 Abs. 1 Nr. 1 bis 4 insbesondere vor, wenn jemand eine Person zu einem Verhalten bestimmt, das einen Beschäftigten oder eine Beschäftigte wegen eines in § 1 genannten Grundes benachteiligt oder benachteiligen kann.

§ 12 Maßnahmen und Pflichten des Arbeitgebers

(1) Der Arbeitgeber ist verpflichtet, die erforderlichen Maßnahmen zum Schutz vor Benachteiligungen wegen eines in § 1 genannten Grundes zu treffen. Dieser Schutz umfasst auch vorbeugende Maßnahmen.

(2) Der Arbeitgeber soll in geeigneter Art und Weise, insbesondere im Rahmen der beruflichen Aus- und Fortbildung, auf die Unzulässigkeit solcher Benachteiligungen hinweisen und darauf hinwirken, dass diese unterbleiben. Hat der Arbeitgeber seine Beschäftigten in geeigneter Weise zum Zwecke der Verhinderung von Benachteiligung geschult, gilt dies als Erfüllung seiner Pflichten [...].

(3) Verstoßen Beschäftigte gegen das Benachteiligungsverbot des § 7 Abs. 1, so hat der Arbeitgeber die im Einzelfall geeigneten, erforderlichen und angemessenen Maßnahmen zur Unterbindung der Benachteiligung wie Abmahnung, Umsetzung, Versetzung oder Kündigung zu ergreifen.

(4) Werden Beschäftigte bei der Ausübung ihrer Tätigkeit durch Dritte nach § 7 Abs. 1 benachteiligt, so hat der Arbeitgeber die im Einzelfall geeigneten, erforderlichen und angemessenen Maßnahmen zum Schutz der Beschäftigten zu ergreifen.

(5) Dieses Gesetz und § 61b des Arbeitsgerichtsgesetzes sowie Informationen über die für die Behandlung von Beschwerden nach § 13 zuständigen Stellen sind im Betrieb oder in der Dienststelle bekannt zu machen. Die Bekanntmachung kann durch Aushang oder Auslegung an geeigneter Stelle oder den Einsatz der im Betrieb oder der Dienststelle üblichen Informations- und Kommunikationstechnik erfolgen.

§ 13 Beschwerderecht

(1) Die Beschäftigten haben das Recht, sich bei den zuständigen Stellen des Betriebs, des Unternehmens oder der Dienststelle zu beschweren, wenn sie sich im Zusammenhang mit ihrem Beschäftigungsverhältnis vom Arbeitgeber, von Vorgesetzten, anderen Beschäftigten oder Dritten wegen eines in § 1 genannten Grundes benachteiligt fühlen. Die Beschwerde ist zu prüfen und das Ergebnis der oder dem beschwerdeführenden Beschäftigten mitzuteilen.

§ 14 Leistungsverweigerungsrecht

Ergreift der Arbeitgeber keine oder offensichtlich ungeeignete Maßnahmen zur Unterbindung einer Belästigung oder sexuellen Belästigung am Arbeitsplatz, sind die betroffenen Beschäftigten berechtigt, ihre Tätigkeit ohne Verlust des Arbeitsentgelts einzustellen, soweit dies zu ihrem Schutz erforderlich ist. § 273 des Bürgerlichen Gesetzbuchs bleibt unberührt.

§ 15 Entschädigung und Schadensersatz

(1) Bei einem Verstoß gegen das Benachteiligungsverbot ist der Arbeitgeber verpflichtet, den hierdurch entstandenen Schaden zu ersetzen. Dies gilt nicht, wenn der Arbeitgeber die Pflichtverletzung nicht zu vertreten hat.

(2) Wegen eines Schadens, der nicht Vermögensschaden ist, kann der oder die Beschäftigte eine angemessene Entschädigung in Geld verlangen. Die Entschädigung darf bei einer Nichteinstellung drei Monatsgehälter nicht übersteigen, wenn der oder die Beschäftigte auch bei benachteiligungsfreier Auswahl nicht eingestellt worden wäre.

(3) Der Arbeitgeber ist bei der Anwendung kollektivrechtlicher Vereinbarungen nur dann zur Entschädigung verpflichtet, wenn er vorsätzlich oder grob fahrlässig handelt.

(4) Ein Anspruch nach Absatz 1 oder 2 muss innerhalb einer Frist von zwei Monaten schriftlich geltend gemacht werden, es sei denn, die Tarifvertragsparteien haben etwas anderes vereinbart. Die Frist beginnt im Falle einer Bewerbung oder eines beruflichen Aufstiegs mit dem Zugang der Ablehnung und in den sonstigen Fällen einer Benachteiligung zu dem Zeitpunkt, in dem der oder die Beschäftigte von der Benachteiligung Kenntnis erlangt.

(5) Im Übrigen bleiben Ansprüche gegen den Arbeitgeber, die sich aus anderen Rechtsvorschriften ergeben, unberührt.

(6) Ein Verstoß des Arbeitgebers gegen das Benachteiligungsverbot des § 7 Abs. 1 begründet keinen Anspruch auf Begründung eines Beschäftigungsverhältnisses, Berufsausbildungsverhältnisses oder einen beruflichen Aufstieg, es sei denn, ein solcher ergibt sich aus einem anderen Rechtsgrund.

§ 17 Soziale Verantwortung der Beteiligten

(1) Tarifvertragsparteien, Arbeitgeber, Beschäftigte und deren Vertretungen sind aufgefordert, im Rahmen ihrer Aufgaben und Handlungsmöglichkeiten an der Verwirklichung des in § 1 genannten Ziels mitzuwirken.

§ 22 Beweislast

Wenn im Streitfall die eine Partei Indizien beweist, die eine Benachteiligung wegen eines in § 1 genannten Grundes vermuten lassen, trägt die andere Partei die Beweislast dafür, dass kein Verstoß gegen die Bestimmungen zum Schutz vor Benachteiligung vorgelegen hat.

Schulbuch Kap. 3.1

1 Eine Kundenanfrage bearbeiten

Situation:

Der Auszubildende Leon Laus wechselt heute in die Verkaufsabteilung der Heinrich KG. In den nächsten vier Monaten seiner Ausbildung wird er von Frau Julia Schulze, Gruppenleiterin im Verkauf, betreut. Julia Schulze übernimmt diese Aufgabe gern, denn es macht ihr Spaß, Auszubildende in komplexe Arbeitsabläufe einzuführen. Für Leon hat Frau Schulze eine aktuelle Anfrage der Westmoor KG (Material 1) zurückbehalten, die zu den besseren Stammkunden der Heinrich KG gehört.

Heinrich KG
Büromöbel und Zubehör

Leon bekommt den Auftrag, sich ausführlich mit dem Sortiment und der Preis- und Konditionenpolitik der Heinrich KG vertraut zu machen und die unten stehende Anfrage zu beantworten.

Material 1: Anfrage der Westmoor KG

Möbelhaus
WESTMOOR KG

Ihr Zeichen:
Unser Zeichen: hel

Name: Hella Hellebusch
Telefon: 05236 9811-0
Telefax: 05236 9811-13
E-Mail: info@westmoor-blomberg.de

Datum: 20..-..-..

Westmoor KG · Deichhausweg 28 · 32825 Blomberg
Heinrich KG
Rahlstedter Str. 144
22143 Hamburg

Anfrage

Sehr geehrte Damen und Herren,

das Thema Datenschutz spielt bei unseren Kunden eine immer größere Rolle. Unterlagen, die nicht länger aufbewahrt werden sollen, aber vertrauliche und sensible Daten enthalten, müssen zuverlässig vernichtet werden. Vor diesem Hintergrund erreichen uns in der letzten Zeit verstärkt Anfragen nach Aktenvernichtern.

Wir haben uns daher entschlossen, dieses Produkt in unser Sortiment aufzunehmen. Dabei interessieren uns vor allem Aktenvernichter, die nicht nur Papier, sondern auch andere Materialien zerkleinern können.

Senden Sie uns bitte kurzfristig ein Angebot über bei Ihnen erhältliche Aktenvernichter zu.

Mit freundlichen Grüßen

Westmoor KG

i. A. Hella Hellebusch

Hella Hellebusch

Westmoor KG
Geschäftsführung: Thomas Möhring
Amtsgericht Blomberg: R 2302
St-Nr.: 31/418/0067
USt-ID Nummer: DE 789344268

Bankverbindungen:
Sparkasse Blomberg
IBAN: DE97 4765 1225 2310 2789 06
BIC: WELADED1BLO

Postbank Hannover
IBAN: DE96 2501 0030 0114 2126 68
BIC: PBNKDEFFXXX

Arbeitsaufträge:

1. Informieren Sie sich zunächst mithilfe des folgenden Infotextes (Material 2) grundlegend über Anfragen und erläutern Sie mithilfe des eingesetzten Schulbuchs die rechtliche Bedeutung einer Anfrage und etwa einzuhaltende Formvorschriften!

___

___

___

___

___

___

___

___

___

___

Material 2: Die Anfrage

Der erste Schritt in einer geschäftlichen Korrespondenz ist meist die Anfrage. In der Geschäftspost wird unterschieden zwischen allgemeinen und speziellen Anfragen.

Allgemeine Anfragen fordern Informationsmaterial und Unterlagen an:

- Kataloge
- Prospekte
- Preislisten
- Referenzen

Eine allgemeine Anfrage verschafft einen guten Überblick über den Markt:

- Welche Produkte gibt es überhaupt?
- Wer bietet diese Dienstleistung an?

Spezielle Anfragen erbitten ein konkretes Angebot für ein Produkt oder eine Dienstleistung.

Eine spezielle Anfrage schafft Klarheit über Preise und Qualität einer Dienstleistung oder Ware.

Im umfangreichsten Fall fragt man bereits nach allen Punkten, die später das Angebot des Geschäftspartners enthalten muss. Je detaillierter die Anfrage geschrieben ist, desto besser kann der Empfänger antworten – das darauf folgende Angebot ist dann genau auf die Anfrage abgestimmt.

2. Beschreiben Sie mithilfe des Auszugs aus der Handelswarenliste (siehe S. 16) und der Rabattstaffel der Heinrich KG (siehe Material 3) die folgenden Artikel näher!
   - Eco B-2009154
   - Profi B-2001140
   - Intimus B-2001141

Material 3: Rabattstaffeln der Heinrich KG

... für selbst produzierte Artikel:

Stufe	Bestellwert ab	Rabatt
11	3.000,00 €	7,00 %
12	5.000,00 €	10,00 %
13	10.000,00 €	13,00 %
14	25.000,00 €	17,00 %
15	50.000,00 €	22,00 %
16	100.000,00 €	28,00 %

... für Handelswaren:

Stufe	Bestellwert ab	Rabatt
21	1.500,00 €	4,00 %
22	3.000,00 €	7,00 %
23	6.000,00 €	9,50 %
24	10.000,00 €	12,00 %
25	15.000,00 €	14,50 %
26	25.000,00 €	17,00 %
27	50.000,00 €	22,00 %
28	100.000,00 €	28,00 %

3. Unser langjähriger Kunde „Junges Wohnen GmbH" hat soeben telefonisch 50 Stück des Artikels „Verdan A-1507155" bestellt. Berechnen Sie den zu gewährenden Rabatt in Prozent und Euro!

Schulbuch Kap. 3.2

2 Ein kundenorientiertes und rechtsverbindliches Angebot verfassen

Situation:

Leon Laus soll nun mithilfe des Textverarbeitungsprogramms MS Word das erbetene Angebot an die Westmoor KG erstellen!

Heinrich KG
Büromöbel und Zubehör

Arbeitsaufträge:

1. Lesen Sie zunächst die Allgemeinen Geschäftsbedingungen der Heinrich KG (siehe Informationen zum Modellunternehmen, S. 11), die grundsätzlichen Hinweise zur DIN 5008 (Material 1) sowie die Checkliste „Angebotserstellung“ (Material 2) und konzipieren Sie dann stichwortartig das Angebot an die Westmoor KG!

Konzeption des Angebots:

2. Erstellen Sie unter Berücksichtigung der DIN 5008 mithilfe von MS Word das erbetene Angebot an die Westmoor KG!

Material 1: Auszug aus dem Lexikon für Büromanagement

DIN 5008

Um Geschäftsbriefe einheitlich, übersichtlich und zweckmäßig zu gliedern, wurden vom Normenausschuss für Informationstechnik und Anwendungen Schreib- und Gestaltungsregeln für die Text- und Informationsverarbeitung festgelegt, die auf Praxiserfahrungen von Anwendern basieren. Die DIN 5008 legt lediglich Gliederungsmerkmale fest, über den konkreten Inhalt werden keine Angaben gemacht. Empfehlungen für bestimmte Schreibweisen der Kommunikationsangaben (z. B. die Bezugszeichen im Informationsblock) werden in den Anwendungsbeispielen gegeben.

Gliederung des Anschriftfeldes

5 4 3 ↑ Beschriftung aufwärts 2 **Einzeilige Rücksendeangabe** 1 **ggf. gefolgt von Zusatzangaben und Vermerken**	}	**Zusatz- und Vermerkzone mit integrierter Rücksendeangabe in Schriftgröße 8 pt** ➤ Sendungsart, z. B. Dialogpost ➤ Produkt, z. B. Eilzustellung ➤ Zusatzleistungen, z. B. Einschreiben Einwurf ➤ Vorausverfügung, z. B. Nicht nachsenden
❶ Anschriftzone ❷ ↓ Beschriftung abwärts ❸ ❹ ❺ ❻	}	**Anschriftzone für die Empfängeranschrift** ➤ Schriftgröße nicht unter 10 pt ➤ empfohlene Schriftgröße 11 pt

Beispiele:

5 4 3 2 Heinrich KG · Rahlstedter Str. 144 · 22143 Hamburg 1 Einschreiben ❶ Axel Wessel KG ❷ Herrn Dr. Bastian Bart ❸ Postfach 3 56 77 ❹ 70523 Stuttgart ❺ ❻	5 4 3 2 1 Heinrich KG · Rahlstedter Str. 144 · 22143 Hamburg ❶ Kevin Baker Ltd. ❷ Mr. Harry Potter ❸ 51 Main Street ❹ SHEFFIELD ❺ GROSSBRITANNIEN ❻

Für die Zusatz- und Vermerkzone stehen 5 Zeilen zur Verfügung. Die einzeilige Rücksendeangabe des Absenders wird in diese Zone des Anschriftfeldes integriert. In der obersten Zeile ist die einzeilige Anschrift des Absenders „Heinrich KG · Rahlstedter Str. 144 · 22143 Hamburg" anzugeben, für mögliche Zusatzangaben und Vermerke stehen maximal die vier folgenden Zeilen zur Verfügung. Bei Angabe eines postalischen Vermerks wie „Einschreiben" schiebt sich die Beschriftung zeilenweise nach oben. Zwischen der Zusatz- und Vermerkzone und der Anschriftzone darf keine Leerzeile stehen.

Erläuterungen zur Anschriftzone:

Zeile ❶ : Empfängerbezeichnung

Zeile ❶ steht für die nähere Firmenbezeichnung in Firmenanschriften bzw. für die Anrede Herrn/Frau in Personenanschriften zur Verfügung. Angaben wie „An", „Für" oder „An das" sind ebenso wenig zu verwenden wie das Wort „Firma".

Zeile ❷ wird für den Empfänger verwendet (Vor- und Zuname ggf. mit akademischem Grad, Firmenname mit Unternehmensform). Die Angabe „z. H." ist wegzulassen. Zu beachten ist, dass aus der Reihenfolge der Firmennennung und der persönlichen Namensangabe der Empfänger genau festgelegt wird.

Beispiel:

> Bei der Reihenfolge Axel Wessel KG, Herrn Dr. Bastian Bart handelt es sich um einen Geschäftsbrief, der in der Poststelle geöffnet und an den Sachbearbeiter weitergeleitet wird. Lautet hingegen die Reihenfolge Herrn Dr. Bastian Bart, Axel Wessel KG, so handelt es sich um private Post, die an die Geschäftsadresse versandt wird. Eine Öffnung in der Poststelle darf nicht durchgeführt werden.

Ist keine nähere Firmenbezeichnung angegeben, wird der Firmenname mit Unternehmensform in Zeile ❶ angegeben. Zeile ❷ steht dann für die persönliche Nennung der Sachbearbeiter bzw. der Abteilung zur Verfügung. Reicht der zur Verfügung stehende Platz in Zeile ❶ und ❷ dennoch nicht aus, so können sich die Angaben auch bis zu Zeile ❻ erstrecken.

Zeile ❸ : Angabe „Postfach" mit Postfachnummer bzw. Straße und Hausnummer

Zu beachten ist, dass Postfachnummern von hinten zweistellig gegliedert werden.

Zeile ❹ : Angabe der Postleitzahl und des Bestimmungsortes

Zu beachten ist, dass die fünfstellige Postleitzahl nicht gegliedert wird.

Zeile ❺ : Angabe des Bestimmungsortes und des Bestimmungslandes

In Inlandsanschriften wird der Bestimmungsort nicht hervorgehoben. Fettschrift, eine andere Schriftart bzw. Schriftgröße und Ähnliches sind nicht zulässig.

In Auslandsanschriften wird der Bestimmungsort in der Landessprache angegeben, das Bestimmungsland in deutscher Sprache. Sowohl der Bestimmungsort als auch das Bestimmungsland werden in Großbuchstaben angegeben.

Zeile ❻ : Die letzte Zeile der Anschriftzone bleibt in der Regel frei.

Bezugszeichen und Kommunikationsangaben im Informationsblock

Bezugszeichen, eigene Zeichen, Telefondurchwahl, Ansprechpartner und die Angabe der Ausstellungsdaten des geführten Schriftverkehrs geben Rückschlüsse auf den gesamten Geschäftsprozess. Zu beachten ist, dass bei Telefonnummern die Vorwahl mit einem Leerschritt von der Rufnummer getrennt wird; alle Ziffern werden ohne Gliederung geschrieben.

Beispiel: Vordruck mit Standardinformationsblock

Ihr Zeichen:	kö
Ihre Nachricht vom:	09.09.20..
Unser Zeichen:	ba
Unsere Nachricht vom:	27.08.20..
Name:	Herr Dr. Bart
Telefon:	0711 1477-22
Telefax:	0711 1477-35
E-Mail:	bart@wessel-kg.de
Datum:	20.09.20..

Das Datum wird im Berufsalltag meistens in der nationalen numerischen Schreibweise geschrieben (07.03.2026). Eine alphanumerische Datumsangabe (7. März 2026) kann ebenso verwandt werden. Diese Regelung gilt im Übrigen auch für die Einbettung in einen Fließtext.

Bei Schreiben an ausländische Empfänger wird das numerisch angegebene Datum in der Reihenfolge Jahr-Monat-Tag mit Kurzstrich gegliedert. Die Jahreszahl wird ebenfalls vierstellig, Monat und Tag werden jeweils zweistellig angegeben (beispielsweise „2026-03-07“). Diese Schreibweise ist auch für den inländischen Schriftverkehr gültig.

Betreff

Im Betreff wird der Inhalt des Briefes kurz umrissen – so kann ein Brief ohne Angabe des Sachbearbeiters bzw. der Abteilung weitergeleitet werden, ohne dass man den Inhalt ganz lesen muss. Man darf die Betreffangabe durch Fettschrift hervorheben. Er folgt mit zwei Leerzeilen Abstand vom Informationsblock. Auf einen Schlusspunkt wird verzichtet.

Anrede

Zwei Leerzeilen nach dem Betreff folgt die persönliche Anrede. Nach der Anrede wird in der Regel ein Komma gesetzt, um nach einer Leerzeile in den Brieftext überzuleiten. Ist der Ansprechpartner im Anschriftfeld genannt, so wird er direkt mit seinem Namen angesprochen. Geschlechtsneutrale Anreden werden ohne Frau/Herrn und meist unter Verwendung des Vor- und Nachnamens formuliert, z. B. „Guten Tag, Kim Steinhoff“. Ansonsten wird eine allgemeine Anrede verwandt („Sehr geehrte Damen und Herren“). Wer eine genderneutrale Anrede nutzen möchte, kann „Sehr geehrte Lesende“ oder alternativ „Sehr geehrte Interessierte“ schreiben. Bei einer genderinklusiven Anrede wird der Doppelpunkt, das Sternchen oder der Grundstrich verwendet. „Sehr geehrte Geschäftspartner:innen“ oder z. B. „Sehr geehrte Mitarbeiter_innen“.

Gruß

Der Brief endet mit einem Gruß, der eine Leerzeile vom Brieftext abgesetzt ist. In Geschäftsbriefen werden neutrale Grußformeln verwandt (z. B. „Mit freundlichem Gruß“ oder „Mit freundlichen Grüßen“; als moderne Form gilt „Freundliche Grüße“). Die veraltete Grußformel „Hochachtungsvoll“ ist nicht mehr anzuwenden.

Firmennennung und Unterschrift

Im Abstand von einer Leerzeile zur Grußformel folgt die nähere Firmenbezeichnung, direkt darunter der Firmenname mit Unternehmensform. Anschließend werden Leerzeilen nach der Notwendigkeit (eine bis drei Leerzeilen für die handschriftliche Unterschrift) eingegeben, um die maschinenschriftliche Unterschrift mit Abkürzung der Vertretungsvollmacht, z. B. „ppa.“ für per procura, „i. V.“ für in Vertretung bzw. in Vollmacht oder „i. A.“ für im Auftrag, anzugeben.

Anlage(n)

Als „Anlage“ oder „Anlagen“ werden Unterlagen bezeichnet, die einem Brief beigefügt werden. Die Anlagen werden untereinander aufgeführt. Falls die Anlagen im Briefkern genannt sind, wird nur noch die Anzahl der Anlagen angegeben. Der Anlagenvermerk steht nach einer Leerzeile unter dem Briefabschluss.

Verteiler

Als Verteiler werden Filialen, Abteilungen, Personen angegeben, die eine Kopie des Schriftstücks erhalten. Der Verteilvermerk folgt dem Anlagenvermerk nach einer Leerzeile.

Beispiel für ein Angebot

Feld für **Briefkopf, Form A**
Firmennamen, Geschäftszweig, Firmenzeichen und gegebenenfalls Werbetext können hier frei gestaltet und eingedruckt werden.

DER NORMBRIEF
(A4; 210 x 297 mm; Form A)

•
•
•
•

Feld für Postanschrift des Absenders

Klussmann & Söhne KG
Frau Cornelia Cordes
Postfach 83 14 65
65915 Frankfurt

Ihr Zeichen:	
Ihre Nachricht vom:	
Unser Zeichen:	fli
Unsere Nachricht vom:	
Name:	Frauke Flinke
Telefon:	0221 173-245
Telefax:	
E-Mail:	
Datum:	28.10.20..

Faltmarke 1 •
•

Angebot über Hard- und Software

•
•

Sehr geehrte Frau Cordes,

•

heute informieren wir Sie über unsere aktuellen Hard- und Softwareprodukte.

•

In unser Hardwareangebot haben wir eine Reihe neue leistungsfähige Arbeitsplatzcomputer aufgenommen. Der beigefügte Prospekt gibt Ihnen einen Überblick über unsere neuen Computer.

•

Lochmarke

Richten Sie Ihre Aufmerksamkeit aber auch auf unsere Softwarepalette. Speziell die Software

•

MARKETING PLANER

•

zur Steuerung von Marketingaktionen und Kommunikationskampagnen empfehlen wir Ihnen. Durch die praktische Bedienoberfläche können alle Kontextinformationen zur Kampagne per Mausklick eingesehen werden. Die Planungs- und Reaktionszeiten bei der Kommunikationsplanung werden durch die zentrale und ganzheitliche Datenhaltung erheblich verkürzt. Das beigefügte Faltblatt informiert Sie weiter über die Software.

Faltmarke 2

•

Wir führen Ihnen unsere neuen Computer und Programmversionen gern einmal vor. Vereinbaren Sie doch mit uns einen Termin.

•

Mit freundlichen Grüßen

•

Bürosysteme
Schleicher & Co. OHG

•

i. V. *Frauke Flinke*

•

Frauke Flinke

Anlagen
1 Prospekt
1 Faltblatt

Verteiler
Herrn Schwarz
Vertrieb Frankfurt

Gesellschaftsrechtliche Angaben: Firmenname und Rechtsform, Sitz der Gesellschaft
Telefon, Telefax, E-Mail, Internet (sofern nicht im Infoblock), Bankverbindungen, USt-IdNr.
Vorstandsmitglieder bzw. Geschäftsführer(innen), Vorsitzende(r) des Aufsichtsrats
Eingetragen beim Amtsgericht Ort, HRA- bzw. HRB-Nummer

Material 2: Checkliste „Angebotserstellung“

Allgemeine Angebotsbestandteile	Beispiele zur Textformulierung
Einleitungssätze für unverlangte Angebote (Werbebriefe)	Unter dem Motto „Büropapier – die Visitenkarte des Unternehmens“ bieten wir Ihnen vom ... bis zum ... Designpapier in verschiedenen Farben an. Am ... feiern wir das 25. Firmenjubiläum. Darum erhalten Sie beachtliche Konditionen: ...
Einleitungssätze für verlangte Angebote ➤ Dank für die Anfrage ➤ Name, Art und Beschaffenheit des Produktes ➤ Mengen	Vielen Dank für das Interesse an den Produkten. Gerne bieten wir Ihnen an: ... Wir danken Ihnen für Ihr Interesse an unseren Artikeln. Sie erhalten das gewünschte Angebot. Danke für Ihre Anfrage. Gerne bieten wir Ihnen auf der Grundlage unserer AGB an: ...
Warenbeschreibung	Der hier angebotene Schreibtisch „Denver“ besteht aus Buche und hat eine versiegelte Oberfläche. Zusätzliche Details entnehmen Sie bitte unserem beigefügten Katalog ...
Einschränkung des Angebots	Das Angebot ist gültig bis 15. August 20.. Solange der Vorrat reicht! Die Preise sind freibleibend!
Alternativangebot	Die beiden Artikel ... und ... sind derzeit nicht lieferbar. Als Alternative bieten wir Ihnen ... an.
Preis, „A“ und „O“ des Angebots ➤ Verpackung ➤ Transportkosten ➤ Nachlässe ➤ Rabatte	In unserem Angebot sind die Verpackungs- und Transportkosten enthalten. Bei Bestellungen ab 50.000,00 € erhalten Sie einen Mengenrabatt von 22 %. Nur in dieser Woche: 30 % Jubiläumsrabatt!
Zahlungsbedingungen	14 Tage ab Rechnungserhalt ohne Skontoabzug! Zahlung sofort! Bei einer Zahlung innerhalb von 10 Tagen ab Rechnungsdatum gewähren wir 2,5 % Skonto. Zahlungsziel: 30 Tage netto, 14 Tage 3 % Skonto
Zeitpunkt der Lieferung	Die gewünschten ... sind bis zum ... lieferbar! Wenn Sie bis spätestens um 12:00 Uhr bestellen, erhalten Sie die ... bereits am folgenden Tag! Lieferung 10 Werktage nach Auftragseingang!
Lieferungsbedingungen	Porto und Verpackungsspesen werden pauschal verrechnet. Bestellungen über 2.000,00 € liefern wir „frei Haus“! Abhängig vom jeweiligen Umfang oder Gewicht der Bestellung liefern wir entweder per Paketdienst oder per Spedition.
Schlusssatz	Sie können sicher sein, dass wir Ihren Auftrag pünktlich ausführen! Wir freuen uns auf Ihren Auftrag!
Anlagen	Als Anlage erhalten Sie den neuen Katalog und die gültige Preisliste. Ein aktueller Prospekt liegt diesem Angebot bei!

Schulbuch Kap. 3.2

3 Briefe DIN-gerecht gestalten

Situation:

Jeder Brief ist die Visitenkarte eines Unternehmens. Deshalb ist auf ein einheitliches Erscheinungsbild der gesamten schriftlichen Korrespondenz zu achten. Dazu gehören nicht nur die Vordrucke für die Geschäftsbriefe, sondern auch der Aufbau der Briefe, Faxe und E-Mails nach einheitlichen Schreib- und Gestaltungsregeln, die das Deutsche Institut für Normung e. V. (DIN) vorgibt.

Heinrich KG
Büromöbel und Zubehör

Frau Gerda Heinrich, Geschäftsführerin der Heinrich KG, meint, dass dies am einfachsten gelingt, wenn sich alle Mitarbeiter an die DIN 5008 halten. Deshalb sollen zunächst alle Mitarbeiter, einschließlich der Auszubildenden, durch eine interne Schulung auf den aktuellen Stand gebracht werden.

Arbeitsaufträge:

1. Bei den Vordrucken für Geschäftsbriefe wird zwischen zwei Formen unterschieden. Nennen Sie die zwei Varianten und erläutern Sie den wesentlichen Unterschied!

Variante 1:	Variante 2:

2. Nennen Sie die Bestandteile eines normgerechten Briefvordrucks!

➤ ______________________________

➤ ______________________________

➤ ______________________________

➤ ______________________________

➤ ______________________________

➤ ______________________________

3. Papierformate unterliegen der genormten Formatreihe der DIN EN ISO 216 (ehemals DIN 476). Das Ausgangsformat der A-Reihe bildet ein 1 qm großes Rechteck mit dem Seitenverhältnis 1 zu Wurzel 2. Jedes nächstkleinere Format ergibt sich nun durch Halbierung der längeren Seite. Die Zahl der Formatangabe gibt dabei an, wie oft der Ausgangsbogen halbiert werden muss, um ein bestimmtes Format zu erhalten.

3.1 Geben Sie Anwendungen der Formatgrößen an!

Papierformat	Anwendungen
A0	
A1	
A2	
A3	
A4	
A5	
A6	

3.2 Aus der DIN-Reihe A sind die DIN-Reihen B und C abgeleitet, die für Briefumschläge und Versandtaschen relevant sind. Ergänzen Sie die unten stehende Tabelle!

B-Formate		C-Formate	
B0	1.000 mm x 1.414 mm	C0	917 mm x 1.297 mm
B1		C1	
B2		C2	
B3		C3	
B4		C4	
B5		C5	
B6		C6	

4. Alle Briefhüllen sind mit Sichtfenster (Angabe durch S hinter der Formatgröße) erhältlich. Nennen Sie zwei Vorteile der Fensterbriefhüllen!

➤ ____________________

____

➤ ____________________

____

Fortsetzung der Situation: Anschriften gestalten

Nachdem die Formate für Papier, Briefhüllen und Versandtaschen nach ISO 216 und die Variationen der Vordrucke für Geschäftsbriefe bekannt sind, sollen die Mitarbeiter der Heinrich KG heute die Schreibweisen der Personen-, Firmen- und Auslandsanschriften kennen lernen.

Heinrich KG
Büromöbel und Zubehör

5. Nachdem Sie sich intensiv mit der normgerechten Schreibweise der Anschriften befasst haben, sollen Sie zunächst die Kundenadressen und anschließend die Anschriften der Mitarbeiter aktualisieren.

- Öffnen Sie die Datei **„Anschriften"**.[1]
- Erfassen Sie die unten stehenden Firmenanschriften normgerecht!

01. AG Innovation, Dresden 01127, Leipziger Straße 120
02. Postfach 2 85, 20083 Hamburg, Gertrud Brand KG
03. 10437 Berlin, Möblix GmbH, Im- und Export, Schönhauser Allee 187
04. Herrn Koch, Warensendung, Deichhausweg 28, Möbelhaus, 32825 Blomberg, Westmoor KG
05. Brandes GmbH & Co. KG, Einschreiben – Rückschein, Buchhaltung, 04229 Leipzig, Falkenstraße 5
06. Productos variados Delcampo S. A., 328 Av. Meridiana, 08016 Barcelona, Spanien
07. Falkenseestraße 15 – 17, Frau Katja Schneider, Weyermann & Söhne KG, 73252 Lenningen
08. Schreiben Sie die Anschrift 07 als Privatanschrift!

- Geben Sie in der Fußzeile Ihren eigenen Namen ein!
- Speichern Sie die Anschriften unter **„Firmenanschriften"**!
- Lassen Sie die Übungen ausdrucken!

6. Erfassen Sie die unten stehenden Personenanschriften normgerecht!

- Öffnen Sie die Datei **„Anschriften"** erneut.[1]
- Erfassen Sie die unten stehenden Firmenanschriften normgerecht!

01. Dipl.-Ing. Markus Helbig, Herrn, 21035 Hamburg, Lundtweg 5 A
02. 23558 Lübeck, Gehrke Frau Kornelia B. A., Kreuzweg 20 // W 4
03. bei Müller, Leon Laus, Grenzstr. 4 // 3. Stock, 21337 Lüneburg, Herrn
04. Eheleute Miriam und Björn Walter, 21684 Stade, Erich-Kästner-Weg 8, Warensendung
05. Einschreiben – Einwurf, Frau Laura Grotemeier, Herrn Max Dräger, Auenweg 30, 22848 Norderstedt
06. Frau Dr. Brunhilde Braun, Rechtsanwältin, Inselstr. 20, Einschreiben, Persönlich/Vertraulich, 22297 Hamburg
07. Schäferstr. 62 – 64, Michael Vogt, Herrn 20357 Hamburg, Steuerberater
08. Schreiben Sie die Anschrift 07 in einer anderen normgerechten Schreibweise!

- Speichern Sie die Anschriften unter **„Personenanschriften"**!
- Geben Sie in der Fußzeile Ihren eigenen Namen ein!
- Lassen Sie die Übungen ausdrucken!

1 Geeignete Dokumentvorlagen finden Sie auf der Internetseite des Merkur Verlages – www.merkur-verlag.de – mithilfe der Schnellsuche (Eingabe „1671") in der Mediathek (->„Download").

Fortsetzung der Situation: Informationsblock und Betreff gestalten

Die Mitarbeiter der Heinrich KG wurden darauf hingewiesen, dass die Gestaltung der Vorlagen nach DIN 5008 geregelt ist. Diese Norm gibt zwei Varianten des Informationsblocks zur Angabe der Bezugszeichen an:

- Standardinformationsblock
- gestalteter Informationsblock

Auch die korrekte Schreibweise des Informationsblocks und des Betreffs in Geschäftsbriefen ist „reine Normsache."

Heinrich KG
Büromöbel und Zubehör

7. Öffnen Sie die Datei **„Infoblock"**[1] und füllen Sie zu jedem der folgenden Geschäftsfälle das Anschriftfeld und den Informationsblock aus. Geben Sie jeweils die Betreffangabe an!

1. Geschäftsfall	Die Heinrich KG wendet sich am 28.08.20.. an den Lieferanten Lenz KG, Nürnberg, mit der Bitte um ein Angebot über 100 Schreibtischlampen. Es handelt sich um eine erste Kontaktaufnahme. Den Brief diktiert Herr Bast (ba), geschrieben wird er von Herrn Kunze (ku), Telefon 456.
2. Geschäftsfall	Am 31.08.20.. diktiert die zuständige Sachbearbeiterin bei der Lenz KG, Frau Pütz (pü), das Angebot. Schreibkraft ist Frau Witte (wi), Telefon 345.
3. Geschäftsfall	Die Heinrich KG bestellt am 07.09.20.. bei der Lenz KG die gewünschten Schreibtischlampen. Herr Bast diktiert und Herr Kunze schreibt den Brief. Auf den vorausgehenden Schriftwechsel ist Bezug zu nehmen!
4. Geschäftsfall	Auf Wunsch der Heinrich KG wird der Auftrag am 12.09.20.. bestätigt. Frau Pütz diktiert, Frau Witte schreibt den Brief. Auf den vorausgehenden Schriftwechsel ist wieder Bezug zu nehmen!

- Geben Sie in der Fußzeile Ihren eigenen Namen an!
- Speichern Sie die Datei unter **„Informationsblock"**, drucken Sie die Datei auf **einer Seite** aus!

Fortsetzung der Situation: Briefabschlüsse, Anlagen- und Verteilvermerke gestalten

In der Heinrich KG sind in den Stellenbeschreibungen für die einzelnen Arbeitsplätze die Tätigkeitsbereiche und Kompetenzen genau abgegrenzt. Die Geschäftsführerin, Frau Gerda Heinrich, legt sehr viel Wert auf eine korrekte Schreibweise der Briefabschlüsse. Sie weist alle Mitarbeiter darauf hin, künftig bei der Korrespondenz den Unterschriftsraum normgerecht zu gestalten.

Heinrich KG
Büromöbel und Zubehör

8. Erfassen Sie den letzten Textabsatz des Briefkerns und gestalten Sie nach den angegebenen Sachverhalten den Briefabschluss normgerecht! Beachten Sie, dass in manchen Schriftstücken der Anlagen- und Verteilvermerk zu berücksichtigen ist!
   - Rufen Sie ein leeres Dokument auf!
   - Geben Sie in der Fußzeile Ihren eignen Namen ein!
   - Speichern Sie die Datei unter **„Briefabschlüsse"!**
   - Lassen Sie die Datei auf einer Seite ausdrucken!

1. Briefabschluss
Zusammen mit diesem Brief schicken wir Ihnen eine neue Rechnung und bitten Sie, die falsche Faktura zu vernichten. *Der Brief wird von Frau Gerda Heinrich, Geschäftsführerin, unterschrieben.*

1 Geeignete Dokumentvorlagen finden Sie auf der Internetseite des Merkur Verlages – www.merkur-verlag.de – mithilfe der Schnellsuche (Eingabe „1671") in der Mediathek (->„Download").

2. Briefabschluss

Diesem Schreiben haben wir einen Fragebogen beigelegt. In ihm können Sie Ihr Urteil über unsere Produkte und Ihre Anregungen festhalten. Bitte schicken Sie uns Ihre Antwort bis zum 28. d. M.

Frau Witte, Sekretärin von Frau Heinrich, hat die Kompetenz, bei Abwesenheit ihrer Vorgesetzten derartige Briefe zu unterschreiben.

3. Briefabschluss

Wir haben seit längerer Zeit keinen Auftrag mehr von Ihnen erhalten. Deshalb wird Sie unser Handlungsreisender in der kommenden Woche zu einem Gespräch aufsuchen.

Anschreiben an Kunden werden von Herrn Bremer bearbeitet. Der Handlungsreisende, Herr Bergmann, erhält eine Kopie des Briefes.

4. Briefabschluss

Mit diesem Brief erhalten Sie unser detailliertes Lieferprogramm mit den aktuellen Preislisten, gültig ab 1. Januar d. J.

Sie als Auszubildender sind zzt. im Verkauf tätig. Ihre Aufgabe ist es, die aktuellen Verkaufsunterlagen an alle Kunden zu schicken. Beachten Sie, dass der Hinweis darauf aus Platzmangel nicht mehr unter den Briefabschluss passt.

5. Briefabschluss

Wir fordern Sie zur Erfüllung Ihrer vertraglichen Verpflichtungen auf und werden Sie am 15. April d. J., wie gewünscht, mit der bestellten Ware beliefern.

Die Geschäftsführerin, Frau Heinrich, unterschreibt mit der Prokuristin des Verkaufs, Frau Oswald, die Ablehnung der Annullierung einer Warenlieferung wegen eines nicht fristgerechten Widerrufs.

6. Briefabschluss

Ab dem 1. März d. J. ist es für Sie möglich, die Preisvorteile unserer neuen Mengenstaffel zu nutzen. Ausführliche Informationen gibt Ihnen unsere Handlungsreisende, Frau Menkhoff, bei ihrem Besuch.

Frau Schulze hat Herrn Bremer, Sachbearbeiter im Verkauf, beauftragt, den Stammkunden Möblix GmbH über die neue Preis-/Mengenstaffel zu unterrichten. Frau Menkhoff muss in Kenntnis gesetzt werden.

Fortsetzung der Situation: Den Briefkern gestalten

Die DIN 5008, Schreib- und Gestaltungsregeln für die Textverarbeitung, umfasst nicht nur die Anordnung der Personen- und Firmenanschriften im Anschriftfeld, die Schreibweise des Informationsblocks und der Briefabschlüsse mit Anlagen- und Verteilvermerk, sondern auch die normgerechte Beschriftung des Briefkerns. Im Rahmen der internen Schulung steht daher heute die Gestaltung des Briefkerns im Mittelpunkt.

Heinrich KG
Büromöbel und Zubehör

9. Analysieren Sie die Geschäftsbriefe der Heinrich KG (Material 1 und 2) hinsichtlich der normgerechten Beschriftung des Briefkerns anhand folgender Leitfragen:
   - Wie ist der Briefkern aufgeteilt?
   - Welche Abstände (Leerzeilen) sind einzuhalten?
   - Welche Aussagen können hinsichtlich Schriftart und -größe sowie Hervorhebungs- und Gestaltungsmöglichkeiten abgeleitet werden?
   - Was ist beim Gestalten des rechten Randes zu beachten?

   Nutzen Sie zur Beantwortung der Fragen MS Word!

Material 1: Geschäftsbrief an die Junges Wohnen GmbH

Richtiges Sitzen ist kein Zufall

Sehr geehrte Frau Heitmann,

Auslöser von Rückenschmerzen ist hauptsächlich eine einseitige körperliche Belastung wie lang andauerndes statisches Sitzen. Orthopäden empfehlen, die Sitzposition möglichst häufig zu wechseln. Daher gilt: Die beste Sitzposition ist immer die nächste.

Der **Ergo-Gesundheitsstuhl** stellt durch seine einzigartige Beweglichkeit der Sitzfläche die neue Dimension für bewegtes, gesundes Sitzen dar. Durch die frei auf einer Kugel gelagerte flexible Sitzfläche wird einer statischen Sitzhaltung entgegengewirkt. Die patentierte Sitztechnik ermöglicht, dass die Sitzfläche nahezu reibungslos gedreht, gekippt und zudem nach allen Seiten verschoben werden kann.

Der „Be"-Sitzer kann durch aktives Kreisen und Kippen des Beckens jederzeit leicht seine Sitzpositionwechseln. Der **Ergo** unterstützt damit ein bandscheibenschonendes und rückenfreund liches Sitzen. Zusätzlich kann bei jedem Modell die maximale Sitzneigung durch einen zusätzlichen Holzring, der unter den Naturkautschukring gelegt wird, verringert werden.

Bei entsprechender Indikation übernehmen die Sozialversicherungsträger, der Arbeitgeber oder die Bundesagentur für Arbeit die Anschaffungskosten für den Gesundheitsstuhl als ergonomisches Sitzmöbel.

Freundliche Grüße

Material 2: Geschäftsbrief an die Winter OHG

Aktenvernichter – keine Chance dem Datenklau

Sehr geehrte Damen und Herren,

Firmendaten sind hoch sensible Daten. Deshalb sollte der sorgfältige Umgang mit Ihnen oberstes Gebot sein. Das gilt natürlich auch für Unterlagen, die nicht mehr gebraucht werden. Nicht alles darf einfach im Papierkorb landen. Wir bieten Ihnen für jeden Bedarf die optimale Lösung.

Aktenvernichter IDEAL. Das Allzweckgerät verfügt über zwei separate Zuführöffnungen und ge-trennte Schneidwerke für Papier und CDs/DVDs. Das Schnittgut wird getrennt aufgefangen, ein Sichtfenster zeigt den Füllstand an. Lichtschranken sorgen für automatischen Start und Stopp.

Aktenvernichter CLEAN. Neben dem Filtersystem zur Feinstaubreduzierung bietet dieses Gerät einen integrierten automatischen Öler für eine regelmäßige Wartung, akustische Abschaltautomatik für den sofortigen Motorstopp im Notfall und permanente Papiermengenmessung für den reibungslosen Betrieb. Darüber hinaus fällt der Shredder nach zehn Minuten Nichtgebrauch in den Schlafmodus und schaltet sich nach 30 Minuten ab.

Aktenvernichter STANDARD. Durch separate Schneidwerke und Auffangbehälter werden Papier und CDs/DVDs umweltgerecht entsorgt. Im Stand-by-Betrieb schaltet sich das Gerät automatisch ein und aus. Praktische Features wie Rollen mit Feststellbremsen machen die Arbeit sicher und komfortabel. Die leisen Betriebsgeräusche sorgen für ein ruhiges Arbeitsklima.

Weitere Informationen entnehmen Sie unserem neuesten Katalog.

Mit freundlichem Gruß 1 Anlage

Fortsetzung der Situation: Mit Dokumentvorlagen umgehen

Die Geschäftsleitung der Heinrich KG legt sehr viel Wert auf Corporate Identity und Corporate Design. Deshalb wird für die Geschäftskorrespondenz in allen Abteilungen ein einheitlicher Briefvordruck als Dokumentvorlage verwendet.

Heinrich KG
Büromöbel und Zubehör

10. Briefvorlagen werden nicht als normale Word-Dokumente gespeichert und verarbeitet, sondern als sogenannte Word-Dokumentvorlage.

10.1 Nennen Sie die Funktionen, die Dokumentvorlagen haben!

- ➤ ______________________________
- ➤ ______________________________
- ➤ ______________________________
- ➤ ______________________________
- ➤ ______________________________

10.2 Erläutern Sie, wie sich Dokumentvorlagen von Dokumenten unterscheiden!

Dokumente	Dokumentvorlagen

10.3 Geben Sie an, wie die Vorlagen aufgerufen werden!

10.4 Stellen Sie den Geschäftsbriefvordruck der Heinrich KG (Material 3) vor und erläutern Sie dessen Anwendung (Besonderheit beim Ausfüllen des Vordrucks)!

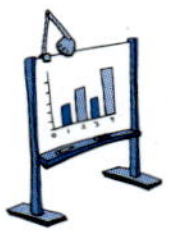

Material 3: Geschäftsbriefvordruck der Heinrich KG

Heinrich KG
Büromöbel und Zubehör
¶

¶

¶ ¶ ¶ ¶ Heinrich KG···Rahlstedter Str. 144···22143 Hamburg¶ ¶ ¤	¤	¶ Ihr·Zeichen:·{··}¶ Ihre·Nachricht·vom:·{··}¶ Unser·Zeichen:·{··}¶ Unsere·Nachricht·vom:·{··}¶ ¶ Name:·{··}¶ Telefon:040·67245 – {··}¶ Telefax:·040·6724587¶ E-Mail·{··}@heinrich-kg.de¶ ¶ Datum:·{·CREATEDATE··\@·"dd.MM.yyyy"··*·MERGEFORMAT·}¤
¤		

¶
¶
{··}¶
¶
¶
{··}¶

Schulbuch
Kap. 3.4

4 Einen Auftrag bestätigen, den Lieferschein und die Rechnung erstellen sowie das Kaufvertragsrecht berücksichtigen

Situation:

Nachdem Leon Laus das Angebot mit seiner Unterschrift und einem Zusatz versehen hat, sorgt Julia Schulze dafür, dass das Angebot an die Westmoor KG zugestellt wird.

Die Westmoor KG sendet der Heinrich KG daraufhin innerhalb einer Woche nach der Angebotserstellung den folgenden Geschäftsbrief (Material 1).

Heinrich KG
Büromöbel und Zubehör

Material 1: Kundenauftrag (Bestellung) der Westmoor KG

Möbelhaus
WESTMOOR KG

Ihr Zeichen: lau
Unser Zeichen: hel

Westmoor KG · Deichhausweg 28 · 32825 Blomberg
Heinrich KG
Herrn Leon Laus
Rahlstedter Str. 144
22143 Hamburg

Name: Hella Hellebusch
Telefon: 05236 9811-0
Telefax: 05236 9811-13
E-Mail: info@westmoor-blomberg.de

Datum: 20..-..-..

Bestellung

Sehr geehrter Herr Laus,

wir danken Ihnen für Ihr Angebot vom 20..-..-.. und bestellen wie folgt:

Ware	Warenbezeichnung	Menge	Netto-Preis pro Stück
Eco B-2009154	Aktenvernichter aus gefärbtem Kunststoff für Papier, CDs und Kreditkarten ...	15	89,00 €
Intimus B-2001141	Aktenvernichter aus lasierter Buche mit Vollstahl-Schneidewellen aus Spezialstahl ...	5	975,00 €

Mit freundlichen Grüßen

Westmoor KG

i. A. Hella Hellebusch

Hella Hellebusch

Westmoor KG
Geschäftsführung: Thomas Möhring
Amtsgericht Blomberg: R 2302
St-Nr.: 31/418/0067
USt-ID Nummer: DE 789344268

Bankverbindungen:
Sparkasse Blomberg
IBAN: DE97 4765 1225 2310 2789 06
BIC: WELADED1BLO

Postbank Hannover
IBAN: DE96 2501 0030 0114 2126 68
BIC: PBNKDEFFXXX

Arbeitsaufträge:

1. Informieren Sie sich in Ihrem Schulbuch über die rechtliche Bedeutung einer Auftragsbestätigung und notieren Sie sich stichwortartig die wesentlichen Gesichtspunkte.

2. Bestätigen Sie unter Beachtung der DIN 5008 den Auftrag mithilfe von MS Word.

3. Erstellen Sie rechnergestützt den Lieferschein und die Rechnung an die Westmoor KG! Abweichend von unseren AGB gewähren wir der Westmoor KG ein Zahlungsziel von 30 Tagen und 2 % Skonto bei Zahlung innerhalb von 10 Tagen.

4. Wie ist die Erstellung dieser „Belege" in Ihrem Ausbildungsbetrieb geregelt? Stellen Sie diese Regelung Ihren Mitschülern in der nächsten Unterrichtsstunde kurz und verständlich vor!

   Benutzen Sie dazu möglichst Originalbelege!

5. Die Heinrich KG ist verpflichtet, in einer ausgestellten Rechnung bestimmte Pflichtangaben zu machen. Überprüfen Sie mithilfe des Infotextes (Material 2), ob die von Ihnen erstellte Rechnung an die Westmoor KG diese Pflichtangaben enthält!

Material 2: Informationsschreiben der Kanzlei Paulus & Partner

KANZLEI PAULUS & PARTNER

Ein Unternehmer ist verpflichtet, eine Rechnung auszustellen, soweit er den Umsatz an einen anderen Unternehmer oder an eine juristische Person, soweit sie nicht Unternehmer ist, ausführt. Eine Rechnung ist auch auszustellen, wenn über eine umsatzsteuerfreie Leistung abgerechnet wird.

Eine Rechnung kann aus mehreren Dokumenten bestehen, aus denen sich die Pflichtangaben insgesamt ergeben. In einem dieser Dokumente sind das Entgelt und der darauf entfallende Steuerbetrag zusammengefasst anzugeben und alle anderen Dokumente zu bezeichnen, aus denen sich die übrigen Pflichtangaben ergeben. Als Zeitpunkt der Lieferung oder der sonstigen Leistung kann der Kalendermonat angegeben werden, in dem die Leistung ausgeführt wird. Eine Rechnung kann berichtigt werden, wenn sie nicht alle Pflichtangaben enthält oder Angaben in der Rechnung unzutreffend sind.

Eine Rechnung muss folgende Angaben enthalten:

1. Den Namen und die Anschrift des leistenden Unternehmens und des Leistungsempfängers,
2. die Steuernummer oder die Umsatzsteuer-Identifikationsnummer (USt-IdNr.) des leistenden Unternehmens,
3. das Ausstellungsdatum,
4. eine fortlaufende Rechnungsnummer,
5. Menge und handelsübliche Bezeichnung der Lieferung oder sonstigen Leistung,
6. den Zeitpunkt der Lieferung oder sonstigen Leistung oder bei Anzahlungen den Zeitpunkt der Zahlung, sofern der Zeitpunkt feststeht und nicht mit dem Ausstellungsdatum (s. 3.) identisch ist,
7. Aufschlüsselung des Entgelts nach Umsatzsteuersätzen bzw. Umsatzsteuerbefreiungen (nur, wenn die Umsätze unterschiedlichen Steuersätzen unterliegen!),
8. jede im Voraus vereinbarte Minderung des Entgelts, sofern sie nicht bereits im Entgelt berücksichtigt ist,
9. den anzuwendenden Umsatzsteuersatz,
10. den auf das Entgelt entfallenden Steuerbetrag oder einen Hinweis auf die Steuerbefreiung,
11. bei Leistungen in der EU die USt-IdNr. des leistenden Unternehmens und des Leistungsempfängers,
12. Währung, in der die Beträge angegeben sind.

Kleinbetragsrechnung (bis zu einem Bruttobetrag von 250,00 €)

1. den vollständigen Namen und die vollständige Anschrift des leistenden Unternehmers,
2. das Ausstellungsdatum,
3. Menge und handelsübliche Bezeichnung der Lieferung oder sonstigen Leistung,
4. das Entgelt und den darauf entfallenden Steuerbetrag in einer Summe und
5. den anzuwendenden Umsatzsteuersatz oder einen Hinweis auf die Steuerbefreiung.

Für Kleinstbetragsrechnungen gilt kein strukturiertes elektronisches Format. Eine PDF- oder Papierrechnung genügt.

Elektronische Übermittlung einer Rechnung (E-Rechnung)

Es liegt eine **elektronische Rechnung** (im Folgenden: E-Rechnung) dann vor, wenn die Rechnung in einem **strukturierten elektronischen Format** ausgestellt, übermittelt und empfangen wird und eine elektronische Verarbeitung ermöglicht (§ 14 Absatz 1 Satz 3 UStG):

- **Zulässige Formate:** Formate wie **XRechnung** und **ZUGFeRD** (ab Version 2.0.1) entsprechen der europäischen Norm EN 16931 und sind zulässig.
- **Keine ausdrückliche Zustimmung des Empfängers erforderlich:** Unternehmen können ihre Rechnungen elektronisch übermitteln, solange der Empfänger die technischen Voraussetzungen zur Annahme erfüllt. Privatpersonen haben keine Pflicht, strukturierte E-Rechnungen zu empfangen.
- **Empfangspflicht für Unternehmen:** Seit dem 1. Januar 2025 müssen alle Unternehmer in der Lage sein, E-Rechnungen zu empfangen und zu verarbeiten. Unternehmen dürfen auch B2C elektronisch fakturieren, **müssen aber nicht.**

Diese Änderungen betreffen insbesondere den **B2B-Bereich** (Business-to-Business) und gelten für Umsätze zwischen inländischen Unternehmern mit Sitz, Geschäftsleitung oder Betriebsstätte in Deutschland.

Zusammenfassung:

- **Papierrechnungen:** Sie sind immer noch gängig. Die oben genannten Pflichtangaben gelten weiterhin.
- **Elektronische Rechnungen:** Die E-Rechnung muss in einem strukturierten, maschinenlesbaren Format erstellt und übermittelt werden. Die oben genannten Pflichtangaben bleiben hiervon unberührt.
- **Kleinbetragsrechnungen:** Für Rechnungen bis zu 250,00 € gelten vereinfachte Anforderungen.

Unternehmen müssen sicherstellen, dass ihre Rechnungsstellungssysteme an die neuen Anforderungen angepasst sind, um rechtlichen und steuerlichen Anforderungen zu entsprechen.

Fortsetzung der Situation: Rechnungsausgang

Die von Leon Laus erstellte Ausgangsrechnung ist von Julia Schulze geprüft worden. Sie hat dabei keinen Fehler gefunden und bittet Leon nun, sich darum zu kümmern, dass der Kunde die Rechnung erhält. Leon freut sich über die Bestätigung seiner guten Arbeit und begibt sich sofort zum nächsten Faxgerät, um die Rechnung an die Westmoor KG zu übermitteln. Dabei wird er aber von Frau Schulze gestoppt, die den Rechnungsversand per Fax für „problematisch" hält.

Heinrich KG
Büromöbel und Zubehör

Frau Schulze fordert Leon dazu auf, sich mit unterschiedlichen Versandmöglichkeiten vertraut zu machen.

6. Nennen Sie Versandarten, die der Heinrich KG generell zur Verfügung stehen!

7. Erläutern Sie, warum der von Leon Laus geplante Versand der Rechnung per Fax „problematisch" ist und treffen Sie anschließend eine begründete Entscheidung, wie die Rechnung an die Westmoor KG verschickt werden soll!

Fortsetzung der Situation: Kaufverträge abschließen

Heinrich KG
Büromöbel und Zubehör

In den letzten Wochen lernte Leon Laus die Auftragsabwicklung im Verkauf kennen. Alle notwendigen Tätigkeiten von der Kundenanfrage bis zur Erstellung der Rechnung hat Leon bereits erledigt. Frau Julia Schulze, die während seines Einsatzes im Verkauf die Patenschaft übernommen hat, ist beeindruckt von seiner schnellen Auffassungsgabe und sorgfältigen Arbeitsweise. Heute beauftragt sie Leon, die eingegangenen Briefe und E-Mails zu bearbeiten sowie Telefongespräche entgegenzunehmen. Frau Schulze macht Leon darauf aufmerksam, den zuvor geführten Schriftwechsel zu berücksichtigen und bei Abschluss eines Kaufvertrages die Auslieferung der Ware zu veranlassen. Leon will alles richtig machen, deshalb befasst er sich zunächst mit dem Basiswissen über einen Kaufvertrag.

8. Definieren Sie den Begriff „Kaufvertrag“!

9. Es gibt unterschiedliche Konstellationen beim Abschluss des Kaufvertrages. Beschreiben Sie, wann ein Kaufvertrag zustande kommt!

	Abschluss eines Kaufvertrags
Variante 1	
Variante 2	
Variante 3	

10. Entscheiden Sie, ob es sich bei den folgenden Sachverhalten

① um einen Antrag

② um eine Annahme

③ weder um einen Antrag noch um eine Annahme

handelt, indem Sie die Ziffern richtig zuordnen!

- ☐ Die Möblix GmbH bestellt bei der Heinrich KG aufgrund eines vorliegenden Angebotes fristgerecht.
- ☐ Durch einen Werbefilm macht die Heinrich KG auf ihre Produktneuheiten aufmerksam.
- ☐ Die Heinrich KG erhält eine Bestellung vom Möbelhaus Gertrud Brand KG ohne vorliegendes Angebot.
- ☐ Auf die o. g. Bestellung des Möbelhauses Gertrud Brand KG verschickt die Heinrich KG eine Auftragsbestätigung.
- ☐ Die Heinrich KG bietet im Onlineshop ihre Ware zum Verkauf an.
- ☐ Die Heinrich KG macht durch Beilagen in Fachmagazinen auf ihre Präsentationsmedien aufmerksam.
- ☐ Das Seminarzentrum Hannover hat das oben genannte Fachmagazin abonniert und bittet die Heinrich KG um ein Angebot über drei Flipcharts.
- ☐ Unter dem Motto „Büroarbeit ins rechte Licht gerückt" bietet die Heinrich KG ihren Kunden Schreibtischleuchten an.
- ☐ Büroausstatter Winter OHG, ein Stammkunde, bestellt aufgrund der oben beschriebenen Werbeaktion mit geänderten Zahlungsbedingungen.
- ☐ Die Heinrich KG liefert dem Stammkunden Junges Wohnen GmbH die telefonisch bestellten fünf Bürostühle „Smile", für die zuvor kein Angebot ausgestellt worden ist.

11. Prüfen Sie, ob in den folgenden Fällen ein Vertrag zustande gekommen ist, und nehmen Sie zu den vorgebrachten Sachverhalten ausführlich Stellung!

11.1 Am 1. Dezember unterbreitet Herr Bremer, Sachbearbeiter der Heinrich KG, dem Kunden Junges Wohnen GmbH per Briefpost ein Angebot über 50 Schreibtischleuchten. Ein Auftrag wird am 8. Dezember erteilt.

____

____

____

____

____

11.2 Wie wäre Fall 11.1 zu beurteilen, wenn das Angebot am 1. Dezember per E-Mail gesendet worden wäre?

11.3 Die Heinrich KG schickt einem Einzelhändler für Bürobedarf, mit dem sie in ständiger Geschäftsverbindung steht, ein Modell eines neuen Rollcontainers für 250,00 €. Der Einzelhändler, der die Lieferung nicht bestellt hat, meldet sich bei der Heinrich KG nicht.

11.4 Die Heinrich KG bietet in ihrem Outlet Restbestände der nicht mehr im Sortiment geführten Artikel an. Ein Kaufinteressent lässt sich über das einzige Regalsystem über 150,00 € beraten. Der potenzielle Kunde sucht nach dem Verkaufsgespräch das Möbelhaus Schuster GmbH auf, um sich dort zu informieren. Anschließend geht er zurück zum Outlet, um das Regalsystem zu kaufen. Dies ist jedoch während seiner Abwesenheit verkauft worden.

12. Die Heinrich KG hat aufgrund der Vertragsfreiheit Allgemeine Geschäftsbedingungen (AGB) aufgestellt.

12.1 Definieren Sie, was unter „Allgemeinen Geschäftsbedingungen" zu verstehen ist!

12.2 Geben Sie an, wann die AGB Vertragsbestandteil werden!

12.3 Nennen Sie jeweils drei Vorteile und drei Nachteile von AGB!

Vorteile	Nachteile
➤	➤
➤	➤
➤	➤

12.4 Nennen Sie drei gesetzliche Bestimmungen zu den Allgemeinen Geschäftsbedingungen, die dem Verbraucherschutz dienen!

➤

➤

➤

12.5 Vergleichen Sie die bei Abschluss eines Kaufvertrags gültigen Vertragsbestandteile, die im Angebot an die Gertrud Brand KG (Material 3) aufgeführt sind, mit den gesetzlichen Regelungen!

Vertragsbestandteil	Heinrich KG	Gesetzliche Regelung
Preis		
Lieferzeit		
Lieferbedingung		
Zahlungsbedingung		
Erfüllungsort		
Gerichtsstand		

Material 3: Angebot an die Gertrud Brand KG

Heinrich KG
Büromöbel und Zubehör

Heinrich KG · Rahlstedter Str. 144 · 22143 Hamburg
Möbelhaus
Gertrud Brand KG
Herrn Schürmann
Südstraße 7
20083 Hamburg

Ihr Zeichen:
Ihre Nachricht vom:
Unser Zeichen: bre-lau
Unsere Nachricht vom:

Name: Herr Bremer
Telefon: 040 67245-210
Telefax: 040 67245-87
E-Mail: info@heinrich-kg.de

Datum: 11.02.20..

Angebot über Stauraummöbel

Sehr geehrter Herr Schürmann,

die vielfältigen Anforderungen der modernen Arbeitswelt werden immer komplexer. Unsere Stauraumkonzepte schaffen ausreichend Platz für wichtige Arbeitsunterlagen und sorgen für eine ansprechende Raumgestaltung.

„Wolga“. Zwei abschließbare Schiebetüren und zusätzlicher Stauraum durch zwei offene Fächer mit verstellbarem Boden bieten die optimale Lösung für eine moderne Arbeitsplatzgestaltung. Der Oberboden hat eine maximale Tragkraft von 60 kg. Das Lowboard aus Buche hat eine Höhe von 50 cm, eine Breite von 160 cm und eine Tiefe von 50 cm. Der Nettopreis beträgt 340,00 €/Stück.

„Rimini“. Dieses Stauraumsystem mit Softkante bietet durch die zwei Einlegeböden optimalen Platz für Akten und Utensilien. Das Lowboard ist 88 cm hoch, 31 cm breit und 18 cm tief. Wahlweise ist es in Buche oder Ahorn massiv zum Preis von 175,00 €/Stück erhältlich.

Ab einer Auftragshöhe von 1.500 € erhalten Sie einen Rabatt von 4 %, ab einem Bestellwert von 3.000 € gewähren wir 7 % Rabatt.

Der Rechnungsbetrag ist innerhalb von 30 Tagen zu überweisen. Bei Zahlung innerhalb von 8 Tagen gewähren wir 4 % und innerhalb von 14 Tagen 2,5 % Skonto. Sie erhalten die Ware 14 Tage nach Auftragseingang frei Haus durch unseren Lkw.

Erfüllungsort und Gerichtsstand für beide Vertragsparteien ist Hamburg.

Wir freuen uns auf Ihren Auftrag.

Freundliche Grüße

Heinrich KG

i. A. Bremer

Bremer

Anlagen
Prospekte

Heinrich KG
Geschäftsführung: Gerda Heinrich
Amtsgericht Hamburg: HRA 1101
St-Nr.: 27/430/0027
USt-ID Nummer: DE 68 609 3911

Bankverbindungen:
Hamburger Sparkasse
IBAN: DE 07 2005 0550 1120 2399 08
BIC:HASPDEHHXXX

Postbank Hamburg
IBAN: DE 61 2001 0020 0064 0697 54
BIC:PBNKDEFF200

12.6 Die Heinrich KG versendet das Angebot an die Gertrud Brand KG per Briefpost. Prüfen und begründen Sie, ob das Angebot verbindlich ist!

12.7 Nach Prüfung des Angebots bestellt das Möbelhaus Gertrud Brand KG am 12. Februar 20.. zwölf Lowboards „Wolga“. Der Auftrag trifft am 13. Februar 20.. in der Heinrich KG ein!

Bestimmen Sie den Zeitpunkt, zu dem in der o. a. Situation der Kaufvertrag zustande kommt!

12.8 Nennen Sie die Hauptpflichten der Vertragsparteien aus diesem Vertrag!

Hauptpflichten des Verkäufers	Hauptpflichten des Käufers
➤	➤
➤	➤

12.9 Geben Sie an, ab wann die Heinrich KG in Lieferverzug kommt!

Schulbuch Kap. 3.6

5 Ausgangsrechnungen computergestützt erstellen

Situation:

Heinrich KG
Büromöbel und Zubehör

Für die Auszubildende Doris Dohrmann ist heute der erste Tag in der Verkaufsabteilung der Heinrich KG. Hier wird sie von der Gruppenleiterin, Julia Schulze, betreut. Damit Doris einen Einblick in die sich wiederholenden betrieblichen Abläufe (Geschäftsprozesse) der Abteilung bekommt, geht Frau Schulze mit ihr die einzelnen Tätigkeiten durch.

Danach stellt Frau Schulze der Auszubildenden eine erste praxisnahe Aufgabe aus dem Geschäftsprozess der Auftragsbearbeitung:

„Erstellen Sie mit MS Excel ein Rechnungsformular, das nach Eingabe der Kundennummer automatisch die Kundendaten aufruft sowie nach Eingabe der Artikelnummern die Artikeldaten. Außerdem soll der Rechnungsendbetrag funktionsgestützt ermittelt werden."

Frau Schulze überreicht Doris drei ausgedruckte Tabellenblätter. Doris ist erstaunt und ratlos zugleich. *„Wie soll ich das denn machen?"*, überlegt sie. Dann beschließt sie, sich zuerst einmal die Excel-Hilfe näher anzuschauen, um dort – oder in der Online-Hilfe – eventuell nützliche Informationen zur Bearbeitung der Aufgabe zu finden.

Tabellenblatt: Kundenliste

	A	B	C	D	E
1	**Kundenliste (Auszug)**				
2					
3–4	**Kunden-Nr.**	**Name**	**Straße**	**PLZ Ort**	**Ansprechpartner**
5	D24000	Sapor KG	Welschenweg 89	33813 Oerlinghausen	Sandra Schröder
6	D24010	Gertrud Brandt KG	Südstraße 7	20083 Hamburg	Britta Brandt
7	D24020	Junges Wohnen GmbH	Katrepeler Str. 45	28215 Bremen	Frauke Fuchs
8	D24060	Brandes GmbH & Co.KG	Falkenstraße 5	04229 Leipzig	Bert Brandes
9	D24030	Möblix GmbH	Schönhauser Allee 187	10437 Berlin	Dieter Doering
10	D24040	Westmoor KG	Deichhausweg 28	32825 Blomberg	Siegfried Sand
11	D24080	Weyermann & Söhne KG	Falkenseestraße 15	73252 Lenningen	Kathrin Kabisch
12	D24090	Bleibtreu GmbH	Duvenstraße 88	41199 Mönchengladbach	Sven Stein
13	D24050	Winter OHG	Schäfflerbachstraße 3	86003 Augsburg	Wolfgang Winter
14	D24070	Innovation AG	Leipziger Str. 120	01127 Dresden	Sabrina Stolz

Tabellenblatt: Artikelliste

	A	B	C	D
1	**Artikelliste (Auszug)**			
2				
3	**Artikel-Nr.**	**Artikelbeschreibung**	**Einheit**	**Nettopreis**
4	B-2009154	Aktenvernichter Eco	Stück	89,00 €
5	B-2001140	Aktenvernichter Profi	Stück	699,00 €
6	B-2103126	Schreibtischlampe Praktiker	Stück	32,00 €
7	B-2303112	Telefonarm Swing	Stück	57,00 €
8	A-1101100	Rollcontainer Tiamo	Stück	485,00 €
9	A-1205111	Konferenztisch Logo	Stück	375,00 €
10	A-1507006	Bürostuhl Smile	Stück	525,00 €
11	A-3300100	Container mit Archivbox	Set	34,80 €
12	A-3300200	Korrekturroller	Set	2,40 €

Tabellenblatt: Rechnung

	A	B	C	D	E	F	G	H
1	Heinrich KG							
2	Büromöbel und Zubehör							
3								
4	Heinrich KG - Rahlstedter Str. 144 - 22143 Hamburg							
5								
6								
7								
8								
9						Ihr Zeichen:		
10						Ihre Nachricht vom:		
11						Unser Zeichen:		
12								
13						Name:		
14						Telefon:		
15						Telefax:		
16						E-Mail:		
17								
18						Datum:		
19	**Rechnung**							
20								
21	Kunden-Nr.:			Rechnungs-Datum:				
22	Rechnungs-Nr.:			Leistungs-Datum:				
23								
24	Menge	Artikel-Nr.	Einheit	Artikel-Bezeichnung			Einzelpreis	Gesamtpreis
25								
26								
27								
28								
29								
30								
31								
32								
33				MwSt.-Satz	Warenwert	Verpackung	MwSt.	Gesamtbetrag
34	Zahlbar sofort ohne Abzug!			19%				
35								
36	Heinrich KG			Bankverbindungen:				
37	Geschäftsführung: Gerda Heinrich			Hamburger Sparkasse			Postbank Hamburg	
38	Amtsgericht Hamburg: HRA 1101			IBAN: DE 07 2005 0550 1120 2399 08			IBAN: DE 61 2001 0020 0064 0697 54	
39	St-Nr.: 27/430/0027			BIC: HASPDEHHXXX			BIC: PBNKDEFF200	
40	Ust-ID Nummer: DE 68 609 3911							

Arbeitsaufträge:

1. 1.1 Öffnen Sie in MS Excel eine neue Arbeitsmappe und legen Sie drei Tabellenblätter mit den Namen „Kunden", „Artikel" und „Rechnung" an.

Speichern Sie die Arbeitsmappe unter „Rechnungsformular HKG.xlsx" und erfassen Sie dann die oben abgebildeten Tabellenblätter positionsgerecht mit allen Formatierungen.

1.2 Rechnungsdatum soll jeweils das aktuelle Datum sein. Ermitteln Sie unter Verwendung einer geeigneten Funktion in der Zelle G18 das aktuelle Datum.

1.3 Kundenname, Ansprechpartner und Anschrift sollen nach Eingabe der Kundennummer in die Zelle C21 automatisch in die entsprechenden Felder (Zellbereich A5:A8) eingelesen werden. Lassen Sie aus dem Tabellenblatt Kunden vom Programm mithilfe der Suchfunktion SVERWEIS die entsprechenden Feldinhalte ermitteln.

1.4 Nach Eingabe der Artikelnummer in die dafür vorgesehenen Felder (B25:B32), sollen die Felder (C25:G32) automatisch mit den Informationen zur Einheit, zur Artikel-Bezeichnung und zum Einzelpreis ausgefüllt werden. Nutzen Sie auch dazu die Funktion SVERWEIS. Um zu vermeiden, dass Excel die Fehlermeldung #NV anzeigt, falls die Zellen im dafür vorgesehenen Eingabebereich (B25:B32) keine Artikelnummern enthalten, müssen Sie zunächst mithilfe einer WENN-Funktion abfragen, ob die entsprechende Zelle leer ist. In diesem Fall sollen keine Daten ausgegeben werden, andernfalls soll mithilfe einer Suchfunktion die jeweilige Information aus dem Tabellenblatt Artikel ausgelesen werden.

1.5 Nach Eingabe der Menge (A25:A32) soll formelgestützt der Gesamtpreis (H25:H32) von selbst berechnet werden. Um zu vermeiden, dass Excel die Fehlermeldung #NV anzeigt, falls die Zellen im dafür vorgesehenen Eingabebereich (A25:A32) keine Artikelnummern enthalten, müssen Sie erneut zunächst mithilfe einer WENN-Funktion abfragen, ob die entsprechende Zelle leer ist. In diesem Fall sollen keine Daten ausgegeben werden, andernfalls soll mithilfe einer Suchfunktion der Gesamtpreis ermittelt werden.

1.6 Sorgen Sie dafür, dass formelgestützt in der Zelle E34 der Warenwert, in der Zelle G34 die Mehrwertsteuer und in der Zelle H34 der Gesamtbetrag berechnet werden. Die Kosten für Verpackung (netto) sind in der Zelle F34 zu erfassen und wie der Warenwert mehrwertsteuerpflichtig.

1.7 Achten Sie darauf, dass Sie überall sinnvolle Zahlenformate verwenden.

1.8 Erstellen Sie eine Rechnung (Rechnungs-Nr. 140309) für den Kunden Möblix GmbH (Kunden-Nr. D24030) mit folgenden Daten:

Ihr Zeichen:	do
Ihre Nachricht vom:	02.05.20..
Unser Zeichen:	schu

Name:	Julia Schulze
Telefon:	+49(0) 67245-145
Telefax:	+49(0) 67245-87
E-Mail:	schulze@heinrich-kg.de
Datum:	08.05.20..

- Ihre Nachricht vom: 3 Tage vor Leistungs-Datum
- Leistungs-Datum: 3 Tage vor Rechnungs-Datum
- 4 Stück „Konferenztisch Logo“ (Artikel-Nr. A-1205111)
- 2 Stück „Schreibtischlampe Praktiker“ (Artikel-Nr. B-2103126)
- 3 Stück „Rollcontainer Tiamo“ (Artikel-Nr. A-1101000)
- Verpackung (netto): 25,00 €.

1.9 Kopieren Sie das Arbeitsblatt „Rechnung“ in ein leeres Arbeitsblatt, dem Sie dann den Namen „Formeln“ geben.

1.10 Wechseln Sie in dem Arbeitsblatt „Formeln“ in den Modus, in dem die Formeln in den jeweiligen Zellen angezeigt werden.

1.11 Formatieren Sie das Arbeitsblatt im DIN A4-Querformat und achten Sie darauf, dass alle Formeln vollständig angezeigt werden.

1.12 Drucken Sie ggf. die beiden Arbeitsblätter „Rechnung“ und „Formeln“ aus.

Fortsetzung der Situation: Eine Rechnung in MS Word erstellen und mit einer MS-Excel-Datei verknüpfen

Die Krumsiek KG, Am Hügel 20, 33699 Bielefeld, stattet einige ihrer Büros derzeit mit neuen Büromöbeln der Heinrich KG aus. Zur Auslieferung per Lkw liegen der Heinrich KG folgende Bestelldaten vor:

Artikel-Nr.	Menge	Artikelbeschreibung	Einheit	Einzelpreis
B-2001140	1	Aktenvernichter Profi	Stück	699,00 €
B-2103138	15	Schreibtischlampe Optima	Stück	90,00 €
B-2408161	5	Pinnwand Pintex	Stück	125,00 €
A-1001000	15	Schreibtisch Denver	Stück	245,00 €
A-1101000	15	Rollcontainer Tiamo	Stück	485,00 €
A-1205111	3	Konferenztisch Logo	Stück	375,00 €
A-1301170	5	Regalsystem Solito	Stück	1.101,00 €
A-1507006	15	Bürostuhl Smile	Stück	525,00 €

Ergänzende Hinweise:

- Kunden Nr. D24009
- Rechnung Nr. 160606
- Versandkosten 125,00 € netto
- Zahlung sofort ohne Abzug

2. 2.1 Öffnen Sie in MS Excel eine neue Arbeitsmappe und benennen Sie in dieser Mappe ein Tabellenblatt mit „AR-Vorlage-Daten“, erfassen Sie dann das nachfolgend abgebildete Tabellenblatt positionsgerecht mit allen Formatierungen in diesem Tabellenblatt. Speichern Sie abschließend die Arbeitsmappe unter „AR-Vorlage.xlsx“ ab.

	A	B	C	D	E	F	G
1							
2	**Menge**	**Artikel-Nr.**	**Einheit**	**Artikelbeschreibung**		**Einzelpreis**	**Gesamtpreis**
3							
4							
5							
6							
7							
8							
9							
10							
11						**Warenwert netto**	
12						**Versandkosten netto**	
13						**MwSt.-Satz**	
14						**MwSt.**	
15						**Gesamtbetrag brutto**	

2.2 Öffnen Sie nun die gerade erstellte Datei „AR-Vorlage.xlsx“ und füllen Sie das Tabellenblatt „AR-Vorlage-Daten“ mit den in der Situation stehenden Bestelldaten zur Auslieferung und den ergänzenden Hinweisen aus.

2.3 Berechnen Sie die fehlenden Werte, indem Sie geeignete Formeln verwenden.

2.4 Achten Sie darauf, dass Sie überall sinnvolle Zahlenformate verwenden.

2.5 Speichern Sie jetzt die Datei unter „AR-160606.xlsx“.

2.6 Schreiben Sie mithilfe von MS Word die Rechnung an die Krumsiek KG und fügen Sie die ausgefüllte Tabelle aus Excel mit der Funktion „Verknüpfen“ an geeigneter Stelle im Brief ein, damit evtl. Änderungen in Excel auch in der Word-Datei aktiv werden.

Einfügen → Objekt einfügen → Aus Datei erstellen (AR-160606.xlsx) → Verknüpfen

Verknüpfung aktualisieren

Klicken Sie die eingefügte Tabelle mit der rechten Maustaste an. Es öffnet sich ein Kontextmenü, auf dem verschiedene Befehle angezeigt werden. Zur Aktualisierung der Verknüpfung sind zwei Schaltflächen für Sie interessant:

(1) **Verknüpfungen aktualisieren.** Haben Sie die Daten in der Excel-Tabelle geändert, klicken Sie diesen Befehl an. Dadurch wird die in Word eingefügte Excel-Tabelle aktualisiert. Schneller geht es, wenn Sie die Tabelle in Word markieren und die F9-Taste drücken.

(2) **Verknüpftes Arbeitsblatt-Objekt.** Bei dieser Schaltfläche ist vor allem der folgende Kontextbefehl wichtig „Bearbeiten-Verknüpfung“: Stellen Sie bei der Bearbeitung Ihres Word-Dokumentes fest, dass Sie neue Daten in Ihre Excel-Tabelle eintragen müssen, klicken Sie auf diesen Befehl. Office in Excel öffnet die Arbeitsmappe, aus der die eingefügte Tabelle stammt. Haben Sie alle Daten eingetragen, klicken Sie im Menüband auf Datei, speichern die Änderung ab und klicken danach auf Beenden. Dadurch kehren Sie automatisch wieder zu Ihrem Word-Dokument zurück, das dann aktualisiert werden muss.

Hinweis:

Standardmäßig aktualisiert Word die Daten – also die Verknüpfung –, sobald Sie das Dokument öffnen. Dabei wird ein Dialogfenster angezeigt: Das Dokument enthält Verknüpfungen, die möglicherweise auf andere Dateien verweisen. Möchten Sie das Dokument mit den Daten aus den verknüpften Dateien aktualisieren, klicken Sie auf die Schaltfläche „Ja“ ansonsten auf die Schaltfläche „Nein“.

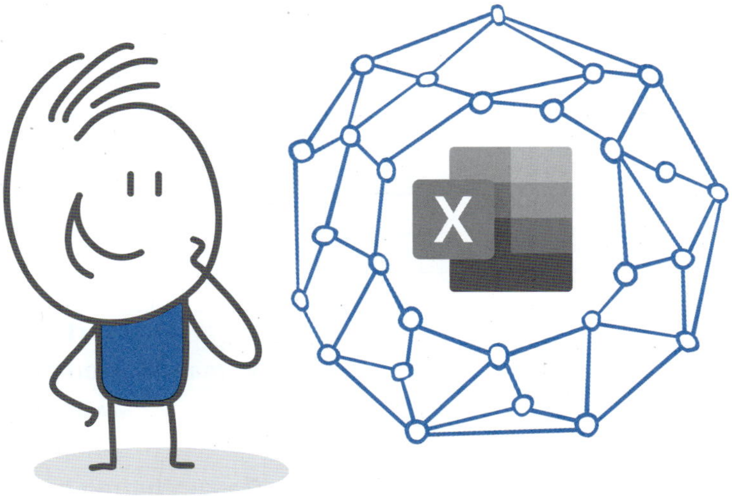

Schulbuch Kap. 3.6.3

6 Offene Posten mit Zahlungseingängen abgleichen

Situation:

In der Heinrich KG werden die Forderungen gegenüber Kunden (Debitoren) regelmäßig mit den Zahlungseingängen abgeglichen, um überfällige Forderungen kaufmännisch zu mahnen. Das Tabellenblatt „Offene-Posten-Liste HKG" (Material 1), das der Auszubildende Melek Melke mit MS Excel erstellt hat, zeigt an, wann ein Debitor in Verzug gerät und die Heinrich KG aktiv werden sollte.

Heinrich KG
Büromöbel und Zubehör

Material 1: Offene-Posten-Liste HKG

	A	B	C	D	E	F	G	H	I	J	K	L
1	Abgleich offener Posten bei der Heinrich KG											
2												
3	Datum:								Summe der offenen Forderungen:			
4												
5	Re.-Nr.	Kd.-Nr.	Kunde	Re.-Betrag	Re.-Datum	Zahlungsziel in Tagen	Fälligkeit (Datum)	Zahlungseingang (Datum)	Zahlungseingang	Zahlungserinnerung	1. Mahnung	2. Mahnung
6	13054240	D24000	Sapor KG	1.120,00 €		14			1.120,00 €			
7	13054361	D24010	Gertrud Brandt KG	5.800,00 €		14						
8	13087422	D24020	Junges Wohnen GmbH	1.300,00 €		14			1.000,00 €			
9	14000006	D24060	Brandes GmbH & Co.KG	6.548,00 €		14			6.548,00 €			
10	14000013	D24030	Möblix GmbH	2.632,00 €		14						
11	14000014	D24040	Westmoor KG	2.450,00 €		14			2.400,00 €			
12	14000018	D24080	Weyermann & Söhne KG	1.875,00 €		14			1.875,00 €			
13	14000020	D24090	Bleibtreu GmbH	1.300,00 €		14						
14	14000025	D24050	Winter OHG	4.320,00 €		14			4.000,00 €			
15	14000037	D24070	Innovation AG	6.532,00 €		14						
16												
17												
18												
19												
20												
21												
22								Zahlungserinnerung		3	Tage nach Fälligkeit	
23								1. Mahnung nach		10	Tage nach Fälligkeit	
24								2. Mahnung nach		17	Tage nach Fälligkeit	

Arbeitsaufträge:

1. Öffnen Sie in MS Excel eine neue Arbeitsmappe und benennen Sie in dieser Arbeitsmappe ein Tabellenblatt mit „Offene-Posten-Liste".

   Speichern Sie die Arbeitsmappe unter „Offene-Posten-Liste HKG.xlsx" und erfassen Sie dann das oben abgebildete Tabellenblatt positionsgerecht mit allen Formatierungen im Tabellenblatt „Offene-Posten-Liste".

   Wählen Sie für den Tabellenbereich A2:L24 die Schriftart Arial (Schriftgröße 11); für die Überschrift in der ersten Zeile der Tabelle die Schriftart Arial (Schriftgröße 18).

2. Bestimmen Sie mithilfe der Funktion HEUTE in der Zelle B3 das aktuelle Datum.

3. Ermitteln Sie mit Bezug auf die Zelle B3 das Datum der Rechnungserstellung sowie das Datum des Zahlungseingangs für die jeweiligen Rechnungsnummern.

Re.-Nr.	13054240	Re.-Datum	142 Tage vorher	Zahlungseingang	140 Tage vorher
Re.-Nr.	13054361	Re.-Datum	139 Tage vorher	Zahlungseingang	
Re.-Nr.	13087422	Re.-Datum	78 Tage vorher	Zahlungseingang	39 Tage vorher
Re.-Nr.	14000006	Re.-Datum	47 Tage vorher	Zahlungseingang	34 Tage vorher
Re.-Nr.	14000013	Re.-Datum	39 Tage vorher	Zahlungseingang	
Re.-Nr.	14000014	Re.-Datum	37 Tage vorher	Zahlungseingang	23 Tage vorher
Re.-Nr.	14000018	Re.-Datum	36 Tage vorher	Zahlungseingang	31 Tage vorher
Re.-Nr.	14000020	Re.-Datum	30 Tage vorher	Zahlungseingang	
Re.-Nr.	14000025	Re.-Datum	24 Tage vorher	Zahlungseingang	16 Tage vorher
Re.-Nr.	14000037	Re.-Datum	20 Tage vorher	Zahlungseingang	

4. Ermitteln Sie in der Zelle L3 unter Verwendung der Funktion SUMME den aktuellen Gesamtbetrag der offenen Forderungen.
5. Bestimmen Sie formelgestützt in der Spalte „Fälligkeit“ (Spalte G) die Fälligkeit der einzelnen Rechnungsbeträge.
6. Ermitteln Sie in der Spalte „Zahlungserinnerung“ (Spalte J) mithilfe einer dreifach verschachtelten WENN-Funktion, der Funktion UND sowie der Funktion HEUTE, ob:
   - die Rechnung bezahlt wurde; dann soll in der Zelle der Text „erledigt“ erscheinen,
   - die Rechnung nur zum Teil bezahlt wurde; dann soll in der Zelle der Text „prüfen“ stehen,
   - dem Kunden eine Zahlungserinnerung zugestellt werden sollte, da er das Zahlungsziel zumindest um drei Tage überschritten hat, dann soll in der Zelle der Text „ja“ stehen, ansonsten soll in der Zelle der Text „nein“ erscheinen.
7. Erstellen Sie für die Spalte „1. Mahnung“ (Spalte K) eine geeignete Formel, die, sofern in der Spalte „Zahlungserinnerung“ keine Information oder aber der Text „erledigt“, „prüfen“ oder „nein“ auftaucht, keine Information anzeigt; sobald ein Kunde das vorgegebene Zahlungsziel zumindest um **zehn** Tage überschritten hat, soll der Hinweis „ja“ erscheinen, ansonsten soll „nein“ ausgewiesen werden.
8. Erstellen Sie für die Spalte „2. Mahnung“ (Spalte L) eine Formel, die, sofern in der Spalte „1. Mahnung“ keine Information erscheint, keinen Hinweis anzeigt; sobald ein Kunde das vorgegebene Zahlungsziel zumindest um **siebzehn** Tage überschritten hat, soll die Information „ja“ erscheinen, ansonsten soll „nein“ ausgewiesen werden.

Schulbuch Kap. 3

7 Die Anfrage eines Neukunden bearbeiten und Textbausteine einsetzen

Situation:

Heute hat Julia Schulze für Leon Laus die Anfrage eines bislang nicht näher bekannten Unternehmens, der Megatos GmbH aus Köln, herausgesucht.

Heinrich KG
Büromöbel und Zubehör

MEGATOS
GmbH

Megatos GmbH • Neuenhöfer Allee 175 • 50935 Köln
Heinrich KG
Rahlstedter Str. 144
22143 Hamburg

Ihr Zeichen:	
Ihre Nachricht vom:	
Unser Zeichen:	bas
Unsere Nachricht vom:	
Name:	Marco Basler
Telefon:	0221 6040-20
Telefax:	0221 6040-21
E-Mail:	basler@megatos.de
Datum:	20..-..-..

Anfrage nach Schreibtischen

Sehr geehrte Damen und Herren,

wir planen in Kürze die Eröffnung mehrerer Filialen in der Region Köln. Wenn wir unsere bisherigen Umsätze zugrunde legen, benötigen wir monatlich ca. 300 Schreibtische. Besonders interessieren wir uns für den auf der Bürofachmesse ORGATEC in Köln vorgestellten Schreibtisch „Future A-1004110".

Unsere Räumlichkeiten lassen es zu, jeweils auf einmal den gesamten monatlichen Bedarf einzulagern.

Wir sind an einem zuverlässigen Stammlieferanten interessiert und bitten deshalb um ein ausführliches Angebot.

Mit freundlichen Grüßen

Megatos GmbH

i. V. *Marco Basler*

Marco Basler

Leon soll auch in diesem Fall einen Angebotsentwurf ausarbeiten.

Arbeitsaufträge:

1. Überlegen Sie sich zunächst genau die Vorgehensweise bis zur Angebotserstellung an den potenziellen Neukunden Megatos GmbH, Köln!

   Berücksichtigen Sie bei Ihren Überlegungen insbesondere die Tatsache, dass es sich um einen unbekannten Kunden handelt, und die Auswirkungen auf die betriebliche Auftragsbearbeitung und -abwicklung bei Annahme Ihres Angebots.

Notieren Sie stichpunktartig in chronologischer Reihenfolge die notwendigen Arbeitsschritte zur Erstellung des Angebots!

➤ ______________________________

____

____

➤ ______________________________

____

____

➤ ______________________________

____

____

➤ ______________________________

____

____

➤ ______________________________

____

____

2. Erstellen Sie mithilfe von MS Word das Angebot für die Megatos GmbH in Köln!

Fortsetzung der Situation: Rechnungsstellung

Das erstellte Angebot stößt auf starkes Interesse. Nach Rücksprache mit Frau Schulze bietet Leon Laus der Megatos GmbH zusätzlich eine Lieferung frei Haus sowie verbesserte Zahlungsbedingungen (Zahlung innerhalb von 30 Tagen netto, innerhalb von 10 Tagen mit 2 % Skonto) an. Die Megatos GmbH bestellt daraufhin die erste „Monatslieferung" von 300 Schreibtischen „Future A-1004110" zum eingeräumten Sonderrabatt von 35 %. Die Warenlieferung und die Rechnungserstellung erfolgen am 3. Januar 20..

Heinrich KG
Büromöbel und Zubehör

3. Erstellen Sie rechnergestützt die Rechnung an die Megatos GmbH in Köln!

Fortsetzung der Situation: Mithilfe von Textbausteinen korrespondieren

Angebote zeigen das Leistungsspektrum eines Unternehmens und werben um den potenziellen Kunden. Ob ein Auftrag erteilt wird, hängt nicht allein vom Preis ab, sondern auch von den Verkaufsargumenten, die den Kunden überzeugen sollen.

Bisher wurden die Angebote auf jede Kundenanfrage aus dem In- und Ausland immer einzeln formuliert. Nun soll dieser Bereich des Schriftverkehrs durch den Einsatz von Textbausteinen rationalisiert werden.

Heinrich KG
Büromöbel und Zubehör

4. Leon Laus, der zurzeit im Verkauf eingesetzt ist, soll sich mit der Automatisierung der Korrespondenz durch Textbausteinverarbeitung befassen. Unterstützen Sie den Auszubildenden dabei! Recherchieren Sie ggf. im Internet.

4.1 Definieren Sie den Begriff „Bausteinkorrespondenz“!

4.2 Beschreiben Sie den Aufbau eines Texthandbuches anhand des beigefügten Auszuges **„Angebote“** (siehe Material 1)!

Spalte 1	
Spalte 2	
Spalte 3	

Material 1: Auszug aus dem Texthandbuch „Angebote"

Volltext	Sel-Nr.*	Stichwort
Angebot	1001	Angebot
Offer	1001e	
Angebot über *	1002	Angebot über *
Offer for *	1002e	
Sehr geehrte Frau *,	1011	Anrede Frau
Dear Ms *	1011e	
Sehr geehrter Herr *,	1012	Anrede Herr
Dear Mr *	1012e	
vielen Dank für Ihr Interesse an *.	1031	Dank für Interesse an *
Thank you for your interest in *.	1031e	
vielen Dank für Ihre Anfrage. Sie erhalten das gewünschte Angebot über *.	1032	Dank für Anfrage
Thank you for your enquiry. As requested, we submit the following offer for *.	1032e	
vielen Dank für Ihre Anfrage. Gerne bieten wir Ihnen auf der Grundlage unserer AGB an: *	1033	Dank für Anfrage Hinweis auf AGB
Thank you for your enquiry. We are pleased to submit the following offer according to our General Terms and Conditions of Trade (GTCT): *	1033e	
*	1041	Warenbeschreibung
*	1041e	
Details finden Sie in unserem Katalog auf Seite *.	1042	Details im Katalog
Details are stated in our catalogue on page *.	1042e	
Damit wir Ihr * optimal planen können, senden Sie uns bitte den Grundriss bis * zu.	1051	Anforderung des Grundrisses
Please send us a floor plan so that we can find the optimum solution to your *.	1051e	
Der Artikel ist derzeit nicht lieferbar. Als Alternative bieten wir Ihnen * an.	1061	Alternativangebot
This product is not available at present. As an alternative we can offer you *.	1061e	
Die Aufstellung * durch unsere Fachleute ist im Angebot enthalten.	1071	inkl. Aufstellung
Our offer includes professional assembly.	1071e	
In unserem Angebot sind die Verpackungs- und Transportkosten enthalten.	1072	inkl. Verpackungs- und Transportkosten
The offer includes packaging and freight.	1072e	
Bei Bestellungen ab * € erhalten Sie einen Rabatt von * %.	1081	Rabatt ab Bestellwert von * €
On order values of € * or more we grant a discount of * %.	1081e	
Ab einer Auftragshöhe von * € erhalten Sie einen Rabatt von * %, ab einem Bestellwert von * € gewähren wir * % Rabatt.	1082	Rabattstaffel ab Auftragshöhe von * €
We are willing to grant a discount of * % if your order value is at least € *. On order values of € * or more we grant a * % discount.	1082e	

* Selektionsnummer

Volltext	Sel-Nr.	Stichwort
Der Rechnungsbetrag ist in 14 Tagen ab Rechnungserhalt ohne Skontoabzug fällig.	1091	Zahlungsbedingung ohne Skontoabzug
Payment has to be effected net cash within 14 days after receipt of invoice.	1091e	
Die Zahlung ist innerhalb von 30 Tagen zu leisten. Bei Zahlung innerhalb von 14 Tagen erhalten Sie 3 % Skonto.	1092	Zahlungsbedingung mit Skontofrist
Payment has to be made within 30 days. For payment within 14 days we grant a cash discount of 3 %.	1092e	
Sie erhalten die Ware * Werktage nach Auftragseingang.	1101	Lieferung nach * Werktagen
You will receive the goods * days after receipt of order.	1101e	
Wir können * am * liefern und aufstellen.	1104	Lieferung und Aufstellung
We are able to deliver and assemble the * on *.	1104e	
Verpackung und Versand werden pauschal verrechnet.	1111	pauschale Kosten für Verpackung und Versand
Packaging and dispatch are charged at a flat rate for each order.	1111e	
Ab einer Auftragshöhe von * € liefern wir „frei Haus".	1112	Lieferung „frei Haus"
Orders worth € * or more are delivered free.	1112e	
Das Angebot ist gültig bis *.	1121	Gültigkeit des Angebots
This offer is valid until *.	1121e	
Die Preise sind freibleibend.	1122	Preise freibleibend
Prices are subject to change.	1122e	
Haben Sie weitere Fragen? Wenden Sie sich bitte an *. * berät Sie gern.	1131	Fragen beantwortet *
If you have any questions, please do not hesitate to contact *.	1131e	
Wenn Sie eine individuelle Beratung wünschen, rufen Sie uns an. Wir sind gern für Sie da!	1132	individuelle Beratung
If you require individual advice, please do not hesitate to call us. We will be pleased to help you.	1132e	
Sie können sicher sein, dass wir Ihren Auftrag pünktlich ausführen.	1141	Schlusssatz pünktliche Lieferung
We assure you that we will execute your order punctually.	1141e	
Wir freuen uns auf Ihren Auftrag.	1142	Schlusssatz
We look forward to receiving your order.	1142e	
Sie erhalten unseren neuen Katalog mit Preisliste.	1151	Katalog mit Preisliste
We are sending you our latest catalogue and price list.	1151e	
Ein aktueller Prospekt liegt diesem Angebot bei.	1152	Prospekt als Anlage
We are enclosing our latest brochure.	1152e	
Eine detaillierte Aufstellung der Kosten erhalten Sie als Anlage.	1153	detaillierte Kostenaufstellung
A detailed statement of costs is enclosed.	1153e	
Freundliche Grüße	1161	Grüße
Yours sincerely	1161e	
Heinrich KG *	1171	Briefabschluss
Heinrich KG *	1171e	
Anlage	1181	Anlage
Enc.	1181e	
* Anlagen	1182	* Anlagen
* Encs.	1182e	

4.3 Um einen Brief mit Textbausteinen zu erstellen, ist zunächst ein Schreibauftrag auszufüllen. Vergleichen Sie den folgenden Vordruck mit dem Geschäftsbriefvordruck der Heinrich KG!

Schreibauftrag

Heinrich KG, Rahlstedter Str. 144, 22143 Hamburg

Dokumentvorlage:
Dringlichkeitsstufe:

Ihr Zeichen:
Ihre Nachricht vom:
Unser Zeichen:
Unsere Nachricht vom:

Name:
Telefon: 040 67245-

Datum:

Selektions-Nr.	Manuelle Einfügung

Vergleich Schreibauftrag – Geschäftsbriefvordruck:

___

___

___

___

4.4 Geben Sie fünf Gründe an, warum der Einsatz der Bausteinkorrespondenz effektiv ist!

- ______________________
- ______________________
- ______________________
- ______________________
- ______________________

5. Heute sind die nachfolgenden Kundenanfragen (siehe Material 2 bis 4) durch den Einsatz von Textbausteinen zu bearbeiten. Geben Sie im Informationsblock das Zeichen von Herrn Bremer (br) als Sachbearbeiter und Ihr eigenes Zeichen an. Herr Bremer ist unter der Telefondurchwahl 320 erreichbar.

Hinweise zur Bearbeitung der Anfragen

1. Beachten Sie bei der Erstellung der Angebote:
   - das Produktions- und Sortimentsprogramm der Heinrich KG (siehe S. 15 f.)
   - die Rabattstaffel (siehe S. 157)
2. Liefer- und Zahlungsbedingungen

Produkte		
Zahlungsbedingungen	**Lieferzeit**	**Lieferbedingungen**
14 Tage ohne Skontoabzug	15 Werktage	frei Haus ab 5.000 € Auftragshöhe

Handelswaren		
Zahlungsbedingungen	**Lieferzeit**	**Lieferbedingungen**
30 Tage netto 14 Tage 3 % Skonto	10 Werktage nach Auftragseingang	pauschale Kosten für Verpackung und Versand

5.1 Füllen Sie zunächst für jedes Angebot einen Schreibauftrag aus! Die Auswahlsätze sind dem Auszug aus dem Texthandbuch **„Angebote"** zu entnehmen!

5.2 Rufen Sie die Dokumentvorlage **„Angebote"** auf![1] Nach Ihrem Schreibauftrag sind die Textbausteine abzurufen und die manuellen Einfügungen einzugeben!

Befehlsfolgen

Abruf der Textbausteine	Eingabe der manuellen Einfügungen
➤ Selektionsnummer eingeben ➤ Funktionstaste F3 drücken	➤ Cursor an den Anfang des Dokumentes setzen ➤ Anspringen der Rich-Text-Inhaltssteuerelemente ➤ Manuelle Texteingabe

5.3 Speichern Sie die Angebote unter dem Kundennamen! Lassen Sie die Angebote ausdrucken!

1 Die Dokumentvorlage finden Sie auf der Internetseite des Merkur Verlages – www.merkur-verlag.de – mithilfe der Schnellsuche (Eingabe „1671") in der Mediathek (->„Download").

Material 2: Anfrage des Büroausstatters Winter OHG

BÜROAUSSTATTER WINTER OHG

Ihr Zeichen:	
Ihre Nachricht vom:	
Unser Zeichen:	Wel
Unsere Nachricht vom:	
Name:	Frau Wellmann
Telefon:	089 3524-250
Telefax:	089 3524-655
E-Mail:	info@muenchen-winter.de
Datum:	02.05.20..

Winter OHG, Unter den Linden 8, 80637 München
Büromöbel und Zubehör
Heinrich KG
Rahlstedter Str. 144
22143 Hamburg

Anfrage

Sehr geehrte Damen und Herren,

vom 20. bis 24. Juni d. J. starten wir eine Aktionswoche unter dem Motto „Machen Sie Ihre Kommunikation sichtbar". Deshalb bitten wir Sie, uns ein ausführliches Angebot über

- Pinnwände mit Filztafelfläche
- Flipcharts aus Aluminium mit Papierhalter und Stiftablage

zu unterbreiten.

Für diese Verkaufsaktion benötigen wir etwa 50 Stück von jedem Artikel. Senden Sie uns bitte Ihren Katalog mit Preisliste sowie Ihre Liefer- und Zahlungsbedingungen.

Können Sie uns bitte bis zum 20. Mai d. J. antworten? Über ein wettbewerbsfähiges Angebot freuen wir uns.

Mit freundlichen Grüßen

Büroausstatter
Winter OHG

i. A. Wellmann

Wellmann

Winter OHG
Geschäftsführung: Peter Schmidt
Amtsgericht München: HRA 115697
USt-ID Nummer: DE 812184584

Bankverbindungen:
Stadtsparkasse München
IBAN: DE 84 7025 0150 0005 4105 55
BIC: BYLADEM1KMS

Commerzbank München
IBAN: DE 39 7004 0041 2145 7100 15
BIC: COBADEFFXXX

Material 3: Anfrage der Möbelgroßhandlung Brandes GmbH & Co. KG

Gesprächsnotiz

Von Möbelgroßhandlung Brandes GmbH & Co. KG		**Abteilung:** Einkauf	
Gesprächspartner: Herr Brinkmann		**Telefonnummer:** 0341 185115	
An: Herrn Bremer		**Abteilung:** Verkauf	
☐ Besuch	☒ Anruf	**Datum:** 03.05.20..	**Uhrzeit:** 09:45 Uhr
Anlass: Anfrage			

Nachricht

Brandes beabsichtigt einen Besprechungsraum neu auszustatten. Folgende Artikel werden benötigt:
- 1 Konferenztisch, der erweiterbar zu Arbeitsinseln ist
- 6 Konferenz- und Seminarstühle

Lieferung und Aufstellung bis 27. Mai 20..

Angabe der Liefer- und Zahlungsbedingungen

☐ Kenntnisnahme	☐ Rückgabe	☐ Prüfung	☐ Bearbeitung
☐ Stellungnahme	☐ Ablage	☐ Anruf	☒ Angebot

Datum: 03.05.20..	**Unterschrift:** Stefan Steffen

Material 4: Anfrage der ABB Office Furniture Ltd

ABB OFFICE Furniture Ltd

ABB OFFICE Furniture Ltd
7 Cooper Dean Drive
Bournemouth
Dorset
BH8 9LN
UK

Your ref.:
Our ref.: SG
Date: 11 April 20. .

Heinrich KG
Rahlstedter Str. 144
D-22143 Hamburg
Germany

Dear Sir or Madam

Enquiry about desks

We have obtained your address and last year's catalogue from one of our business partners.

Our company is a medium-sized retailer for office furniture. Currently, we are looking for new sources of supply. Therefore, we are especially interested in the desks you offer.

Could you please submit a detailed offer for your articles „Denver", „Starlight" and „Future"? We would be interested in your terms of delivery and payment as well as possible quantity discounts. As there is a ready market for desks, we are planning to place substantial orders.

Please, also let us have your current catalogue and price list.

We look forward to receiving your answer, soon.

Yours faithfully

ABB Office Furniture Ltd

Susan Gardener
Purchasing Department

6. Die Textbausteine der Dokumentvorlage **„Angebote“** beziehen sich auf Anfragen der Inlands- und Auslandskunden. Deshalb soll das Texthandbuch um folgende Bausteine für unverlangte Angebote an die Inlandskunden erweitert werden.

Volltext	Sel-Nr.	Stichwort
Sehr geehrte Damen und Herren,		
unter dem Motto „*“ bieten wir Ihnen vom * bis zum * * zu besonders günstigen Konditionen an. am * feiern wir das *-jährige Bestehen unserer Unternehmung. Deshalb erhalten Sie zu besonders günstigen Konditionen: *		
Während dieser Aktionswoche erhalten Sie * % Rabatt. Nur in der Jubiläumswoche erhalten Sie * % Rabatt.		

6.1 Ordnen Sie die Bausteine dem Texthandbuch richtig zu, indem Sie Selektionsnummern und Stichworte vergeben!

6.2 Ergänzen Sie die Bausteindatei **„Angebote“** um diese Bausteine!

Befehlsfolgen

Rechtsklick auf die Dokumentvorlage **Angebote.dotx,** Datei öffnen anklicken

Das Menüband ggf. durch die Hauptregisterkarte „Entwicklertools“ durch Rechtsklick auf eine der Registerkarten anpassen

Die abgebildeten Steuerelemente im Menüausschnitt unter Entwicklertools einsetzen

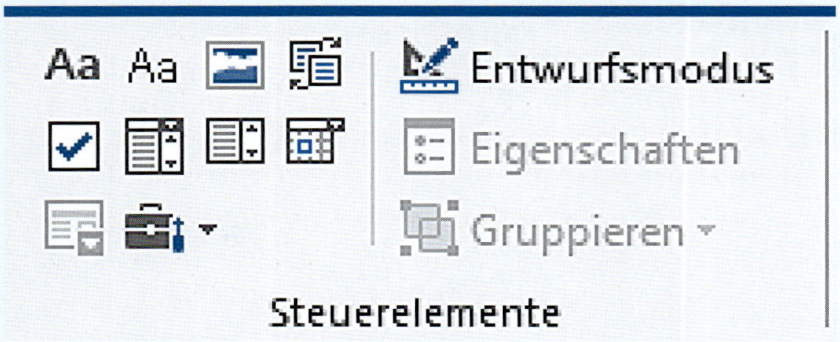

➤ Textbausteine einschließlich des Absatzes (2 x ↲) erfassen (für die manuellen Einfügungen [durch * im Texthandbuch gekennzeichnet] Rich-Text-Inhaltssteuerelement [**Aa** im eingeblendeten Menüausschnitt der Steuerelemente] anklicken)

➤ Textbaustein einschließlich des Absatzes markieren

➤ Einfügen → Schnellbausteine → AutoText → Auswahl im Auto Text-Katalog speichern

➤ Selektionsnummer eingeben

➤ OK anklicken

➤ Entf eingeben (markierter Baustein verschwindet vom Bildschirm)

➤ Nach der Eingabe aller Bausteine muss die Dokumentvorlage gespeichert werden.

6.3 Frau Schulze, die für Werbemaßnahmen zuständig ist, hat die folgende Mitteilung von Frau Heinrich zur Bearbeitung an Sie delegiert!

Hausmitteilung	Heinrich KG Büromöbel und Zubehör
Von Gerda Heinrich	**Abteilung** Geschäftsleitung
An Frau Schulze	**Abteilung** Verkauf
Anlass Aktionswoche „Richtiges Licht macht produktiv“ vom 24. bis 28. Juni 20..	
Nachricht Unsere Kunden müssen über unser Werbeangebot informiert werden. ➤ Schreibtischlampen „Luna“, „Optima“ und „Praktika“ ➤ Jubiläumsrabatt 15 % ➤ Zahlungsbedingung mit Skontofrist ➤ Lieferung 10 Tage nach Auftragseingang	
Mit der Bitte um ☐ Kenntnisnahme ☐ Rückgabe ☐ Prüfung ☒ Bearbeitung ☐ Stellungnahme ☐ Ablage ☐ Anruf ☒ Angebot	
Datum 10.05.20..	**Unterschrift** *Gerda Heinrich*

Schreiben Sie mithilfe Ihres erweiterten Texthandbuchauszugs einen Brief an Im- und Export Möblix GmbH, Schönhauser Allee 187, 10437 Berlin. Geben Sie im Informationsblock das Zeichen von Frau Schulze (sch) und Ihr eigenes Zeichen an! Telefonisch ist Frau Schulze unter 325 erreichbar.

Füllen Sie zunächst den Schreibauftrag aus, verwenden Sie die Warenbeschreibungen aus dem Sortimentsprogramm der Heinrich KG! Rufen Sie Ihre Textbausteine anschließend ab und geben Sie die manuellen Einfügungen ein!

Speichern Sie den Brief unter **Möblix,** lassen Sie den Brief ausdrucken!

7. Frau Heinrich ist von der rationellen Bearbeitung der Kundenanfragen durch die Bausteinkorrespondenz beeindruckt. Sie regt an, die Automatisierung auf andere Korrespondenzbereiche zu übertragen.

   7.1 Machen Sie Vorschläge für drei weitere Einsatzbereiche!

   - ➤ __________
   - ➤ __________
   - ➤ __________

   7.2 Erstellen Sie eine To-do-Liste, die alle notwendigen Arbeitsschritte von der Analyse des Schriftgutes bis zur Textprogrammierung berücksichtigt!

To-do-Liste

Fortsetzung der Situation: Einen Nachfassbrief schreiben

Vor drei Wochen besuchte Herr Wenzel, Geschäftsführer der Möbelgroßhandlung Junges Wohnen, die Hausmesse, um sich über die Sitz-Steh-Schreibtische zu informieren. Frau Julia Schulze übernahm die Beratung über die neue Produktserie. Am Folgetag schrieb sie ein detailliertes Angebot an den Stammkunden. Und der Erfolg? Der blieb bisher aus. Deshalb soll heute aktiv nachgefragt werden, denn dies erhöht die Chance einen Auftrag zu bekommen.

Heinrich KG
Büromöbel und Zubehör

Sie gibt Leon Laus alle Unterlagen zu diesem Geschäftsvorgang und beauftragt ihn ein zweites Schreiben zu verfassen.

8. Geben Sie vier Gründe an, warum der Kunde Junges Wohnen nicht reagiert, obwohl er Interesse an den Sitz-Steh-Schreibtischen gezeigt hat!

➤ ______________________________

➤ ______________________________

➤ ______________________________

➤ ______________________________

9. Die Heinrich KG realisiert durch das Nachfassen von offenen Angeboten spürbare Verkaufserfolge. Erstellen Sie zunächst eine Checkliste „Nachfassbrief“, in der sechs inhaltliche Bestandteile des Briefkerns aufgeführt werden!

➤ ______________________________

➤ ______________________________

➤ ______________________________

➤ ______________________________

➤ ______________________________

➤ ______________________________

10. Erstellen Sie mit MS Word einen Nachfassbrief an die Möbelgroßhandlung Junges Wohnen. Berücksichtigen Sie die bisherigen Unterlagen zu diesem Geschäftsvorgang (Material 5 und 6). Im Informationsblock ist das Zeichen von Frau Schulze (sch) und Ihr eigenes Zeichen anzugeben, Ihr Name als Sachbearbeiter und die Telefondurchwahl 255, die E-Mail-Adresse ist mit Ihrem Namen zu ergänzen. Geben Sie zwei neue ergonomische Aspekte als Aufzählung an, um den Kunden zum Kauf zu motivieren. Weisen Sie auf einen Prospekt mit ergänzenden Informationen hin. Sie haben Artvollmacht und unterschreiben den Brief.

Material 5: Besucherkontaktbericht

Besucherkontaktbericht

Heinrich KG
Büromöbel und Zubehör

Kunde Junges Wohnen GmbH	**Kundennummer** 24002
Gesprächspartner Herr Wenzel	**Telefonnummer** 0421 9811-220
Anschrift Kartrepeler Str. 45 28215 Bremen	**Datum des Besuchs** 18.05.20..
E-Mail wenzel@junges-wohnen.de	**Telefonfax** 0421 9811-13

Interessenbereich

☐ Konferenztische ☒ Schreibtische ☐ Aktenschränke
☐ Konferenzstühle ☐ Bürostühle ☐ Handelswaren

Notizen

➤ Interesse an der Produktneuheit „Sitz-Steh-Schreibtische"
➤ Demonstration verschiedener Höheneinstellungen der Tischplatte
➤ Berücksichtigung ergonomischer Aspekte werden erläutert
➤ Anfrage über 50 Stück dieses Mobiliars

Veranlassungen

☐ Katalog ☐ Angebot per E-Mail ☐ Lieferung ☐ Kontakt Vertreter
☐ Prospekt ☒ Angebot per Post ☐ Auftragsbestätigung ☐ ____________

Datum 18.05.20.. *Schulze*	**Veranlassungen** ☒ Verkauf ☐ Vertreter

Material 6: Angebot an die Möbelgroßhandlung Junges Wohnen GmbH

Heinrich KG

Büromöbel und Zubehör

Heinrich KG · Rahlstedter Str. 144 · 22143 Hamburg
Möbelgroßhandlung
Junges Wohnen GmbH
Herrn Wenzel
Katrepeler Str. 45
28215 Bremen

Ihr Zeichen:	
Ihre Nachricht vom:	18.05.20..
Unser Zeichen:	schu
Unsere Nachricht vom:	
Name:	Frau Schulze
Telefon:	040 67245-255
Telefax:	040 67245-87
E-Mail:	schulze@heinrich-kg.de
Datum:	19.05.20..

Angebot über 50 Sitz-Steh-Schreibtische

Sehr geehrter Herr Wenzel,

vielen Dank für Ihren Besuch auf unserer Hausmesse und das große Interesse an unseren neuen Sitz-Steh-Schreibtischen. Gerne bieten wir Ihnen wie gewünscht an:

Artikel	Produktmerkmale	Preis/Stück
Posito A-1005110	elektromotorische Höheneinstellung von 720 bis 1.220 mm mit Einfach-Teleskopführung	1.295,00 €
De Lux A-1005120	elektromotorische Höheneinstellung von 650 bis 1.250 mm mit Doppel-Teleskopführung	1.525,00 €

Tischplatte sowie die Tischgestelle sind in allen Heinrich-Dekor- und Furnierfarben bzw. in den Standard-Gestellfarben lieferbar. Das Mobiliar bietet Kombinationsmöglichkeiten mit unseren anderen Produktserien. Eine Investition zahlt sich schnell aus:

- Reduzierung der krankheitsbedingten Fehltage
- Zufriedenheit der Mitarbeiter
- Steigerung der Motivation
- Produktivitätssteigerung

Wenn Sie den Sitz-Steh-Schreibtisch bis zum 30. Juni 20.. bestellen, erhalten Sie 10 % Messerabatt. Der Rechnungsbetrag ist innerhalb von 30 Tagen zu überweisen. Bei Zahlung innerhalb von 14 Tagen erhalten Sie 3 % Skonto. Die Ware liefern wir 14 Tage nach Auftragseingang frei Haus.

Wir freuen uns auf Ihren Auftrag.

Freundliche Grüße

Heinrich KG

i. A. Schulze

Schulze

Heinrich KG
Geschäftsführung: Gerda Heinrich
Amtsgericht Hamburg: HRA 1101
St-Nr.: 27/430/0027
USt-ID Nummer: DE 68 609 3911

Bankverbindungen:
Hamburger Sparkasse
IBAN: DE 07 2005 0550 1120 2399 08
BIC:HASPDEHHXXX

Postbank Hamburg
IBAN: DE 61 2001 0020 0064 0697 54
BIC:PBNKDEFF200

Schulbuch Kap. 1

Lernfeld 4: Sachgüter und Dienstleistungen beschaffen und Verträge schliessen

1 Das Programm und die Beschaffung planen

Situation:

Arno Bast, Leiter der Einkaufsabteilung der Heinich KG, kommt nach der Mittagspause mit einem nachdenklichen Gesichtsausdruck zu seinem Arbeitsplatz zurück. Ständig murmelt er etwas von *„ob das ein Erfolg werden kann"* und *„ein gewisses Risiko ist mit Sicherheit dabei".* Schließlich wendet er sich Leon Laus zu, zeigt auf ein Papier, das vor ihm auf dem Schreibtisch liegt und gibt es Leon mit den Worten:

Heinrich KG
Büromöbel und Zubehör

„Für heute Nachmittag hat unsere Geschäftsführerin Gerda Heinrich alle Bereichsleiter sowie die zugehörenden Abteilungsleiter zu einer internen Besprechung in ihr Büro eingeladen. In der Besprechung soll es um eine Sortimentserweiterung und die Ausrichtung auf einen völlig neuen Kundenkreis gehen. Frau Oswald hat den Beschäftigten in der Abteilung Einkauf eine Kopie der aktuellen Mitteilung übergeben und darum gebeten, ihr ihre Anregungen vor dem Treffen mit Frau Gerda Heinrich mitzuteilen."

Arbeitsaufträge:

1. Lesen Sie zunächst die nachstehende Mitteilung von Frau Gerda Heinrich durch!

Mitteilung der Geschäftsführung

Heinrich KG
Büromöbel und Zubehör

Einladung zur internen Besprechung

Thema: „Aktuelle Probleme der Heinrich KG"

Zeitpunkt und Ort: Heute, 15:00 Uhr, Büro der Geschäftsführung

Mit Besorgnis habe ich die Umsatzzahlen der letzten Monate verfolgt. Besonders die Produktgruppe Konferenztische sowie unsere Regalsysteme weisen einen deutlich rückläufigen Trend auf; einige Artikel sind inzwischen bereits als „Ladenhüter" zu bezeichnen. Der Grund dafür dürfte u. a. in der verstärkten Wettbewerbssituation liegen. Während die Absatzseite relativ stabil geblieben ist, sind unlängst neue Anbieter auf den Markt gekommen, die uns das Leben schwer machen. Eine weitere Verschärfung ist zu befürchten, wenn im kommenden Monat – nur drei Straßen weiter – die Franz-Josef Kock Büroausstattung OHG ihre Geschäftstätigkeit aufnimmt.

Im Interesse aller Beschäftigten sind wir gefordert, die Situation zu analysieren und eine sinnvolle Lösung zu finden. Da Preisreduzierungen bei den genannten Produkten nur in geringem Maße möglich sind, habe ich mich im Vorfeld der Sitzung mit der Frage beschäftigt, ob unser Sortiment sinnvoll erweitert werden kann, um so ein zusätzliches Standbein zu schaffen. Dabei bin ich auf eine Zielgruppe gestoßen, die bisher von uns nicht angesprochen wird: Sportvereine und Träger kommunaler Sport- und Eishallen.

In allen größeren Stadien gibt es einen Sitzplatzbereich, der besonders im Profibereich stetig ausgeweitet worden ist. Ähnlich verhält es sich mit den Sport- und Eishallen, die in vielen Gegenden in die Jahre gekommen sind und von Grund auf renoviert werden. Aus eigener Erfahrung und den Klagen aus meinem Bekanntenkreis weiß ich, dass viele Besucher von Sportveranstaltungen alles andere als glücklich sind über die momentan vorhandene Bestuhlung. Diese bietet einfach zu wenig Komfort und ist häufig nicht nach ergonomischen, sondern ausschließlich finanziellen Gesichtspunkten angeschafft worden. In Gesprächen mit einigen Sportvereinen habe ich erfahren, dass die Bereitschaft vorhanden ist, für eine überzeugende Verbesserung der Bestuhlung Gelder einzusetzen. Deshalb bin ich davon überzeugt, dass wir mit der Produktion von ergonomisch geformten Sitzen sowohl im Indoor- als auch im Outdoor-Bereich ein gutes Geschäftsfeld eröffnen können.

Die oben genannten Ideen möchte ich in der Sitzung vertiefen. Bitte unterbreiten Sie mir hier auch eigene Vorschläge und ggf. Ideen aus den Abteilungen, wie wir die angespannte Lage bewältigen können.

Mit freundlichen Grüßen

Gerda Heinrich

2. Diskutieren Sie die Vorschläge von Gerda Heinrich in Kleingruppen und arbeiten Sie mögliche Vor- und Nachteile der von ihr vorgeschlagenen Sortimentserweiterung heraus!

Mögliche Vorteile	Mögliche Nachteile

3. Die Geschäftsführung der Heinrich KG entscheidet sich für die Erweiterung ihres Sortiments um ergonomisch geformte Sitze im In- und Outdoor-Bereich. Listen Sie auf, welche Tätigkeiten damit in der Einkaufsabteilung der Heinrich KG anfallen!

- ➤ ______
- ➤ ______
- ➤ ______
- ➤ ______
- ➤ ______

4. Aus den Angeboten renommierter Hersteller von Stühlen für Sportstadien und -hallen, die in der Einkaufsabteilung der Heinrich KG eingetroffen sind, hat der Sachbearbeiter Cemal Ceylan die Daten herangezogen, die es erlauben, die Angebote rechnerisch zu vergleichen. Der Auszubildende Leon Laus soll mit MS Excel in einem Arbeitsblatt eine Tabelle erstellen, die diese drei Angebote miteinander vergleicht. Leon soll dabei darauf achten, dass sobald Werte in der Tabelle verändert werden alle in der Tabelle enthaltenen Formeln automatisch neu berechnet werden. Dies gilt speziell bei einer Änderung der angefragten Menge.

	A	B	C	D	E
1	Angefragt Menge:	800 Stück	Anbieter 1	Anbieter 2	Anbieter 3
2		Stückpreis:	19,95 €	20,20 €	20,00 €
3	unter	500 Stück	3,00%	2,00%	2,50%
4	bis einschließlich	1200 Stück	5,00%	5,00%	4,00%
5	über	1200 Stück	7,50%	10,00%	8,00%
6		Einkaufspreis:			
7		Rabattsatz:			
8		Rabatt:			
9		Gesamtkosten:			
10	Das preiswerteste Angebot:		kommt von		
11	Bezugspreis pro Stuhl:				

Aufgaben:

4.1 Öffnen Sie in MS Excel eine neue Arbeitsmappe und übernehmen Sie in ein Tabellenblatt, dem Sie den Namen „Angebote“ geben, positionsgerecht alle Werte und Formatierungen des oben stehenden Blatts. Vervollständigen Sie die Fußzeile des Tabellenblatts mit folgender Eintragung:

Links: Vorname; Mitte: Name; Rechts: Dateiname und Register

4.2 Speichern Sie die Datei unter „Angebot-Vergleichsrechnung“.

4.3 Berechnen Sie – unter Berücksichtigung der Angaben in der Tabelle – im Zellbereich C6:E9 die Einkaufspreise, die Rabattsätze und die Gesamtkosten der einzelnen Anbieter. Hinweis: Die jeweiligen Rabattsätze sind durch eine WENN-Abfrage zu ermitteln.

4.4 Bestimmen Sie in der Zelle B10 mithilfe der Funktion MINIMUM oder der Funktion KKLEINSTE das preiswerteste Angebot.

4.5 Berechnen Sie in der Zelle B11 den daraus resultierenden Einstandspreis je Stuhl.

4.6 Weisen Sie durch eine WENN-Abfrage in der Zelle E10 den günstigsten Anbieter aus.

4.7 Kopieren Sie das Tabellenblatt „Angebote“ in ein zweites Tabellenblatt, dem Sie den Namen „Lösung“ geben. Stellen Sie hier die Formelansicht ein und bereiten Sie den Druck des Tabellenblatts – auf einer A4-Seite im Querformat mit Gitternetzlinien sowie mit Zeilen- und Spaltenüberschriften – vor.

Funktionen MINIMUM, MAXIMUM und MITTELWERT:

Die Funktion MIN() gibt den Minimalwert und die Funktion MAX() den Maximalwert eines Zellenbereichs zurück. Der Mittelwert bzw. der Durchschnitt eines Zellenbereichs kann mit der Funktion MITTELWERT() bestimmt werden.

Die Syntax lautet:

= MIN (erste Zelle : letzte Zelle)

= MAX (erste Zelle : letzte Zelle)

= MITTELWERT (erste Zelle : letzte Zelle)

Alternativ können die Funktionen KKLEINSTE und KGRÖSSTE verwendet werden.

Schulbuch Kap. 2.3

2 Über Eigenfertigung oder Fremdbezug entscheiden

Situation:

Heinrich KG
Büromöbel und Zubehör

Die Heinrich KG stellt u.a. hochwertige Schreibtische her. Die zur Produktion erforderlichen Tischplatten werden zurzeit von mehreren in der Region Hamburg ansässigen Zuliefererbetrieben bezogen. Bärbel Oswald, Bereichsleiterin Kaufmännischer Bereich, schlägt der Geschäftsführerin Gerda Heinrich vor, die Tischplatten in Zukunft selbst zu produzieren.

Sie begründet diesen Vorschlag maßgeblich mit den gestiegenen Verkaufspreisen der Zulieferer und damit, dass qualifizierte Mitarbeiter sowie die erforderlichen Betriebsmittel vorhanden sind oder kurzfristig preiswert beschafft werden können.

Aus der Arbeitsvorbereitung, der Verkaufs- sowie der Einkaufsabteilung der Heinrich KG stehen folgende Informationen zur Verfügung:

Schreibtischplatte 200 x 100 cm, aus Massivholz, Oberfläche versiegelt

- Jahresbedarf:

augenblicklich:	8.200 Stück
optimistisch geschätzt:	9.000 Stück
pessimistisch geschätzt:	7.800 Stück

- Kosten für Fremdbezug:

Bezugspreis pro Stück:	84,50 €

- Kosten für die Eigenfertigung:

gesamte Fixkosten pro Jahr (K_f):	520.000,00 €
variable Stückkosten (k_v):	23,25 €

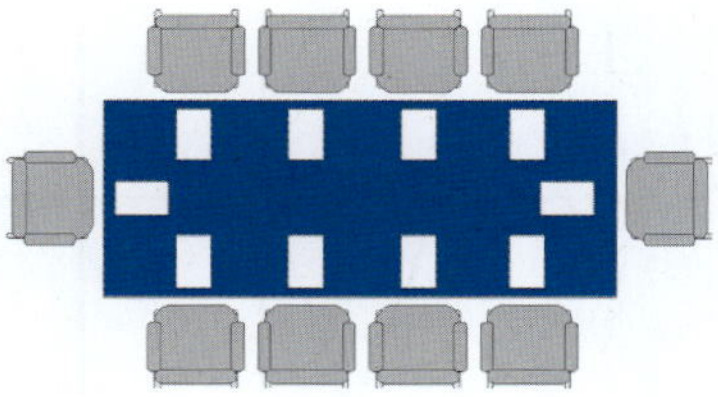

Hinweis:

- **Fixe Kosten** sind Kosten, die sich bei Änderung der Ausbringungsmenge in ihrer absoluten Höhe nicht verändern (z.B. Miete für eine Lagerhalle, Gehälter).
- **Variable Kosten** sind Kosten, die sich bei Änderung der Ausbringungsmenge in ihrer absoluten Höhe verändern (z.B. Verbrauch von Werkstoffen, Büromaterial, leistungsabhängige Löhne).

Arbeitsaufträge:

1. Führen Sie mithilfe der nachfolgenden Tabelle (Material 1) eine Kostenvergleichsrechnung durch! Vergleichen Sie die Kosten für die Jahresfertigungs- bzw. Jahresbeschaffungsmengen von 0 Stück bis 20.000 Stück. Inkrement: 2.000 Stück (also 2.000, 4.000, 6.000, ...).
2. Ermitteln Sie rechnerisch die Menge, bei der die Kosten der Eigenfertigung den Kosten des Fremdbezugs entsprechen (= kritische Menge)![1]

1 Lösen Sie das Problem auf Gesamtkostenbasis mithilfe der folgenden Gleichung:

$K_f + k_v \cdot x \text{ (Menge)} = \text{Bezugspreis je Stück} \cdot x$

Material 1: Kostenvergleichsrechnung der Schreibtischplatte – make or buy?

Menge	Eigenfertigung				Fremdbezug		Stückkostenvorteil Eigenfertigung
(x)	Fixkosten (K_f)	variable Kosten (K_v)	Gesamtkosten (K_g)	Stückkosten (k_g)	Gesamtbezugspreis	Bezugspreis je Stück	

3. Erläutern Sie die Konsequenzen, die die Geschäftsführerin Gerda Heinrich aus der durchgeführten Kostenvergleichsrechnung ziehen sollte!

   Berücksichtigen Sie dabei den augenblicklichen Jahresbedarf sowie die optimistische und die pessimistische Einschätzung des Jahresbedarfs an Tischplatten!

4. Listen Sie stichwortartig mögliche Faktoren auf, die dafür sprechen, dass die Geschäftsführerin Gerda Heinrich trotz des rechnerisch ermittelten Kostenvorteils, den die eine Alternative unter Berücksichtigung des augenblicklichen Jahresbedarfs bietet, diese Alternative verwirft!

   ➤

   ➤

   ➤

   ➤

   ➤

   ➤

5. Bei den elektrischen Bauteilen ELB-12 hat es bei verschiedenen Lieferern regelmäßig Lieferverzögerungen gegeben. Daher prüft der Gruppenleiter Kurt Kunze die Möglichkeit einer Eigenfertigung. Dazu liegen ihm folgende Daten vor:

	Fixe Kosten pro Jahr	Kosten/Preis pro Stück
Eigenfertigung	20.000,00 €	variable Kosten 12,00 €
Fremdfertigung	2.000,00 €	Bezugspreis 42,00 €

5.1 Berechnen Sie, ab welcher jährlichen Verbrauchsmenge eine Eigenfertigung der Bauteile für die Heinrich KG aus Kostengründen sinnvoll ist!

Berücksichtigen Sie dabei alle angegebenen Daten!

5.2 Stellen Sie anhand der vorliegenden Daten den Verlauf der Gesamtkosten bei Eigen- bzw. bei Fremdfertigung grafisch dar und markieren Sie die kritische Menge!

Kostenvergleich zwischen Eigenfertigung und Fremdfertigung

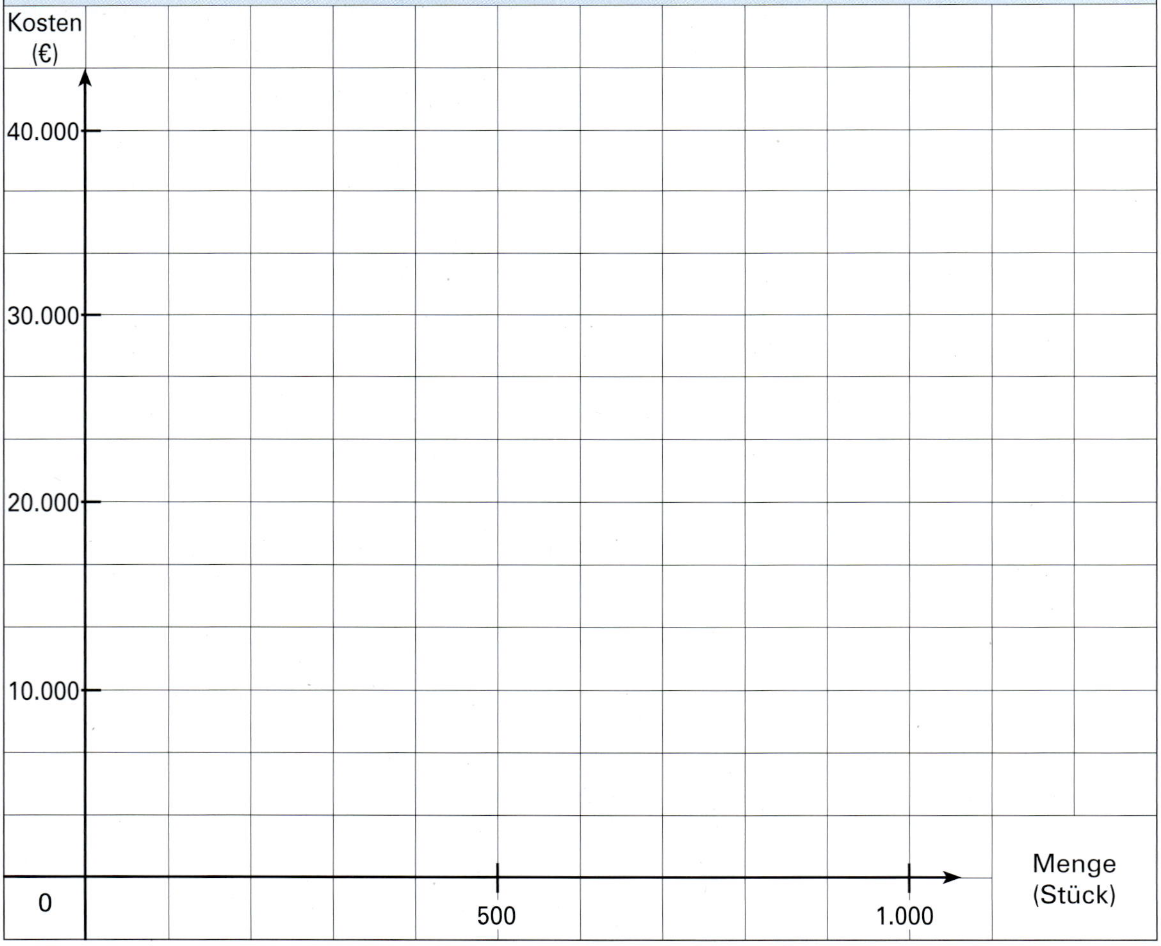

Schulbuch Kap. 2.4

3 Güter mithilfe der ABC-Analyse klassifizieren

Situation:

Heinrich KG
Büromöbel und Zubehör

Die Auszubildende Ute Ulrich wundert sich, warum in der Heinrich KG in der Einkaufsabteilung gleich mehrere Mitarbeiter für die Bereiche Angebotsprüfung und Bestellung beschäftigt sind. Der im Einkauf tätige Sachbearbeiter Knut Knorr erklärt ihr das folgendermaßen: *„Bei der Bestellung von Betriebsmitteln und Materialien genügt es nicht, sich einfach nur für den günstigsten Lieferer zu entscheiden. Es muss auch geprüft werden, ob die infrage kommenden Lieferer zuverlässig sind, qualitativ hochwertige Güter liefern, zusätzlichen Service anbieten und und und…“.*

Ute Ulrich ist der Meinung, dass diese Vorgehensweise doch äußerst zeit- und arbeitsaufwendig und daher mit hohen Kosten verbunden ist. Knut Knorr bestätigt ihren Standpunkt zwar, weist aber zugleich darauf hin, dass solch eine aufwendige Angebotsprüfung als Entscheidungsgrundlage natürlich wesentlich aussagekräftiger ist als nur der Preis eines Produktes. Zudem werde diese aufwendige Form der Angebotsprüfung ausschließlich bei jenen Produkten praktiziert, die wertmäßig einen hohen Anteil am Gesamtbestellwert haben. Das seien in der Regel dann gar nicht so viele.

„Und wie findet man heraus, um welche Güter es sich dabei handelt?“, fragt Ute.

Arbeitsaufträge:

1. Ermitteln Sie anhand der folgenden Einkaufsstatistik die Einkaufswerte für die einzelnen Bauteile, den prozentualen Anteil am Gesamteinkaufswert und den entsprechenden Rang![1]

Einkaufsstatistik – elektrische Bauteile					
Bauteil-Nr.	Einkaufsmenge in Stück	Einstandspreis in € pro Stück	Einkaufswert in €	Anteil am Gesamteinkaufswert in %	Rang
B-10715	410	4,65			
B-20813	450	5,25			
B-50819	75	180,96			
B-60812	70	17,72			
B-20814	25	12,54			
B-30712	25	19,54			
B-40812	90	84,95			
B-60814	25	12,25			
B-70712	200	15,54			
B-10811	75	143,64			
B-20812	100	16,84			
B-10611	125	24,76			
B-30718	20	19,58			
B-40817	60	112,25			
B-50812	40	12,22			
B-80718	325	10,60			
B-10714	540	3,88			
B-20817	560	4,33			
Summen				100	

1 Nutzen Sie zur Bearbeitung der Aufgaben ggf. MS Excel. Eine Hilfe zur Berechnung der Rangordnung der Einkaufswerte mit MS Excel bietet die Funktion RANG. Zum Schluss sollte die Tabelle von der Spalte „Rang“ ausgehend aufsteigend sortiert werden! Zur Klassifizierung der Bauteile in der Spalte „Kategorie“ ist in MS Excel der Einsatz der WENN-Funktion zweckmäßig!

2. Die ABC-Analyse geht von dem Grundgedanken aus, dass mengenmäßig wenige Güter (bis etwa 30 %) einen wertmäßig hohen Anteil (etwa 65 % bis 80 %) am Gesamtbestellwert haben (A-Güter). Dem gegenüber stehen mengenmäßig viele Güter (etwa 40 % bis 50 %) mit einem nur geringen Anteil (etwa 5 % bis 15 %) am Gesamtbestellwert (C-Güter). B-Güter nehmen sowohl mengenmäßig (etwa 30 % bis 50 %) als auch wertmäßig (etwa 15 % bis 20 %) eine Zwischenstellung ein.[1]

Führen Sie nun eine ABC-Analyse durch. Dabei sollen die

- A-Bauteile zusammen bis zu 65 %,
- B-Bauteile zusammen bis zu 25 %,
- C-Bauteile dem Rest

des Gesamteinkaufwertes aller Bauteile entsprechen. Nutzen Sie dazu die folgende Tabelle!

ABC-Analyse, Auswertung				
Rang	Bauteil-Nr.	Anteil am Gesamteinkaufswert in %	kumulierter Anteil am Gesamteinkaufswert in %	Kategorie
1	B-50819	21,86	21,86	A
2	B-10811	17,36	39,22	A
3	B-40812	12,32		
4	B-40817			
5	B-80718			
6	B-70712			
7	B-10611			
8	B-20817			
9	B-20813			
10	B-10714			
11	B-10715			
12	B-20812			
13	B-60812			
14	B-50812			
15	B-30712			
16	B-30718			
17	B-20814			
18	B-60814		100,00	C
Summe		100,00		

1 Die Grenzwerte für diese drei Klassen basieren jeweils auf betrieblichen Erfahrungswerten und können von Fall zu Fall leicht schwanken.

3. Ziehen Sie in Bezug auf die Beschaffung von elektrischen Bauteilen betriebswirtschaftliche Konsequenzen aus der durchgeführten ABC-Analyse. Formulieren Sie dazu in Stichworten konkrete Maßnahmen, wie die A- und C-Güter in der Einkaufsabteilung der Heinrich KG zu behandeln sind!

A-Güter	
B-Güter	B-Güter sind je nach Ausprägung wie A- oder C-Güter zu behandeln.
C-Güter	

4. Nennen Sie vier weitere sinnvolle Anwendungsgebiete für die ABC-Analyse!

➤ ______________________________

➤ ______________________________

➤ ______________________________

➤ ______________________________

5. Nachdem Ute Ulrich die grundsätzliche Vorgehensweise bei einer ABC-Analyse verstanden hat, informiert Knut Knorr sie über ein aktuelles Problem in der Heinrich KG. Die Kosten für Holz sind im letzten Jahr merklich gestiegen, sodass die Geschäftsleitung eine Analyse dieser Lage in Auftrag gegeben hat. Zusammen mit Ute Ulrich soll Knut Knorr diese Analyse durchführen und gleichzeitig eine Gegenstrategie im Sinne der Zielvorgaben entwickeln.

   5.1 Erstellen Sie anhand der nachfolgenden Tabelle (Material 1), in der wichtige Daten der zehn ständig benötigten Holzarten zusammengestellt sind, eine ABC-Analyse für diese Holzarten! Tragen Sie Ihre Ergebnisse in die Tabelle ein.

   Den A-Gütern werden alle Positionen mit einem Wertanteil größer als 10 %, den C-Gütern alle Positionen mit einem Wertanteil kleiner als 5 % zugeordnet! Runden Sie die Prozentwerte kaufmännisch auf ganze Zahlen!

   5.2 Empfehlen Sie mindestens drei konkrete Maßnahmen zur Beschaffung der Holzart „Rotbuche“ und begründen Sie jede Maßnahme aus betriebswirtschaftlicher Sicht!

Material 1: ABC-Analyse für die zehn wichtigsten Holzarten der Heinrich KG

Holzart	Beschaffungsmenge		Menge • Bezugspreis		Zuordnung (Bitte die Buchstaben „A", „B" oder „C" eintragen!)		
	in m³	in %	in Euro	in %	A-Gut	B-Gut	C-Gut
Lärche	75		28.000				
Fichte	7		6.000				
Kiefer	62		152.000				
Ahorn	105		9.500				
Birke	15		8.000				
Eiche	36		42.000				
Erle	42		5.000				
Esche	96		72.000				
Kirschbaum	8		7.000				
Rotbuche	75		198.000				
Summe	521		527.500				

Schulbuch Kap. 2.5

4 Güter just in time beschaffen

Situation:

Pascal Pechstein tritt heute seine neue Stelle als Mitarbeiter in der Materialbeschaffung bei der Heinrich KG an. Der direkte Vorgesetzte Kurt Kunze begrüßt ihn vorab freundlich und informiert zugleich die Kollegen über den neuen Mitarbeiter, seine Qualifikationen und künftigen Aufgaben im Team.

Heinrich KG
Büromöbel und Zubehör

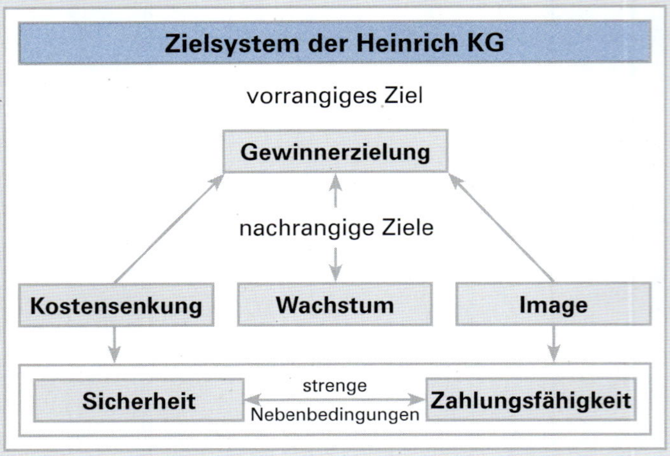

Kurt Kunze hat für Pascal Pechstein einen Einarbeitungsplan erstellt, mit dem die Einarbeitungsphase kontrolliert wird. In diesem Plan sind alle erforderlichen Einarbeitungsschritte sowie die beteiligten Personen und zur Verfügung stehenden Informations- und Arbeitsmittel festgehalten, die der neue Mitarbeiter kennenlernen soll.

Um Pascal Pechstein bei der Aufnahme in das Kollegenteam und in das Unternehmen zu unterstützen wird ihm der Mitarbeiter Jürgen Paulsen als Pate zur Seite gestellt. Dieser stellt ihm in einem ersten Schritt das Zielsystem der Heinrich KG vor.

Allgemeine Ziele für die Materialwirtschaft sind in diesem Zusammenhang:

- geringe Kapitalbindung
- geringe Materialkosten
- hohe Qualität
- optimale Versorgung des Bedarfsmeldenden

Arbeitsaufträge:

1. Zielsetzungen können in unterschiedlichen Zielbeziehungen zueinander stehen: Hat die Zielerfüllung eines Ziels keine Auswirkungen auf den Zielerreichungsgrad eines anderen Ziels, liegt **keine Zielbeziehung** vor **(Zielindifferenz).** Führt die Erfüllung eines Ziels dazu, dass die Erfüllung eines anderen Ziels gefördert wird, so spricht man von **Zielharmonie.** Ein **Zielkonflikt** liegt hingegen vor, wenn die Erreichung eines Ziels zur Verhinderung der Erfüllung eines anderen Ziels beiträgt.

   Obwohl die für die Materialwirtschaft der Heinrich KG genannten Ziele für sich betrachtet eindeutig sind, stehen sie teilweise in Konkurrenz zueinander. Geben Sie drei Zielkonflikte an, die in der Heinrich KG bei der Beschaffung und Bevorratung auftreten können!

   - ______________________________

   - ______________________________

   - ______________________________

2. Um die Zielvorgaben für die Materialbeschaffung zu erfüllen, schlägt Jürgen Paulsen vor, für einige Güter das Just-in-time-Verfahren einzuführen.

   Informieren Sie sich in Ihrem Schulbuch über das Just-in-time-Verfahren. Definieren Sie den Begriff und führen Sie jeweils drei Vorteile und drei Risiken dieses Verfahrens aus Sicht der Heinrich KG an!

Definition: Just-in-time-Verfahren

Vorteile des Just-in-time-Verfahrens
➤
➤
➤

Risiken des Just-in-time-Verfahrens
➤
➤
➤

3. Kurt Kunze hat sich dazu entschieden, mit einigen Zulieferern eine Just-in-time-Lieferung zu vereinbaren. Bedarf und Lieferzeitpunkt werden dem Lieferer per Datenfernübertragung übermittelt und per E-Mail bestätigt.

   Prüfen Sie, inwieweit die im Folgenden auszugsweise abgebildeten AGB der Heinrich KG, die den Verträgen mit Zulieferern zugrunde liegen, zu ändern sind, um den Anforderungen bei Just-in-time-Lieferung und den Interessen der Heinrich KG als Käufer gerecht zu werden!

   Schlagen Sie zu jedem in den AGB genannten Punkt mindestens eine inhaltliche Änderung bzw. Ergänzung vor und begründen Sie diese kurz!

AGB der Heinrich KG gegenüber Lieferanten – Auszug

Den Aufträgen liegen folgende Bedingungen zugrunde, soweit schriftlich nichts anderes vereinbart wurde:

Heinrich KG
Büromöbel und Zubehör

Bisherige AGB-Formulierungen	Änderungen bzw. Ergänzungen
1. Auftragserteilung *Bestellungen sind nur verbindlich, wenn sie von uns brieflich oder per Telefax erteilt oder bestätigt werden.*	
2. Lieferung *Der Lieferant hat uns spätestens einen Werktag vor Fälligkeitstag in Kenntnis zu setzen, wenn ihm bekannt wird, dass eine Verzögerung der Lieferung zu befürchten ist.* *Bei Nichteinhalten von Fixterminen oder Garantien von zugesicherten Eigenschaften können wir bei Vorliegen der gesetzlichen Voraussetzungen vom Vertrag zurücktreten oder Schadenersatz wegen Pflichtverletzung verlangen. Ansonsten gelten die gesetzlichen Bestimmungen.*	
3. Mängelansprüche *Der Lieferant hat uns die Sache frei von Sach- und Rechtsmängeln zu liefern. Im Falle eines Mangels können wir nach unserer Wahl Beseitigung des Mangels oder Lieferung einer mangelfreien Sache verlangen.* *Wir können wegen eines Mangels der Sache nach erfolglosem Ablauf einer von uns zur Nacherfüllung bestimmten angemessenen Frist den Mangel selbst beseitigen und Ersatz der erfolgten Aufwendungen verlangen. Weitergehende gesetzliche Ansprüche bleiben unberührt.*	

Schulbuch Kap. 2.6

5 Die optimale Bestellmenge bestimmen

Situation:

In der Heinrich KG werden jährlich von einem bestimmten elektrischen Bauteil ca. 18.000 Stück benötigt. In der zuständigen Einkaufsabteilung ist zu entscheiden, ob die bisherige monatliche Beschaffung dieses Bauteils unter Berücksichtigung der entstehenden Lager- und Bestellkosten sinnvoll ist.

Heinrich KG
Büromöbel und Zubehör

Kurt Kunze, Gruppenleiter im Einkauf, beauftragt die Auszubildende Rosa Riester damit, diese Entscheidung vorzubereiten. Dazu stellt er folgende Daten/Informationen zur Verfügung:

- Jahresbedarf: 20.000 Stück
- Bestellkosten je Bestellung: 180,00 €
- Das Bauteil wird zum Einstandspreis von 11,25 € pro Stück (bei Bestellung ab 5.000 Stück zu 10,80 € und bei Bestellungen ab 10.000 Stück zu 10,10 €) von der Schulte OHG bezogen. Für die Beschaffung des Bauteils bestehen folgende Rahmenbedingungen:

  Garantierte Absatzmengen für Produkte, in die das Bauteil integriert wird, stehen rechtzeitig vor Beginn eines neuen Geschäftsjahres fest, da am Ende eines jeden Geschäftsjahres mit den Kunden feste Verträge über Preis und Menge abgeschlossen werden.

  Liefertermine teilen die Kunden der Heinrich KG kurzfristig mit. Erfahrungswerte zeigen, dass die Liefermengen über das Jahr gleichmäßig verteilt sind.
- Lagerhaltungskostensatz (Lagerkostensatz + Zinssatz auf Lagerbestand) = 6,5 [%]

  Zur Info: $\text{Lagerkostensatz} = \dfrac{\text{Lagerkosten}}{\text{Ø Lagerwert}} \cdot 100$
- Die optimale Bestellmenge ist dort gegeben, wo die Summe aus Bestell- und Lagerkosten ein Minimum erreicht.

  Formel zur Berechnung der optimalen Bestellmenge:

  $$x_{optimal} = \sqrt{\frac{200 \cdot \text{Bestellkosten} \cdot \text{Jahresbedarf}}{\text{Bezugspreis je Stück} \cdot \text{Lagerhaltungskostensatz}}}$$

Arbeitsaufträge:

1. Berechnen Sie in der Tabelle auf der folgenden Seite die Beschaffungskosten für alternative Bestellhäufigkeiten von 1 bis 12!

Lösungshinweise:

- $\text{Lagerbestandswert} = \dfrac{\text{Bestellmenge}}{2} \cdot \text{Einstandspreis}$
- Lagerkosten = Ø Lagerbestand · Lagerhaltungskostensatz
- Bestellkosten = Bestellhäufigkeit · Kosten je Bestellung
- Beschaffungskosten = Bestellkosten + Lagerkosten

Bestell-häufigkeit	Bestell-menge in Stück[1]	Ø Lager-bestand in €	Lagerkosten pro Jahr in €	Bestellkos-ten pro Jahr in €	Beschaffungs-kosten pro Jahr in €
1					
2					
3					
4					
5					
6					
7					
8					
9					
10					
11					
12					

1 Die Bestellmenge ist hier immer auf eine ganze Zahl aufzurunden!

2. Lesen Sie aus der Tabelle das Minimum der Beschaffungskosten und die dazugehörende Bestellmenge ab! Ist die Beschaffung des Bauteils unter Kostenaspekten bisher optimal?

3. Überprüfen Sie Ihr Ergebnis durch Anwendung der von Kurt Kunze vorgegebenen Formel!

4. Begründen Sie kurz, wie sich bei sonst unveränderter Datenlage – jeweils isoliert betrachtet –
   - eine Erhöhung des Lagerkostensatzes im nächsten Jahr
   - eine Senkung der Bestellkosten

   auf die optimale Bestellmenge auswirken!

   - **Erhöhung des Lagerkostensatzes:**

   ____

   ____

   - **Senkung der Bestellkosten:**

   ____

   ____

5. Erstellen Sie in MS Excel das folgende Arbeitsblatt! Dabei sollen Ihnen folgende Informationen helfen:
   - Eingabebereich – Zellen D7:D13;
   - Formelgestützter Rechenbereich (Verarbeitungsbereich) – Zellen A17:F31;
   - Formelgestützte Auswertung (Ausgabebereich) in den Zellen F8, F10, F12 und F14.

	A	B	C	D	E	F
6						
7	Jahresbedarf			20.000 Stück	Bestellhäufigkeit	
8	Bestellkosten je Bestellung			60,00 €		**9 mal**
9	Lagerkostensatz			7,25%	Kostenminimum (Tabelle)	
10	Bezugspreis je Bauteil			6,00 €		**1.023,50 €**
11	Bezugspreis je Bauteil ab 5.000 Stück			5,75 €	Optimale Bestellmenge (Tabelle)	
12	Bezugspreis je Bauteil ab 10.000 Stück			5,50 €		**2.223 Stück**
13	Schrittweite Tabelle/Bestellhäufigkeit			1 mal	Optimale Bestellmenge (rechnerisch)	
14						**2.349 Stück**
15						
16	Bestell-häufigkeit	Bestellmenge in Stück	Ø Lagerbestand in €	Lagerkosten im Jahr in €	Bestellkosten im Jahr in €	Beschaffungskosten im Jahr in €
17	1	20.000	55.000,00	3.987,50	60,00	**4.047,50**
18	2	10.000	27.500,00	1.993,75	120,00	**2.113,75**
19	3	6.667	19.167,63	1.389,65	180,00	**1.569,65**
20	4	5.000	14.375,00	1.042,19	240,00	**1.282,19**
21	5	4.000	12.000,00	870,00	300,00	**1.170,00**
22	6	3.334	10.002,00	725,15	360,00	**1.085,15**
23	7	2.858	8.574,00	621,62	420,00	**1.041,62**
24	8	2.500	7.500,00	543,75	480,00	**1.023,75**
25	**9**	2.223	6.669,00	483,50	540,00	1.023,50
26	10	2.000	6.000,00	435,00	600,00	**1.035,00**
27	11	1.819	5.457,00	395,63	660,00	**1.055,63**
28	12	1.667	5.001,00	362,57	720,00	**1.082,57**
29	13	1.539	4.617,00	334,73	780,00	**1.114,73**
30	14	1.429	4.287,00	310,81	840,00	**1.150,81**
31	15	1.334	4.002,00	290,15	900,00	**1.190,15**

Formelvorschlag für MS Excel:

F8	=INDEX(A17:F31;VERGLEICH($F$10;$F$17:$F$31;0);1)
F10	=MIN($F$17:$F$31)
F12	=INDEX($B$17:$B$31;VERGLEICH($F$10;$F$17:$F$31;0);1)
F14	=WURZEL((200*$D$8*$D$7)/($D$10*$D$9*100))

6. Erstellen Sie mithilfe von MS Excel in einem eigenen Tabellenblatt ein Liniendiagramm zum Kostenverlauf der Bestellkosten, der Lagerkosten und der mittelbaren Beschaffungskosten in Abhängigkeit von der Bestellmenge!

Grafische Ermittlung der optimalen Bestellmenge:

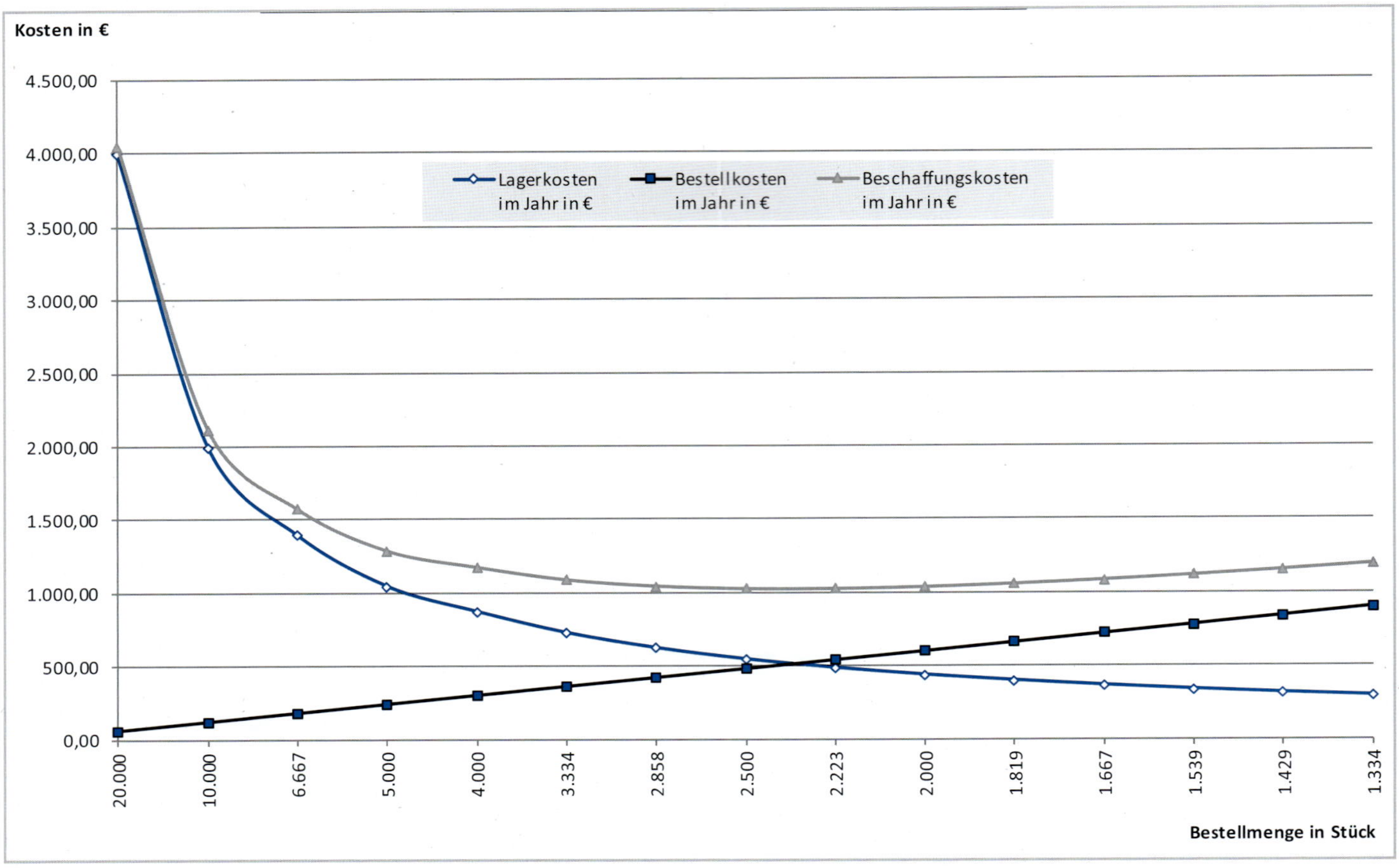

7. Nennen Sie Gründe, die in der Heinrich KG dazu führen könnten, bei der Beschaffung des Bauteils unter oder über der optimalen Bestellmenge zu bleiben!

Schulbuch Kap. 2.7

6 Den Lieferzeitpunkt bestimmen

Situation:

Heinrich KG
Büromöbel und Zubehör

Der Gruppenleiter Kurt Kunze ist bei der Heinrich KG für den Einkauf von Werkstoffen zuständig. Aktuell ist er mit der Beschaffung von Türknöpfen aus Edelstahl befasst. Der durchschnittliche Tagesbedarf dieser Türknöpfe beträgt 210 Stück, pro Jahr benötigt die Heinrich KG ca. 46.000 Türknöpfe.

Kurt Kunze plant für die Bestellabwicklung, Materialannahme und -prüfung einen Arbeitstag ein. Der Lieferant, die Wessel GmbH aus Bad Rappenau in BadenWürttemberg, hat eine Lieferzeit von sechs Tagen und liefert grundsätzlich frei Haus. Die Fertigung (Arbeitsvorbereitung) besteht auf einen Sicherheitsbestand für drei Arbeitstage.

Kurt Kunze disponiert diese Türknöpfe nach dem Bestellpunktverfahren und bestellt bei jeder Bestellung 5.000 Türknöpfe.

Die Geschäftsführerin der Heinrich KG, Frau Gerda Heinrich, hält den beim Bestellpunktverfahren notwendigen Kontrollaufwand für zu hoch. Sie hält eine quartalsmäßige Bestellung für ideal und bittet Kurt Kunze um Prüfung, ob man bei der Bestellung der Türknöpfe aus Edelstahl nicht auf das Bestellrhythmusverfahren umstellen sollte.

Arbeitsaufträge:

1. Beschreiben Sie kurz das Bestellpunktverfahren und berechnen Sie den Meldebestand sowie den Höchstbestand für die Türknöpfe!

Kurzbeschreibung des Bestellpunktverfahrens:

➤ Berechnung des Meldebestands:

➤ Berechnung des Höchstbestands:

2. Beschreiben Sie kurz das Bestellrhythmusverfahren und berechnen Sie die Bestellmenge bei quartalsmäßiger Bestellung!

Kurzbeschreibung des Bestellrhythmusverfahrens:

Berechnung der Bestellmenge bei quartalsmäßiger Bestellung:

3. Nennen Sie für beide Verfahren jeweils zwei Vorteile und zwei Nachteile für die Heinrich KG!

Mögliche Vorteile des Bestellpunktverfahrens:

➤

➤

Mögliche Nachteile des Bestellpunktverfahrens:

➤

➤

Mögliche Vorteile des Bestellrhythmusverfahrens:

➤ ______________________________

____

➤ ______________________________

____

Mögliche Nachteile des Bestellrhythmusverfahrens:

➤ ______________________________

____

➤ ______________________________

____

4. Nach Abwägung der Vor- und Nachteile bleibt die Heinrich KG beim Bestellpunktverfahren. Da es in den letzten Monaten nie zu Lieferausfällen gekommen ist, überlegt Kurt Kunze den Mindestbestand abzuschaffen. Geben Sie zwei Vorteile und zwei Nachteile dieser geplanten Maßnahme an!

zwei mögliche Vorteile	➤ ______________________________ ______________________________ ______________________________ ➤ ______________________________ ______________________________ ______________________________
zwei mögliche Nachteile	➤ ______________________________ ______________________________ ______________________________ ➤ ______________________________ ______________________________ ______________________________

Schulbuch Kap. 3

7 Bezugsquellen recherchieren und Anfragen stellen

Situation:

Gerda Heinrich, Geschäftsführerin der Heinrich KG, hat in enger Abstimmung mit Bärbel Oswald, Bereichsleiterin Kaufmännischer Bereich, die Entscheidung getroffen, Schreibtischlampen aus Edelstahl, die oftmals sehr edel auf Schreibtischen aus Holz wirken, in das Warensortiment aufzunehmen.

Heinrich KG
Büromöbel und Zubehör

Theo Krämer, Gruppenleiter Einkauf Handelswaren, beauftragt den Auszubildenden Leon Laus damit, im Rahmen des Beschaffungsmarketings von verschiedenen Unternehmen schriftliche Angebote für Schreibtischlampen aus Edelstahl einzuholen.

Arbeitsaufträge:

1. Listen Sie sechs unterschiedliche Möglichkeiten zur Erschließung neuer Bezugsquellen auf!

➤ ______________________________

➤ ______________________________

➤ ______________________________

➤ ______________________________

➤ ______________________________

➤ ______________________________

2. Erläutern Sie zunächst, welchen Zweck Theo Krämer damit verfolgt, an mehrere Anbieter eine Anfrage zu richten. Gehen Sie in diesem Zusammenhang auch auf die rechtliche Wirkung einer Anfrage ein!

Zweck der Anfrage	
rechtliche Wirkung	

3. Verfassen Sie mithilfe von MS Word jeweils eine nach DIN 5008 gestaltete allgemeine Anfrage nach Schreibtischlampen aus Edelstahl an die drei folgenden Unternehmen:
   - Uwe Hecker e. Kfm., Große Brunnenstraße 38, 22763 Hamburg
   - BaP – Stainless Steel Solution GmbH, Hohendorfer Straße 28, 39218 Schönebeck
   - Wohnlicht Handels GmbH, Blomestraße 32 – 34, 25524 Heiligenstedten

Angaben zur Erstellung des Geschäftsbriefs:

Geben Sie im Informationsblock das Zeichen von Herrn Krämer (kr), Ihr eigenes Zeichen (drei Buchstaben des Nachnamens) und als Telefondurchwahl die 123 sowie Ihren Zunamen als Sachbearbeiter an.

4. Ein guter Einkäufer informiert sich ständig über mögliche neue Lieferanten. Wichtige außerbetriebliche Informationsquellen sind:
   - Adressbücher und Branchenverzeichnisse,
   - Messebesuche, Vertretergespräche,
   - Berichte und Annoncen in Fachzeitschriften.

   Bequemer ist die Informationsbeschaffung über das Internet.

   Suchen Sie nach drei Lieferanten für „Leuchten für Bildschirmarbeitsplätze" im Internet unter der folgenden Adresse: **https://www.wlw.de**

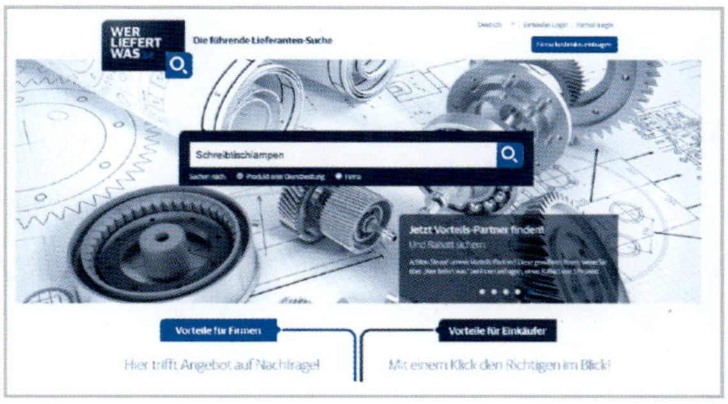

„Wer liefert was?" ist eine Lieferantensuchmaschine im Business-to-Business. Seit 2009 ist „Wer liefert was?" Teil der schwedischen Bisnode Business Information Group, einem der führenden Anbieter von digitalen Wirtschaftsinformationen in Europa. „Wer liefert was?" ermöglicht Einkaufsentscheidern in Unternehmen die kostenlose Suche nach Anbietern von Produkten und Dienstleistungen und stellt damit eine entscheidende Hilfe für den effektiven Einkauf dar. In Deutschland sind bei „Wer liefert was?" über 500.000 Unternehmen eingetragen.

5. Probieren Sie auch die folgenden Informationsquellen im Internet aus!

Web-Adresse	Anmerkungen
www.abconline.de	ABC der Deutschen Wirtschaft Deutsche B2B-Lieferantendatenbank für den Mittelstand
www.branchenbuchdeutschland.de	Branchenverzeichnis
www.firmendatenbank.de	Deutsche Firmendatenbank (Hoppenstedt)
www.yellowmap.de	Branchenbuch für Deutschland
www.auma-messen.de	Internetpräsenz des Ausstellungs- und Messeausschusses der Deutschen Wirtschaft e. V. (AUMA)
www.genios.de	Datenbankanbieter von Presse-, Unternehmens- und Wirtschaftsinformationen

Um auf ausländische Bezugsquellen zugreifen zu können, sind häufig intensivere Recherchen erforderlich. Eine zweckdienliche Hilfe bieten hier:

- die Auslandsabteilungen der Industrie- und Handelskammern
- die Germany Trade & Invest
- alle deutschen Auslandshandelskammern
- die Außenhandelsverbände

Schulbuch Kap. 4.2.1

8 Angebote quantitativ vergleichen und bewerten

Situation:

Gerda Heinrich, Geschäftsführerin der Heinrich KG, hat sich intensiv Gedanken über geeignete Maßnahmen zur Kostensenkung gemacht. Ihre Überlegungen teilt sie heute Herrn Arno Bast, Abteilungsleiter Einkauf, in einem Gespräch mit. Sie beauftragt Herrn Bast zu prüfen, ob die im Unternehmen bisher verwendeten Rollen von „Endlos-Stoff-Handtüchern" nicht durch „Wegwerf-Handtücher" aus Papier ersetzt werden sollten.

Heinrich KG
Büromöbel und Zubehör

Die wiederverwertbaren „Endlos-Stoff-Handtücher" werden von der Firma Heinz Kösterling e. Kfm. aus Harburg geliefert. Der Einstandspreis einer Rolle „Endlos-Stoff-Handtücher" beträgt 35,00 €. Das entspricht in etwa 500 „Wegwerf-Handtüchern" aus Papier.

Arno Bast findet nach kurzer Recherche die folgenden zwei Angebote regionaler Anbieter:

Angebot 1 der Serva GmbH

- Preis für 10.000 Stück: 740,00 €
- Lieferung: frei Haus
- Rabatt: 15 %
- Skonto: 3 %

Angebot 2 der Regio OHG

- Preis für 50.000 Stück: 3.350,00 €
- Lieferung: 10,00 € Transportkosten je 10.000 Stück
- Rabatt: 10 %
- Skonto: 2 %

Arbeitsaufträge:

1. Führen Sie für die beiden Angebote einen Angebotsvergleich für einen Jahresverbrauch von 50.000 „Wegwerf-Handtüchern" durch; verwenden Sie dazu das nachstehende Schema unter Einsatz der Fachbegriffe der Bezugskalkulation (Material 1) und MS Excel!

Fachbegriffe der Bezugskalkulation	Angebot Serva GmbH	Angebot Regio OHG
Listeneinkaufspreis		
– Liefererrabatt		
=		
–		
=		
+		
= Einstandspreis		

2. Berechnen Sie die mögliche Einsparung, wenn die Heinrich KG die bisherigen „Endlos-Stoff-Handtücher" gegen „Wegwerf-Handtücher" ersetzt!

3. Nennen Sie stichwortartig drei Aspekte, die die Heinrich KG vor der Umstellung auf „Wegwerf-Handtücher" noch berücksichtigen sollte!

➤ ______________________________

➤ ______________________________

➤ ______________________________

Material 1: Ratgeber „Kalkulieren studieren" (Auszug)

Fachbegriffe der Bezugskalkulation

Ziel der Bezugskalkulation ist es, den Bezugspreis der eingekauften Ware zu ermitteln. Er enthält sämtliche Kosten, die dem Betrieb entstanden sind, bis die Ware im Lager eintrifft.

Beispiel:

Ein Betrieb erhält Handelsware zu folgenden Bedingungen: Listeneinkaufspreis 507,00 EUR zuzüglich 19 % Umsatzsteuer, 33 $^{1}/_{3}$ % Wiederverkäuferrabatt, 2 % Skonto, Kosten für Fracht, Anfuhrkosten und Transportversicherung pauschal 52,00 EUR zuzüglich 19 % Umsatzsteuer.

Aufgabe:

Wie viel Euro beträgt der Einstandspreis?

Lösung:

	Listeneinkaufspreis netto ①	507,00 EUR
–	Liefererrabatt ②	169,00 EUR
=	Zieleinkaufspreis	338,00 EUR
–	Liefererskonto ③	6,76 EUR
=	Bareinkaufspreis	331,24 EUR
+	Bezugskosten ④	52,00 EUR
=	Bezugspreis (Einstandspreis)	383,24 EUR

Allgemeiner Lösungsweg:

① Die **Umsatzsteuer** ist **nicht einzukalkulieren,** da der Betrieb diese als Vorsteuer wieder erstattet erhält. Die Umsatzsteuer hat damit keinen Kostencharakter.

② Vom gegebenen Listeneinkaufspreis ist zunächst der **Liefererabatt** zu berechnen.

③ Der **Liefererskonto** wird von dem Betrag gerechnet, der **tatsächlich zu zahlen ist,** also von dem um den Rabatt verminderten Betrag. Der Zieleinkaufspreis ist der Ausgangspunkt (Grundwert) und somit 100 % für die Skontoberechnung.

④ Alle Nebenkosten, die mit der Beschaffung der Waren zusammenhängen, fasst man unter dem Begriff **Bezugskosten** zusammen. Als Kosten sind sie zum Bareinkaufspreis hinzuzurechnen. Auch hier bleibt die Umsatzsteuer unberücksichtigt.

Die Begriffe **Listeneinkaufspreis, Einkaufspreis** und **Rechnungspreis** bedeuten inhaltlich dasselbe und werden synonym verwendet.

Schulbuch Kap. 4.2.2

9 Angebote qualitativ vergleichen und bewerten

Situation:

Heinrich KG
Büromöbel und Zubehör

Gisela Müller-Mut, Sicherheitsbeauftragte in der Heinrich KG, überprüft turnusgemäß Anfang März 20.. in der Einkaufsabteilung der Heinrich KG technische Einrichtungen. Sie bemängelt, dass bei drei Kopierern die Isolation von Strom führenden Leitungen im Inneren der Geräte defekt sind. Vom Abteilungsleiter Arno Bast verlangt sie, dass diese Kopierer entsorgt und durch neue Geräte ersetzt werden.

Herr Bast gibt deshalb dem Sachbearbeiter Knut Knorr den Auftrag, kurzfristig drei neue Kopierer zu beschaffen. Dieser schickt daraufhin konkrete Anfragen an regional bekannte Anbieter von Kopiergeräten. Bereits am 6. März 20.. erhält Knut Knorr per Postzustellung zwei Angebote:

Auszug aus dem Angebot der Dölling GmbH & Co. KG

...

Sehr geehrter Herr Knorr,

wir danken Ihnen für Ihre Anfrage über drei Kopiergeräte und bieten Ihnen das Modell „Office-Store" (Bestell-Nr.: OS-0102) an:

- Stromsparmodus mit Sorter (25-fach)
- netzwerkfähig
- ergonomisches Design und qualitativ gute Verarbeitung
- automatischer Duplexdruck

Der Preis beträgt 2.498,00 €/Stück (netto).
Bei der Abnahme von drei Kopiergeräten gewähren wir 15 % Rabatt.
Die Kopierer sind innerhalb einer Woche lieferbar.
Für die Lieferung von drei Kopiergeräten berechnen wir insgesamt 63,00 € Frachtkosten (netto).

Mit freundlichen Grüßen

Dölling GmbH & Co. KG

i. A. *Martin Trupke*

Martin Trupke

Auszug aus dem Angebot der Printus GmbH

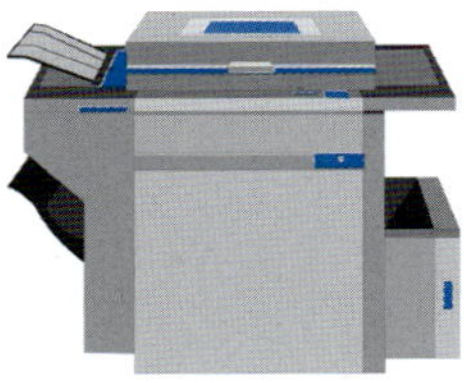

...

Sehr geehrter Herr Knorr,

wir danken Ihnen für Ihre Anfrage über drei Kopiergeräte.
Folgenden Kopierer können wir Ihnen zu einem sehr günstigen Preis anbieten:

- Modell „CopyMouse" (Bestellnummer: CM-2010)
  Preis: 2.695,00 € pro Stück netto
  - mit Sorter (25-fach) – maximale Kopiergröße DIN A3
  - Kopierleistung bis zu 50 Kopien pro Minute
  - Papiervorrat 2.500 Blatt DIN A3, 5.000 Blatt DIN A4
  - einfaches und dennoch elegantes Design

Der Preis gilt frei Haus

- Es gilt folgende Rabattstaffel: ab 3 Stück 20 %, ab 6 Stück 25 %, ab 9 Stück 30 %
- Die Garantiezeit beträgt fünf Jahre.
- Der Vor-Ort-Service erfolgt durch unseren eigenen Kundendienst.
- Die Rechnung ist innerhalb von 30 Tagen ab Rechnungsdatum zu begleichen; bei Zahlung innerhalb von 14 Tagen gewähren wir 3 % Skonto.

Mit freundlichen Grüßen

Printus GmbH

i. A. *Hilde Bensch*

Hilde Bensch

Arbeitsaufträge:

1. Führen Sie für die beiden Angebote einen Angebotsvergleich durch; verwenden Sie dazu das nachstehende Schema unter Einsatz der Fachbegriffe der Bezugskalkulation und MS Excel.

Fachbegriffe der Bezugskalkulation	Angebot Dölling GmbH & Co. KG	Angebot Printus GmbH
Listeneinkaufspreis		
– Liefererrabatt		
=		
–		
=		
+		
= Bezugspreis		
Bezugspreis pro Stück		

2. Neben dem reinen Vergleich des Bezugspreises werden bei der Heinrich KG auch qualitative Kriterien – wie etwa die „Zuverlässigkeit bei Terminen" oder die „Verpackungsentsorgung" – zur Entscheidungsfindung bei der Lieferantenauswahl herangezogen.

   Nennen Sie anhand der beiden Angebotsauszüge drei Kriterien des qualitativen Vergleichs!

   -
   -
   -

3. Entscheiden Sie sich begründet für einen der beiden möglichen Lieferanten!

4. Erteilen Sie dem von Ihnen favorisierten Lieferanten einen DIN-gerechten Auftrag mithilfe von MS Word! Schreiben Sie an den anderen Lieferanten, ebenfalls in MS Word eine normgerechte Absage!

   Angaben zur Erstellung der beiden Geschäftsbriefe:

   Dölling GmbH & Co. KG
   - Bamberger Straße 18 – 20, 28215 Bremen
   - Tel.: 0421 5596-317, FAX: 0421 5596-222
   - Bezugszeichen: tr

   Printus GmbH
   - Hoffstraße 115, 21079 Hamburg
   - Tel.: 040 3871-140, FAX: 040 3871-600
   - Bezugszeichen: be

5. In der Einkaufsabteilung der Heinrich KG wird die Beurteilung von Lieferanten auch in Form einer Nutzwertanalyse realisiert. Dabei werden die möglichen Alternativen anhand von relevanten Kriterien in einer Entscheidungsmatrix[1] beurteilt.

   Dies geschieht in der Weise, dass pro Lieferant für jedes Entscheidungskriterium eine Punktzahl (Bewertung) erteilt wird. Jedes Entscheidungskriterium erhält einen Gewichtungsfaktor (Gewicht), der mit der Punktzahl multipliziert wird. So ergibt sich eine gewichtete Punktzahl (Gesamt). Die Addition der gewichteten Punktzahlen je Lieferant kann abschließend verglichen werden. Der Lieferant mit der höchsten Punktzahl erhält den Zuschlag.

   Denkbare Entscheidungskriterien sind z. B.:

   - Bezugspreis
   - Zahlungsbedingungen
   - Lieferungsbedingungen
   - Termintreue
   - Standortnähe
   - Qualität der Ware
   - Lieferzeit
   - Lieferzuverlässigkeit
   - nachhaltige Lieferketten
   - Service

   5.1 Zur Beurteilung von drei möglichen Holzlieferanten der Heinrich KG liegt die folgende Entscheidungsmatrix vor:

Lieferantenbeurteilung		**Kahrs GmbH**		**Emil Elges KG**		**Elko Holz OHG**	
Entscheidungskriterien	Gewicht	Bewertung	Gesamt	Bewertung	Gesamt	Bewertung	Gesamt
Bezugspreis	30	*8*	240	*7*		*9*	
Zahlungsbedingungen*)	10	*6*		*8*		*8*	
Lieferungsbedingungen	10	*10*		*5*		*9*	
Termintreue	15	*7*		*10*		*10*	
Standortnähe	5	*5*		*7*		*7*	
Qualität der Ware	20	*10*		*10*		*8*	
Lieferzeit	10	*8*		*9*		*6*	
Summe	**100**						
Rangfolge der Lieferanten							

*) Falls das Kreditlimit bei den Banken ausgeschöpft ist, kann derjenige Lieferant besonders vorteilhaft sein, der Ratenzahlung einräumt. – Beachten Sie: Skonto ist bereits im Bezugspreis berücksichtigt!

   Übernehmen Sie die vorliegende Entscheidungsmatrix in MS Excel und werten Sie die Matrix mithilfe geeigneter Operatoren und Funktionen von MS Excel aus!

   5.2 Diskutieren Sie im Plenum darüber, Angebotsvergleiche und damit die Lieferantenauswahl auf diese Art durchzuführen!

1 Der Begriff der **Entscheidungsmatrix** wird in der Literatur nicht ganz einheitlich verwendet. Er wird teilweise mit dem Begriff der Entscheidungstabelle gleichgesetzt oder bezeichnet eine spezielle Form von Entscheidungstabellen, mit denen eine Gewichtung von Entscheidungsalternativen vorgenommen werden muss. Diese Gewichtung muss immer dann erfolgen, wenn die Kriterien für die Entscheidungsfindung nicht gleichrangig sind. Dies wird speziell dann der Fall sein, wenn nicht nur objektiv erfassbare Kriterien die Entscheidung beeinflussen, sondern auch subjektive Kriterien zu berücksichtigen sind.

10 Alternative Beschaffungswege prüfen

Schulbuch Kap. 4.3

Situation:

Bärbel Oswald, die den kaufmännischen Bereich in der Heinrich KG leitet, ist gegenwärtig neben der betrieblichen Arbeit mit einer Vielfalt von Strategiearbeiten beschäftigt. Heute hat sie Arno Bast, Abteilungsleiter Einkauf, in ihr Büro gebeten.

Heinrich KG
Büromöbel und Zubehör

„Das in der vorigen Woche von Ihnen auf der Geschäfts- und Bereichsleitungssitzung vorgestellte neue Konzept zur Beschaffung von Werkstoffen und Handelswaren ist bei allen Teilnehmenden gut angekommen“, beginnt Frau Oswald, *„allerdings sehe ich da noch mehr Potenzial für unser Unternehmen.*

Um die Bereitstellung aller erforderlichen Materialien sicherzustellen, sind neben einer effizienten Bestandsplanung auch alternative Beschaffungswege zu planen. Da die Nachhaltigkeit in der Beschaffung in unserem Unternehmensleitbild verankert ist, sind in die Überlegungen speziell Aspekte des Umweltschutzes sowie geeignete Schritte zur Schonung der natürlichen Lebensgrundlage mit einzubeziehen. Dies kann bereits bei der Auswahl eines alternativen Lieferanten selbst geschehen.

Die Entscheidung für alternative und umweltfreundlichere Beschaffungsobjekte bietet hier einen weiteren Hebel. Schließlich ist zu berücksichtigen, dass der Transport der Werkstoffe und Handelswaren Emissionen verursacht. Ein Anbieter in geografischer Nähe zur Heinrich KG ist insofern einem weiter entfernten vorzuziehen. Zudem sind viele kleinere Bestellmengen umweltschädlicher als wenige größere.

Herr Bast, prüfen Sie bitte bis zum nächsten Freitag, ob eine alternative Beschaffung von Materialien in erster Linie über Einkaufsgemeinschaften und die Strategie Local Sourcing für unser Unternehmen geeignet sind und welche Vor- und Nachteile diese Strategien beinhalten!“

Motiviert durch das positive Feedback auf seine Vorstellung des neuen Konzepts zur Beschaffung von Werkstoffen und Handelswaren macht sich Herr Bast sofort an die Arbeit.

Arbeitsaufträge:

1. Ermitteln Sie im Tandem Chancen und Risiken der oben genannten Beschaffungswege für die Heinrich KG! Befragen Sie dazu das Internet!

Beschaffungsweg	Chancen	Risiken
Local Sourcing (Lieferant „um die Ecke“)		
Einkaufsgemeinschaft (horizontale Kooperation)		

2. Ermitteln Sie – mithilfe des Internets – weitere alternative Beschaffungswege und überprüfen Sie diese auf ihre Eignung für die Heinrich KG!

Schulbuch Kap. 4.3

11 Paletten disponieren

Situation:

Theo Krämer, Gruppenleiter Einkauf in der Heinrich KG, erhält heute von der Palettenfabrik Ulrich Null KG aus Elmshorn ein schriftliches Angebot (Material 1) über die Lieferung von Einwegpaletten. Mit dem Auszubildenden Leon Laus will er gemeinsam die folgenden Arbeitsaufträge bearbeiten.

Heinrich KG
Büromöbel und Zubehör

Arbeitsaufträge:

1. Ermitteln Sie unter Berücksichtigung einer werkseitigen Lieferung und bei einer Zahlung unter Skontoabzug den Bezugspreis einer Einwegpalette bei einer ersten Bestellung von 800 Stück für das Jahr 20..!

Fachbegriffe der Bezugskalkulation	%	EUR
Listeneinkaufspreis		
– Liefererrabatt		
=		
–		
=		
+		
= Bezugspreis		
Bezugspreis pro Stück		

2. Ermitteln Sie unter Berücksichtigung einer werkseitigen Lieferung und bei einer Zahlung unter Skontoabzug den Bezugspreis einer Einwegpalette bei einer geschätzten Jahresabnahme von 12.000 Stück im Jahr 20..!

Fachbegriffe der Bezugskalkulation	%	EUR
Listeneinkaufspreis		
– Liefererrabatt		
=		
–		
=		
+		
= Bezugspreis		
Bezugspreis pro Stück		

Material 1: Angebot der Palettenfabrik Ulrich Null KG

ULRICH NULL KG
Palettenfabrik

Ihr Zeichen: kr
Ihre Nachricht vom: 15.02.20..
Unser Zeichen: be
Unsere Nachricht vom:

Ulrich Null KG · Peterstr. 31–33 · 25334 Elmshorn
Heinrich KG
Herrn Theo Krämer
Rahlstedter Str. 144
22143 Hamburg

Name: Christine Betz
Telefon: 041 4288-02
Telefax:
E-Mail: betz@u-null-kg.de

Datum: 20.02.20..

Angebot über Einwegpaletten

Sehr geehrter Herr Krämer,

wir danken Ihnen für Ihre Anfrage.

Gern unterbreiten wir Ihnen ein Angebot über Einwegpaletten,
Artikel Nr. 109911, 120 cm x 80 cm, aus Holz, genagelt.

Folgende Staffelpreise – bei einer Mindestabnahmemenge von 500 Stück – gelten:

- ab 500 Stück Abnahme 5,70 €/Stück
- ab 1.000 Stück Abnahme 5,50 €/Stück
- ab 2.000 Stück Abnahme 5,30 €/Stück

Bei einer Abnahme von mehr als 5.000 Stück gewähren wir Ihnen einen Rabatt von 6 %, bei einer Abnahme ab 12.000 Stück einen Rabatt von 8 % vom Listenverkaufspreis.

Die Preise zuzüglich 19 % Umsatzsteuer gelten ab Fabrik Elmshorn. Die Lieferung erfolgt auf Wunsch per Lkw durch die Spedition Sprinter OHG an Ihren Geschäftssitz in Hamburg gegen ein Frachtentgelt von 65,00 € je 100 Paletten zuzüglich 19 % Umsatzsteuer.

Unsere Rechnungen sind 30 Tage nach Rechnungsdatum netto Kasse oder binnen 10 Tagen abzüglich 3 % Skonto zu begleichen.

Erfüllungsort und Gerichtsstand für beide Teile ist Elmshorn. Unser Angebot ist gültig bis zum 30. Dezember 20..

Wir freuen uns auf Ihren Auftrag. Bei Auftragserteilung sichern wir Ihnen eine zuverlässige Ausführung Ihrer Bestellung zu.

Mit freundlichen Grüßen

Palettenfabrik Ulrich Null KG

i. A. *Christine Betz*

Christine Betz

Ulrich Null KG
Geschäftsführung: Ulrich Null
Amtsgericht Elmshorn: HRA 3804
St-Nr.: 14/231/8667
USt-ID Nummer: DE 59 859 2022

Bankverbindungen:
Sparkasse Elmshorn
IBAN: DE32 2215 0000 0212 8715 91
BIC:NOLADE21ELH

Volksbank Elmshorn
IBAN: DE20 2219 0030 0088 0470 33
BIC:GENODEF1ELM

3. Ermitteln Sie die kritische Menge, ab der es ökonomisch sinnvoll ist, mindestens 2.000 Stück zu bestellen!

4. Die Heinrich KG will ihre Lieferanten- und Artikeldatei nach Erhalt des Angebots aktualisieren.

   Nennen Sie drei Stammdaten, die für künftige Bestellungen in eine

   - Lieferantendatei
   - Artikeldatei

   aufgenommen werden sollten!

Lieferantendatei	Artikeldatei
➤ ______	➤ ______
➤ ______	➤ ______
➤ ______	➤ ______

5. Erläutern Sie die rechtlichen Auswirkungen, die sich – für die Heinrich KG – hinsichtlich der „Warenschuld" aus dem angegebenen Erfüllungsort ergeben!

6. Erläutern Sie die rechtlichen und wirtschaftlichen Auswirkungen der Lieferzeit aufgrund des vorliegenden Angebots für die Heinrich KG!

7. Theo Krämer will unbedingt die optimale Bestellmenge realisieren. Dabei legt er die folgenden „Annahmen" zugrunde:
   - es werden jährlich 12.000 Einwegpaletten benötigt,
   - die durchschnittlichen Lagerkosten je gelagerter Palette betragen 0,35 €,
   - je Bestellung fallen fixe Kosten in Höhe von 90,00 € an.

   7.1 Ermitteln Sie handschriftlich oder mithilfe von MS Excel die optimale Bestellmenge – in Anlehnung an das nachstehende Tabellenblatt!

Anzahl der Bestellungen	Bestellmenge in Stück	Ø Lagerbestand in Stück	Lagerhaltungs-kosten in €	Bestellkosten in €	Gesamtkosten in €
1					
2					
3					
4					
5					
6					
7					
8					
9					
10					
11					
12					

   7.2 Begründen Sie anschließend, wie die Heinrich KG bezüglich der Bestellungen künftig verfahren sollte!

8. Bei der Bestellung von fremdbezogenen Komponenten weicht die Heinrich KG häufig von der optimalen Bestellmenge ab. Nennen Sie hierfür drei Gründe!

➤ ______

➤ ______

➤ ______

9. Theo Krämer plant, in naher Zukunft für die Zustellung von Waren an die Kunden anstelle von Einwegpaletten geeignete Mehrwegpaletten zu verwenden.

   Diese Paletten sollen den Kunden als Leihverpackung mit 12,50 € je Palette in Rechnung gestellt werden. Da die Heinrich KG an der Rücksendung dieser Paletten interessiert ist, soll in alle Ausgangsrechnungen eine Formulierung aufgenommen werden, die einen ökonomischen Anreiz für die Rücksendung der Paletten schafft.

   Die Mehrwegpaletten können der Erfahrung nach durchschnittlich 10-mal eingesetzt werden; danach muss eine Ersatzbeschaffung vorgenommen werden.

   9.1 Nennen Sie drei Gründe, die für die geplante Umstellung sprechen, und formulieren Sie eine entsprechende Kondition, die genau eine Finanzierung der Ersatzbeschaffung ermöglicht!

➤ ______

______

➤ ______

______

➤ ______

______

Formulierung der Kondition:

______

______

______

______

______

   9.2 Erläutern Sie, inwiefern die Heinrich KG die Vorgaben des Verpackungsgesetzes (VerpackG) zu berücksichtigen hat! Informieren Sie sich dazu im VerpackG, §§ 7 + 9!

______

______

12 Geschäftsfähigkeit, Nichtigkeit und Anfechtbarkeit von Verträgen prüfen

Schulbuch Kap. 5.3

Situation:

Leon Laus, Auszubildender bei der Heinrich KG, unterstützt seit drei Wochen Kornelia Schulze im unternehmenseigenen Verkaufs-Shop. Hier bietet die Heinrich KG einmal in der Woche Privatpersonen die Möglichkeit, kleinere Büromöbel (Einzel-Schreibtische, Stühle, Regale usw.) für den Eigenbedarf zu kaufen. Die gekauften Waren werden gegen Zahlung einer Versandpauschale von der Heinrich KG ausgeliefert.

Heinrich KG
Büromöbel und Zubehör

Heute kommt Leon besonders gut gelaunt zur Arbeit. Stolz verkündet er seiner Ausbilderin, dass sein Freund Frank am Nachmittag den Verkaufs-Shop besuchen wird. Frank will endlich seinen uralten Schreibtisch gegen einen neuen eintauschen. Da Leon ihm von der neuen Produktlinie Future vorgeschwärmt hat, möchte sich Frank heute die verschiedenen Modelle ansehen und – wenn sie ihm gefallen – gleich einen Schreibtisch kaufen. Er hat zwar nicht genügend Geld gespart, könnte aber von seinem Aushilfsjob problemlos die von der Heinrich KG angebotene Ratenzahlung erfüllen.

Frau Schulze erfährt von Leon, dass sein Freund Frank 16 Jahre alt ist und seine Eltern mit dem Kauf des neuen Schreibtisches überraschen möchte. Nach diesen Informationen wirkt sie – sehr zum Erstaunen von Leon – etwas nachdenklich. Verärgert will sich Leon abwenden, aber Frau Schulze bittet ihn zu bleiben und erklärt ihm, dass sein Engagement zwar sehr begrüßenswert, der mögliche Kauf des Schreibtisches durch seinen Freund aber nicht ganz unproblematisch sei.

Da Leon nicht versteht, wo hier das Problem besteht, erklärt ihm Frau Schulze, dass sein Freund Frank aufgrund seines Alters einen Schreibtisch zu diesem Preis nicht allein kaufen kann. Sie bittet Leon, sich in die Thematik einzuarbeiten.

Arbeitsaufträge:

1. Informieren Sie sich mithilfe von Material 1 über die Stufen der Geschäftsfähigkeit und komplettieren Sie die folgende Übersicht!

Stufen der Geschäftsfähigkeit	Erläuterung	Folgen
Geschäftsunfähigkeit		

Stufen der Geschäfts-fähigkeit	Erläuterung	Folgen
beschränkte Geschäfts-fähigkeit		
unbeschränkte Geschäfts-fähigkeit		

2. Informieren Sie sich über die Begriffe „Nichtigkeit“ und „Anfechtbarkeit“ und beurteilen Sie den geplanten Schreibtischkauf in rechtlicher Hinsicht!

3. Erarbeiten Sie Lösungen, die dazu führen, dass der Schreibtischkauf durch Frank rechtlich bindend ist!

Material 1: Informationsschreiben der Kanzlei Paulus & Partner

KANZLEI PAULUS & PARTNER

Unter Geschäftsfähigkeit versteht man die Fähigkeit einer Person, Willenserklärungen rechtswirksam abgeben, entgegennehmen (also empfangen) und widerrufen zu können.

Um Minderjährige zu schützen, hat der Gesetzgeber einige Vorschriften erlassen. Man unterscheidet hier Geschäftsfähigkeit, beschränkte Geschäftsfähigkeit sowie unbeschränkte Geschäftsfähigkeit:

a) Geschäftsunfähigkeit

Geschäftsunfähig sind Kinder bis zur Vollendung des siebenten Lebensjahres (also erst am siebten Geburtstag endet die Geschäftsunfähigkeit, § 104 Nr. 1 BGB) und Personen, die sich in einem dauernden Zustand krankhafter Störung der Geistestätigkeit befinden (§ 104, Nr. 2 BGB).

Diese Personen brauchen daher jemanden, der für sie handelt. Bei Kindern sind das in der Regel die Eltern, bei volljährigen Personen ein vom zuständigen Gericht bestimmter gesetzlicher Vertreter. Der Personenkreis kann keinerlei rechtswirksame Willenserklärungen abgeben. Verträge, die diese Person schließt, sind immer nichtig, also von Anfang an ungültig.

b) Beschränkte Geschäftsfähigkeit

Beschränkt geschäftsfähig sind Minderjährige, die zwar das siebente Lebensjahr, aber noch nicht das achtzehnte Lebensjahr vollendet haben (§ 106 BGB).

Die meisten Rechtsgeschäfte, die beschränkt geschäftsfähige Personen abschließen, sind schwebend unwirksam, solange die Zustimmung des gesetzlichen Vertreters fehlt. Geschlossene Verträge sind dann noch nicht gültig, wohl aber genehmigungsfähig.

Wird die Genehmigung verweigert, ist der Vertrag von Anfang an ungültig, wird sie erteilt, ist der Vertrag von Anfang an wirksam. Für die Zustimmung haben die gesetzlichen Vertreter 14 Tage Zeit.

Die Zustimmung der gesetzlichen Vertreter kann auch bereits im Voraus erteilt werden, man bezeichnet dies als Einwilligung.

Ausnahmen, bei denen keine Zustimmung der gesetzlichen Vertreter vorliegen muss:

- Willenserklärungen, die ausschließlich rechtliche Vorteile mit sich bringen (Schenkungen ohne Gegenleistung; Beispiel: Thomas bekommt von seiner Großmutter 20,00 € geschenkt). Ist mit der Schenkung aber eine Verpflichtung verbunden, gilt diese nicht als Willenserklärung, die keine rechtlichen Nachteile mit sich bringt (Beispiel: Klaus bekommt von seinem Onkel 20,00 €, muss dafür aber in den Sommerferien den Rasen mähen).
- Beschränkt geschäftsfähige Minderjährige können wirksam Rechtsgeschäfte eingehen, die sie mit Mitteln bewirken, die ihnen zu diesem Zweck oder zur freien Verfügung vom gesetzlichen Vertreter oder mit dessen Zustimmung von Dritten überlassen worden sind. Man spricht hier auch von dem sogenannten „Taschengeldparagrafen".

  Klar geregelt ist, dass Abzahlungsgeschäfte (Ratenzahlungskäufe) hier nicht gemeint sind. Diese benötigen in jedem Fall die Zustimmung der gesetzlichen Vertreter. Das Sparen des Taschengeldes ist generell erlaubt. Das BGB schreibt nicht vor, für wie viel Geld der Minderjährige einkaufen darf. Bei teuren Anschaffungen jedoch wird der Verkäufer in der Regel die Zustimmung der gesetzlichen Vertreter verlangen, um für sich Rechtssicherheit herzustellen. Er ist nicht zum Abschluss eines Vertrages verpflichtet und das Risiko der Rückabwicklung läge sonst bei ihm, wenn die Eltern das Geschäft nachträglich rückgängig machten.
- Rechtsgeschäfte im Rahmen eines Dienst- oder Arbeitsverhältnisses.
- Beschränkt geschäftsfähige Minderjährige können wirksam Rechtsgeschäfte eingehen, die der Betrieb eines selbstständigen Erwerbsgeschäfts mit sich bringt, wenn der gesetzliche Vertreter sie dazu ermächtigt hat.

c) Unbeschränkte Geschäftsfähigkeit

Unbeschränkt geschäftsfähig sind Personen, die das achtzehnte Lebensjahr vollendet haben (§ 2 BGB). Ausnahmen gibt es nur bei dauernder Störung der Geistestätigkeit. Die Person kann jedes Rechtsgeschäft rechtsgültig abschließen.

Auch Verträge, die unbeschränkt geschäftsfähige Personen abschließen, sind nicht immer gültig. Man unterscheidet hier Nichtigkeit und Anfechtbarkeit.

Nichtigkeit:

Nichtige Willenserklärungen sind von Anfang an ungültig und haben keine Rechtsfolgen. Folgende Mängel können dazu führen, dass ein Vertrag nichtig ist:

- Mangel in der Geschäftsfähigkeit
- Mangel im rechtsgeschäftlichen Willen
- Mangel im Inhalt des Rechtsgeschäfts
- Mangel in der Form

Anfechtbarkeit:

Anfechtbare Willenserklärungen können im Nachhinein durch Anfechtung ungültig werden. Bis zur Anfechtung sind sie gültig.

Rechtsgeschäfte können aus folgenden Gründen angefochten werden:

- Anfechtung wegen eines Irrtums

  Wichtig: Die Anfechtung muss in allen oben genannten Fällen unverzüglich nach der Entdeckung des Anfechtungsgrundes erfolgen. Der Anfechtende ist aber verpflichtet, dem Vertragspartner den Schaden zu ersetzen, der diesem im Glauben auf die Gültigkeit des Vertrages bereits entstanden ist.
- Anfechtung wegen arglistiger Täuschung

  Wichtig: Die Anfechtung wegen arglistiger Täuschung muss innerhalb eines Jahres nach Entdeckung erfolgen.
- Anfechtung wegen widerrechtlicher Drohung

  Wichtig: Die Anfechtung wegen widerrechtlicher Drohung muss innerhalb eines Jahres vom Wegfall der Zwangslage gerechnet erfolgen.

Schulbuch Kap. 5.4

13 Über Eigen- und Fremdlagerung entscheiden

Situation:

Die Geschäftsführerin Gerda Heinrich hat im Einvernehmen mit der Bereichsleiterin Bärbel Oswald beschlossen, die Warengruppe „Organisationsmittel“ in das Absatzprogramm der Heinrich KG aufzunehmen. Aus diesem Grund werden ca. 900 m² Lagerfläche benötigt, davon stehen 500 m² eigener Lagerraum zur Verfügung.

Heinrich KG
Büromöbel und Zubehör

Frau Heinrich und Frau Oswald sind sich nicht darüber einig, ob der „fehlende“ Lagerraum auf dem Betriebsgelände neu gebaut oder ob der Lagerraum angemietet werden soll.

Frau Heinrich, die grundsätzlich für eine Anmietung des Lagerraums bei einem Lagerhalter[1] ist, hat unerwartet einen geeigneten Lagerraum gefunden, der in unmittelbarer Nähe zum Standort der Heinrich KG liegt. Sie einigt sich rasch mit dem Lagerhalter auf einen jährlichen Mietpreis von 40,00 € pro m².

Als Frau Oswald von dem Mietvertrag erfährt, ist sie sehr aufgebracht: *„So viel Geld für ein Lager! Hätten wir das Lager selbst gebaut, könnten wir jeden Monat viel Geld sparen, denn ein eigenes Lager kostet uns nicht so viel.“* Frau Heinrich kontert: *„Ein eigenes Lager verursacht möglicherweise sogar höhere Kosten und Risiken als ein Fremdlager – denken Sie darüber mal in Ruhe nach.“*

Weitere Daten für die Entscheidung:

- Fixe Kosten: 8.000 € pro Jahr
- Variable Kosten (Verwaltungskosten): 24,00 € pro m² des Lagergutes

Arbeitsaufträge:

1. Führen Sie drei Gründe auf, die für die Ansicht der Geschäftsführerin Gerda Heinrich sprechen!

   ➤ ______________________________

   ____

   ____

   ➤ ______________________________

   ____

   ____

   ➤ ______________________________

   ____

   ____

1 Der **Lagerhalter** ist – soweit er nach Art oder Umfang über einen in kaufmännischer Weise eingerichteten Geschäftsbetrieb verfügt – ein selbstständiger Kaufmann, der gewerbsmäßig ständig oder fallweise die Einlagerung und Aufbewahrung von Gütern für andere übernimmt. Rechte und Pflichten des Lagerhalters sind in den §§ 388 ff. des HGB geregelt.
Pflichten des Lagerhalters sind: Sorgfaltspflicht, Zutrittsgewährung, Benachrichtigungspflicht, Haftpflicht und Herausgabepflicht.
Rechte des Lagerhalters sind: Kündigungsrecht, Entschädigungsrecht, Pfandrecht, Notverkauf und Selbsthilfeverkauf.

2. Erläutern Sie kurz, welche Kosten und Risiken der Heinrich KG durch die Unterhaltung eines eigenen Lagers entstehen!

3. Ermitteln Sie zunächst rechnerisch die „kritische" Lagerfläche bzw. die „kritische" Lagermenge und entscheiden Sie sich dann begründet für die Fremd- oder Eigenlagerung!

Entscheidung (mit Begründung):

4. Stellen Sie den Verlauf der Kosten bei Eigen- und Fremdlagerung wie unten dargestellt mithilfe von MS Excel zunächst tabellarisch und dann auch grafisch dar!

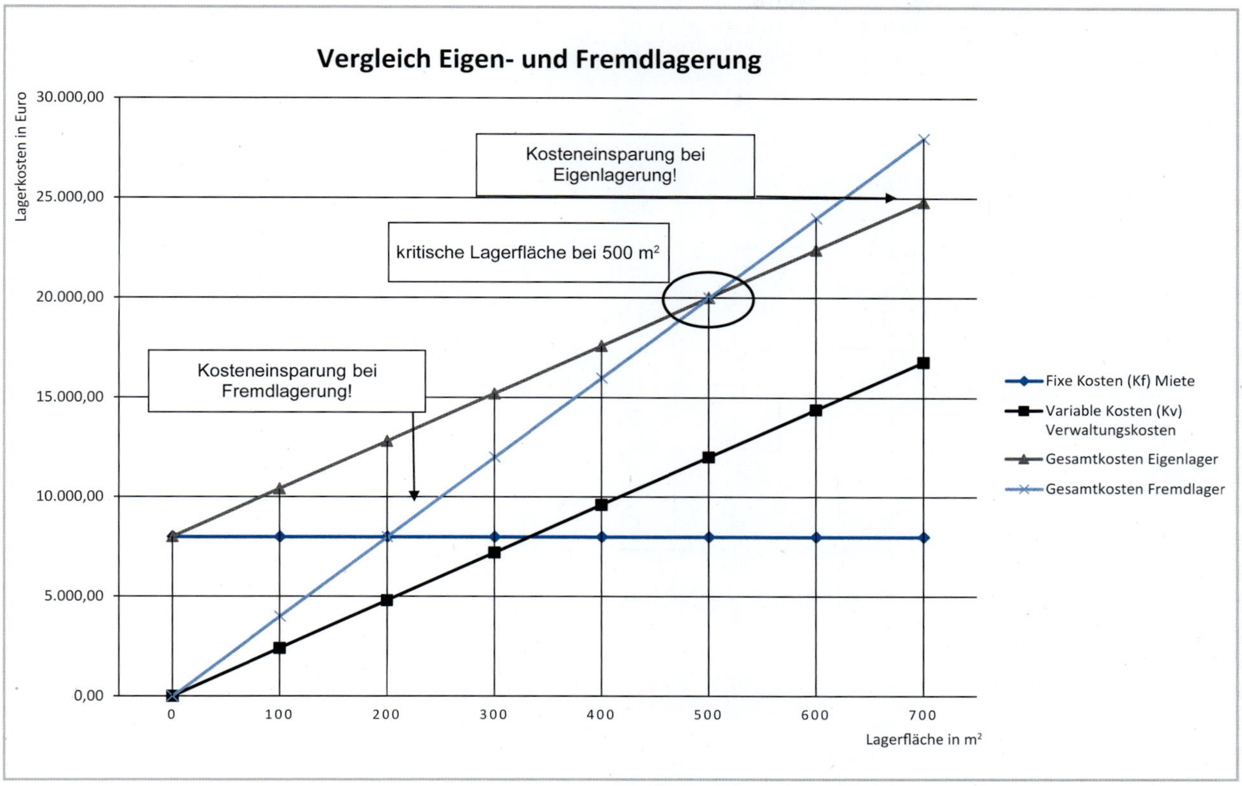

5. Die Heinrich KG beauftragte die Unternehmensberaterin Sonja Stern, Möglichkeiten zur Kosteneinsparung aufzuzeigen. Unter anderem wurden die Lagerkosten analysiert. Die Heinrich KG betreibt zurzeit ein Festplatzlager mit 700 m² Lagerfläche. Die Unternehmensberaterin ermittelte folgende, durch das Lager verursachte monatliche Kosten:

Miete	9,00 € pro m²
Lohnkosten für drei Lagerarbeiter	2.150,00 € pro Person
Versicherungen	690,00 €
Abschreibung für Lagereinrichtungen	1.400,00 €
Energiekosten	4,20 € pro m²
Sonstige Lagerverwaltungskosten	770,00 €

5.1 Sonja Stern schlägt vor, die Lagerhaltung auf ein „chaotisches Lagersystem“ umzustellen. Nennen Sie zwei Vorteile dieses Freiplatzsystems gegenüber dem Festplatzsystem!

➤ ____________________

____

____

➤ ____________________

____

____

5.2 Eine weitere Chance, Kosten zu senken, sieht Sonja Stern in der Auflösung des Eigenlagers und der Einlagerung bei einem Lagerhalter. Der Lagerhalter hält ein Lager von 700 m^2 für die Heinrich KG vor. Die Einlagerung bei diesem Lagerhalter kostet monatlich 25,00 € pro m^2. Entscheiden Sie nach entsprechender nachvollziehbarer Berechnung, ob sich ein Fremdlager für die Heinrich KG unter derzeitigen Kostenbedingungen lohnen würde!

5.3 Unabhängig von Kostenaspekten entscheidet die Geschäftsleitung der Heinrich KG, das Eigenlager beizubehalten. Führen Sie zwei Gründe an, die diese Entscheidung stützen.

➤ ___

➤ ___

Schulbuch Kap. 5.4

14 Die Lagerhaltung analysieren und optimieren

Situation:

Gerda Heinrich, Geschäftsführerin der Heinrich KG, ist in diesem Geschäftsjahr mit den Warenumsätzen insgesamt sehr zufrieden. Die Lagerkosten sind ihr jedoch zu hoch.

Sie weist aus diesem Grund die für die Lagerverwaltung zuständige Sachbearbeiterin Elke Ems an, die Bestände aller Artikel zu analysieren. Insbesondere soll Elke Ems für die Artikel, die im Vorjahr neu in das Absatzprogramm der Heinrich KG aufgenommen wurden, die Lagerbestandsentwicklung ausdrucken und folgende Lagerkennzahlen ermitteln:

- durchschnittlicher Lagerbestand,
- Umschlagshäufigkeit,
- durchschnittliche Lagerdauer,
- Lagerzinssatz.

Heinrich KG
Büromöbel und Zubehör

Durch den Vergleich der ermittelten Werte mit den Kennzahlen von Konkurrenzbetrieben der gleichen Branche lassen sich Rückschlüsse auf die Wirtschaftlichkeit der Lagerhaltung ziehen.

Elke Ems beginnt ihre Arbeit mit der Analyse des Ausdrucks für die Schreibtischlampe Luna.

Artikel-Nr. B-2103137		**Höchstbestand** 360	**Bemerkungen** neu im Absatzprogramm		
Artikelbezeichnung Luna, Schreibtischlampe		**Meldebestand**	**Bezugspreis pro Stück:** 62,00 €		
DATUM	BELEG-NR	TEXT	ZUGANG	ABGANG	BESTAND
01.01.20..	Inventurliste	Jahresanfangsbestand			260
29.01.20..	LS-AR-0023	Verkauf an Junges Wohnen GmbH		60	200
04.02.20..	LS-AR-0034	Verkauf an Möblix GmbH		70	130
03.03.20..	LS-AR-0087	Verkauf an Gertrud Brandt KG		90	40
02.04.20..	LS-ER-0067	Einkauf von Lenz KG	180		220
07.05.20..	LS-AR-0054	Verkauf an Westmoor KG		65	155
04.06.20..	LS-AR-0073	Verkauf an Gertrud Brandt KG		80	75
10.07.20..	LS-ER-0139	Einkauf von Lenz KG	95		170
13.08.20..	LS-AR-0123	Verkauf an Möblix GmbH		45	125
06.09.20..	LS-AR-0202	Verkauf an Innovation AG		60	65
12.10.20..	LS-AR-0220	Verkauf an Junges Wohnen GmbH		10	55
04.11.20..	LS-ER-0185	Einkauf von Lenz KG	305		360
13.11.20..	LS-AR-0259	Verkauf an Möblix GmbH		130	230
02.12.20..	LS-AR-0303	Verkauf an Innovation AG		95	135
31.12.20..	Inventurliste	Jahresendbestand			135

Hinweis:

Ein aktueller Branchenvergleich zeigt, dass die Umschlagshäufigkeit der Konkurrenzbetriebe bei ähnlichen Produkten 10 beträgt.

Arbeitsaufträge:

1. Informieren Sie sich mithilfe des Auszugs aus der Broschüre der Unternehmensberatung Leander Lenz & Partner (Material 1) über die Berechnung und Bedeutung der wichtigsten Lagerkennzahlen!

Material 1: Auszug aus der Broschüre „Jetzt optimiere ich meine Lagerhaltung selbst!"

LEANDER LENZ & PARTNER
Unternehmensberatung

Ø Lagerbestand

Der durchschnittliche Lagerbestand gibt an, wie hoch die Vorräte durchschnittlich im Laufe eines Geschäftsjahres sind. Er kann als Mengengröße bzw. als Wertgröße errechnet werden.

$$\text{Ø Lagerbestand} = \frac{\text{Jahresanfangsbestand} + \text{12 Monatsendbestände}}{13}$$

oder

$$= \frac{\text{Wareneinsatz}}{\text{Lagerumschlagshäufigkeit}}$$

Lagerumschlagshäufigkeit

Die Lagerumschlagshäufigkeit gibt das Verhältnis aus Verbrauch pro Zeiteinheit und dem durchschnittlichen Lagerbestand an, und zeigt, wie oft ein Lager innerhalb einer bestimmten Zeiteinheit komplett gefüllt und geleert wurde. Die Kennziffer kann mengen- oder wertmäßig ermittelt werden. Geringe Werte bedeuten eine hohe Verweildauer der Ware im Lager und sind ein Indiz für hohe Sicherheitsbestände. Diese wirken sich negativ auf die Kapitalbindung aus.

$$\text{Lagerumschlagshäufigkeit} = \frac{\text{Lagerabgänge}}{\text{durchschnittlicher Lagerbestand}}$$

oder

$$= \frac{\text{Jahresabsatz}}{\text{durchschnittlicher Lagerbestand}}$$

oder

$$= \frac{\text{Wareneinsatz}}{\text{durchschnittlicher Lagerbestand zu Einstandspreisen}}$$

Ø Lagerdauer

Die durchschnittliche Lagerdauer gibt Auskunft über die Situation im Lager bzw. die Entwicklung der Kapitalbindung im Lager. Sie zeigt auf, wie lange die Vorräte – und damit auch das dafür benötigte Kapital – durchschnittlich im Lager gebunden sind. Je kürzer die Lagerdauer einer Ware desto besser, da das Lagern der Ware laufende Kosten verursacht, Platz benötigt und dies die Ware verteuern kann.

$$\text{Ø Lagerdauer} = \frac{\text{360 Tage} \cdot \text{durchschnittlicher Lagerbestand}}{\text{Verbrauch (pro Jahr)}}$$

oder

$$= \frac{\text{360 Tage}}{\text{Lagerumschlagshäufigkeit}}$$

Lagerzinssatz

Der Lagerzinssatz gibt an, wie viel Prozent Zinsen das im durchschnittlichen Lagerbestand gebundene Kapital während der durchschnittlichen Lagerdauer kostet.

$$\text{Lagerzinssatz} = \frac{\text{Zinssatz (p. a.)} \cdot \text{durchschnittliche Lagerdauer (in Tagen)}}{\text{360 Tage}}$$

Lagerzinsen

Die Lagerzinsen geben an, wie viel Zins dem Unternehmer während der Lagerdauer entgeht. Das Kapital ist im Lager gebunden und kann deshalb nicht verzinslich angelegt werden. Zur Berechnung der Lagerzinsen wird der Lagerzinssatz herangezogen.

$$\text{Lagerzinsen} = \text{Ø Lagerbestand} \cdot \text{Einstandspreis} \cdot \text{Lagerzinssatz}$$

2. Ermitteln Sie den Meldebestand für den Artikel „Schreibtischlampe Luna“!

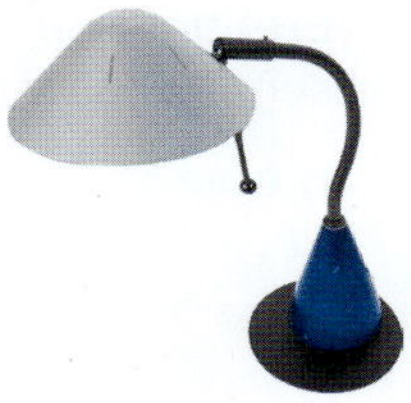

Berücksichtigen Sie dabei die folgenden Informationen:
- Lieferzeit: 5 Tage
- Ø Tagesverbrauch: 4 Einheiten
- Mindestbestand: 25 Einheiten

3. Berechnen Sie für den Artikel „Schreibtischlampe Luna“
   3.1 den durchschnittlichen Lagerbestand – unter Berücksichtigung der Monatsendbestände!

   3.2 die Umschlagshäufigkeit!

4. Der durchschnittliche Lagerbestand zählt zu den zentralen Kennzahlen einer wirtschaftlichen Lagerhaltung. Erläutern Sie drei Maßnahmen, durch die der durchschnittliche Lagerbestand gesenkt werden kann!

-
-
-

5. Ermitteln Sie die durchschnittliche Lagerdauer des Artikels „Schreibtischlampe Luna" und die Zinsen für das von diesem Artikel durchschnittlich im Lager gebundene Kapital!

   Hinweis: Der Controller Peter Platte gibt an, dass der Ø Jahreszinssatz 6,5 % betrug.

6. Elke Ems meint, die hohen Lagerkosten liegen in der sehr niedrigen Umschlagshäufigkeit begründet. Nennen Sie drei Maßnahmen, die durch die Verkaufsabteilung initiiert werden könnten, um die Umschlagshäufigkeit dem Branchenwert von 10 anzunähern!

   ➤ ______

   ➤ ______

   ➤ ______

7. In der Heinrich KG haben sich bei der Lagerhaltung das Festplatzsystem und das System der chaotischen Lagerhaltung bewährt. Erläutern Sie diese beiden Lagerhaltungssysteme!

Festplatz-system	
chaotische Lagerhaltung	

8. Führen Sie mithilfe von MS Excel für die „Schreibtischlampe Luna" die Berechnung

- der Wareneinsatzmenge,
- des durchschnittlichen Tagesverbrauchs,
- des Meldebestands,
- des durchschnittlichen Lagerbestands,
- der Umschlagshäufigkeit,
- der durchschnittlichen Lagerdauer und
- der Zinsen für das durchschnittlich im Lager gebundene Kapital

auf der Grundlage des nachfolgend abgebildeten Tabellenblatts durch!

	A	B	C	D	E	F
1	Artikel-Nr.		Höchstbestand	Bemerkungen		
2	B-2103137		360	neu im Absatzprogramm		
3	Artikelbezeichnung		Meldebestand	Bezugspreis pro Stück:		
4	Luna, Schreibtischlampe			62,00 €		
5						
6	DATUM	BELEG-NR	TEXT	ZUGANG	ABGANG	BESTAND
7	01.01.20..	Inventurliste	Jahresanfangsbestand			260
8	29.01.20..	LS-AR-0023	Verkauf an Junges Wohnen GmbH		60	200
9	04.02.20..	LS-AR-0034	Verkauf an Möblix GmbH		70	130
10	03.03.20..	LS-AR-0087	Verkauf an Gertrud Brandt KG		90	40
11	02.04.20..	LS-ER-0067	Einkauf von Lenz KG	180		220
12	07.05.20..	LS-AR-0054	Verkauf an Westmoor KG		65	155
13	04.06.20..	LS-AR-0073	Verkauf an Gertrud Brandt KG		80	75
14	10.07.20..	LS-ER-0139	Einkauf von Lenz KG	95		170
15	13.08.20..	LS-AR-0123	Verkauf an Möblix GmbH		45	125
16	06.09.20..	LS-AR-0202	Verkauf an Innovation AG		60	65
17	12.10.20..	LS-AR-0220	Verkauf an Junges Wohnen GmbH		10	55
18	04.11.20..	LS-ER-0185	Einkauf von Lenz KG	305		360
19	13.11.20..	LS-AR-0259	Verkauf an Möblix GmbH		130	230
20	02.12.20..	LS-AR-0303	Verkauf an Innovation AG		95	135
21	31.12.20..	Inventurliste	Jahresendbestand			135
22						
23			Wareneinsatzmenge:			
24			Ø Tagesverbrauch:			
25			Meldebestand:			
26			Ø Lagerbestand: (Monatsendbestände)			
27			Umschlagshäufigkeit:			
28			Ø Lagerdauer			
29			Zinsen für das durchschnittlich			
30			im Lager gebundene Kapital:			
31			Kalkulatorischer Jahreszinssatz in %:	6,50		
32			Bezugspreis:	62,00 €		

Formelvorschläge:

	E	F
23		
24		**=RUNDEN(E24;0)**
25		
26	**=RUNDEN((F7+SUMME(F8:F17)+F19+F21)/13;2)**	**=RUNDEN(E26;0)**
27	**=RUNDEN(SUMME(E7:E21)/F26;2)**	**=RUNDEN(E27;0)**
28		
29		
30		
31		

Schulbuch Kap. 6.2

15 Mit einer mangelhaften Lieferung (Schlechtleistung) rechtssicher umgehen

Situation:

Die neue Warengruppe „Ordnungsmittel" entwickelt sich bei der Heinrich KG überdurchschnittlich gut. Neben traditionellen Stehsammlern werden u. a. Schubladenboxen im DIN-A4-Format und Utensilienboxen mit Deckel angeboten.

Heinrich KG
Büromöbel und Zubehör

Inhalte einer Bestellung bei der Langen GmbH & Co. KG (vgl. Informationen zur Heinrich KG, S. 12) aus dem Monat Mai waren:

- 10.000 Stehsammler mit Griffloch aus stabiler Mikrowellpappe
- 5.000 Schubladenboxen mit drei Schubladen aus gewachster Wellpappe im DIN-A4-Querformat
- 3.000 Schubladenboxen mit drei Schubladen aus gewachster Wellpappe im DIN-A4-Langformat
- 6.000 Utensilienboxen mit Deckel 20 cm x 30 cm

Alle Lieferungen der Langen GmbH & Co. KG wurden bisher zur Zufriedenheit der Heinrich KG ausgeführt. Die Sachbearbeiterin im Einkauf, Bahar Akbaba, ist deshalb sehr erstaunt, als sie vom Abteilungsleiter des Lagers, Ralf Fichte, den folgenden Wareneingangsschein erhält:

<table>
<tr><th colspan="2">Heinrich KG</th><th colspan="3">Wareneingang</th><th>Lfd. Nr. 4456</th></tr>
<tr><td colspan="2">Lieferant</td><td colspan="2">Langen GmbH & Co. KG</td><td>Auftrags-Nr.</td><td>24325-10</td></tr>
<tr><td>Datum</td><td>Anzahl</td><td>Verpackungsart</td><td>Artikel
Material-Nr.</td><td>Menge
Einheit</td><td>Bemerkungen
Mängel</td></tr>
<tr><td rowspan="4">21.05.
20..</td><td rowspan="4">1</td><td rowspan="4">Gitterbox
DIN 15 155 – UIC 435/3 nach EPAL – bundesbahntauschfähig</td><td>Stehsammler aus Mikrowellpappe mit Griffloch</td><td>10.000 Stück</td><td>Griffloch fehlt!</td></tr>
<tr><td>Schubladenboxen mit drei Schubladen Wellpappe, gewachst, A4-Querformat</td><td>5.000 Stück</td><td>Bei 1.000 Schubladenboxen ist die Umverpackung eingerissen!
Die Schubladenboxen selbst sind unversehrt!</td></tr>
<tr><td>Schubladenboxen mit drei Schubladen Wellpappe, gewachst, A4-Langformat</td><td>3.000 Stück</td><td>Die Oberfläche von allen Schubladenboxen ist nicht gewachst!</td></tr>
<tr><td>Utensilienboxen mit Deckel (20 cm x 30 cm)</td><td>6.000 Stück</td><td>Fehlmenge von 1.000 Stück!</td></tr>
<tr><td colspan="3">Ware am 21.05.20.. angenommen:
G. Klöpper</td><td colspan="3">Ware am 21.05.20.. geprüft:
G. Klöpper</td></tr>
</table>

Arbeitsaufträge:

1. Informieren Sie sich in Ihrem Schulbuch oder im Internet (Rechtsquellen: §§ 434, 435 BGB) über die Definition des Begriffs „Mangelfreiheit" und stellen Sie fest, welche Mängelarten im Wareneingangsschein aufgeführt sind!

   Nutzen Sie dazu die Tabelle auf der nächsten Seite!

   1.1 Vervollständigen Sie die nachfolgenden Tabellen zu den Begriffen **Rechtsmangel** und **Sachmangel**!

Rechtsmangel (§ 435 BGB)

Sachmangel: allgemeine Definition (§ 434 I BGB)

Sachmangel nach ...			
... § 434 II BGB (subjektive Anforderungen)	... § 434 III BGB (objektive Anforderungen)	... § 434 IV BGB (Montage-anforderungen)	... § 434 V BGB (Aliud)
Vertraglich vereinbart!	Nicht vertraglich vereinbart, aber üblich bzw. erwartbar!		

1.2 Stellen Sie fest, welche Mängelarten im Wareneingangsschein aufgeführt sind!

Bemerkungen / Mängel laut Wareneingangsschein	**Mangelart**
10.000 Stehsammler besitzen kein Griffloch!	
1.000 Schubladenboxen mit drei Schubladen im DIN-A4-Querformat aus gewachster Wellpappe haben eine eingerissene Umverpackung!	
3.000 Schubladenboxen mit drei Schubladen im DIN-A4-Langformat aus Wellpappe sind nicht gewachst!	
1.000 Utensilienboxen mit Deckel (20 cm x 30 cm) fehlen!	

2. Begründen Sie, wie lange die Sachbearbeiterin Bahar Akbaba Zeit hat, die bei der Lieferung aufgetretenen Mängel bei der Langen GmbH & Co. KG zu rügen!

3. Konstruieren Sie für die oben geschilderte Ausgangssituation einen versteckten Mangel!

4. Ergänzen Sie mithilfe Ihres Schulbuchs oder der Internetadresse **http://dejure.org/** die unten stehende Übersicht!

Schlechtleistung – Rechtsquellen: § 377 HGB		
Pflichten des Käufers	Zweiseitiger Handelskauf	Einseitiger Handelskauf und bürgerlicher Kauf
Prüfpflicht		
Rügepflicht		
Feststellung von ➤ offenen Mängeln, ➤ versteckten Mängeln, ➤ arglistig verschwiegenen Mängeln.		

5. Informieren Sie sich mithilfe Ihres Schulbuchs oder des BGB (§ 437) über die Gewährleistungsrechte des Käufers bei einer Schlechtleistung und vervollständigen Sie das folgende Strukturmodell!

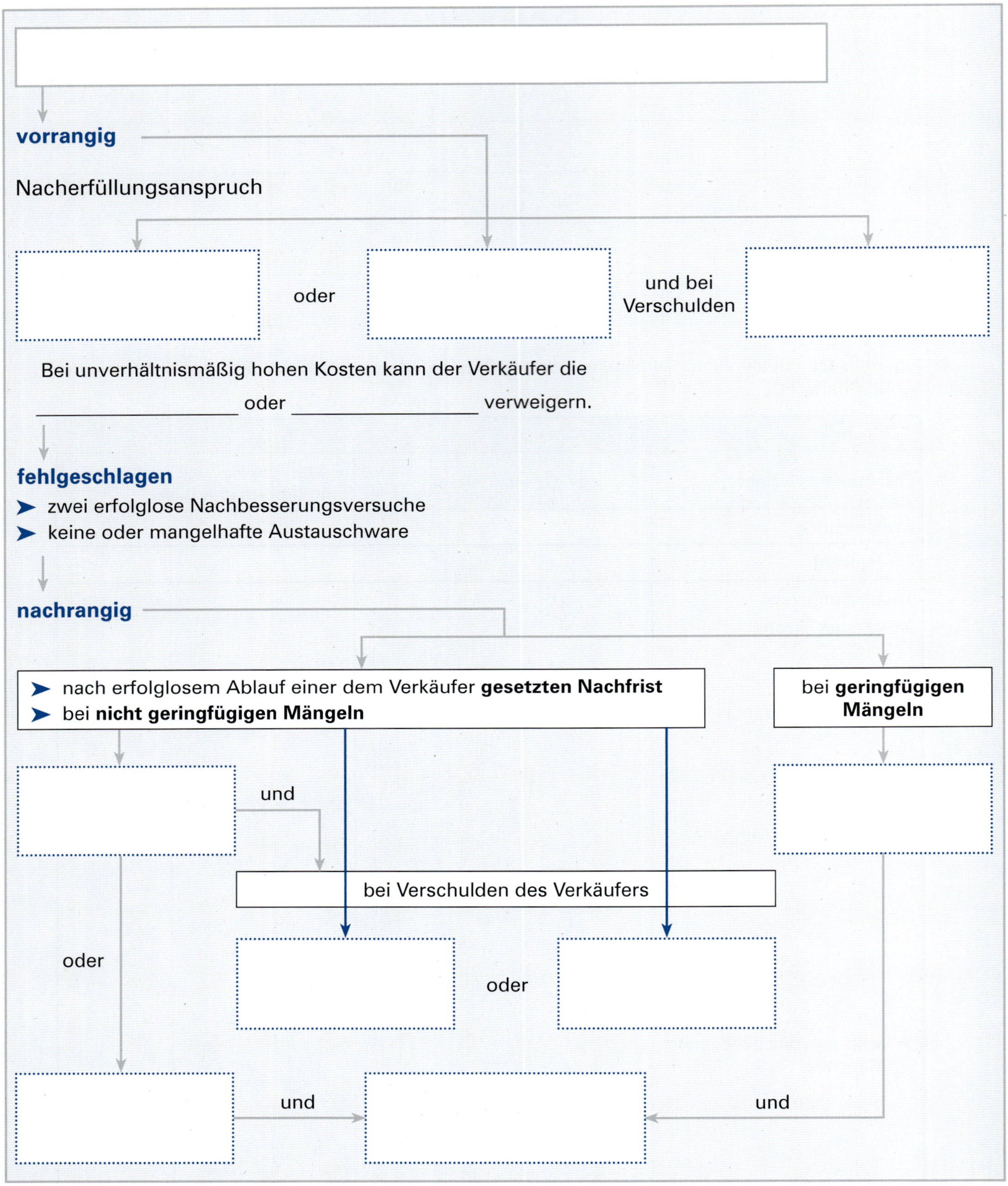

6. Erstellen Sie DIN-gerecht unter Einsatz von MS Word – im Namen von Bahar Akbaba – ein Schreiben, in dem Sie die Schlechtleistung der Langen GmbH & Co. KG darstellen und einen überzeugenden Lösungsvorschlag zur „Behebung" unterbreiten!

16 Waren annehmen und angemessen auf einen Schadensfall reagieren

Schulbuch Kap. 6.2

Situation:

Sebastian Schulz ist in der Heinrich KG für die Beschaffung von Materialien zur Herstellung von Bürostühlen zuständig. Zu diesen Materialien gehören u. a. die erstmals beschafften Hartbodenrollen HR 1380, von denen am Donnerstag, 20. 05. 20 . ., von der Hartmann GmbH in Bremen per Speditions-Lkw fünf Gitterboxen mit jeweils 500 Hartbodenrollen geliefert werden.

Heinrich KG
Büromöbel und Zubehör

Diese sollen ab Montag, 24. 05. 20 . . in der Fertigung an Bürostühle montiert werden. Die Losgröße beträgt 500 Stück, die tägliche Fertigungsmenge 50 Bürostühle; pro Bürostuhl werden fünf Hartbodenrollen benötigt.

Bei der Wareneingangskontrolle stellt der Mitarbeiter Alf Boll fest, dass eine der fünf Gitterboxen erheblich eingedrückt ist. Der Fahrer der Boyens Spedition ist aber nicht bereit, die Überprüfung des Inhalts abzuwarten oder diese Gitterbox wieder mitzunehmen.

Arbeitsaufträge:

1. Erstellen Sie eine Checkliste für die Wareneingangskontrolle!

Checkliste Wareneingangskontrolle
Kontrolltätigkeiten in Anwesenheit des Transporteurs (Spediteurs):
Kontrolltätigkeiten in Abwesenheit des Transporteurs (Spediteurs):

2. Erläutern Sie, wie sich der Mitarbeiter Alf Boll im Wareneingang – im Fall der eingedrückten Gitterbox – situationsgerecht verhalten soll!

3. Geben Sie an, wann die Hartbodenrollen in der Heinrich KG geprüft werden müssen, um nicht die Rechte aus einer eventuellen Schlechtleistung zu verlieren!

4. Sebastian Schulz erhält vom Lager den unten stehenden Wareneingangsschein. Erklären Sie, welcher Mangel – hinsichtlich der Erkennbarkeit und der Art – bei den Hartbodenrollen vorliegt und wann er beim Lieferanten gerügt werden muss!

Heinrich KG		**Wareneingang**			**Lfd. Nr. 8091**
Lieferant		Hartmann GmbH, Bremen		Auftrags-Nr.	11431-12
Datum	Anzahl	Verpackungsart	Artikel Material-Nr.	Menge Einheit	Bemerkungen Mängel
20.05.20..	5	Gitterboxen jeweils 10 Kartons (50er Pack)	Hartboden- rollen HR-1380	2.500 Stück	In einer beschädigten Gitterbox sind bei 90 Hartbodenrollen die Abdeckungen aus Kunststoff abgebrochen. Bei Stichproben in den übrigen vier Gitterboxen wurden keine Mängel festgestellt.
Ware am *20.05.20..* angenommen: *Alf Boll*			Ware am *20.05.20..* geprüft: *Alf Boll*		

5. Sebastian Schulz informiert die Hartmann GmbH – Verkaufssachbearbeiterin Regina Klinke – telefonisch über die Schlechtleistung und kündigt eine diesbezügliche E-Mail an.
Verfassen Sie in dem Vordruck (Material 1) eine situationsgerechte E-Mail an die Hartmann GmbH, in der Sie auch auf die für die Heinrich KG wichtige Terminfrage eingehen!

Material 1: Vordruck „E-Mail an die Hartmann GmbH“

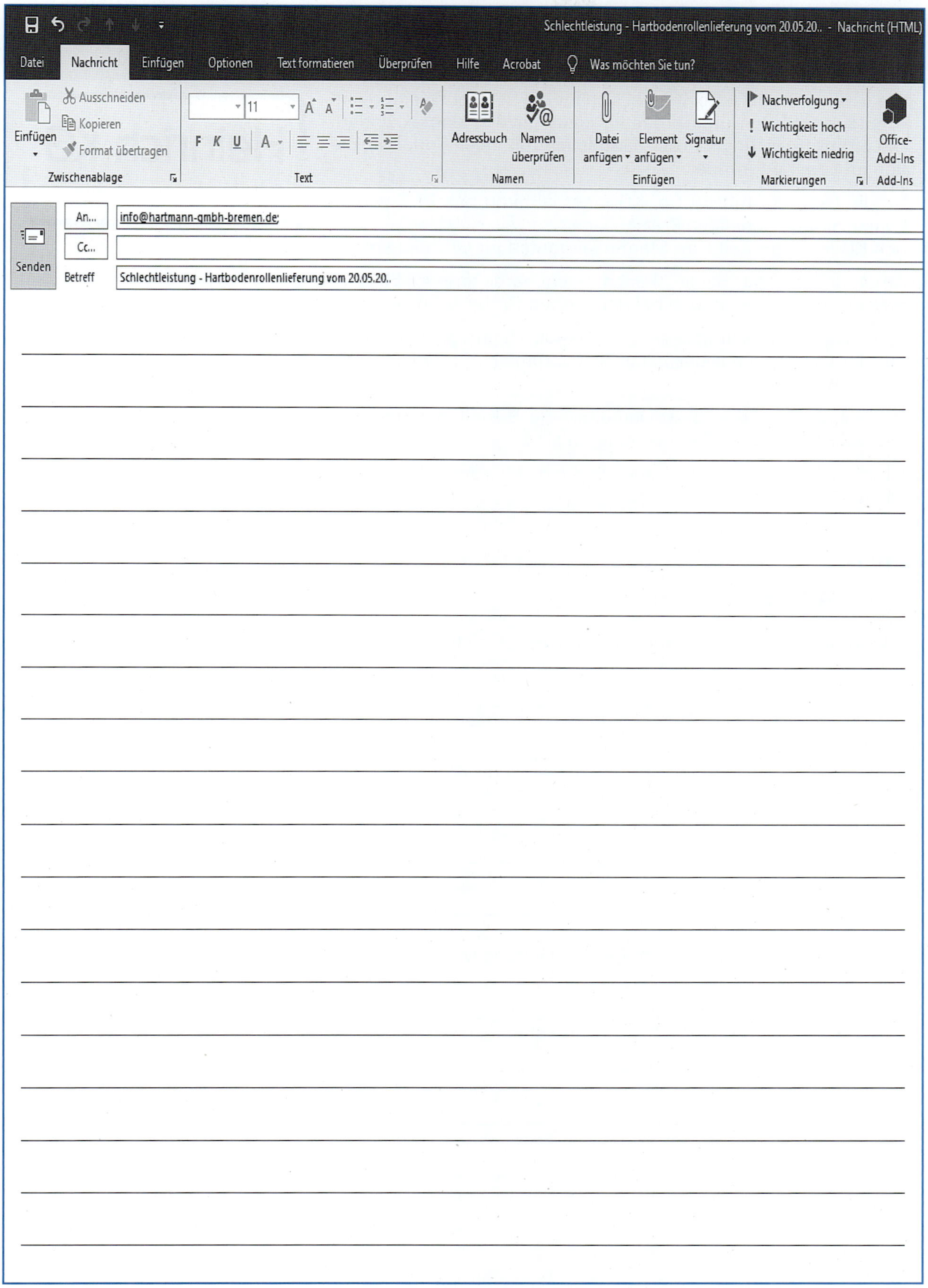

Schulbuch Kap. 6.3

17 Mit einer nicht rechtzeitigen Lieferung (Lieferungsverzug) rechtssicher umgehen

Situation:

Heinrich KG
Büromöbel und Zubehör

Die Langen GmbH & Co. KG hat sich für die Schlechtleistung entschuldigt und den unterbreiteten Lösungsvorschlag akzeptiert. Die Schlechtleistung wurde maßgeblich mit einer Neuorganisation im Lager begründet.

Da die Langen GmbH & Co. KG innerhalb von nur 10 Tagen zu konkurrenzlos günstigen Preisen liefert, hat sie sich bei der Heinrich KG in kurzer Zeit zum Stammlieferanten für Ordnungsmittel entwickelt.

Am 4. Juli 20.. hat Bahar Akbaba, Sachbearbeiterin im Einkauf, deshalb nochmals weitere 20.000 Stehsammler mit Griffloch bei der Langen GmbH & Co. KG geordert.

Björn Walter, Abteilungsleiter im Verkauf, erkundigt sich am 18. Juli 20.. bei Bahar Akbaba, wann mit der Lieferung der bestellten Stehsammler zu rechnen ist, da ein Neukunde sofort 8.000 Stück haben möchte.

Die Sachbearbeiterin prüft daraufhin die Bestellunterlagen und stellt fest, dass seit der letzten Bestellung bereits 14 Tage vergangen sind.

In der schriftlichen Auftragsbestätigung der Langen GmbH & Co. KG wird als Liefertermin der 14. Juli 20.. genannt.

Arbeitsaufträge:

1. Begründen Sie mithilfe Ihres Schulbuchs, ob sich die Langen GmbH & Co. KG im Verzug befindet!

2. Erläutern Sie, was unter dem Begriff „Gattungsware“ zu verstehen ist!

3. Ergänzen Sie mithilfe Ihres Schulbuchs, des BGB oder des Internets die folgende Übersicht über die Rechte des Käufers bei Nicht-Rechtzeitig-Lieferung!

Rechte des Käufers bei Nicht-Rechtzeitig-Lieferung

§ 325 BGB Schadensersatz und Rücktritt

Erfüllung und ggf. Schadensersatz wegen Verzögerung §§ 280 (2), 286 BGB	Rücktritt vom Vertrag § 323 BGB	Schadensersatz statt Leistung § 281 BGB		Ersatz vergeblicher Aufwendungen § 284 BGB
Voraussetzungen: ➤ ____ ____ ____ ➤ ____ ____ ____	**Voraussetzungen:** ➤ ____ ____ ____ ➤ ____ ____ ____	**Voraussetzungen:** ➤ ____ ____ ____ ➤ ____ ____ ____ ➤ ____ ____ ____	alter- nativ →	
	Fristsetzung entbehrlich bei: ➤ ____ ➤ ____ ____ ____ ➤ ____ ____	Fristsetzung entbehrlich bei: ➤ ____ ____ ____ ➤ ____ ____ ____		

4. Konstruieren Sie auf Basis der Ausgangssituation für jedes der vier Rechte des Käufers bei einer Nicht-Rechtzeitig-Lieferung, die im Überblick auf der vorhergehenden Seite dargestellt sind, ein konkretes Beispiel!

Rechte des Käufers	Beispiele (mit Bezug zur Ausgangssituation)
Erfüllung des Vertrages	
Erfüllung des Vertrages und Schadensersatz wegen Verzögerung	
Rücktritt vom Vertrag	
Schadensersatz statt Leistung	

5. Erläutern Sie die unterschiedlichen Möglichkeiten der Berechnung des Schadensersatzes! Befragen Sie dazu Ihr Schulbuch oder das Internet!

6. Erstellen Sie mithilfe von MS Word DIN-gerecht – im Namen von Bahar Akbaba – ein situationsbezogenes Schreiben an die Langen GmbH & Co. KG (Bürobedarfsfachhandel, Bremer Straße 111, 28816 Bremen)!

7. Kurt Kunze, Gruppenleiter im Einkauf, ist in der Heinrich KG für die Beschaffung von elektrischen Bauteilen zuständig. In diesem Zusammenhang legt ihm die Sachbearbeiterin Sarah Friesen den folgenden Schriftwechsel mit der Friedhof Elektrotechnik GmbH aus Oerlinghausen vor:

Senden
An... info@friedhof-elektrotechnik.de
Cc...
Betreff: Bestellung

Mittwoch, 26.04.20..

Guten Tag Herr Friedhof,

wir bestellen 200 Stück der elektrischen Bauteile ELB-12 gemäß Ihrem Katalogangebot zur Lieferung ab Mitte Mai 20..

Freundliche Grüße

Heinrich KG
Rahlstedter Str. 144
22143 Hamburg

i. V. Sarah Friesen

Senden
An... info@friedhof-elektrotechnik.de
Cc...
Betreff: Bestellung vom 28.04.20..

Mittwoch, 26.05.20..

Guten Tag Herr Friedhof,

am 26.04.20.. erteilten wir Ihnen einen Auftrag über 200 Stück der elektrischen Bauteile ELB-12 zur Lieferung ab Mitte Mai 20.. Die Bestellung wurde von Ihnen am 28.04.20.. bestätigt. Die Lieferung ist bis heute noch nicht bei uns eingetroffen.

Wir fordern Sie auf, die Bauteile bis Mitte Juni 20.. an uns zu senden. Sollten Sie die Bauteile bis zu diesem Zeitpunkt nicht liefern, treten wir vom Kaufvertrag zurück.

Freundliche Grüße

Heinrich KG
Rahlstedter Str. 144
22143 Hamburg

i. V. Sarah Friesen

Senden
An... info@hamburg.heinrich.de
Cc...
Betreff: Verzögerung der Auslieferung Ihrer Bestellung vom 28.04.20..

Mittwoch, 09.06.20..

Sehr geehrte Frau Friesen,

da bei uns eine Fertigungsmaschine wegen Wartungsmängeln ausgefallen ist, verzögert sich die für Mitte Juni 20.. zugesagte Lieferung über 200 Stück elektrischer Bauteile ELB-12 bis zum 30.06.20..

Wir bitten um Ihr Verständnis!

Mit freundlichen Grüßen

Friedhof Elektronik GmbH
Landerweg 224
33813 Oerlinghausen

Fridolin Friedhof

7.1 Erläutern Sie kurz, weshalb in der vorher beschriebenen Situation der Tatbestand einer Nicht-Rechtzeitig-Lieferung vorliegt!

7.2 Die angelieferten Bauteile müssen am 30.06.20.. vom Lagerarbeiter Marc Hahn in der Lagerdatei erfasst werden. Dazu liegen ihm die nachfolgenden Daten vor:

Lagerbestand	Heinrich KG
Teile Nr.:	76949
Bezeichnung:	elektrisches Bauteil ELB-12
Lagerbestand am:	30.06.20..
Stück:	38
Reservierung für Auftrag Nr.:	1467-10
Bereitstellung am:	01.07.20..
Stück:	40

Im Rahmen der permanenten Inventur stellt Marc Hahn am 30.06.20.. vor der Erfassung und Einlagerung der gelieferten Bauteile ELB-12 einen tatsächlichen Bestand von 27 Stück fest.

Führen Sie fünf Gründe an, wodurch diese Abweichung zwischen Soll- und Istbestand zustande gekommen sein kann!

➤

➤

➤

➤

➤

7.3 Der Lagearbeiter Marc Hahn kann die fehlenden Bauteile ELB-12 nicht mehr auffinden. Berechnen Sie den frei verfügbaren Istbestand am 30.06.20.. unmittelbar nach Erfassung der neuen Lieferung!

18 Zahlungen situationsbezogen veranlassen und abwickeln

Schulbuch Kap. 7.2

Situation:

In der Kreditorenabteilung der Heinrich KG treffen in nahezu jeder Kalenderwoche zahlreiche Eingangsrechnungen von externen Lieferanten, Dienstleistern und Spediteuren ein. Einige dieser Rechnungen sind sofort fällig, andere haben ein Zahlungsziel von mehreren Tagen.

Heinrich KG
Büromöbel und Zubehör

Der Auszubildende Leon Laus findet bei der Sortierung und Durchsicht aktueller Belege eine Mahnung der Blitz-Spedition GmbH, in der neben dem offenen Rechnungsbetrag zusätzlich Verzugszinsen und weitere Kosten für die Mahnung verlangt werden.

Leon Laus fragt den Gruppenleiter der Kreditorenabteilung Max Tietgen: *„Wie kann es dazu kommen, dass die Rechnung des langjährigen Spediteurs nicht bezahlt wurde?“* Herr Tietgen erwidert: *„Es kann schon mal passieren, dass eine Rechnung aus Versehen nicht bezahlt wird oder aus der Liste der zu bezahlenden Rechnungen verschwindet.“*

Leon Laus ist erstaunt und meint: *„Es muss doch lösbar sein, alle Eingangsrechnungen zum vertraglich vereinbarten Termin zu bezahlen. Schließlich nutzt die Kreditorenabteilung zum Erfassen und Verwalten der Rechnungen doch Computer.“*

Arbeitsaufträge:

1. Geben Sie eine „Zahlungsvariante“ an, wie die Heinrich KG ihren Gläubigern in Zukunft Rechnungsbeträge – in gleicher oder unterschiedlicher Höhe – termingerecht und bequem zukommen lassen kann!

   Geeignete Zahlungsvariante: ____________________

   Begründung:

2. Listen Sie fünf verschiedene Möglichkeiten der Zahlungsvereinfachung bei der unbaren Bezahlung auf!

   ➤ ____________________

   ➤ ____________________

   ➤ ____________________

   ➤ ____________________

   ➤ ____________________

Fortsetzung der Situation:

Heinrich KG
Büromöbel und Zubehör

Leon Laus sortiert nicht nur die Belege in der Kreditorenbuchhaltung, er unterstützt auch seit drei Wochen Frau Schulze im Onlineshop. Hier bietet die Heinrich KG Privatpersonen und Geschäftsleuten die Möglichkeit, kleinere Büromöbel (Einzel-Schreibtische, Stühle, Regale u. Ä.) und insbesondere allgemeinen Bürobedarf online zu bestellen. Die bestellten Waren werden gegen Zahlung einer Versandpauschale von der Heinrich KG ausgeliefert.

Die Kunden sind zum Teil langjährige Kunden, die in regelmäßigen Abständen Büromaterial einkaufen und somit quasi den Status eines Dauerabonnenten genießen, zum Teil aber auch Gelegenheitskäufer, die vereinzelt einen Schreibtisch oder ein Regal bestellen.

Grundsätzlich bietet die Heinrich KG diesen Kunden folgende Möglichkeiten der Zahlung an:

- Barzahlung an der Kasse der Firma (für Selbstabholer)
- Mobile Payment mittels NFC (für Selbstabholer)
- E-Wallet (Apple Pay, Google Pay, Samsung Pay…)
- SEPA-Überweisung des Rechnungsbetrages auf ein Firmenkonto
- Lastschrifteinzug durch die Heinrich KG/SEPA-Basislastschrift, SEPA-Firmenlastschrift).

3. Beschreiben Sie, wie die oben genannten Zahlungsformen abgewickelt werden und welche Tätigkeiten bei den jeweiligen Zahlungsformen von den Mitarbeitern der Heinrich KG zu erledigen sind!

Zahlungsform	**Barzahlung**
Abwicklung	
anfallende Tätigkeiten	

Zahlungsform	**Mobile Payment mittels NFC**
Abwicklung	
anfallende Tätigkeiten	

Zahlungsform	E-Wallet
Abwicklung	
anfallende Tätigkeiten	

Zahlungsform	SEPA-Überweisung
Abwicklung	
anfallende Tätigkeiten	

Zahlungsform	SEPA-Basislastschrift
Abwicklung	
anfallende Tätigkeiten	

Zahlungsform	SEPA-Firmenlastschrift
Abwicklung	
anfallende Tätigkeiten	

4. Seit ein paar Monaten bietet die Heinrich KG ihren Kunden weitere Zahlungsformen an:

- die Echtzeitüberweisung,
- das kontaktlose Zahlen und
- die Zahlung mit Kreditkarte.

Leon weiß zwar, was eine Überweisung ist, von einer Echtzeitüberweisung hat er aber noch nie etwas gehört. Und auch kontaktloses Zahlen erscheint ihm irgendwie sonderbar. Wie soll das in der Praxis funktionieren?

Informieren Sie sich in Ihrem Lehrbuch, im Internet und anhand von Material 1 über die Zahlungsformen „Echtzeitüberweisung“, „kontaktloses Zahlen“ sowie „Kreditkartenzahlung“! Nennen Sie anschließend für jede der drei Zahlungsformen vier charakteristische Merkmale!

Echtzeitüberweisung	
kontaktloses Zahlen	
Zahlung mit Kreditkarte	

Material 1: Auszug aus der Broschüre „Jetzt optimiere ich meinen Zahlungsverkehr!“

LEANDER LENZ & PARTNER
Unternehmensberatung

Echtzeitüberweisung (Instant Payment)

Die Echtzeitüberweisung ist eine Weiterentwicklung der SEPA-Überweisung. Mit einer Echtzeitüberweisung kann Geld in Sekundenschnelle von einem Konto auf ein anderes überwiesen werden. Während man bei einer normalen SEPA-Überweisung für die Geldübertragung in der Regel einen Werktag einrechnen muss, erfolgt die Übertragung bei einer Echtzeitüberweisung in wenigen Sekunden. Das funktioniert rund um die Uhr, sogar an Wochenenden und Feiertagen, also 365 Tage im Jahr. Eine Standard-Überweisung dagegen ist an die Geschäftszeiten des Kreditinstituts gebunden.

Anders als bei PayPal, Google Pay oder der Sofortüberweisung werden keine Dienstleister zwischengeschaltet.

Banken sind dazu verpflichtet, auf Wunsch ihrer Kunden Überweisungen in Echtzeit auszuführen. Die Echtzeitüberweisungen dürfen nicht teurer sein als herkömmliche SEPA-Überweisungen.

Echtzeitüberweisungen können nicht nur im Onlinebanking beauftragt werden, sondern auch über das Selbstbedienungs-Terminal einer Bank, am Telefon oder als Überweisung per Beleg. Vor der Autorisierung von Zahlungen muss – wie bei der herkömmlichen SEPA-Überweisung – seitens der Bank ein IBAN-Empfänger-Abgleich (sogenannte Verification of Payee, kurz VoP) vorgenommen werden.

Sinnvoll ist die Echtzeitüberweisung, wenn man Geld zu einem ganz bestimmten Zeitpunkt überweisen möchte (ein Lieferer verlangt Vorauszahlung, bevor er eine dringend benötigte Ware versendet) oder einem Handwerker vor Ort zeigen möchte, dass seine Rechnung direkt bezahlt worden ist.

Kontaktloses Zahlen

Grundlage für das kontaktlose Bezahlen ist die NFC-Technik (Near Field Communication = Nahfeldkommunikation). Waren im Wert bis zu 50,00 € kann man quasi im Vorbeigehen bezahlen, man hält nur kurz seine Karte über ein Display. Allerdings sind nicht alle Karten für das kontaktlose Bezahlen verwendbar. Das funktioniert nur, wenn sich auf der Karte ein **Funkwellensymbol** befindet.

Diese Karten sind mit einem Mikrochip und einer Antenne ausgestattet und ermöglichen den Kontakt zum Händlerterminal. Dazu muss die Karte nicht einmal ganz aufgelegt werden, es reicht, sie knapp über das Terminal zu halten. Der Zahlungsvorgang wird dann ausgelöst und in der Regel akustisch und/oder optisch bestätigt. Bis 50,00 € funktioniert das gänzlich ohne Eingabe einer PIN, erst bei höheren Beträgen muss der Kunde seine PIN eingeben.

Wem dieses Verfahren zu gefährlich ist, der kann die Kontaktlos-Funktion abstellen. Bei einigen Kreditinstituten ist das am Geldautomaten möglich, bei anderen muss man das am Schalter erledigen lassen. Wer die Funktion aktiv lässt, sollte für die funkfähigen Karten eine Schutzhülle verwenden, die die Funkwellen blockiert. Die meisten Kreditinstitute sorgen durch verschiedene Sicherheitssperren zusätzlich dafür, dass der Missbrauch gering ist. Bei Erreichen eines bestimmten Betrages (z. B. 100,00 €) wird der Kunde bei der nächsten Nutzung automatisch zur PIN-Eingabe aufgefordert. Bei häufigem Einsatz kurz hintereinander erfolgt diese PIN-Abfrage möglicherweise schon nach dem zweiten oder dritten Karteneinsatz.

5. Bringen Sie die sieben im Onlineshop der Heinrich KG praktizierten Zahlungsformen im Hinblick auf die Arbeitsbelastung in eine Reihenfolge!

tendenziell große Arbeitsbelastung	➤
	➤
	➤
	➤
	➤
	➤
tendenziell geringere Arbeitsbelastung	➤

6. Aus finanztechnischen Gründen (Sicherung der eigenen Zahlungsfähigkeit, Verzinsung des Kapitals) spielen der Zeitpunkt und die Sicherheit des Zahlungseinganges für die Heinrich KG eine große Rolle.

   Erläutern Sie die genannten Zahlungsformen unter Berücksichtigung dieser beiden Gesichtspunkte!

Zahlungsart	Sicherheit des Zahlungseingangs	Zahlungszeitpunkt
Barzahlung		
SEPA-Überweisung		

Zahlungsart	Sicherheit des Zahlungseingangs	Zahlungszeitpunkt
Echtzeit-überweisung		
kontaktloses Zahlen		
Kreditkarten-zahlung		
SEPA-Basis-lastschrift-verfahren		
SEPA-Firmen-lastschrift-verfahren		

7. Begründen Sie unter Berücksichtigung der arbeitsorganisatorischen und finanztechnischen Gesichtspunkte, welche Zahlungsform in Zukunft
   - für die regelmäßig einkaufenden Kunden („Dauerabonnenten"),
   - für die Gelegenheitskäufer

   angestrebt werden sollte!

Geeignete Zahlungsform für „Dauerabonnenten"	
Käufer ist ein Verbraucher	**Käufer ist ein Unternehmen**

Geeignete Zahlungsform für Gelegenheitskäufer

8. Machen Sie Vorschläge, wie die Kunden der Heinrich KG zur verstärkten Nutzung dieser Zahlungsformen angeregt werden können!

   - __________
   - __________
   - __________

9. Legen Sie stichwortartig dar, wie die Heinrich KG durch organisatorische Hilfsmittel ihre Außenstände generell besser überwachen kann!

   - __________
   - __________
   - __________
   - __________

Schulbuch Kap. 2.2

1 Sich für ein Verfahren zur Datenerhebung entscheiden

Situation:

Arno Bast, Leiter der Einkaufsabteilung der Heinrich KG, kommt nach der Mittagspause mit einem nachdenklichen Gesichtsausdruck zu seinem Arbeitsplatz zurück. Ständig murmelt er etwas von *„ob das ein Erfolg werden kann"* und *„ein gewisses Risiko ist mit Sicherheit dabei"*. Schließlich wendet er sich dem Auszubildenden Leon Laus zu, zeigt auf ein Papier, das vor ihm auf dem Schreibtisch liegt und gibt es Leon mit den Worten:

Heinrich KG
Büromöbel und Zubehör

„Für heute Nachmittag hat unsere Geschäftsführerin Gerda Heinrich alle Bereichsleiter sowie die zugehörenden Abteilungsleiter zu einer internen Besprechung in ihr Büro eingeladen. In der Besprechung soll es um eine Sortimentserweiterung und die Ausrichtung auf einen völlig neuen Kundenkreis gehen. Frau Oswald hat den Beschäftigten in der Abteilung Einkauf eine Kopie der aktuellen Mitteilung übergeben und darum gebeten, ihr ihre Anregungen vor dem Treffen mit Frau Heinrich mitzuteilen."

Arbeitsaufträge:

1. Lesen Sie zunächst die nachstehende Mitteilung von Frau Heinrich durch!

Mitteilung der Geschäftsführung

Heinrich KG
Büromöbel und Zubehör

Einladung zur internen Besprechung

Thema: „Aktuelle Probleme der Heinrich KG"

Zeitpunkt und Ort: Heute, 15:00 Uhr, Büro der Geschäftsführung

Mit Besorgnis habe ich die Umsatzzahlen der letzten Monate verfolgt. Besonders die Produktgruppe Konferenztische sowie unsere Regalsysteme weisen einen deutlich rückläufigen Trend auf; einige Artikel sind inzwischen bereits als „Ladenhüter" zu bezeichnen. Der Grund dafür dürfte u.a. in der verstärkten Wettbewerbssituation liegen. Während die Absatzseite relativ stabil geblieben ist, sind unlängst neue Anbieter auf den Markt gekommen, die uns das Leben schwer machen. Eine weitere Verschärfung ist zu befürchten, wenn im kommenden Monat – nur drei Straßen weiter – die Franz-Josef Kock Büroausstattung OHG ihre Geschäftstätigkeit aufnimmt.

Im Interesse aller Beschäftigten sind wir gefordert, die Situation zu analysieren und eine sinnvolle Lösung zu finden. Da Preisreduzierungen bei den genannten Produkten nur in geringem Maße möglich sind, habe ich mich im Vorfeld der Sitzung mit der Frage beschäftigt, ob unser Sortiment sinnvoll erweitert werden kann, um so ein zusätzliches Standbein zu schaffen. Dabei bin ich auf eine Zielgruppe gestoßen, die bisher von uns nicht angesprochen wird: Sportvereine und Träger kommunaler Sport- und Eishallen.

In allen größeren Stadien gibt es einen Sitzplatzbereich, der besonders im Profibereich stetig ausgeweitet worden ist. Ähnlich verhält es sich mit den Sport- und Eishallen, die in vielen Gegenden in die Jahre gekommen sind und von Grund auf renoviert werden. Aus eigener Erfahrung und den Klagen aus meinem Bekanntenkreis weiß ich, dass viele Besucher von Sportveranstaltungen alles andere als glücklich über die momentan vorhandene Bestuhlung sind. Diese bietet einfach zu wenig Komfort und ist häufig nicht nach ergonomischen, sondern ausschließlich finanziellen Gesichtspunkten angeschafft worden. In Gesprächen mit einigen Sportvereinen habe ich erfahren, dass die Bereitschaft vorhanden ist, für eine überzeugende Verbesserung der Bestuhlung Gelder einzusetzen. Deshalb bin ich davon überzeugt, dass wir mit der Produktion von ergonomisch geformten Sitzen sowohl im Indoor- als auch im Outdoor-Bereich ein gutes Geschäftsfeld eröffnen können.

Die oben genannten Ideen möchte ich in der Sitzung vertiefen. Bitte unterbreiten Sie mir hier auch eigene Vorschläge und ggf. Ideen aus den Abteilungen, wie wir die angespannte Lage bewältigen können.

Mit freundlichen Grüßen

Gerda Heinrich

2. Listen Sie auf, welche Fragen vor einer endgültigen Entscheidung noch zu klären sind!

➤ ____________________

➤ ____________________

➤ ____________________

➤ ____________________

➤ ____________________

➤ ____________________

➤ ____________________

➤ ____________________

➤ ____________________

Fortsetzung der Situation:

Im Verlauf der Sitzung gelang es Frau Gerda Heinrich, die anwesenden Mitarbeiterinnen und Mitarbeiter von ihren Ideen zu überzeugen. Bevor die Heinrich KG in die konkretere Planung für die neue Produktgruppe einsteigt, soll geklärt werden, wie groß eigentlich das Marktpotenzial ist.

Heinrich KG
Büromöbel und Zubehör

3. Lesen Sie zunächst den Auszug aus dem Handbuch des erfolgreichen Verkaufs (Material 1) und wägen Sie dann die Vor- und Nachteile der Primär- und Sekundärforschung gegeneinander ab. Nutzen Sie hierfür die Vorlage (Material 2).
4. Geben Sie abschließend eine begründete Entscheidung dazu ab, welches Verfahren die Heinrich KG zur Datenerhebung nutzen soll!

Die Heinrich KG sollte folgendes Verfahren zur Datenerhebung nutzen: ____________________

Begründung:

____

____

____

____

____

____

____

____

Material 1: Auszug aus dem Handbuch des erfolgreichen Verkaufs

Jede **Sortimentserweiterung** ist stets mit einem gewissen Risiko verbunden. Um dieses Risiko kalkulierbar und gering zu halten, benötigt ein Unternehmen umfangreiche Informationen über den Markt.

Ist diese Informationsgewinnung eher zufällig und unsystematisch, spricht man von einer **Markterkundung;** bei einer planmäßigen und systematischen Vorgehensweise spricht man von **Marktforschung.**

Ein Unternehmen sollte stets verschiedene Bereiche analysieren. Wichtig ist neben der Analyse der eigenen Situation auch eine Betrachtung des Nachfrageverhaltens am Markt. Außerdem gilt es, die Angebotsseite zu analysieren und das Konkurrenzverhalten zu bewerten. Festgelegt werden müssen im Rahmen der Marktforschung zudem der Umfang der Datenerhebungen, die Qualität sowie die Art und Weise der Informationsbeschaffung. Über allem schwebt dabei stets die Betrachtung der Kosten.

Mittels einer **punktuellen Marktanalyse** (einmalige Untersuchung des Marktes) oder durch eine **periodische Marktbeobachtung** (fortlaufende Untersuchung des Marktes über einen längeren Zeitraum) versucht man, Rückschlüsse auf die Absatzchancen zu ziehen. Das Ergebnis des Verfahrens ist die **Marktprognose,** die Aussagen über die zukünftige Marktentwicklung enthält.

Bei den Informationsquellen der Marktforschung unterscheidet man zwischen **Primärforschung** und **Sekundärforschung.**

Bei der Primärforschung werden verschiedene Marktdaten ausdrücklich für ein momentanes Untersuchungsproblem erhoben. Diese Erhebung kann ein Unternehmen entweder selber durchführen oder dazu die Dienste eines Marktforschungsinstituts in Anspruch nehmen. Die Datenerhebung erfolgt dabei einmalig (punktuell) im Rahmen einer Befragung, einer Beobachtung oder eines Experiments. Wird dagegen ein bestimmter Personenkreis regelmäßig und über einen längeren Zeitraum befragt, so spricht man von einem Panel.

Eine Sekundärforschung liegt vor, wenn sich eine Auswertung auf bereits vorhandenes Datenmaterial stützt. Die als relevant erachteten Daten können aus betriebsinternen Quellen (Umsatz- und Reklamationsstatistiken, Messeberichten, ...) oder betriebsexternen Quellen (amtliche Statistiken, renommierte Fachzeitschriften, aktuelle Veröffentlichungen in den Medien, frühere Primärforschungen von Marktforschungsunternehmen, ...) stammen.

Material 2: Vorlage „Vorteile und Nachteile der Primär- und Sekundärforschung"

Primärforschung	
Vorteile	**Nachteile**
➤	➤
➤	➤

Sekundärforschung	
Vorteile	**Nachteile**
➤	➤
➤	➤

Hinweis:

Die **Ausgangssituation „Neue Produkte/Produktgruppen: Indoor-/Outdoor-Bestuhlung"** wird in den Lernsituationen 10 („Werbemittel auswählen und gestalten"), 11 („Einen Werbebrief gestalten und als Serienbrief versenden"), 13 („Die Rentabilität neuer Produktgruppen berechnen") und 14 („Den Werbeerfolg kontrollieren") fortgeführt.

2 Die eigene Marktsituation mithilfe eines Blasendiagramms darstellen

Schulbuch Kap. 2.2

Situation:

Die Geschäftsführerin der Heinrich KG, Gerda Heinrich, möchte die eigenen Produktgruppen mit denen der wichtigsten Mitbewerber vergleichen, um frühzeitig die Produktpalette für das kommende Geschäftsjahr zu planen.

Heinrich KG
Büromöbel und Zubehör

Dazu ist die übersichtliche Darstellung von Marktanteil, Marktwachstum und Umsatzgröße der jeweiligen Produktgruppen in einem Portfolio hilfreich.

Frau Heinrich überreicht der Sachbearbeiterin Silke Schade eine Auswertung, die von der Verkaufsabteilung erstellt wurde, mit der Bitte, auf der Basis dieser Werte mit MS Excel ein Blasendiagramm zu erstellen.

Arbeitsaufträge:

1. Öffnen Sie in MS Excel eine neue Arbeitsmappe und benennen Sie in dieser Mappe ein Tabellenblatt mit „Blasendiagramm".

   Speichern Sie die Arbeitsmappe unter „Marktanalyse der eigenen Produktgruppen".

2. Erfassen Sie nun das im Folgenden abgebildete Tabellenblatt positionsgerecht mit allen Formatierungen im Tabellenblatt „Blasendiagramm".

	A	B	C	D
1	**Marktanalyse der eigenen Produktgruppen**			
2				
3	**Produktgruppe**	**Marktanteil**	**Wachstum**	**Umsatz**
4	Aktenregale	40%	3%	3.484.000 €
5	Bürosessel	45%	25%	2.370.130 €
6	Bürostühle	25%	-5%	1.557.030 €
7	Outdoor-Stühle	17%	15%	1.551.000 €
8	PC-Tische	28%	18%	1.522.500 €
9	Aktenschränke	11%	-6%	1.270.000 €
10	Container	10%	2%	1.262.300 €
11	Indoor-Stühle	25%	8%	1.042.000 €
12	Garderoben	20%	3%	957.050 €
13	Bürowagen	6%	8%	624.240 €
14	Kombi-Tische	50%	0%	564.300 €
15	Schreibtische	17%	-2%	410.400 €
16	Stehpulte	40%	15%	210.000 €
17				
18		↑	↑	↑
19		X-Werte	Y-Werte	Blasengröße

3. Markieren Sie für den ersten Datenpunkt den Zellbereich B4:D4 *(X-Wert, Y-Wert, Wert für die Blasengröße).*

4. Klicken Sie im Register EINFÜGEN, *Empfohlene Diagramme, Blase (Alle Diagramme/Punkt XY)*, auf die Schaltfläche *OK.*

5. Wählen Sie bei Bedarf einen anderen Entwurf zum Diagrammuntertyp Blase aus.

6. Klicken Sie im Register ENTWURF, Gruppe *Daten*, auf *Daten auswählen.*

7. Um der ersten Datenreihe einen aussagekräftigen Namen zu geben, markieren Sie diese im Dialogfenster *Datenquelle auswählen* und klicken dann auf die Schaltfläche *Bearbeiten.*

   Übernehmen Sie durch Anklicken der Zelle A4 den Namen aus dem Tabellenblatt. Bestätigen Sie mit OK.

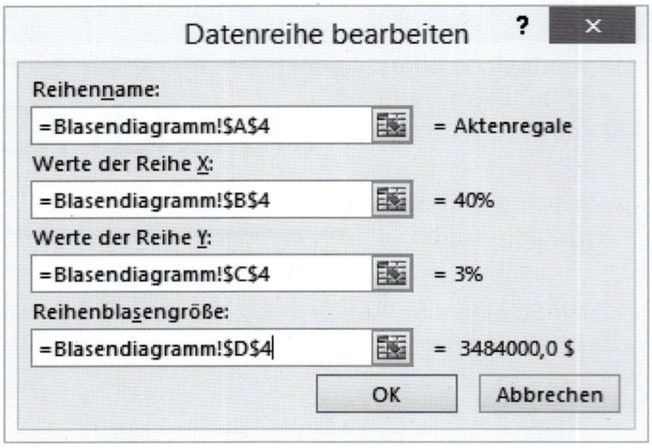

8. Betätigen Sie die Schaltfläche *Hinzufügen,* um die nächste Datenreihe ins Diagramm aufzunehmen. Anschließend:
   - Namen der zweiten Datenreihe festlegen,
   - X-Wert der Datenreihe mit Zellbezug eintragen,
   - Y-Wert der Datenreihe mit Zellbezug eintragen,
   - Wert, der die Größe der Blase bestimmt, mit Zellbezug eintragen.
9. Legen Sie entsprechend die weiteren Datenreihen für das Blasendiagramm fest.
10. Um die Übersichtlichkeit des Diagramms zu erhöhen, legen Sie fest, dass sich die Achsen jeweils beim Wert *–10 %* schneiden:
    - Markieren Sie die vertikale Wertachse und klicken Sie im Register LAYOUT, Gruppe *Aktuelle Auswahl,* auf die Schaltfläche *Auswahl formatieren.*
    - Aktivieren Sie in der Kategorie *Achsenoptionen* das Optionsfeld *Achsenwert* und tragen Sie im Feld den Wert *–10,0* ein.
    - Klicken Sie in der Kategorie *Achsenoptionen* bei *Minimum* auf Kontrollfeld *Fest* und geben Sie als Wert *–0,1* ein.
    - Blenden Sie das Dialogfenster über die Schaltfläche *Schließen* aus.
    - Führen Sie für die horizontale Wertachse die letzten Arbeitsschritte erneut durch.
11. Weisen Sie dem Diagramm ein anderes Diagrammlayout zu (Register ENTWURF, *Schnelllayout*) und formatieren Sie sämtliche Beschriftungen fett.
12. Tragen Sie als Titel für die vertikale Wertachse *Wachstum* und als Titel für die horizontale Wertachse *Marktanteil* ein und übernehmen Sie den Eintrag aus der Zelle A2 als dynamischen Diagrammtitel.

Schulbuch Kap. 2.2

3 Die eigene Marktsituation mithilfe der ABC-Analyse untersuchen

Situation:

Heinrich KG
Büromöbel und Zubehör

Frau Bea Böttcher, Sachbearbeiterin im Verkauf der Heinrich KG, weist die Auszubildende Lea Leßmann darauf hin, dass die Effizienz eines betrieblichen Informationssystems vor allem von der Flexibilität der Datenauswertung abhängt. Speziell im Controlling kommt es darauf an, Daten auf verschiedene Arten darzustellen, zu kombinieren und zu analysieren. Im Allgemeinen werden dazu vorhandene Daten zusammengetragen und neu aufbereitet.

Sie beauftragt Lea damit, eine ABC-Analyse ausgewählter Produkte bzw. Produktgruppen unter dem Aspekt durchzuführen, welche umsatzstark sind und welche weniger Umsatz generieren. Danach soll das Ergebnis grafisch dargestellt und ausgewertet werden. Als Klasseneinteilung legt Frau Böttcher 75 % für die Klasse A, 20 % für die Klasse B und 5 % für die Klasse C fest.

Arbeitsaufträge:

1. Öffnen Sie in MS Excel eine neue Arbeitsmappe und benennen Sie in dieser Mappe ein Tabellenblatt mit „Rangliste“. Speichern Sie die Arbeitsmappe unter dem Dateinamen „ABC-Analyse Produktgruppen durchführen.xlsx“. Erfassen Sie den Tabellenbereich A4:C18 – positionsgerecht mit allen Formatierungen – aus der Vorlage 1 im Tabellenblatt „Rangliste“. Kontrollieren Sie den in der Zelle C18 eingetragenen Wert mithilfe der Funktion SUMME.

Vorlage 1

	A	B	C	D	E	F	G	H
3								
4	**Produkte**	**Stückzahl**	**Umsatz**		**Rang**	**Produkte**	**Stückzahl**	**Umsatz**
5	Bürosessel	9.674	2.370.130 €		1	Aktenregale	4.720	3.484.000 €
6	Bürostühle	5.500	1.557.030 €		2	Bürosessel	9.674	2.370.130 €
7	Bürowagen	3.468	624.240 €		3	Bürostühle	5.500	1.557.030 €
8	Schreibtische	1.216	410.400 €		4	Outdoor-Stühle	115.000	1.551.000 €
9	Stehpulte	840	210.000 €		5	PC-Tische	4.350	1.522.500 €
10	PC-Tische	4.350	1.522.500 €		6	Aktenschränke	2.750	1.270.000 €
11	Kombi-Tische	1.045	564.300 €		7	Container	3.298	1.262.300 €
12	Aktenschränke	2.750	1.270.000 €		8	Indoor-Stühle	95.000	1.042.000 €
13	Container	3.298	1.262.300 €		9	Garderoben	1.385	957.050 €
14	Indoor-Stühle	95.000	1.042.000 €		10	Bürowagen	3.468	624.240 €
15	Aktenregale	4.720	3.484.000 €		11	Kombi-Tische	1.045	564.300 €
16	Garderoben	1.385	957.050 €		12	Schreibtische	1.216	410.400 €
17	Outdoor-Stühle	115.000	1.551.000 €		13	Stehpulte	840	210.000 €
18	**Gesamt**		**16.824.950 €**		**Gesamt**			**16.824.950 €**

2. Sorgen Sie dafür, dass im Tabellenblatt „Rangliste“ der Tabellenbereich E4:H18 mit der oben stehenden Vorlage 1 übereinstimmt. Nutzen Sie die Möglichkeit, Tabellenbereiche zu kopieren, die Funktion Rang und die Sortierfunktion von Excel, um ausgewählte Daten in aufsteigender Reihenfolge zu sortieren.

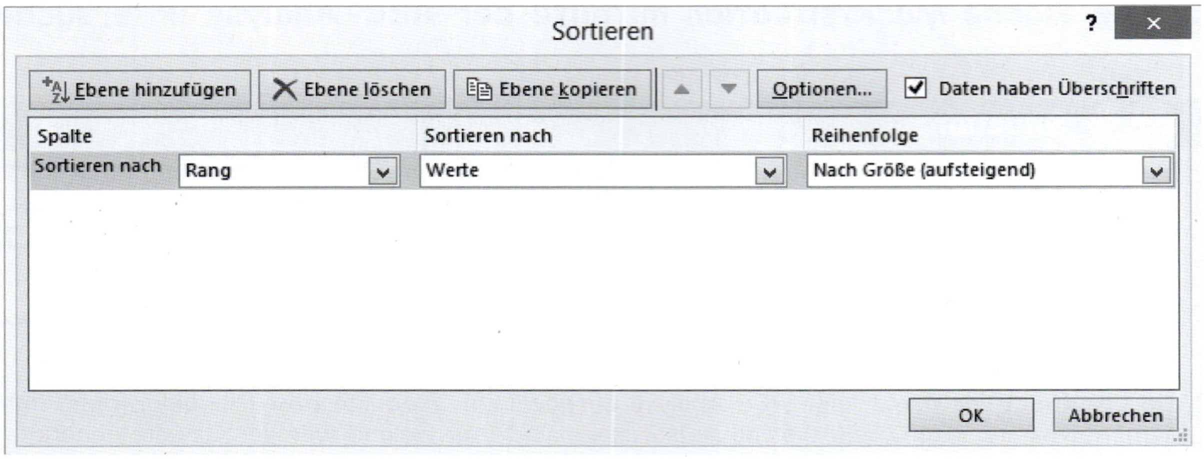

3. Benennen Sie ein zweites Tabellenblatt mit „ABC-Analyse durchführen" und kopieren Sie danach alle relevanten Daten, die im Tabellenblatt „Rangliste" zur Verfügung stehen, an den jeweils laut Vorlage 2 vorgegebenen Platz.

Vorlage 2

	A	B	C	D	E	F	G	H	I	J
1										
5										
6	Rang	Produkte	Umsatz	Umsatz	Kumulierter Umsatz	ABC-Analyse		Anteil	Kumulierter Anteil	Klasse
7	1	Aktenregale	3.484.000 €					75%	0%	A
8	2	Bürosessel	2.370.130 €					20%	75%	B
9	3	Bürostühle	1.557.030 €					5%	95%	C
10	4	Outdoor-Stühle	1.551.000 €						100%	
11	5	PC-Tische	1.522.500 €							
12	6	Aktenschränke	1.270.000 €							
13	7	Container	1.262.300 €							
14	8	Indoor-Stühle	1.042.000 €							
15	9	Garderoben	957.050 €							
16	10	Bürowagen	624.240 €							
17	11	Kombi-Tische	564.300 €							
18	12	Schreibtische	410.400 €							
19	13	Stehpulte	210.000 €							
20	**Gesamt**		**16.824.950 €**							

4. Nehmen Sie im Tabellenblatt „ABC-Analyse durchführen" im Tabellenbereich H6:J10 die von Frau Böttcher vorgegebene Klasseneinteilung vor.
5. Ermitteln Sie in den Zellen D7 bis D19 den Anteil des Produkts bzw. der Produktgruppe am Gesamtumsatz in Prozent. Kontrollieren Sie in der Zelle D20 die ermittelten Prozentanteile mithilfe der Funktion SUMME.
6. Kumulieren Sie in den Zellen E7 bis E19 die Prozentwerte aus den Zellen D7 bis D19.
7. Verwenden Sie die Funktion SVERWEIS zur Klassifizierung in den Zellen F7 bis F19.
8. Stellen Sie das Ergebnis der ABC-Analyse in Form eines Liniendiagramms dar.

Hinweise zur Diagrammerstellung

➤ Markieren Sie im Tabellenblatt *ABC-Analyse durchführen* den Bereich B7:B19.

➤ Halten Sie die STRG-Taste gedrückt und markieren Sie zusätzlich den Bereich E7:E19.

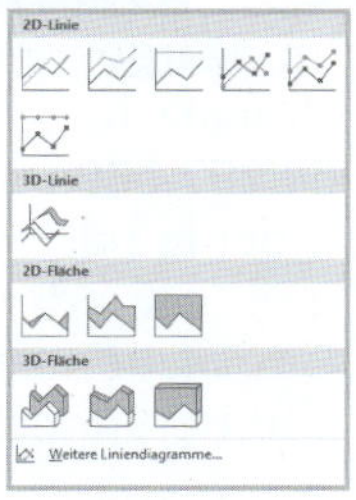

➤ Klicken Sie im Register EINFÜGEN in der Gruppe *Diagramme* auf die Schaltfläche 

und wählen Sie in der eingeblendeten Liste den Diagrammtyp *Linie mit Datenpunkten.* Das Diagramm wird auf dem aktuellen Tabellenblatt eingefügt.

➤ Klicken Sie auf das Diagramm bzw. auf das Register ENTWURF und anschließend auf die Schaltfläche *Schnelllayout*.

➤ Wählen Sie das Layout 10 aus und beschriften Sie die Achsen- sowie den Diagrammtitel (ABC-Analyse ausgewählter Produkte bzw. Produktgruppen), indem Sie im Diagramm per Doppelklick auf die entsprechenden Titel klicken.

➤ Klicken Sie auf Datenreihe 1 im Diagramm und anschließend auf die „Entf-Taste" auf Ihrer Tastatur, um den Text zu entfernen.

➤ Bei Bedarf können das Diagramm sowie die Diagrammbeschriftung noch formatiert (optisch verändert oder aufbereitet) werden.

➤ Verschieben Sie das Diagramm auf ein eigenes Diagrammblatt:
- Klicken Sie im Register ENTWURF in der Gruppe *Ort* auf die Schaltfläche *Diagramm verschieben.*
- Aktivieren Sie im geöffneten Dialogfenster das Optionsfeld *Neues Blatt* und bestätigen Sie mit *OK.*

➤ Geben Sie dem Tabellenblatt den Namen „ABC-Analyse grafisch auswerten".

➤ Sie können das Diagramm nun noch individuell nachbearbeiten bzw. formatieren.

➤ Speichern Sie die Datei unter „ABC-Produktgruppenanalyse durchführen.xlsx."

Schulbuch Kap. 2.3

4 Die Kundenstruktur mithilfe der ABC-Analyse untersuchen

Situation:

Im vergangenen Geschäftsjahr konnte die Heinrich KG ihren Umsatz für eigene Erzeugnisse und Handelswaren auf insgesamt 67.297.500,00 € steigern. Björn Walter, Abteilungsleiter im Verkauf, möchte mit einer ABC-Analyse die Kunden der Heinrich KG in A-, B- und C-Kunden einteilen. Als Kriterium für die Klassifizierung soll die Umsatzhöhe mit dem einzelnen Kunden im vergangenen Geschäftsjahr herangezogen werden.

Heinrich KG
Büromöbel und Zubehör

Für die Bildung der ABC-Klassen gilt:

- A-Kunden sind die umsatzstärkste Gruppe; mit ihnen werden rund 75 % des gesamten Umsatzes generiert.
- B-Kunden erbringen geringere Umsätze; mit dieser Gruppe werden annähernd 20 % des Gesamtumsatzes erwirtschaftet.
- C-Kunden sind die umsatzschwächste Gruppe; mit diesen Kunden werden die restlichen 5 % des Umsatzes realisiert.

Herr Walter bittet den Auszubildenden Martin Menge, eine ABC-Analyse der Kunden vorzunehmen.

Arbeitsaufträge:

1. Führen Sie – unter Beachtung der o.g. Informationen und den nachstehenden Daten aus einer Datenbank des Rechnungswesens – mithilfe von MS Excel eine ABC-Analyse der Kunden durch!

Bleibtreu GmbH	2.822.400,00 €	Möblix GmbH	22.180.000,00 €
Brandes GmbH & Co. KG	4.704.000,00 €	Unhold GmbH[1]	134.400,00 €
Gertrud Brandt KG	336.000,00 €	Westmoor KG	3.360.000,00 €
Innovation AG	28.220.000,00 €	Weyermann & Söhne KG	1.209.600,00 €
Junges Wohnen GmbH	2.553.600,00 €	Winter OHG	1.680.000,00 €
Lorenz Behr e.K.[1]	97.500,00 €		

Vorschlag zur Vorgehensweise:

a) Öffnen Sie eine neue Arbeitsmappe in MS Excel und speichern Sie diese unter dem Dateinamen „ABC-Analyse-Kunden". Übernehmen Sie die Daten aus der Datenbank in ein Tabellenblatt, dem Sie den Namen „ABC" geben.

b) Sortieren Sie die erfassten Daten, absteigend, nach dem Kriterium „Umsatzhöhe".

c) Ermitteln Sie in einer geeigneten Zelle den gesamten Umsatz der Kunden im vergangenen Geschäftsjahr.

d) Berechnen Sie den Anteil jedes Kunden am Gesamtumsatz in Prozent aufgrund der nach dem Kriterium „Umsatzhöhe" sortierten Daten.

e) Berechnen Sie den Anteil jedes Kunden an der Gesamtkundenzahl in Prozent.

f) Kumulieren Sie die Prozentwerte aus den beiden vorstehenden Schritten.

g) Teilen Sie die Kunden mithilfe einer WENN-Funktion in Gruppen ein.

h) Erstellen Sie in einem separaten Tabellenblatt mit dem Namen „ABC-Diagramm" ein Liniendiagramm, das die Ergebnisse zusammenfasst:
   - x-Achse (Rubrikenachse) = kumulierter Anteil an der Kundenzahl,
   - y-Achse (Größenachse) = kumulierter Anteil am Gesamtumsatz.

1 Lorenz Behr e.K. und die Unhold GmbH sind Neukunden der Heinrich KG.

2. Schlagen Sie für jede der drei Kundengruppen geeignete Maßnahmen zur Betreuung bzw. Kundenbindung vor!

A-Kunden:

B-Kunden:

C-Kunden:

3. Die ABC-Analyse ist ein Verfahren zur Priorisierung von Aufgaben und Aktivitäten. Listen Sie fünf besondere Vorteile dieses Analyseverfahrens auf!

➤ ______

➤ ______

➤ ______

➤ ______

➤ ______

4. Erläutern Sie, wo die Grenzen der erstellten ABC-Analyse liegen und welche Faktoren Ihrer Meinung nach zusätzlich bei der Einteilung der Kunden zu berücksichtigen sind!

Schulbuch Kap. 2.6

5 Die konjunkturelle Lage deuten

Situation:

Am heutigen Vormittag hat Frau Gerda Heinrich, Geschäftsführerin der Heinrich KG, alle Abteilungsleiterinnen und Abteilungsleiter in den großen Besprechungsraum eingeladen. Einziger Tagesordnungspunkt ist die Beurteilung der aktuellen konjunkturellen Lage sowie deren Auswirkung auf die Heinrich KG.

Heinrich KG
Büromöbel und Zubehör

Dafür legen die einzelnen Abteilungen folgende Fakten auf den Tisch:

Herr Walter, Leiter des Verkaufs, gibt eine positive Prognose für die kommenden Monate aus. Gerade nach der letzten Fachmesse sind die Auftragseingänge stark angestiegen und die Auftragsbücher prall gefüllt. Vom Leiter des Rechnungswesens, Herrn Fitschen, kommt die Information, dass die Zinsen bei den Kreditinstituten zurzeit recht niedrig sind, aber eine leicht steigende Tendenz festzustellen ist. Die „Personalchefin" Frau Gehrke weiß davon zu berichten, dass aktuell viele Initiativbewerbungen bei der Heinrich KG eingehen und die Arbeitslosenquote bundesweit zurückgeht. Einzig Herr Obert sieht für seinen Bereich der Fertigung Probleme auf die Heinrich KG zukommen, da die steigenden Aufträge zu Produktionsengpässen führen könnten.

Arbeitsaufträge:

1. Benennen Sie die Konjunkturphase, die in der Ausgangssituation beschrieben wird!

Konjunkturphase:	

2. Nennen Sie geeignete Maßnahmen, die die Heinrich KG in Erwartung dieser Konjunkturphase ergreifen sollte!

➤ ______________________________

____

____

➤ ______________________________

____

____

➤ ______________________________

____

____

➤ ______________________________

____

____

3. Skizzieren Sie Chancen und Risiken für die Heinrich KG!

Chancen	
Risiken	

4. Benennen Sie die drei anderen Phasen der Konjunktur!

➤ ______________________________

➤ ______________________________

➤ ______________________________

5. Gehen Sie für jede der drei Phasen auf die Bereiche *„Arbeitslosigkeit“*, *„Auftragslage der Unternehmen“*, *„Zinsniveau“*, *„Lohn- und Preisentwicklung“* sowie *„Einschätzung der Lage“* ein. Nutzen Sie hierzu die Vorlage (Material 1).

Material 1: Vorlage für die drei weiteren Phasen des Konjunkturzyklus

	Phase: ___	Phase: ___	Phase: ___
Arbeitslosigkeit			
Auftragslage der Unternehmen			
Zinsniveau			
Lohn-/Preisentwicklung			
Einschätzung der Lage			

Schulbuch Kap. 2.7

6 Eine Befragung durchführen

Situation:

Um Entscheidungen und Planungsprozesse durch einen höheren Informationsgrad sicherer zu machen, betreibt die Heinrich KG kontinuierlich Marktforschung. Informationen werden dabei mithilfe der Primärforschung und/oder der Sekundärforschung beschafft. Es gibt vielfältige Anwendungsbereiche, von denen diese vier die wichtigsten sind:

Heinrich KG
Büromöbel und Zubehör

- Analyse der allgemeinen Marktentwicklung,
- Kunden-Analyse,
- Wettbewerber-Analyse,
- Analyse der eigenen Marktposition.

Die Heinrich KG möchte gerne mehr Informationen über die Zufriedenheit und Bedürfnisse ihrer Kunden gewinnen. Ein wichtiges Instrument zur Messung der Kundenzufriedenheit ist die Kundenbefragung. Carla Marx, bei der Heinrich KG zuständig für die Marktforschung, ist sich jedoch nicht sicher, in welcher Form die geplante Kundenbefragung durchgeführt werden soll.

Arbeitsaufträge:

1. Im Bereich der Primärforschung ist die Befragung eine wichtige Methode zur Gewinnung von Informationen. Verschiedene Methoden der Befragung haben ihre spezifischen Vor- und Nachteile.

   Skizzieren Sie je zwei Vor- und Nachteile zum:
   - Einsatz von Interviewern zur mündlichen Befragung,
   - Einsatz einer telefonischen Befragung,
   - Einsatz einer schriftlichen Befragung!

   Nutzen Sie hierzu Material 1 und 2!

2. Bei der schriftlichen Befragung können geschlossene oder offene Fragen eingesetzt werden. Erläutern Sie den Unterschied zwischen einer geschlossenen und einer offenen Fragestellung und geben Sie jeweils ein Beispiel!

Frageform	Erläuterung	Beispiel
Geschlossene Frage		
Offene Frage		

3. Die Heinrich KG hat sich dazu entschlossen, eine schriftliche Kundenbefragung durchzuführen. Entwickeln und gestalten Sie mit einem digitalen Tool (z. B. MS Word, Canva) einen Fragebogen, den die Heinrich KG beständig einsetzen kann, um gezielt Informationen über die Kundenzufriedenheit sowie über Erwartungen, Wünsche und Bedürfnisse der Kunden zu gewinnen.

> **Hinweis:**
> Befolgen Sie dieselben Regeln wie grundsätzlich bei der Kundenansprache. Verwenden Sie das Unternehmensdesign, halten Sie sich kurz und knapp. In MS Word können Sie z. B. die Möglichkeiten zur Formulargestaltung (Entwicklertools – Steuerelemente) nutzen.

4. Doris Dusch, Sachbearbeiterin im Verkauf, schlägt vor, Kundenbefragungen online durchzuführen. Listen Sie fünf Vorteile einer Online-Kundenbefragung gegenüber der traditionellen Form – postalische Zusendung des Fragebogens – auf! Nutzen Sie als Informationshilfe Material 1.

➤ ______________________________

➤ ______________________________

➤ ______________________________

➤ ______________________________

➤ ______________________________

Material 1: Auszug aus dem Handbuch des erfolgreichen Verkaufs

Die Befragung

Nachdem im Rahmen der Vorbereitung zur Marktanalyse der Personenkreis festgelegt wurde, der zur Befragung herangezogen werden soll, ist über die Form der Befragung zu entscheiden. Die Befragung kann schriftlich oder mündlich durchgeführt werden.

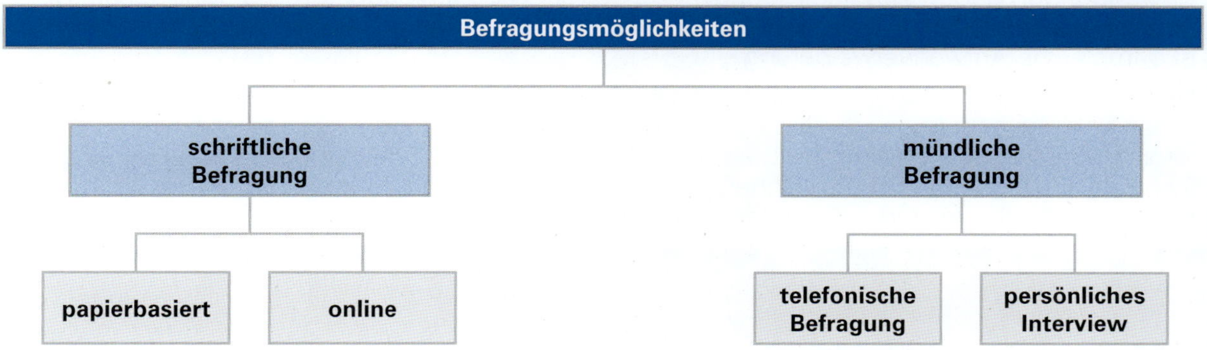

➤ Schriftliche Befragung (Papier- und Onlineversion)

Für die schriftliche Befragung sprechen die niedrigen Kosten. Honorare für Interviewer sind nicht zu zahlen. Andere Gründe sprechen wiederum gegen eine schriftliche Befragung: Es kann nicht damit gerechnet werden, dass von den versandten Fragebogen alle wieder zurückgeschickt werden. Mitunter ist nur eine Rücklaufquote von 10 % der abgeschickten Fragebogen zu verzeichnen. Mithilfe von Preisausschreiben kann die Rücklaufquote verbessert werden. Es kann nicht ausgeschlossen werden, dass die zu befragende Person von Dritten beeinflusst wurde.

Bestimmte Personengruppen tun sich mit einer schriftlichen Beantwortung schwer, sei es, weil sie im Schreiben ungeübt sind oder den Sinn der Fragen missverstehen könnten.

Anders sieht es ggf. in der Onlineversion aus. Der Teilnehmer einer **Online-Befragung** hingegen füllt einen digitalen Fragebogen (z. B. mit MS Forms) aus, oder er lädt einen Fragebogen aus dem Internet herunter und schickt ihn per E-Mail zurück, oder er bekommt diesen Fragebogen per E-Mail zugeschickt und sendet ihn auf dem gleichen Weg zurück.

Die Kontaktaufnahme mit einer zu befragenden Person erfolgt in der Regel über einen **Link** (Wort oder Bild o. Ä., das durch Anklicken eine andere Internetseite aufruft), der über einen **Werbe-Banner** (Werbeblock auf einer Internetseite zur Finanzierung dieser Seite) auf einer Internetseite angeklickt wird. Dort wird auf diesen Fragebogen hingewiesen. Durch Anklicken findet die zu befragende Person dann den Fragebogen. Eine andere Möglichkeit besteht darin, dass der Besucher einer Internetseite durch ein **Popup-Fenster** (automatisch aufspringendes [Teil-]Fenster beim Aufruf einer Internetseite) auf einen Fragebogen hingewiesen wird, den er dann durch einen Link in diesem Fenster aufrufen kann.

Bei der Aufforderung über E-Mail kann die zu befragende Person entweder über einen eingebauten Link online den Fragebogen erreichen und ausfüllen, oder auch, wie beim Besuch einer Internetseite, den Fragebogen herunterladen und per E-Mail zurückschicken.

Wie bei den anderen Befragungsarten auch, stellt sich die Frage nach der Repräsentativität der Befragten und nach der Art der Befragung.

Die Online-Befragung unterscheidet sich dabei nicht grundsätzlich von den anderen schriftlichen Befragungen. Allerdings verringert sich bei einer digitalen Befragung die Qualität der Auswahl, weil eine systematische Auswahl der befragten Personen nahezu unmöglich ist.

Einen erheblichen Vorteil bringt die Online-Befragung bei der Gestaltung der Fragebogen, weil alle technischen Möglichkeiten des Internet wie Text-, Bild-, Audio- oder Videodarstellungen eingesetzt werden können. Darüber hinaus ist es möglich, eine hohe Interaktion (Wechselbeziehung) zwischen dem Fragenden und dem Befragten herzustellen: wenn bestimmte **Filter-Fragen** negativ beantwortet werden, können dann nicht mehr interessierende Folgeteile des Fragebogens unterdrückt werden u. Ä. Darüber hinaus ist offensichtlich, dass die Auswertung der Fragebogen schneller als bisher erfolgen kann, von der Schnelligkeit der Fragebogenaktion ganz zu schweigen.

➤ Mündliche Befragung

Aus den genannten Gründen wird trotz des finanziellen Mehraufwandes die mündliche Befragung bevorzugt, obwohl auch hier Mängel auftreten können, die noch zu erörtern sind. Die mündliche Befragung kann sowohl telefonisch als auch persönlich durchgeführt werden. Für die **telefonische Befragung** spricht die kurzfristige Erhebung von Informationen, so z. B. nach Meinungen über aktuelle politische Ereignisse.

Einwendungen gegen diese Befragungsweise betreffen die fehlende Repräsentanz der Befragten und die Reserviertheit der befragten Personen gegenüber unbekannten Anrufern. Die Folge davon ist oftmals eine Antwortverweigerung.

Eine weit verbreitete Form der mündlichen Befragung ist das **persönliche Interview.** In diesem Fall treten sich der zu Befragende und der Interviewer persönlich gegenüber. Die Anonymität – im telefonischen Interview als Nachteil beschrieben – fällt hier weg. Dafür treten andere Probleme auf: Sympathien oder Antipathien zwischen den beteiligten Personengruppen können das Befragungsergebnis beeinflussen. Oder: Der Interviewer füllt den Fragebogen nicht vorschriftsmäßig aus.

Material 2: Vorlage „Befragungsmöglichkeiten – Vorteile und Nachteile“

Befragungsmöglichkeiten		
Interview	Vorteile	
	Nachteile	
Telefonische Befragung	Vorteile	
	Nachteile	
Schriftliche Befragung (Papier- und Onlinefrage-bogen)	Vorteile	
	Nachteile	

Schulbuch Kap. 3.5

7 Preisstrategien festlegen und Marktverhalten deuten

Situation:

Heinrich KG
Büromöbel und Zubehör

Im Mittelpunkt der heutigen Bereichsleitersitzung steht die Produktgruppe „Schreibtische". Rückmeldungen der Außendienstmitarbeiter haben in letzter Zeit vermehrt einen Hinweis darauf enthalten, dass es einen neuen Mitbewerber auf dem an sich überschaubaren Anbietermarkt für hochwertige Schreibtische gibt, die Helios Büro GmbH. Dieses Unternehmen hat es sich anscheinend zum Ziel gesetzt, mit niedrigen Preisen möglichst viele Kunden zu gewinnen.

Frau Gerda Heinrich nimmt die Berichte der Außendienstmitarbeiter ernst und zum Anlass, über die Preisstrategie bei der Produktgruppe „Schreibtische" nachzudenken. Schließlich hat sich die Heinrich KG gerade mit dieser Produktgruppe einen Namen bei den Kunden erworben. Mittelfristiges Ziel der Heinrich KG ist es deshalb, die aktuellen Marktanteile und Rohgewinne bei dieser Produktgruppe zu stabilisieren.

Bisher hat die Heinrich KG die Preisstrategie verfolgt, sich in der Produktgruppe „Schreibtische" am Branchenpreis zu orientieren. Die offensichtlichen Kampfpreise der Helios Büro GmbH könnten aber eine andere Preisstrategie notwendig machen.

Arbeitsaufträge:

1. Erkundigen Sie sich über die verschiedenen Preisstrategien!
2. Unterbreiten Sie unter Berücksichtigung der Ausgangssituation und von Material 1 einen begründeten Vorschlag, ob es für die Heinrich KG in Zukunft sinnvoller ist, bei ihren Preisen zu bleiben oder aber ihre Schreibtische zu den Preisen der Helios Büro GmbH anzubieten! Nutzen Sie für Ihre Berechnungen und zur Ergebnissicherung die folgenden Arbeitsvorlagen:

Arbeitsvorlage 1

Bisherige Marktanteile und Rohgewinne der Heinrich KG bei der Produktgruppe „Schreibtische":

Produkt-Nr.	Produktbezeichnung	Rohgewinne (€)	Marktanteile (%)
A-1001000	Denver		
A-1001100	Starlight		
A-1004110	Future		
Summe			

Arbeitsvorlage 2

Ermittlung der künftigen Absatzmengen und Rohgewinne für die Heinrich KG, falls die drei Schreibtische künftig zu den Preisen der Helios Büro GmbH angeboten werden und die bisherigen Marktanteile erhalten bleiben sollen:

Produktbezeichnung	Preissenkung (%)	Neue Absatzmenge	Rohgewinne (€)
Denver			
Starlight			
Future			
Summe			

Arbeitsvorlage 3

Ermittlung der neuen Marktanteile, falls die Heinrich KG keine Preissenkung vornimmt, sich die Gesamtnachfrage aber dennoch erhöht:

Produktbezeichnung	Alte Absatzmenge	Neuer Marktanteil (%)
Denver		
Starlight		
Future		

Vorschlag zur Festlegung der Preisstrategie

Die Heinrich KG sollte
- ☐ bei ihren Preisen bleiben,
- ☐ ihre Preise an die Preise der Helios Büro GmbH anpassen,

weil ____

____

____

____

____

____

Material 1: Informationen zur Produktgruppe Schreibtische

➤ **Übersicht über die Produktgruppe „Schreibtische" bei der Heinrich KG:**

Produkt-Nr.	Produkt-bezeichnung	Listenverkaufs-preis	Herstellkosten	Absatzmengen pro Jahr	Nachfrage gesamt
A-1001000	Denver	245,00 €	170,00 €	900	8.000
A-1001100	Starlight	925,00 €	610,00 €	540	3.900
A-1004110	Future	460,00 €	330,00 €	600	3.750

➤ **Preise der Helios Büro GmbH für vergleichbare Schreibtische:**

Produkt	Listenverkaufspreis
Vergleichbar Schreibtisch „Denver"	208,00 €
Vergleichbar Schreibtisch „Starlight"	720,00 €
Vergleichbar Schreibtisch „Future"	352,00 €

➤ **Nachfrageverhalten nach Schreibtischen bei Preisänderungen:**

Untersuchungen haben ergeben, dass sich die Nachfrage nach Schreibtischen der drei untersuchten Qualitäten bei einer Preissenkung wie folgt verändert:

- ➤ Preissenkung um bis zu 10 % = Nachfragesteigerung um 5 %
- ➤ Preissenkung um 11 % bis zu 20 % = Nachfragesteigerung um 10 %
- ➤ Preissenkung um 21 % bis zu 30 % = Nachfragesteigerung um 20 %

3. Nennen Sie Maßnahmen, die die Heinrich KG ergreifen sollte, um die von Ihnen vorgeschlagene Preisstrategie Erfolg versprechend umzusetzen!

➤ ______________________________

____

____

____

➤ ______________________________

____

____

____

➤ ______________________________

____

____

____

➤ ______________________________

____

____

____

4. Insbesondere bei den Standardprodukten ist die Heinrich KG einem enormen Konkurrenzdruck ausgesetzt. Dies hat bei einzelnen Produktgruppen zu Umsatzeinbrüchen von bis zu 40 % geführt. Starke Preissenkungen, wie sie aktuell mehrere Wettbewerber vorgenommen haben, werden von der Geschäftsleitung der Heinrich KG jedoch kategorisch abgelehnt.

4.1 Nennen und erläutern Sie zwei angemessene Maßnahmen, um kurzfristig wirkende Kostensenkungen zu realisieren!

Maßnahme 1	
Maßnahme 2	

4.2 Svenja Meier, bei der Heinrich KG zuständig für das Controlling, rät der Geschäftsleitung dazu, eher auf 15 % des Absatzes zu verzichten, als den Preis um 15 % zu senken. Frau Meier will ihren Rat anhand folgender Markt- und Controlling-Daten zu dem Produkt „Klapptisch" belegen:

- Der Nettoverkaufspreis beträgt 220,00 € pro Stück.
- Der durchschnittliche Absatz je Quartal beträgt 1.200 Stück.
- Die Fixkosten pro Quartal betragen 114.000,00 €.
- Die variablen Kosten pro Stück betragen 110,00 €.
- Durch die Preissenkung kann der Absatz gehalten werden.
- Durch die Absatzsenkung kann der Preis gehalten werden.

Weisen Sie rechnerisch nach, dass Frau Meiers Aussage in Bezug auf das Produkt „Klapptisch" betriebswirtschaftlich richtig ist, indem Sie den Gewinn oder Verlust pro Quartal in Euro

4.2.1 bei einer Preissenkung von 15 % berechnen!

4.2.2 bei einer Absatzsenkung von 15 % berechnen!

Fortsetzung der Situation: Marktverhalten deuten

Herr Walter, Leiter des Verkaufs, beschreibt, dass die positive Prognose für die kommenden Monate sowie die stark angestiegenen Auftragseingänge auch dem besonders innovativen und ergonomisch geformten Bürostuhl „Healthy" zu verdanken ist. Dieser Stuhltyp ist bereits vergleichbar im letzten Jahr von zwei Konkurrenten produziert worden – ein Jahr später zieht die Heinrich KG nach. Ab dem nächsten Monat wird der Stuhl auch vertrieben. Der Bürostuhl „Healthy" lässt sich nicht nur per App steuern, sondern konfiguriert auch direkt die richtigen Einstellungen für eine gesunde Sitzhaltung – angepasst an jeden Benutzer – und er warnt sogar bei Missachtung.

Im Vergleich zum Konferenzstuhl „Visit", der von zahlreichen anderen Herstellern vergleichbar angeboten und von vielen Kunden nachgefragt wird, ist der innovative Bürostuhl „Healthy" ein Produkt, das ausschließlich von der Heinrich KG und zwei weiteren Herstellern angeboten wird. Der Stuhl wird bereits sehr häufig nachgefragt und vorbestellt.

5. Informieren Sie sich mithilfe Ihres Buchs sowie dem Internet über verschiedene Marktformen. Unterscheiden Sie diese und ordnen Sie anschließend den beiden Stühlen die richtige Marktform zu!

Marktform	Unterscheidungsmerkmale

Zuordnung der Bürostühle:

	Stuhl „Visit"	Stuhl „Healthy"
Marktform		

6. Die für die Art des Stuhls „Healthy" geltenden Nachfrage- und Angebotszahlen auf dem Markt konnten ermittelt werden. Die folgende Grafik zeigt diese:

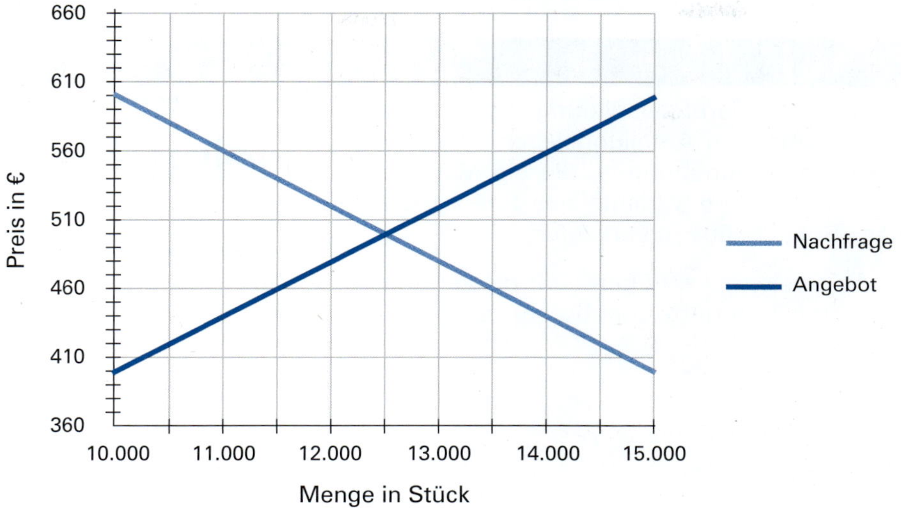

6.1 Lesen Sie aus der Grafik den Gleichgewichtspreis sowie die Gleichgewichtsmenge ab!

Gleichgewichtspreis	
Gleichgewichtsmenge	

6.2 Ermitteln Sie, bei welchem Preis in € der größte Umsatz erzielt wird, und bestimmen Sie dessen Höhe!

6.3 Bestimmen Sie den Nachfrage- bzw. Angebotsüberhang bei einem Preis von 560,00 € bzw. 460,00 €. Ordnen Sie auch zu, ob jeweils ein Käufer- oder ein Verkäufermarkt vorliegt.

Variante 1: Preisfestsetzung auf 560,00 €			
☐ Nachfrageüberhang in Höhe von	______	Stück	☐ Käufermarkt
☐ Angebotsüberhang in Höhe von	______	Stück	☐ Verkäufermarkt

Variante 2: Preisfestsetzung auf 460,00 €			
☐ Nachfrageüberhang in Höhe von	______	Stück	☐ Käufermarkt
☐ Angebotsüberhang in Höhe von	______	Stück	☐ Verkäufermarkt

Schulbuch Kap. 4.3

8 Einen Werbeplan erstellen

Situation:

Marita Mars ist – im Rahmen ihrer Berufsausbildung – gegenwärtig in der Abteilung Verkauf eingesetzt. Der Abteilungsleiter hat die Auszubildende in eine Projektgruppe eingebunden, die ein Marketingkonzept entwickelt, um eine neuartige Variante des Regalsystems „Solito" unter dem Namen „Solito 5000" zu verkaufen.

Heinrich KG
Büromöbel und Zubehör

Um die Fertigungsrate schrittweise zu erhöhen, soll diese Variante zunächst nur über Handelsbetriebe in der Metropolregion Hamburg angeboten werden. Für eine Werbekampagne ist ein Werbeplan zu erstellen.

Arbeitsaufträge:

1. Formulieren Sie in Ergänzung zu den folgenden W-Fragen drei weitere W-Fragen zur Vervollständigung des Werbeplans.
   - **W**arum soll geworben werden *(Werbeziel)?*
   - **W**as soll beworben werden *(Werbegegenstand)?*
   - **W**elcher Inhalt soll transportiert werden *(Werbebotschaft)?*
   - **W**elche Zielgruppe soll umworben werden *(Streukreis)?*

① ____

____

② ____

____

③ ____

____

2. Vervollständigen Sie den folgenden Lückentext, indem Sie jeweils entscheiden, ob von Werbe**trägern** oder Werbe**mitteln** die Rede ist.

Mithilfe der Werbe____________ werden die Werbebotschaften an die Abnehmer herangetragen. Grundsätzlich können hierzu Schrift, Bilder, Ton oder auch die Ware selber eingesetzt werden.

Typische Werbe____________ sind z. B. Anzeigen und Inserate in Zeitungen oder im Internet, Spots in TV, Radio oder Kino, Werbebriefe, Schaufensterwerbung oder die Bandenwerbung in Sportstätten.

Ein Werbe____________ ist dagegen ein Medium, das die eigentliche Botschaft mithilfe der Werbe____________ zum potenziellen Käufer trägt. Die Güte eines Werbe____________ wird dabei üblicherweise mithilfe des Tausend-Kontakt-Preises gemessen, der den Preis für je 1.000 erreichte potenzielle Interessenten angibt.

Typische Werbe____________ sind Zeitungen, Zeitschriften, Bücher, Rundfunk, TV, Plakatwände und Schaufenster, das Internet oder die Verkehrsmittelwerbung an Omnibussen, Straßenbahnen und Taxen.

3. 3.1 Erstellen Sie den folgenden Werbeplan einschließlich Werbeetatplanung für die Monate April, Mai und Juni in MS Excel. Für diesen Zeitraum steht Ihnen ein Werbeetat von ca. 250.000,00 € zur Verfügung!

	A	B	C	D	E	F	G	H	I	J	K
1											
2									Werbedispositionen		
3	Nr.	Werbemittel und -träger	Reichweite in Tsd	Umfang/ Dauer	Anzahl der Werbemaßnahmen	Kosten für 1.000 Kontakte	Kosten für Gestaltung/ Druckvorlagen/ Produktion (Spot)	Kosten für die Werbekampagne insg.	April	Mai	Juni
4	1.	Anzeigen									
5		Tageszeitung	210	¼ Seite		8,40 €	2.000,00 €				
6		Anzeigenblatt	180	½ Seite		6,10 €	2.350,00 €				
7	2.	Prospekt									
8		Fachzeitschrift 1	25	2 Seiten		3,80 €	2.560,00 €				
9		Fachzeitschrift 2	20	3 Seiten		5,10 €	3.375,00 €				
10	3.	Sender									
11		Regional TV 1	3600	30 Sekunden		11,74 €	1.390,00 €				
12		Regional TV 2	2800	30 Sekunden		9,55 €	1.250,00 €				

3.2 Entscheiden Sie, wie die genaue Umsetzung der Werbekampagne erfolgen könnte, und stellen Sie Ihr Ergebnis im Plenum zur Diskussion!

Fortsetzung der Situation:

Nachdem die Rückmeldungen in der Metropolregion Hamburg sehr positiv waren, verständigen sich Frau Heinrich und Herr Bast, Abteilungsleiter Einkauf, darauf, nun auch überregional aktiv zu werden. Sie beschließen, in zwei Fachzeitschriften jeweils an sechs aufeinanderfolgenden Samstagen in Form einer Anzeige für das neue Regalsystem zu werben. Hierfür kommen vier überregionale, regelmäßig erscheinende Fachzeitschriften infrage, für die die folgenden Daten vorliegen:

	Zeitschrift 1	Zeitschrift 2	Zeitschrift 3	Zeitschrift 4
Seitenpreis der Anzeige	36.500,00 €	54.260,00 €	63.470,00 €	45.880,00 €
Anzahl der Leser davon Zielgruppe	616.000 23 %	742.000 21 %	840.000 24 %	686.000 22 %

4. Berechnen Sie den „Tausend-Leser-Preis"[1] für jede Fachzeitschrift! Ermitteln Sie schließlich die Gesamtkosten der Werbemaßnahme, wenn in jeder der beiden kostengünstigsten Fachzeitschriften jeweils auf einer $^1/_8$ Seite geworben wird!

	Berechnungshinweise	Tausend-Leser-Preis
Fachzeitschrift 1		
Fachzeitschrift 2		
Fachzeitschrift 3		
Fachzeitschrift 4		

Gesamtkosten der Werbemaßnahme (€):	______________________

1 Der **Tausend-Leser-Preis** (auch Tausend-Kontakt-Preis genannt) ist eine Kennzahl aus der Mediaplanung. Er gibt an, welcher Geldbetrag bei einer Werbemaßnahme eingesetzt werden muss, um 1.000 Personen einer Zielgruppe per Sichtkontakt (im Radio Hörkontakt) zu erreichen. Der Tausend-Leser-Preis ermöglicht im Rahmen der Mediaplanung einen Vergleich der Werbemittel und ihrer Kosten.

5. Eine Projektgruppe empfiehlt verschiedene Instrumente des Online-Marketings, insbesondere über soziale Netzwerke wie Facebook, Instagram, LinkedIn oder Tiktok, um gezielt Nutzer in diesen Netzwerken zu erreichen und als Kunden zu gewinnen. Nennen und beschreiben Sie drei Möglichkeiten (Instrumente) des Online-Marketings!

1. Möglichkeit:	
2. Möglichkeit:	
3. Möglichkeit:	

6. Zeigen Sie stichpunktartig die Chancen und die Risiken auf, die ein Unternehmensauftritt in sozialen Netzwerken mit sich bringt!

Chancen	**Risiken**

9 Kostenorientierte Preispolitik betreiben

Schulbuch Kap. 4.4.2

Situation:

Der Geschäftsführerin der Heinrich KG, Gerda Heinrich, sind beim Besuch der Bürofachmesse ORGATEC in Köln die Produkte des Büromöbelherstellers Wind KG aufgefallen.

Heinrich KG
Büromöbel und Zubehör

Frau Heinrich plant Schreib- oder Computerarbeitstische in das eigene Sortiment aufzunehmen, die sich schnell und leicht auch in Steharbeitsplätze verwandeln lassen.

Aufgrund ihres auf der Bürofachmesse ORGATEC gezeigten Interesses hat die Wind KG das folgende Angebot erstellt:

WIND KG
Herstellung aktueller Büromöbel

Wind KG • Fuggerstraße 55 • 51149 Köln
Heinrich KG
Rahlstedter Str. 144
22143 Hamburg

Ihr Zeichen:
Ihre Nachricht vom:
Unser Zeichen: vk-ja
Unsere Nachricht vom:

Name: Frau Jahrmann
Telefon: 02241 3376-10
Telefax: 02241 3376-11
E-Mail: jahrmann@wind.de

Datum: 14.11.20..

Angebot Nr. 317-06

Sehr geehrte Frau Heinrich,

vielen Dank für den Besuch auf unserem Messestand bei der ORGATEC 20..

Wir senden Ihnen das gewünschte Angebot:

Art.-Nr. 30401 Steh-Sitz-Tischsystem,
ergodynamisch und funktional,
Listenpreis 245,50 Euro.

Bei Abnahme von mindestens 250 Stück gewähren wir 20 % Rabatt. Der Preis versteht sich zuzüglich 19 % Umsatzsteuer.

Die Zahlung ist innerhalb von 20 Tagen ab Rechnungsdatum zu leisten. Bei Zahlung innerhalb von 7 Tagen gewähren wir 2 % Skonto. Die Lieferung erfolgt innerhalb von 10 Tagen ab Datum des Bestellungseingangs frei Haus.

Wir hoffen, dass Ihnen unser Angebot zusagt und freuen uns auf Ihren Auftrag.

Mit freundlichen Grüßen

Wind KG

i. A. Sonja Jahrmann

Sonja Jahrmann

Bankverbindung:
Deutsche Bank Köln
BIC: DEUTDEDKXXX
IBAN: DE61 3707 0060 0005 9159 89

Handelsregister:
Amtsgericht Köln
HR A 2176

USt-Id:
DE203476126
Steuer-Nummer:
040/225/90100

E-Mail:
info@wind.de

Geschäftsführer:
Dr. Wilmar Wind

Arbeitsaufträge:

1. Aufgrund des Angebots bestellt Frau Heinrich 500-mal das „Steh-Sitz-Tischsystem"!

   Ermitteln Sie nachvollziehbar unter Anwendung des Kalkulationsschemas den Barverkaufspreis der Heinrich KG für ein „Steh-Sitz-Tischsystem"; die Heinrich KG
   - zahlt unter Abzug von Skonto,
   - kalkuliert mit einem Handlungskostenzuschlagssatz von 62,5 %,
   - kalkuliert mit einem Gewinnzuschlag von 8,5 %.

Listeneinkaufspreis	245,50 €

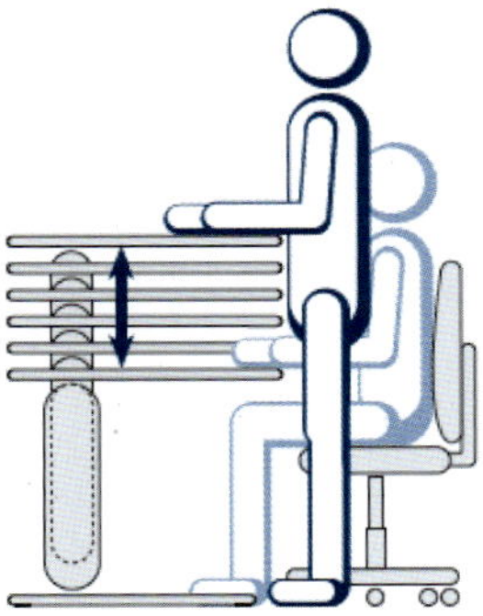

2. Ein Mitbewerber der Heinrich KG bietet ein vergleichbares „Steh-Sitz-Tischsystem" zu einem Barverkaufspreis von 329,99 € an. Die Heinrich KG möchte daher prüfen, ob sie das „Steh-Sitz-Tischsystem" ebenfalls zu diesem Preis anbieten könnte. Frau Heinrich gibt an, dass der Gewinnzuschlag dazu mindestens bei 5 % liegen müsste, um den gleichen Preis anbieten zu können. Andernfalls muss auf die Sortimentserweiterung verzichtet werden.

   Prüfen Sie, ob die Hereinnahme des „Steh-Sitz-Tischsystems" in das Sortiment unter diesen Voraussetzungen möglich ist!

3. Neben Maßnahmen zur Unterstützung der Kunden (Verkaufsförderung) plant Frau Heinrich zur Markteinführung des „Steh-Sitz-Tischsystems“ eine gezielte Werbung. Mit dieser Werbung soll eine regionale Werbeagentur beauftragt werden.

   3.1 Nennen Sie drei Gründe für die Beauftragung einer Werbeagentur!

   - ➤ ______________________
   - ➤ ______________________
   - ➤ ______________________

   3.2 Nennen Sie drei Informationen, die die Heinrich KG der Werbeagentur in diesem Kontext geben muss!

   - ➤ ______________________
   - ➤ ______________________
   - ➤ ______________________

4. Der Kostenvoranschlag der Werbeagentur für die geplante Werbekampagne beläuft sich auf 15.000,00 €. Natalie Smarra, Mitarbeiterin im Einkauf, stellt in diesem Kontext die folgende Behauptung auf:

   „Die Kosten dieser Werbekampagne sind Handlungskosten, die in die Kalkulation eingehen. Höhere Handlungskosten führen zu höheren Selbstkosten und damit zu einer Erhöhung des Listenverkaufspreises. Die Werbekampagne verteuert somit die Ware und wird dazu führen, dass wir am Markt nicht mehr wettbewerbsfähig sind. Ich rate daher nachdrücklich von der geplanten Werbekampagne ab.“

   Begründen Sie, ob Frau Smarra den Sachverhalt richtig erfasst hat!

____

____

____

____

____

____

____

____

____

____

____

____

5. Benno Klein, der eine Stabstelle „Organisation/Datenverarbeitung“ innehat, soll kurzfristig für die Heinrich KG eine neue Internetseite mit Internetshop und Newsletter einrichten.

   5.1 Nennen Sie drei Chancen, die sich durch den Einsatz einer Internetseite mit Internetshop und Newsletter im Vergleich zu einer Kundenzeitschrift zusätzlich für die Heinrich KG ergeben!

   ➤ ____

   ____

   ➤ ____

   ____

   ➤ ____

   ____

   5.2 Zur Einführung des Internetshops möchte der Abteilungsleiter im Verkauf, Björn Walter, eine Schreibtischlampe in Aluminium zu einem Aktionspreis anbieten. Der Listeneinkaufspreis der Schreibtischlampe beträgt 123,75 €.

   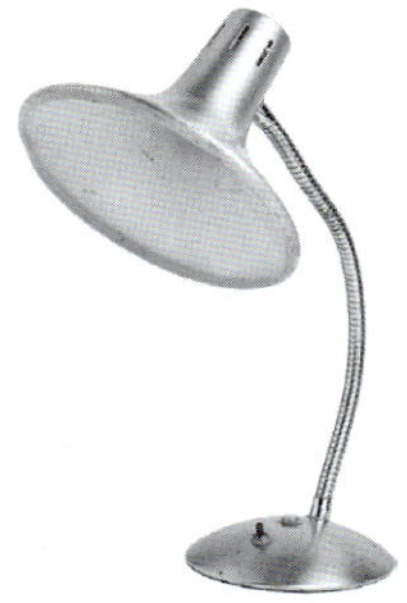

   Der Hersteller der Schreibtischlampe, die Luise Luna OHG aus Lichtenfels, räumt der Heinrich KG aufgrund der geplanten Sonderaktion folgende Konditionen ein: 15 % Rabatt, 3 % Skonto, Lieferung frei Haus. Bei einer Abnahme von 2.500 Stück betragen die variablen Handlungskosten 10,52 € pro Stück.

   Der Aktionspreis soll so festgelegt werden, dass für die Heinrich KG weder ein Gewinn noch ein Verlust entsteht. Ermitteln Sie dazu die Preisuntergrenze pro Stück!

Schulbuch Kap. 5

10 Werbemittel auswählen und gestalten

Situation:

Heinrich KG
Büromöbel und Zubehör

Bevor die Idee, ergonomisch geformte Sitze für Sportstätten ins Produktprogramm aufzunehmen, in die Tat umgesetzt wurde, hat die Heinrich KG umfangreiche Marktforschung betrieben. Die Ergebnisse der Marktforschung in Norddeutschland bestätigen nun, dass es für die vorgesehene neue Produktgruppe ein großes Marktvolumen gibt. Ca. 30 % der angeschriebenen Sportvereine und Kommunen haben eine schriftliche Fragebogenaktion unterstützt und dabei eine hohe Akzeptanz für die Ideen der Heinrich KG gezeigt.

Zunächst hat die Heinrich KG die Zielgruppen (Sportvereine, Kommunen und Träger von Großraumhallen) festgelegt und die Werbeobjekte genauer definiert. Es handelt sich dabei um Sitze für den Indoor- und Outdoor-Bereich, die jeweils in den Ausführungen „Standard", „Komfort" und „de Luxe" angeboten werden sollen.

Bei allen drei Ausführungen wird sehr viel Wert auf eine ergonomisch gestaltete Rückenlehne in Verbindung mit einem hohen Sitzkomfort gelegt. Die Serie „Komfort" enthält zudem einige individuell anpassbare Einstellmöglichkeiten. Die Serie „de Luxe" schließlich beeindruckt durch zusätzliche Armlehnen und eine etwas breitere Sitzfläche.

In einer weiteren Besprechung wird das Werbegebiet festgelegt. Zunächst sollen die neuen Produkte im norddeutschen Raum und zusätzlich bundesweit bei allen Profivereinen der Sportarten Fußball, Handball, Basketball und Eishockey bekannt gemacht werden. Noch ungeklärt ist die konkrete Durchführung der Werbung.

Arbeitsaufträge:

1. Machen Sie einen begründeten Vorschlag, welche zwei Werbemittel die Heinrich KG auf jeden Fall einsetzen sollte, um die neuen ergonomisch geformten Sitze zu bewerben!

Werbemittel 1:	

Werbemittel 2:	

Begründung für die ausgewählten Werbemittel:

2. Gerda Heinrich hat für nächsten Montag zu einem Treffen eingeladen, bei dem das Werbekonzept vorgestellt werden soll. Fest steht bereits, dass in zwei Fachzeitschriften in der nächsten Ausgabe eine Werbeanzeige geschaltet werden soll. Dadurch will Frau Heinrich die Anzeigenleser der Vereinsvorstände sowie der kommunalen Sportämter auf die drei Ausführungen der Indoor- und Outdoor-Bestuhlung aufmerksam machen. Sollte die Reaktion auf die Einführungswerbung nicht den Erwartungen entsprechen, wird der Bekanntheitsgrad der Heinrich KG zumindest erweitert.

2.1 Damit die Anzeige ein Erfolg wird, müssen bestimmte Grundsätze berücksichtigt werden. Ordnen Sie den nachfolgenden Aussagen zu, welche der folgenden fünf Grundsätze der Werbung jeweils beschrieben werden:

Grundsätze der Werbung: *Klarheit – Stetigkeit/Einprägsamkeit/Einheitlichkeit – Wirksamkeit – Wahrheit – Wirtschaftlichkeit*

Aussagen	Grundsatz
Die Werbung muss frei sein von unzutreffenden Behauptungen, Übertreibungen und Entstellungen von Tatsachen. Durch unwahre Aussagen über Beschaffenheit, Verwendbarkeit und Preise der angebotenen Ware wird der Kunde verärgert und vermutlich gegen das Gesetz gegen den unlauteren Wettbewerb (UWG) verstoßen. Übertrieben wirkende Aussagen wie „das Allerbeste" oder „unübertrefflich" sollten vermieden werden, da ein Zuviel an Lob die Glaubwürdigkeit gefährdet.	
Die Werbebotschaft soll schnell erfassbar, leicht verständlich und übersichtlich sein.	
Um Aufmerksamkeit zu erreichen, muss die Werbung ideenreich sein, sie sollte sich insbesondere von der Konkurrenz deutlich abheben (Originalität).	
Der mögliche Erfolg, der mit dem umworbenen Produkt erzielt werden kann, bestimmt die maximalen finanziellen Aufwendungen für die Werbemaßnahmen.	
Ein einheitlicher Werbestil führt bei den Kunden zu einem hohen Wiedererkennungseffekt. Dies kann z. B. durch bestimmte Farben, Melodien oder Symbole erreicht werden.	

2.2 Informieren Sie sich zunächst mithilfe von Material 1 über die Gestaltung einer Werbeanzeige und entwerfen Sie dann mit einem digitalen Tool (z. B. MS Word, Canva) eine Werbeanzeige im Format A5! Speichern Sie die Anzeige unter „Werbeanzeige"!

Berücksichtigen Sie folgende Preisfestlegungen der sechs Ausführungen:

Modell	Outdoor-Stuhl	Indoor-Stuhl
Modell „Standard"	7,80 €/Stück	7,30 €/Stück
Modell „Komfort"	11,00 €/Stück	10,80 €/Stück
Modell „de Luxe"	16,00 €/Stück	16,00 €/Stück

Material 1: Auszug aus dem Handbuch des erfolgreichen Verkaufs

A: Aufgabe der Werbeanzeige

Die Werbeanzeige dient als Träger der Werbebotschaft. Sie soll den Kunden zum Kauf von bestimmten Produkten veranlassen (Produktwerbung) und somit insbesondere den Umsatz des Werbetreibenden steigern.

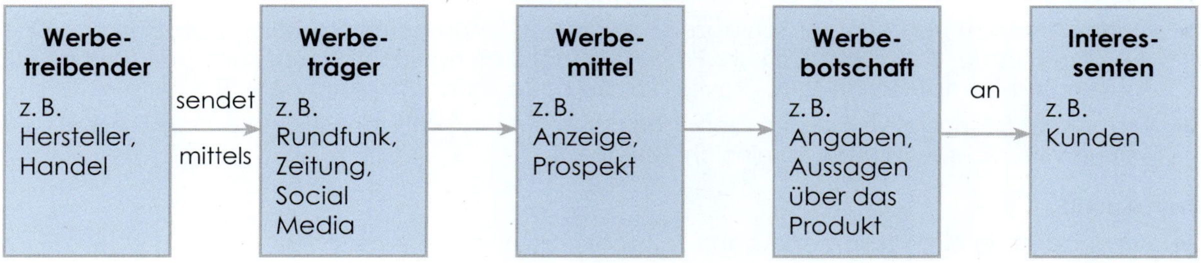

Eine Werbeanzeige muss Aufmerksamkeit erregen und ein länger dauerndes Interesse wecken! Die Leser der Anzeige sollen als mögliche Käufer angesprochen werden. Werbeleute fassen dies zur AIDA-Formel zusammen.

B: AIDA-Formel = Stufen der Verhaltensänderung beim Verbraucher

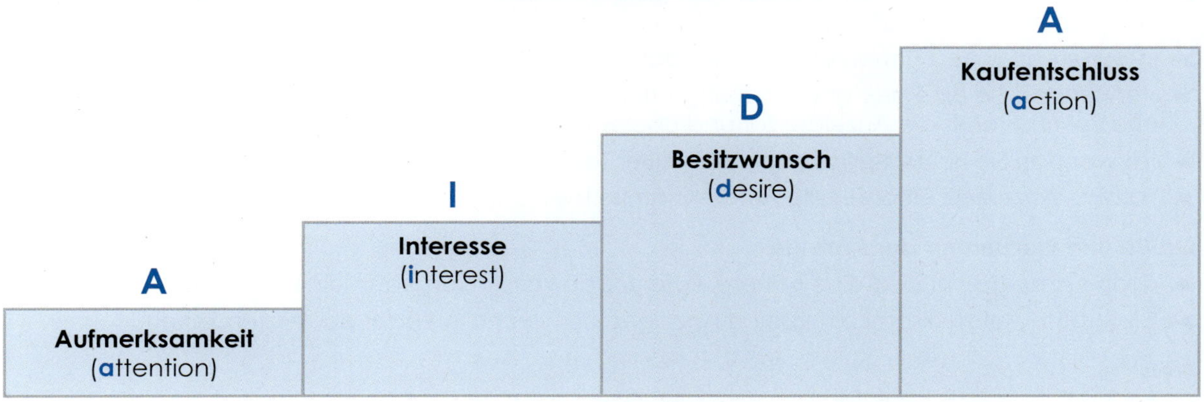

Das bedeutet: Eine Werbebotschaft sollte ...

- **gezielt Aufmerksamkeit erregen.**
  Dies kann durch einen originellen Werbetext oder eine auffallende Farbgebung geschehen.
- **nachhaltiges Interesse wecken.**
  Hier geht es vor allem um eine länger anhaltende Aufmerksamkeit; die Werbebotschaft soll lange im Gedächtnis des Umworbenen bleiben (z. B. durch Wiederholungen, einprägsame Melodien ...).
- **einen Besitzwunsch auslösen.**
  Dem Umworbenen wird eine angenehme Gefühls- oder Erlebniswelt vermittelt; beispielsweise indem man die Vorzüge der Ware so herausstellt, dass ein starkes Verlangen nach dieser Ware entsteht.
- **den Umworbenen zum Kaufen bewegen.**
  Eine gute Möglichkeit ist dabei die direkte Ansprache des Umworbenen.

C: Gestaltung einer Werbeanzeige

Zur Gewinnung von Aufmerksamkeit und Interesse sollten Sie folgende Appelle beachten (Elemente der Anzeige)

Schlagzeile (Headline)

- Verwenden Sie die Schlagzeile als Blickfang!
- Verkünden Sie Ihre Werbebotschaft in der Schlagzeile!
- Wenden Sie sich gleich in der Schlagzeile an die von Ihnen gemeinte Zielgruppe. Kündigen Sie Neuheiten in der Schlagzeile an. Ihr Produkt ist nämlich nur einmal neu, kündigen Sie das mit Pauken und Trompeten an (z. B. „Revolutionäre neue Zahnpasta erfunden!")!
- Vermeiden Sie negative Schlagzeilen. Verkaufen Sie die positiven Elemente Ihres Produkts. Erwähnen Sie nicht, was man damit nicht kann!

Text/Schrift

- Verwenden Sie einprägsame Slogans, „... nicht immer, aber immer öfter!"
- Verwenden Sie Schlüsselwörter wie „neu", „preiswert", ...!
- Verwenden Sie kurze, prägnante Formulierungen!
- Der Anzeigentext sollte nochmals Vorzüge und Nutzen einprägsam darstellen!
- Mit zunehmender Textmenge nimmt die Werbewirksamkeit der Anzeige ab!
- Anstelle eines langen Textes ist der Hinweis auf weitere Informationen oder weitere Unterlagen und Materialien sinnvoll!
- Integrieren Sie den Firmennamen oder das Markenzeichen in der Anzeige!
- Verwenden Sie eine geeignete Schriftgröße, um die Anzeige hervorzuheben, und eine einheitliche Schrift, damit die Anzeige klar und übersichtlich wird!
- Verwenden Sie keine Negativ-Schrift (weißer Text auf schwarzem Farbgrund)!
- Farbige Anzeigen erhöhen die Aufmerksamkeitswirkung!

Größe und Platzierung der Anzeige

- Große Anzeigen haben eine höhere Aufmerksamkeitswirkung als kleinere Anzeigen.
- Die größte Aufmerksamkeit erzielen Anzeigen auf der ersten oder der letzten Seite.

Preis

- Es ist eine echte Dienstleistung der Werbung, wenn in einer Anzeige der Preis angegeben wird.

Platz für Notizen

11 Einen Werbebrief gestalten und als Serienbrief versenden

Schulbuch Kap. 5

Situation:

Frau Gerda Heinrich ist von der erstellten Anzeige begeistert. Um eine längerfristig wirksame Verkaufsunterlage für die Indoor- und Outdoor-Bestuhlung zur Verfügung zu haben, wurde in der Zwischenzeit eine externe Werbeagentur damit beauftragt, einen Prospekt anzufertigen. Dank der guten Koordination zwischen dem Produktfotografen und der Druckerei sind heute die Prospekte eingetroffen. Mit dem Ergebnis ist Frau Heinrich sehr zufrieden.

Heinrich KG
Büromöbel und Zubehör

Der Prospekt soll nun zusammen mit einem Werbebrief an alle Sportvereine und Träger von Großraumhallen im norddeutschen Raum sowie an infrage kommende Profivereine versandt werden. Leon Laus soll hierfür einen Werbebrief konzipieren und versenden.

Unterstützen Sie ihn dabei!

Arbeitsaufträge:

1. Informieren Sie sich in Ihrem Schulbuch über den Aufbau und die Gestaltung eines Werbebriefes und entwerfen Sie zunächst handschriftlich ein Konzept des Werbebriefes!

Konzeption des Werbebriefes:

2. Definieren Sie den Begriff „Serienbrief“ und beschreiben Sie den Aufbau eines Serienbriefes, indem Sie die Begriffe „Hauptdokument“ und „Datenquelle“ erläutern! Recherchieren Sie ggf. im Internet!

Definition „Serienbrief“:

Für die Erstellung eines Serienbriefes brauchen Sie zwei Dateien:

Hauptdokument	Datenquelle
↓	↓

3. Geben Sie die Vorteile eines Serienbriefes an!

- ______________________________

- ______________________________

- ______________________________

- ______________________________

- ______________________________

- ______________________________

- ______________________________

- ______________________________

4. Die Versendung des Werbebriefes soll mithilfe der Serienbrieffunktion erleichtert werden.

4.1 Erstellen Sie zunächst in Word die Datenquelle exemplarisch für folgende potenzielle Kunden!

Landkreis Lübeck, Sportamt, Frau Weller, Kronsforder Allee 6 – 10, 23560 Lübeck

Bremer Eishockey Club e. V., Geschäftsstelle, Herr Olbricht, Waller Heerstr. 275 a, 28239 Bremen

Stadt Hamburg, Sportamt, Herr Hansen, Johanniswall 8, 20095 Hamburg

Hamburger Sportverein, Geschäftsstelle, Herr Wortmann, Sylvesterallee 17, 22525 Hamburg

THW Kiel, Geschäftsstelle, Frau Schuster, Ziegelteich 34, 24103 Kiel

Kreis Hannover, Sportamt, Frau Ehlert, Trammplatz 21, 30159 Hannover

- Richten Sie die Seite in Querformat aus!
- Vergeben Sie Feldnamen für die Bestandteile der Datenquelle!
- Erfassen Sie die Datenquelle in Tabellenform!

  Merke: Über der Tabelle darf keine Leerzeile sein!
- Speichern Sie die Datenquelle unter **Kunden!**

4.2 Erfassen Sie nun das Hauptdokument. Rufen Sie den Geschäftsbriefvordruck der Heinrich KG auf.[1] Geben Sie im Informationsblock unter unser Zeichen das Zeichen von Julia Schulze (schu) und Ihr eigenes Zeichen ein, als Sachbearbeiterin ist Frau Schulze einzugeben. Sie ist unter der Telefondurchwahl 145 zu erreichen.

Verknüpfen Sie das Hauptdokument mit der erstellten Datenquelle.

Befehlsfolge:

- Registerkarte **Sendungen** aufrufen.
- In der Gruppe **Seriendruck starten** die Schaltfläche **Empfänger auswählen** anklicken.
- **Vorhandene Liste verwenden** ... anklicken.
- Die erstellte Datenquelle **Kunden** unter eigene Dateien öffnen.

Fügen Sie die Seriendruckfelder für die Adresse im Anschriftfeld ein.

Die Anrede ist über ein Bedingungsfeld einzugeben.

- **Bedingungsfelder „Wenn – Dann – Sonst" mit zwei Varianten einfügen**

  Registerkarte **Sendungen** in der Gruppe **Schreib- und Einfügefelder** auf die Schaltfläche **Regeln** klicken im Auswahlmenü die Option **Wenn** ... **Dann** ... **Sonst** ... wählen.

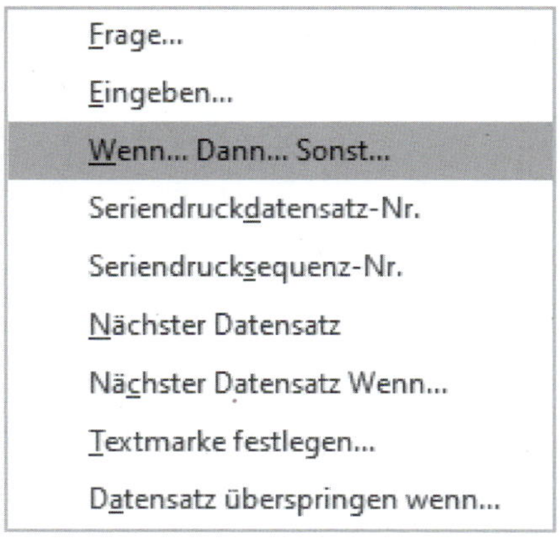

Im Anschriftfeld ist bei der männlichen Anrede über das Bedingungsfeld ein **n** einzufügen.

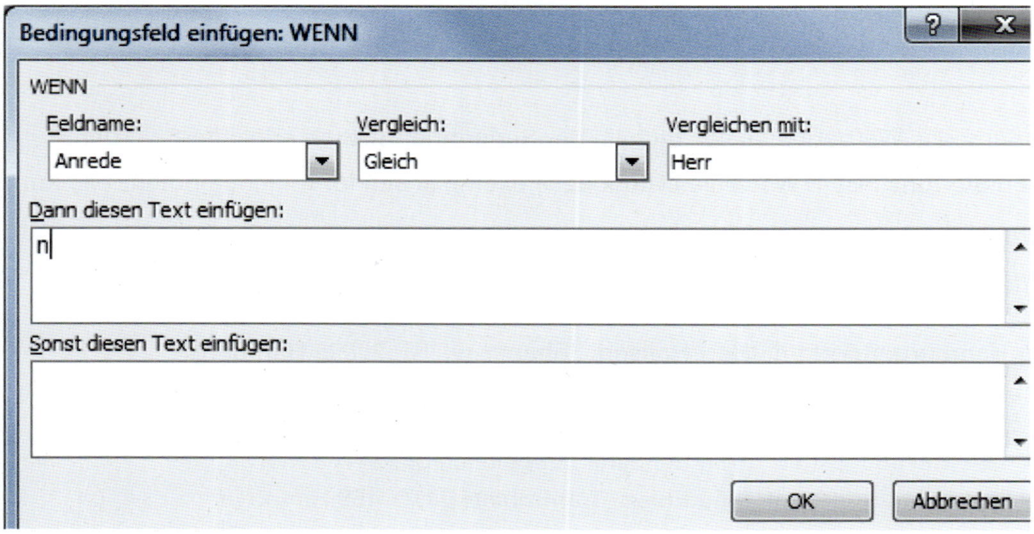

Im unteren Bereich bleibt in diesem Fall das Eingabefeld leer.

Nach der Bestätigung durch **OK** wird der Text für die festgelegte Bedingung im Brief angezeigt.

Die persönliche Anrede ist ebenfalls über ein Bedingungsfeld einzugeben.

1 Geeignete Dokumentvorlagen finden Sie auf der Internetseite des Merkur Verlages – www.merkur-verlag.de – mithilfe der Schnellsuche (Eingabe „1672") in der Mediathek (->„Download").

Berücksichtigen Sie bei der Formulierung:

- eine attraktive Headline als Betreffangabe
- einprägsame Kernaussage als Hauptbotschaft
- Angebot der Produktserie
- Vorteile der Produkte
- Beratung durch Herrn Bremer, Tel.: 040 67245-444
- Unterschrift durch Frau Schulze
- wichtige Information als PS

Speichern Sie das Hauptdokument unter **Werbebrief.**

Vorschau anzeigen

Die Feldfunktionen müssen ausgeschaltet sein (Alt F9).

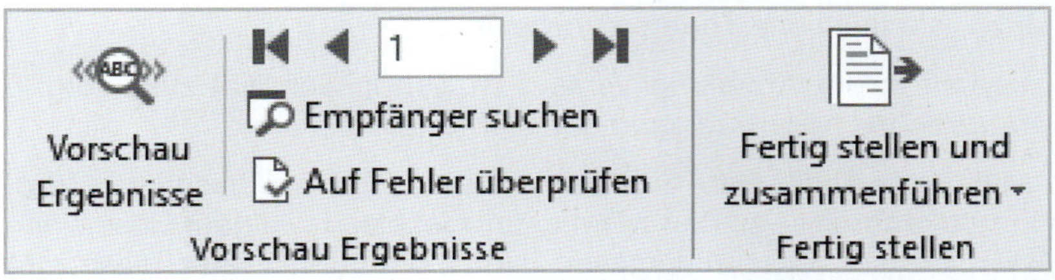

Durch Anklicken der Vorschau wird der angezeigte Datensatz im Hauptdokument angezeigt.

Hauptdokument und Datenquelle zusammenführen

Befehlsfolge: Sendungen → Fertig stellen und zusammenführen.

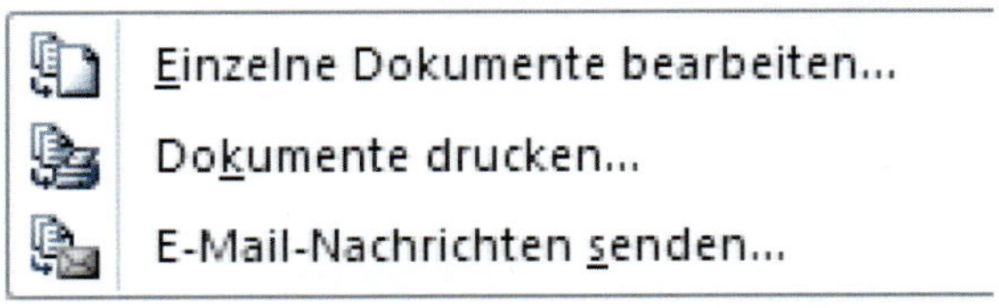

Testdatei: Einzelne Dokumente bearbeiten

Druck: Dokumente drucken

Ausdruck mit Feldfunktionen

Befehlsfolge: Datei → Drucken → Optionen → Erweitert → Drucken: Feldfunktionen anstelle von Werten → OK → Druckbefehl geben

Nach dem Druck müssen die Feldfunktionen wieder ausgeschaltet werden.

5. Machen Sie Vorschläge für weitere Einsatzbereiche des Serienbriefes!

- ______________________________
- ______________________________
- ______________________________
- ______________________________
- ______________________________

Schulbuch Kap. 5.3

12 Grenzen der Werbung berücksichtigen

Situation:

Heinrich KG
Büromöbel und Zubehör

Die Auszubildenden der Heinrich KG lernen während ihrer Ausbildung die verschiedenen Unternehmensbereiche kennen und arbeiten an unterschiedlichen Aufgaben und Projekten mit. Das Ausbildungskonzept wird durch innerbetriebliche Unterrichte begleitet und ggf. ergänzt. Diese sind dadurch charakterisiert, dass in den einzelnen Abteilungen eine dafür verantwortliche Person mehrere Auszubildende gleichzeitig unterrichtet. Somit besitzen alle Auszubildenden denselben Wissensstand, wenn sie nach dem Unterricht in dieser Abteilung eingesetzt sind. Neben eher allgemeinen Informationen über die Organisationsstruktur der Abteilung und der organisatorischen Eingliederung in das Gesamtunternehmen werden auch rein fachliche Themen vorgestellt.

Für den innerbetrieblichen Unterricht in der Abteilung Verkauf ist Simon Schmidt zuständig. Das derzeitige Schulungsthema lautet „Rechtliche Grundlagen der Werbung".

Die kurze Einführung in diese Materie beendet Herr Schmidt mit dem Hinweis, dass jeder, der im Verkauf arbeiten möchte, über Grundkenntnisse zu den wichtigsten Gesetzen wie dem Gesetz gegen den unlauteren Wettbewerb (UWG), dem Urheberrechtsgesetz (UrhG) oder dem Markengesetz (MarkenG) verfügen sollte.

Für den weiteren Verlauf des Unterrichts bittet Herr Schmidt die Auszubildenden, die folgenden Arbeitsaufträge in Arbeitsgruppen zu bearbeiten.

Arbeitsaufträge:

1. Erarbeiten und halten Sie einen Kurzvortrag zum Gesetz gegen den unlauteren Wettbewerb (UWG)!

   Gehen Sie dabei auf folgende Aspekte ein:

   - Zeigen Sie auf, welchen Zweck das UWG verfolgt!
   - Geben Sie einen Überblick über die in den §§ 4–7 a des UWG als unzulässig geregelten geschäftlichen Handlungen!
   - Konstruieren Sie zu jedem Paragrafen mindestens ein unzulässiges Beispiel!
   - Erläutern Sie die Rechtsfolgen, die Verstöße gegen die Wettbewerbsbestimmungen mit sich bringen können!

   Nutzen Sie dazu das Schulbuch, das Internet und die sogenannte „Schwarze Liste" des UWG (Material 1)!

Platz für Notizen

2. Ein für Werbung ganz zentraler Schutzbereich wird im Gesetz über Urheberrecht und verwandte Schutzrechte (UrhG) geregelt.

   Beurteilen Sie die rechtliche Situation des nachfolgenden Sachverhalts! Befragen Sie dazu das Internet!

   Die Ulrich Ufer OHG fordert eine Werbeagentur auf, eine Werbekonzeption vorzustellen. Die Geschäftsführung der Ulrich Ufer OHG lehnt den Vorschlag ab, realisiert aber später im eigenen Haus die vorgestellte Konzeption.

3. Die Marke ist ein wichtiges gewerbliches Schutzrecht, das vom Deutschen Patent- und Markenamt und für die Europäische Union vom Harmonisierungsamt für den Binnenmarkt erteilt und verwaltet wird.

   Beurteilen Sie die rechtliche Situation des nachfolgenden Sachverhalts! Befragen Sie dazu das Internet!

   Der Möbelhersteller Göbel KG erfindet ein Gütesiegel, um seinen Produkten durch die Platzierung dieses Siegels den Anschein einer höheren Qualität zu geben.

4. Tiefe Einblicke und blöde Sprüche: Als Konfliktregler zwischen Beschwerdeführern aus der Bevölkerung und werbenden Unternehmen musste sich der Deutsche Werberat in den vergangenen Jahren mit mancher „Blindflugwerbung" auseinandersetzen.

   Nennen Sie drei weitere Aufgaben, die der Deutsche Werberat verfolgt!

   ➤

   ➤

   ➤

Material 1: „Schwarze Liste“ (Anlage zu § 3 Abs. 3 UWG)

Folgende geschäftliche Handlungen sind gegenüber Verbrauchern stets unzulässig:

Irreführende geschäftliche Handlungen

1. unwahre Angabe über die Unterzeichnung eines Verhaltenskodexes
die unwahre Angabe eines Unternehmers, zu den Unterzeichnern eines Verhaltenskodexes zu gehören;
2. unerlaubte Verwendung von Gütezeichen und Ähnlichem
die Verwendung von Gütezeichen, Qualitätskennzeichen oder Ähnlichem ohne die erforderliche Genehmigung;
3. unwahre Angabe über die Billigung eines Verhaltenskodexes
die unwahre Angabe, ein Verhaltenskodex sei von einer öffentlichen oder anderen Stelle gebilligt;
4. unwahre Angabe über Anerkennungen durch Dritte
die unwahre Angabe,
   a) ein Unternehmer, eine von ihm vorgenommene geschäftliche Handlung oder eine Ware oder Dienstleistung sei von einer öffentlichen oder privaten Stelle bestätigt, gebilligt oder genehmigt worden, oder
   b) den Bedingungen für die Bestätigung, Billigung oder Genehmigung werde entsprochen;
5. Lockangebote ohne Hinweis auf Unangemessenheit der Bevorratungsmenge
Waren- oder Dienstleistungsangebote im Sinne des § 5b Absatz 1 zu einem bestimmten Preis, wenn der Unternehmer nicht darüber aufklärt, dass er hinreichende Gründe für die Annahme hat, er werde nicht in der Lage sein, diese oder gleichartige Waren oder Dienstleistungen für einen angemessenen Zeitraum in angemessener Menge zum genannten Preis bereitzustellen oder bereitstellen zu lassen; ist die Bevorratung kürzer als zwei Tage, obliegt es dem Unternehmer, die Angemessenheit nachzuweisen;
6. Lockangebote zum Absatz anderer Waren oder Dienstleistungen
Waren- oder Dienstleistungsangebote im Sinne des § 5b Absatz 1 zu einem bestimmten Preis, wenn der Unternehmer sodann in der Absicht, stattdessen eine andere Ware oder Dienstleistung abzusetzen,
   a) eine fehlerhafte Ausführung der Ware oder Dienstleistung vorführt,
   b) sich weigert zu zeigen, was er beworben hat, oder
   c) sich weigert, Bestellungen dafür anzunehmen oder die beworbene Leistung innerhalb einer vertretbaren Zeit zu erbringen;
7. unwahre Angabe über zeitliche Begrenzung des Angebots
die unwahre Angabe, bestimmte Waren oder Dienstleistungen seien allgemein oder zu bestimmten Bedingungen nur für einen sehr begrenzten Zeitraum verfügbar, um den Verbraucher zu einer sofortigen geschäftlichen Entscheidung zu veranlassen, ohne dass dieser Zeit und Gelegenheit hat, sich auf Grund von Informationen zu entscheiden;
8. Sprachenwechsel für Kundendienstleistungen bei einer in einer Fremdsprache geführten Vertragsverhandlung
Kundendienstleistungen in einer anderen Sprache als derjenigen, in der die Verhandlungen vor dem Abschluss des Geschäfts geführt worden sind, wenn die ursprünglich verwendete Sprache nicht Amtssprache desjenigen Mitgliedstaats der Europäischen Union ist, in dem der Unternehmer niedergelassen ist; dies gilt nicht, soweit Verbraucher vor dem Abschluss des Geschäfts darüber aufgeklärt werden, dass diese Leistungen in einer anderen als der ursprünglich verwendeten Sprache erbracht werden;
9. unwahre Angabe über die Verkehrsfähigkeit
die unwahre Angabe oder das Erwecken des unzutreffenden Eindrucks, eine Ware oder Dienstleistung sei verkehrsfähig;
10. Darstellung gesetzlicher Verpflichtungen als Besonderheit eines Angebots
die unwahre Angabe oder das Erwecken des unzutreffenden Eindrucks, gesetzlich bestehende Rechte stellten eine Besonderheit des Angebots dar;
11. als Information getarnte Werbung
der vom Unternehmer finanzierte Einsatz redaktioneller Inhalte zu Zwecken der Verkaufsförderung, ohne dass sich dieser Zusammenhang aus dem Inhalt oder aus der Art der optischen oder akustischen Darstellung eindeutig ergibt;

11.a verdeckte Werbung in Suchergebnissen
die Anzeige von Suchergebnissen aufgrund der Online-Suchanfrage eines Verbrauchers, ohne dass etwaige bezahlte Werbung oder spezielle Zahlungen, die dazu dienen, ein höheres Ranking

der jeweiligen Waren oder Dienstleistungen im Rahmen der Suchergebnisse zu erreichen, eindeutig offengelegt werden;

12. unwahre Angabe über Gefahren für die persönliche Sicherheit
unwahre Angaben über Art und Ausmaß einer Gefahr für die persönliche Sicherheit des Verbrauchers oder seiner Familie für den Fall, dass er die angebotene Ware nicht erwirbt oder die angebotene Dienstleistung nicht in Anspruch nimmt;

13 Täuschung über betriebliche Herkunft
Werbung für eine Ware oder Dienstleistung, die der Ware oder Dienstleistung eines bestimmten Herstellers ähnlich ist, wenn in der Absicht geworben wird, über die betriebliche Herkunft der beworbenen Ware oder Dienstleistung zu täuschen;

14. Schneeball- oder Pyramidensystem
die Einführung, der Betrieb oder die Förderung eines Systems zur Verkaufsförderung, bei dem vom Verbraucher ein finanzieller Beitrag für die Möglichkeit verlangt wird, eine Vergütung allein oder zumindest hauptsächlich durch die Einführung weiterer Teilnehmer in das System zu erlangen;

15. unwahre Angabe über Geschäftsaufgabe
die unwahre Angabe, der Unternehmer werde demnächst sein Geschäft aufgeben oder seine Geschäftsräume verlegen;

16. Angaben über die Erhöhung der Gewinnchancen bei Glücksspielen
die Angabe, durch eine bestimmte Ware oder Dienstleistung ließen sich die Gewinnchancen bei einem Glücksspiel erhöhen;

17. unwahre Angaben über die Heilung von Krankheiten
die unwahre Angabe, eine Ware oder Dienstleistung könne Krankheiten, Funktionsstörungen oder Missbildungen heilen;

18. unwahre Angabe über Marktbedingungen oder Bezugsquellen
eine unwahre Angabe über die Marktbedingungen oder Bezugsquellen, um den Verbraucher dazu zu bewegen, eine Ware oder Dienstleistung zu weniger günstigen Bedingungen als den allgemeinen Marktbedingungen abzunehmen oder in Anspruch zu nehmen;

19. Nichtgewährung ausgelobter Preise
das Angebot eines Wettbewerbs oder Preisausschreibens, wenn weder die in Aussicht gestellten Preise noch ein angemessenes Äquivalent vergeben werden;

20. unwahre Bewerbung als kostenlos
das Angebot einer Ware oder Dienstleistung als „gratis“, „umsonst“, „kostenfrei“ oder dergleichen, wenn für die Ware oder Dienstleistung gleichwohl Kosten zu tragen sind; dies gilt nicht für Kosten, die im Zusammenhang mit dem Eingehen auf das Waren- oder Dienstleistungsangebot oder für die Abholung oder Lieferung der Ware oder die Inanspruchnahme der Dienstleistung unvermeidbar sind;

21. Irreführung über das Vorliegen einer Bestellung
die Übermittlung von Werbematerial unter Beifügung einer Zahlungsaufforderung, wenn damit der unzutreffende Eindruck vermittelt wird, die beworbene Ware oder Dienstleistung sei bereits bestellt;

22. Irreführung über Unternehmereigenschaft
die unwahre Angabe oder das Erwecken des unzutreffenden Eindrucks, der Unternehmer sei Verbraucher oder nicht für Zwecke seines Geschäfts, Handels, Gewerbes oder Berufs tätig;

23. Irreführung über Kundendienst in anderen Mitgliedstaaten der Europäischen Union
die unwahre Angabe oder das Erwecken des unzutreffenden Eindrucks, es sei im Zusammenhang mit Waren oder Dienstleistungen in einem anderen Mitgliedstaat der Europäischen Union als dem des Warenverkaufs oder der Dienstleistung ein Kundendienst verfügbar;

23. a Wiederverkauf von Eintrittskarten für Veranstaltungen
der Wiederverkauf von Eintrittskarten für Veranstaltungen an Verbraucher, wenn der Unternehmer diese Eintrittskarten unter Verwendung solcher automatisierter Verfahren erworben hat, die dazu dienen, Beschränkungen zu umgehen in Bezug auf die Zahl der von einer Person zu erwerbenden Eintrittskarten oder in Bezug auf andere für den Verkauf der Eintrittskarten geltende Regeln;

23. b Irreführung über die Echtheit von Verbraucherbewertungen
die Behauptung, dass Bewertungen einer Ware oder Dienstleistung von solchen Verbrauchern stammen, die diese Ware oder Dienstleistung tatsächlich erworben oder genutzt haben, ohne dass angemessene und verhältnismäßige Maßnahmen zur Überprüfung ergriffen wurden, ob die Bewertungen tatsächlich von solchen Verbrauchern stammen;

23. c gefälschte Verbraucherbewertungen
die Übermittlung oder Beauftragung gefälschter Bewertungen oder Empfehlungen von Verbrauchern sowie die falsche Darstellung von Bewertungen oder Empfehlungen von Verbrauchern in sozialen Medien zu Zwecken der Verkaufsförderung;

Aggressive geschäftliche Handlungen

24. räumliches Festhalten des Verbrauchers
das Erwecken des Eindrucks, der Verbraucher könne bestimmte Räumlichkeiten nicht ohne vorherigen Vertragsabschluss verlassen;
25. Nichtverlassen der Wohnung des Verbrauchers trotz Aufforderung
bei persönlichem Aufsuchen des Verbrauchers in dessen Wohnung die Nichtbeachtung seiner Aufforderung, die Wohnung zu verlassen oder nicht zu ihr zurückzukehren, es sei denn, das Aufsuchen ist zur rechtmäßigen Durchsetzung einer vertraglichen Verpflichtung gerechtfertigt;
26. unzulässiges hartnäckiges Ansprechen über Fernabsatzmittel
hartnäckiges und unerwünschtes Ansprechen des Verbrauchers mittels Telefonanrufen, unter Verwendung eines Faxgerätes, elektronischer Post oder sonstiger für den Fernabsatz geeigneter Mittel der kommerziellen Kommunikation, es sei denn, dieses Verhalten ist zur rechtmäßigen Durchsetzung einer vertraglichen Verpflichtung gerechtfertigt;
27. Verhinderung der Durchsetzung vertraglicher Rechte im Versicherungsverhältnis
Maßnahmen, durch die der Verbraucher von der Durchsetzung seiner vertraglichen Rechte aus einem Versicherungsverhältnis dadurch abgehalten werden soll, dass
    a) von ihm bei der Geltendmachung eines Anspruchs die Vorlage von Unterlagen verlangt wird, die zum Nachweis dieses Anspruchs nicht erforderlich sind, oder
    b) Schreiben zur Geltendmachung eines Anspruchs systematisch nicht beantwortet werden;
28. Kaufaufforderung an Kinder
die in eine Werbung einbezogene unmittelbare Aufforderung an Kinder, selbst die beworbene Ware zu erwerben oder die beworbene Dienstleistung in Anspruch zu nehmen oder ihre Eltern oder andere Erwachsene dazu zu veranlassen;
29. Aufforderung zur Bezahlung nicht bestellter Waren oder Dienstleistungen
die Aufforderung zur Bezahlung nicht bestellter, aber gelieferter Waren oder erbrachter Dienstleistungen oder eine Aufforderung zur Rücksendung oder Aufbewahrung nicht bestellter Waren;
30. Angaben über die Gefährdung des Arbeitsplatzes oder des Lebensunterhalts
die ausdrückliche Angabe, dass der Arbeitsplatz oder der Lebensunterhalt des Unternehmers gefährdet sei, wenn der Verbraucher die Ware oder Dienstleistung nicht abnehme;
31. Irreführung über Preis oder Gewinn
die unwahre Angabe oder das Erwecken des unzutreffenden Eindrucks, der Verbraucher habe bereits einen Preis gewonnen oder werde ihn gewinnen oder werde durch eine bestimmte Handlung einen Preis gewinnen oder einen sonstigen Vorteil erlangen, wenn
    a) es einen solchen Preis oder Vorteil tatsächlich nicht gibt oder
    b) die Möglichkeit, einen solchen Preis oder Vorteil zu erlangen, von der Zahlung eines Geldbetrags oder der Übernahme von Kosten abhängig gemacht wird.
32. Aufforderung zur Zahlung bei unerbetenen Besuchen in der Wohnung eines Verbrauchers am Tag des Vertragsschlusses
bei einem im Rahmen eines unerbetenen Besuchs in der Wohnung eines Verbrauchers geschlossenen Vertrag die an den Verbraucher gerichtete Aufforderung zur Bezahlung der Ware oder Dienstleistung vor Ablauf des Tages des Vertragsschlusses; dies gilt nicht, wenn der Verbraucher einen Betrag unter 50 Euro schuldet.

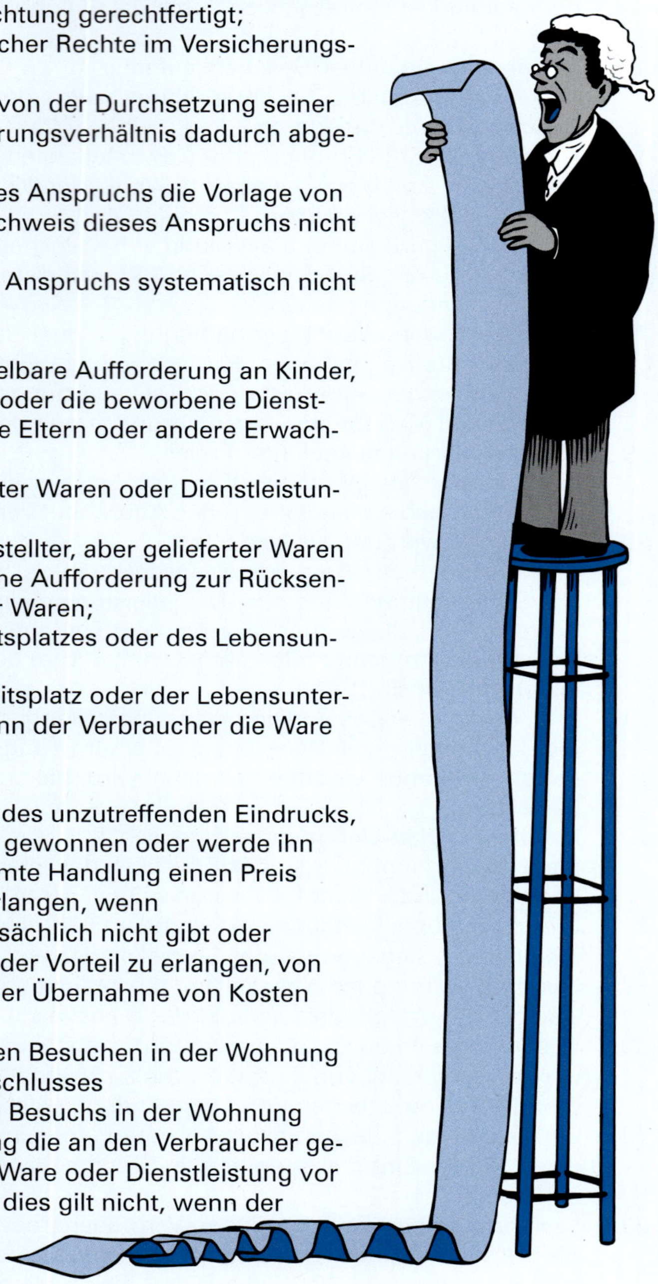

13 Die Rentabilität neuer Produktgruppen berechnen

Schulbuch Kap. 6.2

Situation:

Heinrich KG
Büromöbel und Zubehör

Die beiden neuen Produktgruppen „Stühle" für den Indoor- und Outdoor-Bereich der Heinrich KG sind sehr gut angenommen worden. Sowohl Sportvereine als auch Sporthallenbetreiber haben in den vergangenen sechs Monaten Stühle bestellt.

Damit haben die Auftragseingänge der ersten sechs Monate die Erwartungen der Geschäftsführung deutlich übertroffen. Konkrete Anfragen mehrerer Großvereine lassen darauf schließen, dass sich die Auftragseingänge auf dem Niveau des letzten halben Jahres über einen längeren Zeitraum mindestens stabil halten lassen.

Frau Gerda Heinrich hat die Finanzbuchhaltung damit beauftragt, die Wirtschaftlichkeit der neuen Produktgruppen zu ermitteln und ihr die aufbereiteten Zahlen zur Verfügung zu stellen. Dabei ist zu berücksichtigen, dass die Heinrich KG eine Produktionsmaschine kaufen musste, für die im ersten Jahr 14.000,00 € an Zinsen sowie 20.000,00 € für die Tilgung des Abzahlungsdarlehens angefallen sind (Annuität der Produktionsmaschine im ersten Jahr = 34.000,00 €).

Arbeitsaufträge:

1. Ermitteln Sie unter Verwendung der Materialien 1–4 die Selbstkosten je Stuhl bei der Heinrich KG in den ersten sechs Monaten!

   Nutzen Sie hierzu die folgenden Arbeitsvorlagen 1 und 2!

Arbeitsvorlage 1

	Indoor-Stühle		
	„Standard"	„Komfort"	„de Luxe"
Rohmaterial			
+ Material-Aufschlag (5 %)			
= Materialkosten			
Fertigungslöhne			
+ Fertigungslohn-Aufschlag (70 %)			
= Lohnkosten			
+ Maschinenkosten			
= Herstellkosten			
+ Aufschlag für Verwaltung (13 %)			
= Selbstkosten			

Nebenrechnung:

Arbeitsvorlage 2

	Outdoor-Stühle		
	„Standard“	„Komfort“	„de Luxe“
Rohmaterial			
+ Material-Aufschlag (5 %)			
= Materialkosten			
Fertigungslöhne			
+ Fertigungslohn-Aufschlag (70 %)			
= Lohnkosten			
+ Maschinenkosten			
= Herstellkosten			
+ Aufschlag für Verwaltung (13 %)			
= Selbstkosten			

Nebenrechnung:

2. Ermitteln Sie unter Berücksichtigung der Materialien 5 und 6 die Umsatzerlöse, die die Heinrich KG in den ersten sechs Monaten mit den neuen Produktgruppen Indoor- und Outdoor-Stühle erzielt hat! Nutzen Sie hierzu die folgende Arbeitsvorlage 3!

Arbeitsvorlage 3

	Indoor-Stühle		
	verkaufte Menge	Stückpreis	Umsatzerlös
Serie „Standard“			
Serie „Komfort“			
Serie „de Luxe“			
Summe		–	

Nebenrechnung:

	Outdoor-Stühle		
	verkaufte Menge	Stückpreis	Umsatzerlös
Serie „Standard“			
Serie „Komfort“			
Serie „de Luxe“			
Summe		–	

Nebenrechnung:

Umsatzerlöse (gesamt):	______________________ €

3. Ermitteln Sie den Rohgewinn/-verlust sowie den Reingewinn/-verlust in den ersten sechs Monaten anhand der folgenden Arbeitsvorlage 4!

Arbeitsvorlage 4

Umsatzerlöse	
– Selbstkosten	
= Rohgewinn	
– Annuität der Produktionsmaschine für 6 Monate	
= Reingewinn für 6 Monate	
Reingewinn pro Monat	

Nebenrechnung:

Material 1: Angebot der Heilemann Kunststoffe GmbH

Heilemann
Kunststoffe GmbH

Ihr Zeichen:	hei
Ihre Nachricht vom:	02.06.20..
Unser Zeichen:	bo
Unsere Nachricht vom:	
Name:	Johanna Bolte
Telefon:	02373 7077-20
Telefax:	02373 7077-21
E-Mail:	bolte@heilemann-kusto.de
Datum:	04.06.20..

Heilemann Kunststoffe GmbH • Postfach 10 63 • 58719 Fröndenberg
Heinrich KG
Frau Gerda Heinrich
Rahlstedter Str. 144
22143 Hamburg

Angebot über Rohmaterial für Indoor- und Outdoor-Stühle

Sehr geehrte Frau Heinrich,

wir bedanken uns für Ihre Anfrage und Ihr Interesse an dem oben genannten Material, dass wir Ihnen wie folgt anbieten:

Rohmaterial für Indoor-Stühle:

Serie „Standard“:	2,50 € pro Stück
Serie „Komfort“:	4,00 € pro Stück
Serie „de Luxe“:	5,50 € pro Stück

Rohmaterial für Outdoor-Stühle:

Serie „Standard“:	3,33 € pro Stück
Serie „Komfort“:	4,53 € pro Stück
Serie „de Luxe“:	6,26 € pro Stück

Die Mengenrabatte entnehmen Sie bitte unseren Lieferungs- und Zahlungsbedingungen.

Wir hoffen, dass Ihnen unser Angebot zusagt.

Mit freundlichen Grüßen

Heilemann Kunststoffe GmbH

i. A. *Johanna Bolte*

Johanna Bolte

Bankverbindung:
Sparkasse Fröndenberg
BIC: WELADED1FRN
IBAN: DE11 4435 1740 0000 0078 98

Amtsgericht
Fröndenberg
HRB 3443

Steuer-Nummer: 82/5009/0173
USt-Nummer: DE 735660281

E-Mail: info@heilemann-kunsto.de
Internet: www.heilemann-kunsto.de

Telefon: 02373 7077-0 (Zentrale)
Telefax: 02373 7077-9 (Zentrale)

Material 2: Lieferungs- und Zahlungsbedingungen der Heilemann Kunststoffe GmbH

Heilemann
Kunststoffe GmbH

Heilemann Kunststoffe GmbH • Postfach 10 63 • 58719 Fröndenberg

Heinrich KG
Frau Gerda Heinrich
Rahlstedter Str. 144
22143 Hamburg

Ihr Zeichen:	hei
Ihre Nachricht vom:	02.06.20..
Unser Zeichen:	bo
Unsere Nachricht vom:	
Name:	Johanna Bolte
Telefon:	02373 7077-20
Telefax:	02373 7077-21
E-Mail:	bolte@heilemann-kusto.de
Datum:	04.06.20..

Lieferungs- und Zahlungsbedingungen

Lieferung
unter 500,00 € Warenwert unfrei und 25,00 € Kleinmengenzuschlag,
von 500,00 € bis 5.000,00 € Warenwert unfrei,
ab 5.000,00 € Warenwert frei Haus.

Verpackung
Ballenverpackungen kostenlos.

Abnahmemenge

Rohmaterial für Indoor-Stühle:
Mindestabnahmemenge je Serie: 500 Stück
ab 5.000 Stück 10 % Preisabschlag,
ab 10.000 Stück 20 % Preisabschlag,
ab 20.000 Stück 25 % Preisabschlag.

Rohmaterial für Outdoor-Stühle:
Mindestabnahmemenge je Serie: 500 Stück
ab 5.000 Stück 10 % Preisabschlag,
ab 10.000 Stück 20 % Preisabschlag,
ab 20.000 Stück 25 % Preisabschlag.

Die Rabatte gelten bei Erreichung der genannten Stückzahl, unabhängig von der Aufteilung auf die einzelnen Serien „Standard“, „Komfort“ und „de Luxe“.

Zahlung
innerhalb von 30 Tagen netto.

Vorbehalte
Bis zur restlosen Bezahlung des Kaufpreises bleibt die Ware unser Eigentum. Forderungen, die durch den Verkauf der Vorbehaltsware entstehen, gelten als an uns abgetreten.

Erfüllungsort
für die Lieferung und Zahlung ist Fröndenberg.

Gerichtsstand
ist Fröndenberg.

Etwaige Sonderbedingungen der Besteller sind nur dann gültig, wenn sie von uns ausdrücklich anerkannt worden sind. Kein Widerspruch bedeutet keine Anerkennung.

Bankverbindung:
Sparkasse Fröndenberg
BIC: WELADED1FRN
IBAN: DE11 4435 1740 0000 0078 98

Amtsgericht
Fröndenberg
HRB 3443

Steuer-Nummer: 82/5009/0173
USt-Nummer: DE 735660281

E-Mail: info@heilemann-kunsto.de
Internet: www.heilemann-kusto.de

Telefon: 02373 7077-0 (Zentrale)
Telefax: 02373 7077-9 (Zentrale)

Material 3: Bestellung der Heinrich KG

Heinrich KG
Büromöbel und Zubehör

Heinrich KG · Rahlstedter Str. 144 · 22143 Hamburg
Heilemann Kunststoffe GmbH
Frau Bolte
Postfach 10 63
58719 Fröndenberg

Ihr Zeichen: bo
Ihre Nachricht vom: 04.06.20..
Unser Zeichen: schu
Unsere Nachricht vom: 02.06.20..

Name: Julia Schulze
Telefon: 040 67245-145
Telefax: 040 67245-87
E-Mail: schulze@heinrich-kg.de

Datum: 10.06.20..

Bestellung

Sehr geehrte Frau Bolte,

wir danken Ihnen für Ihr Angebot und bestellen wie folgt:

Ware	Warenbezeichnung	Menge	Preis
Indoor-Stühle	Serie „Standard"	6.000	2,50 €
	Serie „Komfort"	4.000	4,00 €
	Serie „de Luxe"	2.000	5,50 €
Outdoor-Stühle	Serie „Standard"	15.000	3,33 €
	Serie „Komfort"	7.000	4,53 €
	Serie „de Luxe"	4.000	6,26 €

Mit freundlichen Grüßen

Heinrich KG

i.V. *Schulze*

Schulze

Heinrich KG
Geschäftsführung: Gerda Heinrich
Amtsgericht Hamburg: HRA 1101
St-Nr.: 27/430/0027
USt-ID Nummer: DE 68 609 3911

Bankverbindungen:
Hamburger Sparkasse
IBAN: DE07 2005 0550 1120 2399 08
BIC:HASPDEHHXXX

Postbank Hamburg
IBAN: DE61 2001 0020 0064 0697 54
BIC:PBNKDEFF200

Material 4: Kalkulationsdaten der Heinrich KG

Für die Fertigstellung der verschiedenen Stühle liegen bei der Heinrich KG die folgenden Kalkulationsdaten vor:

Pauschaler Aufschlag auf die Rohmaterialpreise	5 %
Fertigungslöhne 2 Minuten Arbeitszeit für den Stuhl „Standard" 3 Minuten Arbeitszeit für den Stuhl „Komfort" 5 Minuten Arbeitszeit für den Stuhl „de Luxe"	Die Arbeitsstunde wird mit 30,00 € berechnet.
Pauschaler Aufschlag auf die Lohnkosten	70 %
Maschinenkosten Die Inanspruchnahme der Maschine entspricht den Zeiten bei den Fertigungslöhnen.	Die Maschinenstunde kostet 45,00 €.
Pauschaler Aufschlag für Kosten in der Verwaltung und im Vertrieb	13 %

Material 5: Konditionen der Heinrich KG für die neuen Produkte/Produktgruppen

Indoor-Stühle:

Serie „Standard": 7,30 € pro Stuhl
Serie „Komfort": 10,80 € pro Stuhl
Serie „de Luxe": 16,00 € pro Stuhl

Outdoor-Stühle:

Serie „Standard": 7,80 € pro Stuhl
Serie „Komfort": 11,00 € pro Stuhl
Serie „de Luxe": 16,00 € pro Stuhl

Mengenrabatte werden angesichts des äußerst günstigen Preises nicht angeboten. Für alle Serien gilt eine Mindestabnahmemenge von 200 Stück.

Material 6: Bestelleingänge bei der Heinrich KG

In den vergangenen sechs Monaten sind folgende Bestellungen bei der Heinrich KG eingegangen und erfolgreich abgewickelt worden:

Indoor-Stühle:

- Von der Serie „Standard" wurden 6.000 Stück bestellt.
- Von der Serie „Komfort" wurden 4.000 Stück bestellt.
- Von der Serie „de Luxe" wurden 2.000 Stück bestellt.

Outdoor-Stühle:

- Von der Serie „Standard" wurden 15.000 Stück bestellt.
- Von der Serie „Komfort" wurden 7.000 Stück bestellt.
- Von der Serie „de Luxe" wurden 4.000 Stück bestellt.

Schulbuch Kap. 6.2

14 Den Werbeerfolg kontrollieren

Situation:

Heinrich KG
Büromöbel und Zubehör

Seit der Markteinführung der beiden neuen Produkte/Produktgruppen „Indoor- und Outdoor-Stühle" ist mittlerweile ein Jahr vergangen. Die nach sechs Monaten aufgezeigten Prognosen sind sogar übertroffen worden. Besonders die Outdoor-Stühle haben sich als echte Renner erwiesen.

Frau Gerda Heinrich hat heute zu einer kleinen Gesprächsrunde eingeladen, bei der die weitere Strategie in Bezug auf die Indoor- und Outdoor-Stühle festgelegt werden soll. Erfreulicherweise hat die Heilemann Kunststoffe GmbH, Zulieferer der Rohmaterialien, die bisherigen Preise bei gleichbleibenden Abnahmemengen auch für das kommende Kalenderjahr fest zugesagt. Damit ist die Preisgestaltung in der Diskussionsrunde schnell geklärt: An den Verkaufspreisen für die Indoor- und Outdoor-Stühle sollen keine Änderungen vorgenommen werden.

Deutlich kontroverser sind die Meinungen bezüglich der zukünftigen Werbung. Während einige Gesprächsteilnehmer die Meinung vertreten, dass man auf Werbemaßnahmen weitestgehend verzichten könnte, sehen andere genau in den durchgeführten Werbemaßnahmen die Ursache für den unerwarteten Erfolg und möchten weiter auf gezielte Werbung setzen.

Man einigt sich darauf, vor einer endgültigen Entscheidung über die zukünftige Ausrichtung eine Werbeerfolgskontrolle durchzuführen.

Arbeitsaufträge:

1. Nach der Durchführung einer Werbekampagne ist eine Erfolgskontrolle sinnvoll. Schließlich muss festgestellt werden, ob sich der Einsatz der Werbung überhaupt gelohnt hat und die gewünschte Wirkung erzielt wurde.

   Erläutern Sie kurz, wie nach Einsatz einer Werbemaßnahme eine Werbeerfolgskontrolle durchgeführt werden könnte!

2. Ermitteln Sie unter Berücksichtigung der Materialien 1 und 2 die Wirtschaftlichkeit der Werbung bei der Heinrich KG für das vergangene Geschäftsjahr!

   Nutzen Sie hierzu die Arbeitsvorlagen 1–3!

Arbeitsvorlage 1

Ermittlung der Umsatzerlöse für das vergangene Geschäftsjahr bei den Indoor- und Outdoor-Stühlen:

Indoor-Stühle

	Umsatzerlöse
Serie „Standard"	
Serie „Komfort"	
Serie „de Luxe"	
Gesamt	

Outdoor-Stühle

	Umsatzerlöse
Serie „Standard"	
Serie „Komfort"	
Serie „de Luxe"	
Gesamt	

Gesamtumsatz:	______________ €

Arbeitsvorlage 2

Ermittlung des Werbeaufwands für das vergangene Geschäftsjahr bei den Indoor- und Outdoor-Stühlen:

	Werbeaufwand
Fachzeitschrift 1	
Fachzeitschrift 2	
Werbebriefe	
Gesamt	

Arbeitsvorlage 3

$$\text{Wirtschaftlichkeit der Werbung} = \frac{\text{Umsatzzuwachs}}{\text{Werbeaufwand}}$$

(Jeden Euro aus der Kampagne ins Verhältnis zu den Kosten setzen.)

Wirtschaftlichkeit der Werbung = ______________ = ______________

Material 1: Werbeaufwand bei der Heinrich KG bezüglich der Indoor- und Outdoor-Stühle

A. Werbeaufwand für die Werbung in den Fachzeitschriften

Die Heinrich KG hat in zwei Fachzeitschriften jeweils auf einer $^1/_8$ Seite im vergangenen Geschäftsjahr Werbeanzeigen geschaltet. Dabei sind die folgenden Kosten entstanden:

	Anzahl der Anzeigen	Seitenpreis
Fachzeitschrift 1	9	36.500,00 €
Fachzeitschrift 2	9	45.880,00 €

B. Werbeaufwand für die Werbebriefe

Die Werbebriefe sind an ausgesuchte Profivereine sowie an Sportvereine und Träger von Großraumhallen im norddeutschen Raum verschickt worden. Dafür sind insgesamt 1.025,00 € angefallen (Porto, Materialkosten u. Ä.).

Material 2: Verkaufte Stühle im vergangenen Geschäftsjahr

Indoor-Stühle

	Verkaufte Menge	Preis pro Stuhl
Serie „Standard"	12.350	7,30 €
Serie „Komfort"	8.200	10,80 €
Serie „de Luxe"	4.100	16,00 €

Outdoor-Stühle

	Verkaufte Menge	Preis pro Stuhl
Serie „Standard"	33.500	7,80 €
Serie „Komfort"	15.500	11,00 €
Serie „de Luxe"	9.300	16,00 €

Schulbuch
Kap. 1

1 Werteströme aus Belegen ableiten

Situation:

Heinrich KG
Büromöbel und Zubehör

Leon Laus, Auszubildender der Heinrich KG, beginnt heute seine dreimonatige Ausbildung in der Rechnungswesenabteilung. Er wird bereits vom Abteilungsleiter Karl Fitschen erwartet. Dieser führt Leon zunächst durch die Abteilung und zeigt ihm seinen neuen Arbeitsplatz. Dort liegt eine rote Mappe, in der sich offensichtlich mehrere Blätter befinden.

Herr Fitschen erklärt Leon, dass demnächst der Monatsabschluss ansteht und dafür noch die letzten Vorbereitungen getroffen werden müssen. In der Mappe befinden sich verschiedene Belege des vergangenen Tages, die in der Buchhaltung noch nicht berücksichtigt wurden.

Herr Fitschen bittet Leon, die Schreiben zunächst einmal vorzusortieren, damit sie danach schneller kontiert werden können. Leon ist ein bisschen verunsichert. Bisher war ihm nicht bewusst, dass man Belege sortiert, er hätte die Schreiben einfach der Reihe nach abgelegt. Herr Fitschen erklärt ihm, dass es für die Buchführung klare gesetzliche Vorgaben gibt, die die Heinrich KG zwingend einzuhalten hat. Zur Einarbeitung in diese Thematik gibt ihm Herr Fitschen ein Fachbuch und erlaubt ihm, im Internet ein wenig zu recherchieren.

Arbeitsaufträge:

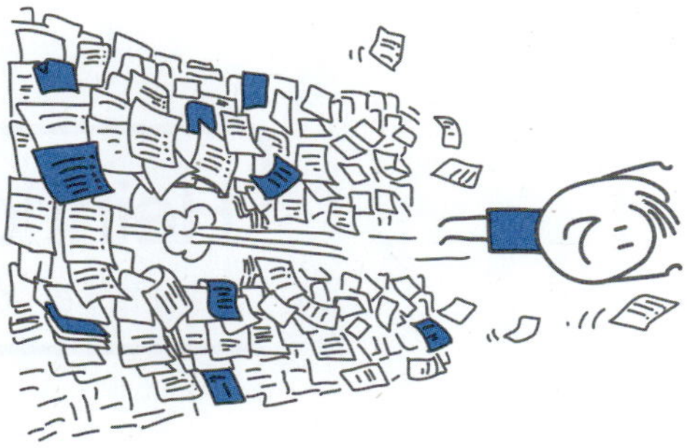

1. Bestimmen Sie für die Belege 1 bis 5,
   - welche Informationen sich aus ihnen ableiten lassen,
   - ob es sich jeweils um Fremd- oder Eigenbelege handelt,
   - wie lange die Aufbewahrungsfrist ist.

   Nutzen Sie hierfür die Tabelle (Material 1).
2. Bearbeiten Sie Material 2, indem Sie
   2.1 die Buchführungspflicht gem. § 238 I HGB und die Bestimmungen zur ordnungsgemäßen Aufbewahrung der Buchführungsunterlagen beschreiben,
   2.2 stichwortartig folgende wichtige Grundsätze ordnungsmäßiger Buchführung erläutern; *Allgemeiner Grundsatz – Klarheit/Übersichtlichkeit – Vollständigkeit/Richtigkeit – Lesbarkeit der Daten*
3. Recherchieren Sie (z. B. im Internet), wie Verstöße gegen die GoB geahndet werden!

Beleg 1

Quittung

Netto EUR	380,00
+ 19 % MwSt./EUR	72,20
Gesamt EUR	452,20

Nr. 32

EUR in Worten: Vierhundertzweiundfünfzig — Cent wie oben

von: Heinrich KG

für: Kopierpapier

dankend erhalten.

Ort/Datum: Hamburg, 28.03.20..

Buchungsvermerke

Stempel/Unterschrift des Empfängers: Max Heimlich e. Kfm.

Quittung

Beleg 2

Heinrich KG
Büromöbel und Zubehör

Heinrich KG · Rahlstedter Str. 144 · 22143 Hamburg
Westmoor KG
Frau Hellebusch
Deichhausenweg 28
32825 Blomberg

Ihr Zeichen:	hel
Ihre Nachricht vom:	20.03.20..
Unser Zeichen:	schu
Unsere Nachricht vom:	
Name:	Schulze
Telefon:	040 67245-145
Telefax:	040 67245-87
E-Mail:	schulze@heinrich-kg.de
Datum:	28.03.20..

Lieferschein 1410

Auftragsgemäß liefern wir Ihnen folgende Positionen:

Ware	Warenbeschreibung	Menge
Eco B-2009154	Aktenvernichter, geeignet für Papier, CDs und Kreditkarten, Streifenschnitt, schneidet bis zu 10 Blatt, Auffangvolumen 12 Liter, Kunststoff rot gefärbt	15
Intimus B-2001141	Aktenvernichter, Unterschrank aus lasierter Buche, mit Vollstahl-Schneidwellen aus Spezialstahl ... Start-/Stop-Funktion über Lichtschranke; Auffangvolumen 65 Liter; Partikelschnitt	5

Warenlieferung ordnungsgemäß erhalten:

Beleg 3

Horst Delling KG

Laptop Computer

Horst Delling KG · Unterschweinstiege 35 · 60549 Frankfurt
Heinrich KG
Rahlstedter Str. 144
22143 Hamburg

Bei Zahlung bitte angeben:
R.-Nr.: 20-R058200
Datum: 02.01.20..

Lieferung am: 02.01.20..
L.-Nr.: 20-L058200
Lieferbedingung: Frei Haus

Rechnung

Art.-Nr.	Art.-Bezeichnung	Stück	Einzelpreis	Rabatt	Gesamtpreis
09-E550900	Delling-Abylon-Laptop E550900-DE-XX	10	750,00 EUR		7.500,00 EUR
				+ Umsatzsteuer	1.425,00 EUR
				Rechnungspreis	8.925,00 EUR

Zahlungsziel 30 Tage, innerhalb 10 Tagen 2 % Skonto

Sitz der Gesellschaft: Frankfurt
Geschäftsführung: Horst Delling

RG Frankfurt, HRA 44807
USt-ID-Nr. DE 113 551 138

Telefon 069 9793-0
Telefax 069 34824-9000

Bankverbindung:
SEB AG Frankfurt
BIC: ESSEDE5FXXX
IBAN: DE62500101111287722200

Beleg 4

Heinrich KG

Büromöbel und Zubehör

Heinrich KG · Rahlstedter Str. 144 · 22143 Hamburg
Westmoor KG
Frau Hellebusch
Deichhausenweg 28
32825 Blomberg

Ihr Zeichen: hel
Ihre Nachricht vom: 20.03.20..
Unser Zeichen: schu
Unsere Nachricht vom:

Name: Schulze
Telefon: 040 67245-145
Telefax: 040 67245-87
E-Mail: schulze@heinrich-kg.de

Datum: 28.03.20..

Rechnung Nr. 1855

Am 28.03.20.. lieferten wir Ihnen folgende Positionen

Ware	Warenbezeichnung	Menge	Preis	Rabatt	Gesamtbetrag
Eco B-2009154	Aktenvernichter, geeignet für Papier, CDs und Kreditkarten, Streifenschnitt, schneidet bis zu 10 Blatt, Auffangvolumen 12 Liter, Kunststoff rot gefärbt	15	89,00 €	9,50 %	1.208,18 €
Intimus B-2001141	Aktenvernichter, Unterschrank aus lasierter Buche, mit Vollstahl-Schneidwellen aus Spezialstahl ... Start-/Stop-Funktion über Lichtschranke; Auffangvolumen 65 Liter; Partikelschnitt	5	975,00 €	9,50 %	4.411,88 €

Warenwert + 19 % USt	5.620,05 € 1.067,81 €
Rechnungsbetrag	**6.687,86 €**

Wir bitten um Ausgleich dieser Rechnung in Höhe von 6.687,86 € innerhalb von 30 Tagen ab Rechnungsdatum, bei Zahlung innerhalb von 10 Tagen gewähren wir 2 % Skonto.

Beleg 5

IBAN: DE07 2005 0550 1120 2399 08 HAMBURGER SPARKASSE
BIC: HASPDEHHXXX

Buchungstag	Tag der Wertstellung	Verwendungszweck/Buchungstext	alter Kontostand + 187.420,00
28.03.	28.03.	Geldautomat GA NR00005234	– 1.000,00

Heinrich KG
Rahlstedter Str. 144
22143 Hamburg

+ 186.420,00
neuer Kontostand

Kontoauszug vom	Auszug	Blatt
28.03.20..	73	1

Bitte beachten Sie die Hinweise auf der Rückseite

Material 1: Tabellarische Übersicht

Beleg	Information	Fremdbeleg	Eigenbeleg	Aufbewahrungsfrist (in Jahren)
1				
2				
3				
4				
5				

Material 2: Grundlagen ordnungsmäßiger Buchführung

Buchführungspflicht gem. § 238 I HGB:

Allgemeiner Grundsatz:

Grundsatz:

Grundsatz:

Grundsatz: **Lesbarkeit der Daten**

Ordnungsgemäße Aufbewahrung der Buchführungsunterlagen

Schulbuch Kap. 1

2 Kassenbuch und Kassenkonto führen

Situation:

Der Auszubildende Leon Laus soll heute mit dem Buchhalter Konstantin Schwabe zusammenarbeiten. Herr Schwabe ist bei der Heinrich KG unter anderem für die Kassenbuchführung zuständig.

Leon hält dies für eine sehr einfache Aufgabe, da die Geschäftskasse bei der Heinrich KG keine zentrale Funktion hat, wie z. B. im Einzelhandel. Die meisten Ein- und Verkäufe erledigt das Unternehmen bargeldlos, sodass pro Tag nur wenige Kassenbewegungen vorkommen. Herr Schwabe widerspricht dem Auszubildenden und erläutert ihm, dass gerade die Kassenführung immer wieder Ausgangspunkt für Betriebsprüfungen der Finanzämter sei. Deshalb hält er hier eine sorgfältige Arbeit für sehr wichtig.

Für den Zeitraum vom 26. 03. bis zum 30. 03. 20 . . sind im Kassenbuch die folgenden Kassenbewegungen dokumentiert:

26. 03.	Anfangsbestand	3.800,00 €
26. 03.	Barzahlung eines Kunden	600,00 €
26. 03.	Zahlung einer Handwerkerleistung	750,00 €
26. 03.	Zahlung an den Fensterputzer	250,00 €
26. 03.	Reisender gibt Reisespesen zurück	150,00 €
27. 03.	Zahlung für Telefongebühren	115,00 €
27. 03.	Kauf von Kuchen in der Bäckerei zur Bewirtung	35,00 €
27. 03.	Barverkauf an einen Mitarbeiter	160,00 €
27. 03.	Spende an das Rote Kreuz	200,00 €
27. 03.	Lohnvorschuss	500,00 €
28. 03.	Kauf von Büromaterial	85,00 €
28. 03.	Aufgabe einer Zeitungsannonce	120,00 €
28. 03.	Barzahlung an einen Spediteur	1.150,00 €
29. 03.	Einzahlung vom Bankkonto	3.500,00 €
29. 03.	Mieteinnahme	350,00 €
29. 03.	Zahlung der Gehälter	2.150,00 €
30. 03.	Zahlung für Fracht und Rollgeld	350,00 €
30. 03.	Spesen für eine Geschäftsreise des Inhabers	500,00 €
30. 03.	Kauf einer Schreibtischlampe	150,00 €

Heinrich KG
Büromöbel und Zubehör

Arbeitsaufträge:

1. Führen Sie anhand der in der Ausgangssituation vorgegebenen Angaben das Kassenkonto der Heinrich KG (Material 1) für den angegebenen Zeitraum. Das Kassenkonto ist abzuschließen und der Schlussbestand ist zu ermitteln.

2. Eine ordnungsgemäße Kassenbuchführung besteht nicht nur aus der Geschäftskasse selbst, dem Kassenbuch und dem Kassenkonto, sondern auch aus dem Kassenbericht. Der Kassenbericht dient der rechnerischen Ermittlung der Tageseinnahmen. Ausgangspunkt ist immer der ausgezählte Kassenbestand zum Geschäftsschluss.

   Ordnen Sie die folgenden Begriffe im nebenstehenden Rechenschema so an, dass sie zur korrekten Ermittlung der Tageseinnahmen führen:

   Bareinlagen – Barentnahmen – ausgezählter Kassenbestand – Ausgaben – Kassenanfangsbestand

Ermittlung der Tageseinnahmen:

	______________________
–	______________________
–	______________________
+	______________________
+	______________________
=	Tageseinnahmen

Material 1: Kassenkonto der Heinrich KG

Soll (Einnahmen)			**Kassenkonto**		Haben (Ausgaben)
Datum	Text	€	Datum	Text	€
26. 03.	Anfangsbestand	3.800,00			

Schulbuch Kap. 2

3 Die Inventur durchführen und das Inventar erstellen

Situation:

Leon Laus ist im Zuge seiner Ausbildung zum Kaufmann für Büromanagement bei der Heinrich KG zurzeit in der Abteilung „Allgemeine Verwaltung" eingesetzt und hat im Rahmen der Inventurarbeiten eine Übersicht über die fertigen Erzeugnisse erstellt (Material 1).

Heinrich KG
Büromöbel und Zubehör

Die Werte der Vermögens- und Schuldenpositionen der Heinrich KG zum 31. Dezember 20.. werden Leon Laus von Herrn Fitschen zur Verfügung gestellt:

1. Grundstück	Rahlstedter Str. 144, 22143 Hamburg	980.600,00 €
2. Gebäude	Lagergebäude Bürogebäude	750.000,00 € 1.380.900,00 €
3. TA und Maschinen	Produktionsmaschinen	711.850,00 €
4. Fuhrpark	10 Pkw 6 Lkw 2 Gabelstapler	262.000,00 € 375.500,00 € 30.500,00 €
5. Büromöbel und GA	EDV-Anlage Büromöbel Kopierer Telefonanlage Multifunktionsgeräte	218.000,00 € 418.000,00 € 35.600,00 € 32.500,00 € 6.550,00 €
6. Roh-, Hilfs- und Betriebsstoffe	Rohstoffe Hilfsstoffe Betriebsstoffe	1.355.120,00 € 1.110.800,00 € 243.700,00 €
7. Unfertige Erzeugnisse		930.000,00 €
8. Fertige Erzeugnisse (Material 1)		
9. Waren		3.255.330,00 €
10. Forderungen (Material 2)		
11. Bankguthaben	Hamburger Sparkasse Postbank Hamburg	738.400,00 € 530.482,00 €
12. Kassenbestand		42.630,00 €
13. Pensionsrückstellungen		1.390.400,00 €
14. Sonstige Rückstellungen		935.000,00 €
15. Darlehensschulden bei der Postbank Köln		5.456.000,00 €
16. Verbindlichkeiten (Material 3)		
17. Sonstige Verbindlichkeiten		525.154,00 €

Arbeitsaufträge:

1. Werten Sie die Inventurliste der Produktvorräte aus, indem Sie die folgenden Arbeitsaufträge ausführen:

   1.1 Berechnen Sie für jedes Produkt den Lagerbestand in Euro (Material 1)!

   1.2 Berechnen Sie für jede Produktgruppe den Lagerbestand in Euro!

Berechnung der Lagerbestände der Produktgruppen in Euro	
Schreibtische:	Rollcontainer:
Konferenztische + Zubehör:	Regalsysteme:
Konferenzstühle:	Bürostühle:
Diverse:	

   1.3 Berechnen Sie, wie viel Euro der gesamte Lagerbestand beträgt!

Lagerbestand (gesamt/€):	

1.4 Welche Aussagekraft haben die errechneten Werte?

1.5 Vom Produkt mit der Art.-Nr. A-1101100 betragen die Herstellkosten von 50 Stück 15.200,00 €. Wie hoch sind die Herstellkosten für 110 Stück?

1.6 Der Vorrat des Produkts mit der Art.-Nr. A-1401130 reicht bei einem täglichen Verbrauch von 50 Stück noch 8 Tage. Wie viele Tage reicht der Vorrat, wenn täglich nur 20 Stück benötigt werden?

1.7 Wie viel Schreibtische sind am 31. Dezember 20.. durchschnittlich von jeder Art.-Nr. der Produktgruppe „Schreibtische" vorrätig?

1.8 Wie viel Euro beträgt der Warenwert pro Schreibtisch der Produktgruppe „Schreibtische" im Durchschnitt in der Herstellung?

2. Erstellen Sie für die Heinrich KG das Inventar zum 31. Dezember 20.. (Material 4)!

Material 1: Produktliste der Heinrich KG (Auszug vom 31. Dezember 20..)

Produkt Art.-Nr.	Produktbeschreibung	Herstellkosten in Euro	Lagerbestand in Stück	Lagerbestand in Euro
Denver A-1001000	Schreibtisch; Oberfläche der Tischplatte unbehandelt	180,00	170	
Starlight A-1001100 A-1002100	Solitärschreibtisch in Nierenform aus Massivholz; Oberfläche der Tischplatte versiegelt	620,00	155	
Future A-1004110	Schreibtisch; Rahmen aus Stahlrohr, pulverbeschichtet; Glastischplatte	310,00	80	
Tiamo A-1101000 A-1102000	Rollcontainer mit drei Schubladen; Holzgriffe; zentrales Sicherheitsschloss; Oberfläche versiegelt	295,00	125	
Lilibe A-1101100 A-1102100	Rollcontainer, Schublade und Karteikarteneinsatz; Holzgriffe; zentrales Sicherheitsschloss; Oberfläche versiegelt	304,00	165	
Logo A-1205111 A-1205112 A-1205113	Konferenztisch, Rahmen pulverbeschichtet; Spanplatte in blau, lichtgrau oder grafit mit Melamin beschichtet	272,00	110	
Basic G A-1201100	Konferenztisch aus Massivholz; versiegelt; erweiterbar zu Arbeitsinseln	375,00	106	
Noris A-1202170	Konferenztisch aus Massivholz; geölt	210,00	160	
Solito A-1302170 A-1301170	Regalsystem aus Massivholz; drei eingebaute Schubladen; Sockelhöhenverstellung; geölt	865,00	80	
Mixt A-1305121	Regal aus beschichteten Spanplatten; wahlweise in blau, lichtgrau oder grafit	362,00	91	
Visit A-1406111 A-1406112 A-1406113	Konferenzstuhl; Rahmen pulverbeschichtet; mit Armlehnen; Sitz und Rücken umpolstert; Stoffbezug wahlweise in blau, lichtgrau oder grafit; stapelbar	32,00	380	
Meeting A-1401130	Konferenz- und Seminarstuhl verchromt; ohne Armlehnen; Formschale aus massiver Buche; verkettbar und stapelbar; Gleiter	59,00	430	
Smile A-1507006	Bürostuhl mit Armlehnen; ergonomischer Muldensitz; Kopfstütze und Rückenlehne verstellbar; Synchronmechanik; Sicherheitsrollen; schwarz	380,00	100	
Verdan A-1507155	Bürostuhl mit Ring-Armlehnen; Bandscheibensitz; verstellbare Rückenlehne mit Formschaumpolsterung, grau gefärbt	55,00	130	
Diverse				1.773.373,00

Material 2: Kundenliste mit offenen Posten zum 31. Dezember 20..

Kd.-Nr.	Firma	Telefon	Offene Posten (€)	Ansprechpartner
24001	Gertrud Brandt KG	040 121-0	376.500,00	Frau Haberting
24002	Junges Wohnen GmbH	0421 20555-50	273.620,00	Herr Langemaas
24003	Möblix GmbH	030 301020	615.210,00	Herr Trüün jr.
24004	Westmoor KG	05235 887366	1.990.220,00	Herr Helmers
24005	Büroausstatter Winter OHG	089 48067	75.201,00	Frau Wiggers
24006	Brandes GmbH & Co. KG	0341 147-1633	177.865,00	Herr Sandberg
24007	Innovation AG	0351 2033-0	1.616.502,00	Frau Lamberti
24008	Weyermann & Söhne KG	07026 459163	95.890,00	Herr Baum
24009	Bleibtreu GmbH	02161 219693	322.520,00	Frau Winter
24099	Sonstige Kunden		44.472,00	

Material 3: Lieferantenliste mit offenen Posten zum 31. Dezember 20..

Lief.-Nr.	Firma	Telefon	Offene Posten (€)	Ansprechpartner
44001	Bernhard Möller OHG	08241 141-0	824.862,00	Frau Reiner
44002	Lenz KG	0911 1212-0	172.889,58	Herr Dubny
44003	Naturholz AG	0821 6310-0	743.882,54	Herr Hain
44004	Holz- & Spanplattenfabrik Bresges GmbH	02161 4001-0	290.912,76	Frau Winkelbach
44005	Schraubenspezialist Müller e.K.	05520 555-0	110.051,30	Herr Kunze
44006	Holzschutz-, Lack- und Leimwerke AG	030 65-0	384.524,13	Frau Wachtel
44007	Blitz-Spedition GmbH	04101 4001-0	31.000,00	Frau Müller
44008	Franz Meyer e.K.	040 555-0	460.778,93	Herr Brinkhaus
44009	Langen GmbH & Co. KG	0421 341-0	410.556,55	Frau Satow
44099	Sonstige Lieferanten und Dienstleister		560.450,21	Frau Meierring

Material 4: Inventar (Vorlage)

Inventar zum 31. Dezember 20..		
Heinrich KG, Rahlstedter Str. 144, 22143 Hamburg		
A. Vermögen		
I. Anlagevermögen		
1. Grundstück Rahlstedter Str. 144		980.600,00 €
2. Gebäude		
– Lagergebäude		
–		
3. TA und Maschinen		
4. Fuhrpark		
– 10 Pkw		
–		
–		
5. Büromöbel und GA:		
–		
–		
–		
–		
–		
II. Umlaufvermögen		
6. Roh-, Hilfs- und Betriebsstoffe		
–		
–		
–		
7. Unfertige Erzeugnisse		
8. Fertige Erzeugnisse lt. Verzeichnis		
9. Waren		
10. Forderungen lt. Verzeichnis		
11. Bankguthaben		
–		
–		
12. Kasse		
Summe des Vermögens		
B. Schulden		
I. Langfristige Schulden		
13. Pensionsrückstellungen		
14. Sonstige Rückstellungen		
15. Darlehensschulden		
II. Kurzfristige Schulden		
16. Verbindlichkeiten lt. Verzeichnis		
17. Sonstige Verbindlichkeiten		
Summe der Schulden		
C. Ermittlung des Reinvermögens (Eigenkapitals)		
Summe des Vermögens		
– Summe der Schulden		
= Reinvermögen (Eigenkapital)		

Schulbuch Kap. 2

4 Die Bilanz erstellen

Situation:

Leon Laus hat mit Unterstützung von Herrn Fitschen das Inventar zum 31. Dezember 20.. erstellt. Herr Fitschen fordert Leon im Anschluss an die Inventaraufstellung auf, aus den Daten des Inventars eine Bilanz zu erstellen.

Leon informiert sich zunächst über die gesetzlichen Grundlagen zur Bilanz und geht dann umgehend an die gestellte Aufgabe heran.

Heinrich KG
Büromöbel und Zubehör

Arbeitsaufträge:

1. Erstellen Sie für Leon Laus die Bilanz der Heinrich KG zum 31. Dezember 20..!

Heinrich KG

Aktiva	**Bilanz zum 31. Dezember 20.. in Euro** Passiva

2. Vervollständigen Sie die unten stehende Bilanz, indem Sie die folgenden Begriffe bzw. Fragen entweder der Aktiv- oder der Passivseite zuordnen!

   Vermögen – Fremdkapital – Wie ist das Kapital angelegt? – Vermögensquellen – Passiva – Anlagevermögen – Eigenkapital – Woher kommt das Kapital? – Umlaufvermögen – Kapital – Vermögensformen – Aktiva

Bilanz

3. Ermitteln Sie das Gesamtvermögen der Heinrich KG!

Gesamtvermögen der Heinrich KG	

4. Bestimmen Sie den Zeitraum bzw. Zeitpunkt, über den die Bilanz Auskunft gibt!

Zeitraum		oder	**Zeitpunkt**	

5. Werten Sie die Bilanz der Heinrich KG aus, indem Sie folgende Fragen beantworten:

   5.1 Bestimmen Sie, wie viel Prozent des Gesamtvermögens bei der Heinrich KG langfristig gebunden sind!

   5.2 Berechnen Sie den Prozentanteil der Vorräte am Umlaufvermögen!

5.3 Bestimmen Sie die Eigen- sowie die Fremdkapitalquote bei der Heinrich KG!

5.4 Berechnen Sie den Anlagendeckungsgrad, indem Sie überprüfen, inwieweit das Anlagevermögen durch Eigenkapital gedeckt ist!

5.5 Berechnen Sie die Liquidität 1. Grades mithilfe der folgenden Formel!

$$\text{Liquidität 1. Grades} = \frac{\text{flüssige Mittel} \cdot 100}{\text{kurzfristiges Fremdkapital}}$$

5.6 Berechnen Sie die Liquidität 2. Grades mithilfe der folgenden Formel:

$$\text{Liquidität 2. Grades} = \frac{(\text{flüssige Mittel} + \text{Forderungen}) \cdot 100}{\text{kurzfristiges Fremdkapital}}$$

5.7 Der vergleichbare Büromöbelhersteller Möller KG hat bei einem Gesamtvermögen von 29,75 Mio. € ein Eigenkapital von 10,5 Mio. €.

Vergleichen Sie die Eigenkapitalausstattung der Möller KG mit der Heinrich KG!

5.8 Im Jahr 20.. hat die Heinrich KG einen Gewinn von 1.228.000,00 € erzielt. Berechnen Sie unter Verwendung dieser Angabe und der folgenden Formel die Eigenkapitalrentabilität der Heinrich KG und bewerten Sie das Ergebnis!

$$\text{Eigenkapitalrentabilität} = \frac{\text{Gewinn} \cdot 100}{\text{Eigenkapital}}$$

Schulbuch Kap. 2.5

5 Bilanzveränderungen analysieren

Situation:

In der Rechnungswesenabteilung der Heinrich KG liegen Anfang des Jahres 20.. einige Belege vor.

Herr Fitschen bittet Leon Laus, die Auswirkungen der auf den Belegen dokumentierten Geschäftsvorfälle auf die Bilanz der Heinrich KG ausführlich zu erläutern.

Heinrich KG
Büromöbel und Zubehör

Arbeitsaufträge:

1. Informieren Sie sich anhand von Material 1 über die unterschiedlichen Formen der Bilanzveränderungen!
2. Analysieren Sie für Leon Laus die Belege 1 bis 5 und tragen Sie Ihre Entscheidungen in die folgende Tabelle ein!

Beleg	Betroffene Bilanzpositionen	Auswirkungen (€) auf		Anmerkungen
		Bilanzposition	Bilanzsumme	
1				
2				
3				
4				
5				

Material 1: Auszug aus dem Handbuch „Buchführung – leicht gemacht!"

Bei jedem Geschäftsfall sind in einem Unternehmen mindestens zwei Konten betroffen, die Bilanz wird also an mindestens zwei Stellen verändert. Um im Rechnungswesen eine korrekte Verbuchung vornehmen zu können, empfiehlt sich die folgende Vorgehensweise:

1. Klärung der betroffenen Bilanzpositionen:

Bei jedem Geschäftsfall müssen die betroffenen Bilanzpositionen (Konten der Bilanz) eindeutig identifiziert werden.

↓

2. Überprüfung der Kontenarten:

Bei den identifizierten Konten ist zu entscheiden, ob es sich um Aktiv- oder Passivkonten handelt.

↓

3. Auswirkung des Geschäftsfalls auf die einzelnen Bilanzpositionen:

Bei jeder Bilanzposition ist zu entscheiden, ob sich deren Wert erhöht (+) oder vermindert (–).

↓

4. Identifizierung der zutreffenden Bilanzveränderung:

Aufgrund der zuvor getroffenen Entscheidungen kann die jeweils vorliegende Art der Bilanzveränderung eindeutig festgestellt werden.

Bei den Bilanzveränderungen sind **vier Möglichkeiten** zu unterscheiden:

1. Aktivtausch:	Der Geschäftsfall betrifft nur die Aktivseite der Bilanz, die Bilanzsumme ändert sich nicht.

Beispiel: Wir kaufen einen Pkw für 18.000,00 € gegen Barzahlung.

Entscheidungen gemäß der oben dargestellten Vorgehensweise:

1. Betroffen sind die Bilanzpositionen „Fuhrpark" und „Kasse".
2. Sowohl beim „Fuhrpark" als auch bei der „Kasse" handelt es sich um Aktivkonten.
3. Der Wert des „Fuhrparks" nimmt zu (+), der Wert der „Kasse" nimmt ab (–).
4. Es handelt sich um einen Tausch auf der Aktivseite der Bilanz, deren Summe gleich bleibt.

2. Passivtausch:	Der Geschäftsfall betrifft nur die Passivseite der Bilanz, die Bilanzsumme ändert sich nicht.

Beispiel: Eine kurzfristige Lieferschuld (10.000,00 €) wird in eine Darlehensschuld umgewandelt.

Entscheidungen gemäß der oben dargestellten Vorgehensweise:

1. Betroffen sind die Bilanzpositionen „Verbindlichkeiten a. L. u. L." und „Darlehen".
2. Sowohl bei den „Verbindlichkeiten a. L. u. L." als auch beim „Darlehen" handelt es sich um Passivkonten.
3. Der Wert der „Verbindlichkeiten a. L. u. L." nimmt ab (–), der Wert des „Darlehens" nimmt zu (+).
4. Es handelt sich um einen Tausch auf der Passivseite der Bilanz, deren Summe gleich bleibt.

3. Aktiv-Passiv-mehrung:	Der Geschäftsfall betrifft beide Seiten der Bilanz. Beide Seiten nehmen zu, die Bilanzsumme erhöht sich.

Beispiel: Wir kaufen Schreibtische auf Ziel für 8.000,00 €.

Entscheidungen gemäß der oben dargestellten Vorgehensweise:

1. Betroffen sind die Bilanzpositionen „Büromöbel und sonstige Geschäftsausstattung" und „Verbindlichkeiten a. L. u. L.".
2. Beim Konto „Büromöbel und sonstige Geschäftsausstattung" handelt es sich um ein Aktivkonto, beim Konto „Verbindlichkeiten a. L. u. L." handelt es sich um ein Passivkonto.
3. Der Wert des Kontos „Büromöbel und sonstige Geschäftsausstattung" nimmt zu (+), ebenso der Wert des Kontos „Verbindlichkeiten a. L. u. L." (+).
4. Sowohl auf der Aktiv- als auch auf der Passivseite der Bilanz wird gebucht. Beide Bilanzseiten steigen wertmäßig im gleichen Maße.

3. Aktiv-Passiv-minderung:	Der Geschäftsfall betrifft beide Seiten der Bilanz. Beide Seiten nehmen ab, die Bilanzsumme sinkt.

Beispiel: Wir bezahlen unsere Liefer-Verbindlichkeiten per Bank (8.000,00 €).

Entscheidungen gemäß der oben dargestellten Vorgehensweise:

1. Betroffen sind die Bilanzpositionen „Bank" und „Verbindlichkeiten a. L. u. L.".
2. Beim Konto „Bank" handelt es sich um ein Aktivkonto, beim Konto „Verbindlichkeiten a. L. u. L." handelt es sich um ein Passivkonto.
3. Der Wert des Kontos „Bank" nimmt ab (–), ebenso der Wert des Kontos „Verbindlichkeiten a. L. u. L." (–).
4. Sowohl auf der Aktiv- als auch auf der Passivseite der Bilanz wird gebucht. Beide Bilanzseiten nehmen wertmäßig im gleichen Maße ab.

Beleg 1

Horst Delling KG

Laptop Computer

Horst Delling KG · Unterschweinstiege 35 · 60549 Frankfurt
Heinrich KG
Rahlstedter Str. 144
22143 Hamburg

Bei Zahlung bitte angeben:
R.-Nr.: 20-R058200
Datum: 02.01.20..

Lieferung am: 02.01.20..
L.-Nr.: 20-L058200
Lieferbedingung: Frei Haus

Rechnung

Art.-Nr.	Art.-Bezeichnung	Stück	Einzelpreis	Rabatt	Gesamtpreis
09-E550900	Delling-Abylon-Laptop E550900-DE-XX	10	750,00 EUR		7.500,00 EUR
				Rechnungsbetrag	7.500,00 EUR

Zahlungsziel 30 Tage, innerhalb 10 Tagen 2 % Skonto

Sitz der Gesellschaft: Frankfurt
Geschäftsführung: Horst Delling

RG Frankfurt, HRA 44807
USt-ID-Nr. DE 113 551 138

Telefon 069 9793-0
Telefax 069 34824-9000

Bankverbindung:
SEB AG Frankfurt
BIC: ESSEDE5FXXX
IBAN: DE62 5001 0111 1287 7222 00

Beleg 2

SIK - KAD 8/98 S

Bitte beachten Sie die Hinweise auf der Rückseite

IBAN: DE07 2005 0550 1120 2399 08 HAMBURGER SPARKASSE
BIC: HASPDEHHXXX

Buchungstag	Tag der Wertstellung	Verwendungszweck/Buchungstext	alter Kontostand + 199.320,00
03.01.	03.01.	Lastschrift Bernhard Müller OHG Rechnungs-Nr. 356	– 11.900,00

Heinrich KG
Rahlstedter Str. 144
22143 Hamburg

+ 187.420,00
neuer Kontostand

50/00

Kontoauszug vom	Auszug	Blatt
03.01.20..	12	1

Beleg 3

SIK - KAD.8/98 S

Bitte beachten Sie die Hinweise auf der Rückseite

IBAN		BIC
DE07 2005 0550 1120 2399 08	HAMBURGER SPARKASSE	HASPDEHHXXX

Buchungs-tag	Tag der Wertstellung	Verwendungszweck/Buchungstext	alter Kontostand
			+ 187.420,00
05.01.	05.01.	Geldautomat GA NR 00005234 IBAN DE07 2005 0550 1120 2399 08	– 1.000,00
05.01.	05.01.	Zahlungseingang Debeka Bausparkasse BS-Darlehen 948335001	+ 15.000,00

Heinrich KG
Rahlstedter Str. 144
22143 Hamburg

\+ 201.420,00
neuer Kontostand

Kontoauszug vom	Auszug	Blatt
05.01.20..	13	1

50/00

Beleg 4

SIK - KAD.8/98 S

Bitte beachten Sie die Hinweise auf der Rückseite

IBAN		BIC
DE07 2005 0550 1120 2399 08	HAMBURGER SPARKASSE	HASPDEHHXXX

Buchungs-tag	Tag der Wertstellung	Verwendungszweck/Buchungstext	alter Kontostand
			+ 201.420,00
06.01.	06.01.	Gertrud Brandt KG, RNR 12-979	+ 2.261,00
06.01.	06.01.	Lastschrift Naturholz AG Rechnungs-Nr. 362	– 25.585,00

Heinrich KG
Rahlstedter Str. 144
22143 Hamburg

\+ 178.096,00
neuer Kontostand

Kontoauszug vom	Auszug	Blatt
06.01.20..	14	1

50/00

Beleg 5

Interne Buchungsanweisung		Nr. 1
Datum	Text	Betrag
07.01.20..	Die Verbindlichkeit über 12.733,00 € an Holz- & Spanplattenfabrik Bresges GmbH (Rechnung 4404-22) wird in ein langfristiges Darlehen umgewandelt.	12.733,00 €

Schulbuch Kap. 3

6 Auf Bestandskonten buchen

Situation:

Herr Fitschen erklärt Leon Laus, dass die eingehenden Belege im sogenannten Hauptbuch auf entsprechenden Konten erfasst werden. Diese Konten müssen zu Beginn eines jeden Geschäftsjahres mit den Anfangsbeständen versehen werden. Am klassischen T-Konto, das Leon bereits in der Berufsschule kennengelernt hat, erklärt ihm Herr Fitschen den Kontenaufbau.

S(oll)	Kontobezeichnung	H(aben)

In der Mitte über dem „T“ steht die jeweilige Kontobezeichnung, die linke Kontoseite wird als Soll-Seite (S), die rechte Kontoseite als Haben-Seite (H) bezeichnet.

Diese Konten müssen zu Beginn eines jeden Geschäftsjahres mit den entsprechenden Anfangsbeständen versehen werden. Für jede Bilanzposition muss mindestens ein entsprechendes Konto eingerichtet und der Anfangsbestand aus der Bilanz eingetragen werden.

Die Anfangsbestände der Aktivkonten (T-Konten für die Bilanzposition der Aktivseite) stehen immer im Soll, die Anfangsbestände der Passivkonten (T-Konten für die Bilanzpositionen der Passivseite) stehen immer im Haben. Auf der Seite, auf der der Anfangsbestand steht, nehmen die Konten zu, auf der anderen Seite entsprechend ab. Der Schlussbestand (Kontensaldo) wird auf der wertmäßig kleineren Kontoseite eingetragen. Diese Buchungstechnik führt dazu, dass nach Abschluss eines Kontos die Kontensumme auf beiden Seiten übereinstimmen muss.

S Aktivkonten	H
Anfangsbestand	Abgänge
Zugänge	Schlussbestand
Kontosumme	Kontosumme

S Passivkonten	H
Abgänge	Anfangsbestand
Schlussbestand	Zugänge
Kontosumme	Kontosumme

Die Vorjahresbilanz der Heinrich KG, in der das Vermögen und Kapital in Kontoform gegenübergestellt wurde, sieht wie folgt aus:

Bilanz zum 31. Dezember 20.. (Vorjahr) in Euro

Aktiva		Passiva	
A. Anlagevermögen		**A. Eigenkapital**	9.000.000,00
Grundstücke und Bauten	3.111.500,00	**B. Fremdkapital**	
Technische Anlagen und Maschinen	711.850,00	**Langfristig**	
Fuhrpark	668.000,00	Pensionsrückstellungen	1.390.400,00
Büromöbel und GA	710.650,00	Sonstige Rückstellungen	935.000,00
B. Umlaufvermögen		Darlehensschulden	5.456.000,00
Roh-, Hilfs- und Betriebsstoffe	2.709.620,00	**Kurzfristig**	
Unfertige Erzeugnisse	930.000,00	Verbindlichkeiten a. L. u. L.	3.989.908,00
Fertige Erzeugnisse	2.300.000,00	Sonstige Verbindlichkeiten	525.154,00
Waren	3.255.330,00		
Forderungen a. L. u. L.	5.588.000,00		
Bank	1.268.882,00		
Kasse	42.630,00		
Summe Aktiva	21.296.462,00	Summe Passiva	21.296.462,00

Herr Fitschen bittet Leon, für die Bilanz der Heinrich KG die entsprechenden Konten einzurichten und die Anfangsbestände einzutragen.

Arbeitsaufträge:

1. Tragen Sie zunächst auf den folgenden Konten die Anfangsbestände ein:
   Grundstücke und Bauten – Fuhrpark – Büromöbel und GA (Geschäftsausstattung) – Forderungen a. L. u. L. – Bank – Kasse – Eigenkapital – Darlehensschulden – Verbindlichkeiten a. L. u. L.

S	H

S	H

S	H

S	H

S	H

S	H

S	H

S	H

S	H

Fortsetzung der Situation:

Nachdem Leon Laus die benötigten Konten für die Heinrich KG mit ihren Anfangsbeständen eingerichtet hat, zeigt ihm Herr Fitschen, wie gebucht wird. Bevor in der Praxis auf den Konten gebucht wird, werden die Buchungen im sogenannten Grundbuch in zeitlicher (chronologischer) Reihenfolge festgehalten.

Jeder Beleg wird mindestens einmal im Soll und einmal im Haben gebucht (doppelte Buchführung). Zuerst wird immer die Sollbuchung genannt. Die benötigten Konten werden durch das Wort „an" verbunden.

Wenn die Heinrich KG z. B. 2.000,00 € vom Bankkonto abheben und in die Kasse legen würde, müsste zuerst auf dem Kassenkonto im Soll gebucht werden (weil das Konto „Kasse" ein Aktivkonto ist und deshalb im Soll zunimmt) und anschließend auf dem Bankkonto im Haben (das Konto „Bank" ist auch ein Aktivkonto und nimmt deshalb im Haben ab). Die Buchung lautet also: Kasse an Bank. Es handelt sich bei dieser Buchung um einen Aktivtausch.

Die Darstellung im Grundbuch sieht dann so aus:

Beleg	Konto Soll	Konto Haben	Soll (€)	Haben (€)
1	Kasse		2.000,00	
		Bank		2.000,00

2. Erfassen Sie die Buchungen für die folgenden fünf Belege im nachfolgenden Grundbuch und buchen Sie anschließend auf den Konten im Hauptbuch (siehe Arbeitsauftrag 1)!

Beleg	Konten	Soll (€)	Haben (€)
1			
2			
3			

4			
5			

Beleg 1

Horst Delling KG

Laptop Computer

Horst Delling KG · Unterschweinstiege 35 · 60549 Frankfurt
Heinrich KG
Rahlstedter Str. 144
22143 Hamburg

Bei Zahlung bitte angeben:
R.-Nr.: 20-R058200
Datum: 02.01.20..

Lieferung am: 02.01.20..
L.-Nr.: 20-L058200
Lieferbedingung: Frei Haus

Rechnung

Art.-Nr.	Art.-Bezeichnung	Stück	Einzelpreis	Rabatt	Gesamtpreis
09-E550900	Delling-Abylon-Laptop E550900-DE-XX	10	750,00 EUR		7.500,00 EUR
				Rechnungsbetrag (netto)	7.500,00 EUR
				19 % Umsatzsteuer	1.425,00 EUR
				Rechnungsbetrag (brutto)	8.925,00 EUR

Zahlungsziel 30 Tage, innerhalb 10 Tagen 2 % Skonto

Sitz der Gesellschaft: Frankfurt
Geschäftsführung: Horst Delling

RG Frankfurt, HRA 44807
USt-ID-Nr. DE 113 551 138

Telefon 069 9793-0
Telefax 069 34824-9000

Bankverbindung:
SEB AG Frankfurt
BIC: ESSEDE5FXXX
IBAN: DE62 5001 0111 1287 7222 00

Beleg 2

SIK - KAD 8/98 S | Bitte beachten Sie die Hinweise auf der Rückseite | 50/00

IBAN: **DE07 2005 0550 1120 2399 08** — **HAMBURGER SPARKASSE** — BIC: **HASPDEHHXXX**

Buchungstag	Tag der Wertstellung	Verwendungszweck/Buchungstext	alter Kontostand + 199.320,00
03.01.	03.01.	Lastschrift Bernhard Müller OHG Rechnungs-Nr. 356	– 11.900,00

Heinrich KG
Rahlstedter Str. 144
22143 Hamburg

+ 187.420,00 neuer Kontostand

Kontoauszug vom	Auszug	Blatt
03.01.20..	12	1

Beleg 3

SIK - KAD 8/98 S | Bitte beachten Sie die Hinweise auf der Rückseite | 50/00

IBAN: **DE07 2005 0550 1120 2399 08** — **HAMBURGER SPARKASSE** — BIC: **HASPDEHHXXX**

Buchungstag	Tag der Wertstellung	Verwendungszweck/Buchungstext	alter Kontostand + 187.420,00
05.01.	05.01.	Geldautomat GA NR 00005234 IBAN DE07 2005 0550 1120 2399 08	– 1.000,00
05.01.	05.01.	Zahlungseingang Debeka Bausparkasse BS-Darlehen 948335001	+ 15.000,00

Heinrich KG
Rahlstedter Str. 144
22143 Hamburg

+ 201.420,00 neuer Kontostand

Kontoauszug vom	Auszug	Blatt
05.01.20..	13	1

Beleg 4

SIK - KAD 8/98 S | Bitte beachten Sie die Hinweise auf der Rückseite | 50/00

IBAN: **DE07 2005 0550 1120 2399 08** — **HAMBURGER SPARKASSE** — BIC: **HASPDEHHXXX**

Buchungstag	Tag der Wertstellung	Verwendungszweck/Buchungstext	alter Kontostand + 201.420,00
06.01.	06.01.	Gertrud Brandt KG, RNR 12-979	+ 2.261,00
06.01.	06.01.	Lastschrift Naturholz AG Rechnungs-Nr. 362	– 25.585,00

Heinrich KG
Rahlstedter Str. 144
22143 Hamburg

+ 178.096,00 neuer Kontostand

Kontoauszug vom	Auszug	Blatt
06.01.20..	14	1

Beleg 5

Interne Buchungsanweisung		Nr. 1
Datum	Text	Betrag
07.01.20..	Die Verbindlichkeit über 12.733,00 € an Holz- & Spanplattenfabrik Bresges GmbH (Rechnung 4404-22) wird in ein langfristiges Darlehen umgewandelt.	12.733,00 €

3. Schließen Sie das Hauptbuch ab und erstellen Sie eine (Schluss-)Bilanz!

Heinrich KG
Büromöbel und Zubehör

Aktiva	(Schluss-)Bilanz in Euro	Passiva

4. Wie viel Euro Gewinn hat die Heinrich KG nach der Buchung der Belege erzielt?

Schulbuch Kap. 4.1

7 Die Buchführung mithilfe des Kontenrahmens organisieren

Situation:

Herr Fitschen möchte Leon Laus mit dem Kontenplan der Heinrich KG vertraut machen. Aus diesem Grund übergibt Herr Fitschen dem Auszubildenden einen Auszug aus dem Kontenplan:

Heinrich KG
Büromöbel und Zubehör

Auszug aus dem Kontenplan der Heinrich KG:

Nummer	Kontenbezeichnung	Nummer	Kontenbezeichnung
4401	Bernhard Müller OHG	0510	Bebaute Grundstücke
2800	Hamburger Sparkasse	2404	Westmoor KG Möbelhaus
0840	Fuhrpark	2880	Kasse
6800	Büromaterial	6830	Telefon
4250	Langfristige Bankverbindlichkeiten	2850	Postbank
	(Darlehen)	5100	Umsatzerlöse für Handelswaren
2409	Bleibtreu GmbH	4800	Umsatzsteuer (voller Steuersatz)
3000	Eigenkapital (Kapital Gerda Heinrich)	4400	Verbindlichkeiten a. L. u. L.
2400	Forderungen a. L. u. L.	2600	Vorsteuer (voller Steuersatz)
4403	Naturholz AG	2280	Waren (Handelswaren)
7020	Grundsteuer	6000	Aufwendungen für Rohstoffe
6300	Gehälter	1300	Beteiligungen

Herr Fitschen weist Leon darauf hin, dass durch einen Computerabsturz vor Kurzem die Datei beschädigt wurde und der Kontenplan daher in Unordnung geraten sei. Er fordert Leon auf, die Ordnung wiederherzustellen.

Arbeitsaufträge:

1. Unterscheiden Sie die Begriffe Kontenrahmen und Kontenplan!

Kontenrahmen	
Kontenplan	

2. Ordnen Sie die oben genannten Konten der Heinrich KG in die nachfolgende Übersicht (Material 1) ein und ergänzen Sie die Bezeichnungen der Kontenklassen!

3. Unterbreiten Sie Vorschläge für die „Nummerierung" der nachfolgenden Konten:

Konto	Nummer	Konto	Nummer
Verbindlichkeiten gegenüber Sozialversicherungsträgern		Reisekosten	
Büromöbel und sonstige Geschäftsausstattung		Privat	
Mieterträge		Kfz-Steuer	
Forderungen an Mitarbeiter		Wertpapiere des Anlagevermögens	

Material 1: Übersicht „Kontenrahmen“

Aktiva		
Anlagevermögen		Umlaufvermögen
Kontenklasse 0	Kontenklasse 1	Kontenklasse 2

Passiva	
Kontenklasse 3	Kontenklasse 4

Erträge	Aufwendungen	
Kontenklasse 5	Kontenklasse 6	Kontenklasse 7

Schulbuch Kap. 4.2

8 Auf Erfolgskonten buchen

Situation:

Leon Laus hat sich mit der Unterstützung von Herrn Fitschen eine solide Rechnungswesenbasis erarbeitet. Die Bildung einfacher und zusammengesetzter Buchungssätze und die Übernahme dieser Buchungen ins Hauptbuch wickelt Leon bereits sehr routiniert ab. Die Bestandskontenführung einschließlich Eröffnung und Abschluss stellen für ihn kein Problem dar.

Heinrich KG
Büromöbel und Zubehör

In einer weiteren Unterweisung führt Herr Fitschen Leon in die Systematik der Erfolgskonten ein. Leon soll aufgrund von acht ausgewählten Geschäftsvorfällen aus dem Dezember 20.. den Gewinn oder Verlust der Heinrich KG ermitteln.

Arbeitsaufträge:

1. Entscheiden Sie für die folgenden Geschäftsvorfälle, ob es sich um einen Aufwand oder einen Ertrag handelt. Kreuzen Sie an! **Hinweis:** Kreuzen Sie **nichts** an, wenn es sich um einen erfolgs**un**wirksamen Geschäftsvorfall handelt.

Nr.	Geschäftsvorfälle aus dem Dezember 20..	Aufwand	Ertrag
1.	Wareneinkauf für 380.000,00 € auf Ziel (ER 7777).		
2.	Diese eingekauften Waren werden für 460.000,00 € an Stammkunden gegen Banküberweisung verkauft.		
3.	Gehaltszahlung durch Banküberweisung an Mitarbeiter der Heinrich KG in Höhe von 25.000,00 €.		
4.	Kauf einer neuen EDV-Anlage für 730.000,00 € durch Banküberweisung.		
5.	Banküberweisung der Strom- und Gasabschläge der Stadtwerke über 72.000,00 €.		
6.	Versicherungsbeiträge werden in Höhe von 17.800,00 € durch Banküberweisung beglichen.		
7.	Barkauf von Büromaterial für 2.500,00 €.		
8.	Überweisung der ER 7777 vom Bankkonto.		

2. Ermitteln Sie zunächst rein rechnerisch den Gewinn oder Verlust für die Heinrich KG, der mit den oben angegebenen Geschäftsvorfällen einhergeht, und tragen Sie dann Ihr Ergebnis ein!

☐ Gewinn (€): ____________________ oder ☐ Verlust (€): ____________________

3. Führen Sie das Grundbuch für die acht Geschäftsvorfälle (GV) aus dem Dezember 20..!

GV	Konten	Soll (€)	Haben (€)
1.			
2.			
3.			
4.			
5.			
6.			
7.			
8.			

4. Buchen Sie die Geschäftsvorfälle auf den Konten des Hauptbuches und schließen Sie die Konten ab! Entnehmen Sie die Anfangsbestände der benötigten Bestandskonten der folgenden Bilanz:

8000 Bilanz in Euro

Aktiva		Passiva	
A. Anlagevermögen		**A. Eigenkapital**	9.000.000,00
Grundstücke und Bauten	3.111.500,00	**B. Fremdkapital**	
TA und Maschinen	711.850,00	**Langfristig**	
Fuhrpark	668.000,00	Pensionsrückstellungen	1.390.400,00
Büromöbel und GA	718.150,00	Sonstige Rückstellungen	935.000,00
B. Umlaufvermögen		Darlehensschulden	5.483.733,00
Roh-, Hilfs- und Betriebsstoffe	2.709.620,00	**Kurzfristig**	
Unfertige Erzeugnisse	930.000,00	Verbindlichkeiten a. L. u. L.	3.947.190,00
Fertige Erzeugnisse	2.300.000,00	Sonstige Verbindlichkeiten	525.154,00
Waren	3.255.330,00		
Forderungen a. L. u. L.	5.585.739,00		
Bank	1.247.658,00		
Kasse	43.630,00		
Summe Aktiva	21.281.477,00	Summe Passiva	21.281.477,00

Bestandskonten

Aktive Bestandskonten

S	0840 Fuhrpark	H

S		H

S	2280 Waren	H

S	2800 Bank	H

S		H

Passive Bestandskonten

S		H

S		H

Erfolgskonten

Aufwandskonten

S	H

S	H

S	H

S	H

S	H

Ertragskonten

S	H

5. Führen Sie das Gewinn- und Verlustkonto und vervollständigen Sie die Schlussbilanz!

Soll	8020 Gewinn- und Verlustkonto	Haben

Aktiva	**8010 (Schluss-)Bilanz in Euro**		Passiva
A. Anlagevermögen		**A. Eigenkapital**	
Grundstücke und Bauten	3.111.500,00	**B. Fremdkapital**	
TA und Maschinen	711.850,00	**Langfristig**	
Fuhrpark		Pensionsrückstellungen	1.390.400,00
Büromöbel und GA		Sonstige Rückstellungen	935.000,00
		Darlehensschulden	5.483.733,00
B. Umlaufvermögen		**Kurzfristig**	
		Verbindlichkeiten a. L. u. L.	
Roh-, Hilfs- und Betriebsstoffe	2.709.620,00	Sonstige Verbindlichkeiten	525.154,00
Unfertige Erzeugnisse	930.000,00		
Fertige Erzeugnisse	2.300.000,00		
Waren			
Forderungen a. L. u. L.	5.585.739,00		
Bank			
Kasse			
Summe Aktiva		Summe Passiva	

6. Bestimmen Sie, wie sich der erzielte Erfolg (Gewinn oder Verlust) auf das Eigenkapital der Heinrich KG auswirkt!

9 Bestandsveränderungen bei Waren buchen

Schulbuch Kap. 4.5

Situation:

Leon Laus trifft sich heute mit Herrn Fitschen, der ihm zeigen möchte, wie Bestandsveränderungen bei Warenvorräten buchhalterisch behandelt werden. Leon ist erstaunt, dachte er doch bisher, dass der Anfangsbestand und der Schlussbestand bei Waren immer gleich hoch sind.

Heinrich KG
Büromöbel und Zubehör

Herr Fitschen legt Leon die Daten für zwei Artikel der Heinrich KG vor, anhand derer die Bestandsveränderungen gut erklärt werden können (siehe Material 1), und macht sich mit ihm zusammen an die Arbeit.

Arbeitsaufträge:

1. Buchen Sie die Bestände, Aufwendungen und Erträge für beide Schreibtischlampen getrennt auf den Warenkonten und schließen Sie die Konten ab! Nutzen Sie hierzu die Arbeitsvorlagen 1 und 2!
2. Ermitteln Sie außerhalb der Buchführung den Rohgewinn für die beiden Schreibtischlampen! Nutzen Sie hierzu die Arbeitsvorlage 3!

Material 1: Daten zu den Schreibtischlampen „Luna" und „Praktiker"

Schreibtischlampe „Luna"	
2280 Waren (Anfangsbestand)	46.500,00 €
2280 Waren (Schlussbestand)	41.300,00 €
6080 Aufwendungen für Waren	82.000,00 €
5100 Umsatzerlöse für Waren	104.000,00 €

Schreibtischlampe „Praktiker"	
2280 Waren (Anfangsbestand)	38.000,00 €
2280 Waren (Schlussbestand)	46.000,00 €
6080 Aufwendungen für Waren	78.000,00 €
5100 Umsatzerlöse für Waren	95.000,00 €

Arbeitsvorlage 1: Schreibtischlampe „Luna"

S 2280 Waren H

S 6080 Aufwendungen für Waren H

S 5100 Umsatzerlöse für Waren H

S 8010 Schlussbilanzkonto H

S 8020 Gewinn- und Verlustkonto H

Arbeitsvorlage 2: Schreibtischlampe „Praktiker“

S	2280 Waren	H

S	8010 Schlussbilanzkonto	H

S	8020 Gewinn- und Verlustkonto	H

S	6080 Aufwendungen für Waren	H

S	5100 Umsatzerlöse für Waren	H

Arbeitsvorlage 3:

Berechnung des Rohgewinns für die Schreibtischlampe „Luna“	
Wareneinkäufe	
+ Bestandsminderung	
= Aufwendungen für Waren (Wareneinsatz)	
verkaufte Waren zum Verkaufspreis	
– Aufwendungen für Waren	
= Rohgewinn (Warengewinn)	

Berechnung des Rohgewinns für die Schreibtischlampe „Praktiker“	
Wareneinkäufe	
– Bestandsmehrung	
= Aufwendungen für Waren (Wareneinsatz)	
verkaufte Waren zum Verkaufspreis	
– Aufwendungen für Waren	
= Rohgewinn (Warengewinn)	

Schulbuch Kap. 5

10 Beim Ein- und Verkauf die Umsatzsteuer berücksichtigen

Situation:

Am frühen Nachmittag will Herr Fitschen die monatliche Umsatzsteuervoranmeldung erstellen und fordert Leon auf, ihm dabei zu helfen. Da Leon der Begriff „Umsatzsteuer" unbekannt ist, fragt er Herrn Fitschen nach dessen Bedeutung.

Heinrich KG
Büromöbel und Zubehör

„Im Grunde", so Herr Fitschen, „ist die Umsatzsteuer für die Heinrich KG ein durchlaufender Posten. Die Heinrich KG kassiert sozusagen die Umsatzsteuer, die sie ihren Kunden in Rechnung gestellt hat, im Namen des Finanzamtes. Die Vorsteuer führt sie hingegen an ihre Vorlieferanten, die Zahllast letztlich an das Finanzamt ab. Am besten lässt sich das nachvollziehen, wenn wir uns die Ein- und Ausgangsrechnungen des vorangegangenen Monats anschauen."

Arbeitsaufträge:

1. Herr Fitschen bezeichnet die Umsatzsteuer als durchlaufenden Posten. Verdeutlichen Sie mithilfe der Übersicht (Material 1), dass die Umsatzsteuer für die Heinrich KG in der Tat ein durchlaufender Posten ist!

2. Die Heinrich KG hat im Monat April nachfolgende Ausgangsrechnungen für eigene Erzeugnisse vorliegen:

1	Ausgangsrechnung vom 04-04-20.., Rechnungsbetrag	74.970,00 €
2	Ausgangsrechnung vom 08-04-20.., Rechnungsbetrag	98.770,00 €
3	Ausgangsrechnung vom 11-04-20.., Rechnungsbetrag	14.280,00 €
4	Ausgangsrechnung vom 13-04-20.., Rechnungsbetrag	7.140,00 €
5	Ausgangsrechnung vom 24-04-20.., Rechnungsbetrag	29.750,00 €
6	Ausgangsrechnung vom 27-04-20.., Rechnungsbetrag	33.320,00 €

Die Heinrich KG hat im Monat April nachfolgende Eingangsrechnungen für den Einkauf von Handelswaren vorliegen:

1	Eingangsrechnung vom 03-04-20.., Rechnungsbetrag	26.180,00 €
2	Eingangsrechnung vom 06-04-20.., Rechnungsbetrag	39.270,00 €
3	Eingangsrechnung vom 14-04-20.., Rechnungsbetrag	4.760,00 €
4	Eingangsrechnung vom 19-04-20.., Rechnungsbetrag	24.990,00 €
5	Eingangsrechnung vom 20-04-20.., Rechnungsbetrag	32.130,00 €

Ermitteln Sie anhand der vorliegenden Aus- und Eingangsrechnungen die Zahllast der Heinrich KG für den Monat April! Benutzen Sie dazu die beiden folgenden Konten!

S	2600 Vorsteuer	H

S	4800 Umsatzsteuer	H

3. Folgende Geschäftsvorfälle (GV) müssen bei der Heinrich KG vor Erstellung der Umsatzsteuervoranmeldung für den Monat Mai noch gebucht werden:

1.	Es wurden Handelswaren auf Ziel gekauft (ER 8325), netto	17.500,00 €
2.	Banküberweisung der ER 8325	
3.	Wir verkaufen eigene Erzeugnisse auf Ziel (AR 3822) für brutto	91.630,00 €
4.	Unser Kunde überweist die fällige AR 3822 auf unser Bankkonto	91.630,00 €
5.	Wir zahlen Reparaturarbeiten an unserer Heizung bar, brutto	1.666,00 €
6.	Barkauf von Büromaterial für netto	450,00 €

Buchen Sie die Geschäftsvorfälle und ermitteln Sie aufgrund dieser Buchungen die Zahllast für die Heinrich KG auf den Konten „Vorsteuer" und „Umsatzsteuer"!

Buchungssätze:

GV	Konten	Soll (€)	Haben (€)
1.			
2.			
3.			
4.			
5.			
6.			

S	2600 Vorsteuer	H

S	4800 Umsatzsteuer	H

Material 1: Die Umsatzsteuer als durchlaufender Posten

Zum Ausfüllen der Tabelle sind folgende Angaben zu berücksichtigen:

a) Die Bürotec GmbH stellt hochwertige Schreibtischlampen her. Im Monat Juni verkauft die Bürotec GmbH Schreibtischlampen im Wert von netto 4.000,00 € an die Heinrich KG.

b) Die Heinrich KG verkauft diese Schreibtischlampen für netto 5.500,00 € an die Möbelgroßhandlung Brandes GmbH & Co. KG.

c) Die Möbelgroßhandlung Brandes GmbH & Co. KG verkauft die Schreibtischlampen an die McPaper Schreib- und Papierwaren GmbH und kassiert hierfür netto 9.000,00 €.

d) Die McPaper Schreib- und Papierwaren GmbH verkauft die Schreibtischlampen an Endverbraucher für insgesamt 11.500,00 € netto.

Betrieb der Umsatzstufe	Ausgangsrechnung des Betriebes	Mehrwertschöpfung	Umsatzsteuer –	Vorsteuer =	Zahllast
Bürotec GmbH	________ € netto ________ € 19 % USt ________ € Rechnungsbetrag				
Heinrich KG	________ € netto ________ € 19 % USt ________ € Rechnungsbetrag				
Möbelgroßhandlung Brandes GmbH & Co. KG	________ € netto ________ € 19 % USt ________ € Rechnungsbetrag				
McPaper Schreib- und Papierwaren GmbH	________ € netto ________ € 19 % USt ________ € Rechnungsbetrag				
Endverbraucher					

Schulbuch Kap. 6.1

11 Rücksendungen beim Ein- und Verkauf von Waren buchen

Situation:

Heinrich KG
Büromöbel und Zubehör

Leon Laus bearbeitet gerade die eingegangene Post, als Herr Fitschen das Büro betritt. In der Hand hält er einen Ordner mit der Aufschrift „Rücksendungen" und eine Rechnung der Bürotec GmbH. Auf Leons Nachfrage erklärt ihm Herr Fitschen, dass bei der letzten Lieferung der Bürotec GmbH ein Artikel geliefert worden war, den die Heinrich KG nicht bestellt und deshalb umgehend an den Lieferanten zurückgeschickt hatte. Inzwischen ist vom Lieferanten eine Gutschrift eingegangen. Der gesamte Vorgang war bisher zur Seite gelegt worden und muss nun gebucht werden.

Außerdem muss sich Herr Fitschen noch mit einer sehr unangenehmen Angelegenheit befassen: Der Möblix GmbH waren mit der letzten Lieferung 20 Schreibtische der Marke Starlight geliefert worden, von denen leider 10 Schreibtische große Mängel aufweisen. Diese 10 Schreibtische hat die Möblix GmbH zurückgeschickt und darüber von uns eine Gutschrift erhalten.

Arbeitsaufträge:

1. **Die Buchung von Rücksendungen im Einkaufsbereich**

1.1 Erfassen Sie die Eingangsrechnung (Beleg 1) der Bürotec GmbH im nachfolgenden Grundbuchauszug!

Beleg	Konten	Soll (€)	Haben (€)
1			

1.2 Erfassen Sie die Gutschrift der Bürotec GmbH (Beleg 2) und überweisen Sie den restlichen Betrag per Bank!

Beleg	Konten	Soll (€)	Haben (€)
2			

	Konten	Soll (€)	Haben (€)
Rest-zahlung			

2. **Die Buchung von Rücksendungen im Verkaufsbereich**

2.1 Erfassen Sie die Ausgangsrechnung der Heinrich KG an die Möblix GmbH (Beleg 3) im nachfolgenden Grundbuchauszug!

Beleg	Konten	Soll (€)	Haben (€)
3			

2.2 Erfassen Sie die Gutschrift an die Möblix GmbH (Beleg 4) und die Überweisung des Restbetrages durch die Möblix GmbH!

Beleg	Konten	Soll (€)	Haben (€)
4			

	Konten	Soll (€)	Haben (€)
Überweisung			

3. **Buchung im Hauptbuch und Abschluss der Konten**

Buchen Sie die Belege 1 bis 4 auf den folgenden Konten!

S	5000 Umsatzerlöse für eigene Erzeugnisse	H

S	6080 Aufwendungen für Waren	H

S	4800 Umsatzsteuer	H

S	2600 Vorsteuer	H

S	2400 Forderungen a. L. u. L.	H

S	4400 Verbindlichkeiten a. L. u. L.	H

Beleg 1

Bürotec GmbH
Büroausstattungen

Bürotec GmbH – An der Industriebahn 15 – 13129 Berlin
Heinrich KG
Rahlstedter Str. 144
22143 Hamburg

Bei Zahlung bitte angeben:
R-Nr.: 20-R04781
R-Datum: 18.12.20..

Lieferung am: 15.12.20..
L-Nr.: 20-L04781
Lieferbedingung: Frei Haus

Rechnung

Art.-Nr.	Art.-Bezeichnung	Stück	Einzelpreis	Rabatt	Gesamtpreis
9103	Aktenvernichter PS 33	50	18,00 €		900,00 €
9705	Papierkorb Pirat	100	7,95 €		795,00 €
				Rechnungsbetrag (netto)	1.695,00 €
				19 % Umsatzsteuer	322,05 €
				Rechnungsbetrag (brutto)	2.017,05 €

Zahlungsziel 30 Tage,
innerhalb 10 Tagen 3 % Skonto

Sitz der Gesellschaft: Berlin
Geschäftsführung: Jana Becker
HRB 112294 B
Amtsgericht Charlottenburg
Steuernummer 37218 / 21265
Telefon 030-916-5820
Telefax 030-916-5930
eMail hotline@bürotec.de
Bank: Berliner Bank
IBAN: DE09 1007 0848 3580 9566 07
BIC: DEUTDEDB110

Beleg 2

Bürotec GmbH
Büroausstattungen

Bürotec GmbH – An der Industriebahn 15 – 13129 Berlin
Heinrich KG
Rahlstedter Str. 144
22143 Hamburg

Datum: 19.12.20..

Gutschrift-Nr.: 10-G000143
Rechnung vom: 18.12.20..
R-Nr.: 20-R04781

Gutschrift

Warenrücksendung: 18.12.20..

Art.-Nr.	Art.-Bezeichnung	Stück	Einzelpreis	Rabatt	Gesamtpreis
9705	Papierkorb Pirat	100	7,95 €		795,00 €
				Rechnungsbetrag (netto)	795,00 €
				19 % Umsatzsteuer	151,05 €
				Rechnungsbetrag (brutto)	946,05 €

Bitte entschuldigen Sie unsere Falschlieferung und kürzen Sie Ihren Überweisungsbetrag entsprechend!

Sitz der Gesellschaft: Berlin
Geschäftsführung: Jana Becker
HRB 112294 B
Amtsgericht Charlottenburg
Steuernummer 37218 / 21265
Telefon 030-916-5820
Telefax 030-916-5930
eMail hotline@bürotec.de
Bank: Berliner Bank
IBAN: DE09 1007 0848 3580 9566 07
BIC: DEUTDEDB110

Beleg 3

Heinrich KG
Büromöbel und Zubehör

Heinrich KG · Rahlstedter Str. 144 · 22143 Hamburg
Möblix GmbH
Schönhauser Allee 187
10437 Berlin

Ihr Zeichen:	bre
Ihre Nachricht vom:	
Unser Zeichen:	wal
Unsere Nachricht vom:	
Name:	Herr Walter
Telefon:	040 67245-140
Telefax:	040 67245-87
E-Mail:	walter@heinrich-kg.de
Datum:	13.12.20..

Rechnung Nr. 11146

Auftrags-Nr.	1-1846		
Kunden-Nr.	D 2403	Auftrags-Datum	10.12.20..
Rechnungsdatum	13.12.20..	Lieferdatum	12.12.20..

Artikel-Nr.	Artikelbezeichnung	Menge	Preis pro Stück	Gesamt
Starlight A-1002100	Solitärschreibtisch in Nierenform Buche-Massivholz, Oberfläche versiegelt	20	925,00 €	18.500,00 €

Warenwert	18.500,00 €
+ Frachtkosten	0,00 €
+ 19 % USt	3.515,00 €
Rechnungsbetrag	**22.015,00 €**

2 % Skonto bei Zahlung bis:	Skontobetrag:	Skonto-Zahlungsbetrag:
21.12.20..	440,30 €	21.574,70 €

Heinrich KG
Geschäftsführung: Gerda Heinrich
Amtsgericht Hamburg: HRA 1101
St-Nr.: 27/430/0027
USt-ID Nummer: DE 68 609 3911

Bankverbindungen:
Hamburger Sparkasse
IBAN: DE07 2005 0550 1120 2399 08
BIC:HASPDEHHXXX

Postbank Hamburg
IBAN: DE61 2001 0020 0064 0697 54
BIC:PBNKDEFF200

Beleg 4

Heinrich KG
Büromöbel und Zubehör

Heinrich KG · Rahlstedter Str. 144 · 22143 Hamburg
Möblix GmbH
Schönhauser Allee 187
10437 Berlin

Ihr Zeichen:	bre
Ihre Nachricht vom:	
Unser Zeichen:	wal
Unsere Nachricht vom:	
Name:	Herr Walter
Telefon:	040 67245-140
Telefax:	040 67245-87
E-Mail:	walter@heinrich-kg.de
Datum:	

Gutschrift Nr. 2-0766

Kunden-Nr.	D 2403	Rechnungs-Nr.	11146
Datum	20.12.20..	Rechnung vom	13.12.20..

Artikel-Nr.	Artikelbezeichnung	Menge	Preis pro Stück	Gesamt
Starlight A-1002100	Solitärschreibtisch in Nierenform Buche-Massivholz, Oberfläche versiegelt Aufgrund unserer fehlerhaften Lieferung schreiben wir Ihnen den untenstehenden Betrag gut!	10	925,00 €	9.250,00 €

Warenwert	9.250,00 €
+ Frachtkosten	0,00 €
+ 19 % USt	1.757,50 €
Gutschriftsbetrag	**11.007,50 €**

Heinrich KG
Geschäftsführung: Gerda Heinrich
Amtsgericht Hamburg: HRA 1101
St-Nr.: 27/430/0027
USt-ID Nummer: DE 68 609 3911

Bankverbindungen:
Hamburger Sparkasse
IBAN: DE07 2005 0550 1120 2399 08
BIC:HASPDEHHXXX

Postbank Hamburg
IBAN: DE61 2001 0020 0064 0697 54
BIC:PBNKDEFF200

Schulbuch Kap. 6.1

12 Rabatte und Nebenkosten beim Ein- und Verkauf von Waren buchen

Situation:

Heinrich KG
Büromöbel und Zubehör

Herr Fitschen möchte dem Auszubildenden Leon Laus die buchhalterischen Besonderheiten beim Einkauf und Verkauf von Waren bei der Heinrich KG systematisch aufzeigen und Leon anhand von Originalbelegen mit den notwendigen Buchungen im Grund- und Hauptbuch vertraut machen.

Die Buchungen soll Leon Laus manuell durchführen, damit er die notwendigen Vorsteuer- und Umsatzsteuerkorrekturen kennenlernt. Herr Fitschen hat in den vorbereiteten Unterlagen darüber hinaus auch Platz für wichtige Merksätze gelassen. Mit den betriebswirtschaftlichen Auswertungsfragen möchte Herr Fitschen überprüfen, ob Leon die Thematik verstanden hat.

Zunächst geht es um die Behandlung von Rabatten und Nebenkosten.

Arbeitsaufträge:

1. Informieren Sie sich in Ihrem Schulbuch über die buchhalterische Behandlung von Rabatten und Nebenkosten beim Einkauf und Verkauf von Waren!

Die Buchung von Rabatten im Einkaufsbereich

2. Erfassen Sie die Eingangsrechnung (Beleg 1) der Naturholz AG im nachfolgenden Grundbuchauszug!

Beleg	Konten	Soll (€)	Haben (€)
1			

Die Buchung von Rabatten im Verkaufsbereich

3. Erfassen Sie die Ausgangsrechnung (Beleg 2) der Heinrich KG im nachfolgenden Grundbuchauszug!

Beleg	Konten	Soll (€)	Haben (€)
2			

Das merke ich mir:

Nebenkosten beim Einkauf von Waren

4. Erfassen Sie die Eingangsrechnung der Bürotec GmbH (Beleg 3) im nachfolgenden Grundbuchauszug!

Beleg	Konten	Soll (€)	Haben (€)
3			

5. Erfassen Sie die Eingangsrechnung von Franz Meyer e. K. (Beleg 4) und die Barzahlung an die Blitz-Spedition GmbH (Beleg 5) im nachfolgenden Grundbuchauszug!

Beleg	Konten	Soll (€)	Haben (€)
4			
5			

Das merke ich mir:

Nebenkosten beim Verkauf von Waren

6. Erfassen Sie die Ausgangsrechnung der Heinrich KG an die Gertrud Brandt KG (Beleg 6) im nachfolgenden Grundbuchauszug! Für diese Lieferung hat die Heinrich KG Lieferung frei Haus vereinbart. Da der eigene Lkw nicht zur Verfügung steht, beauftragt die Heinrich KG die Blitz-Spedition GmbH und begleicht die Rechnung bar (Beleg 7).

Beleg	Konten	Soll (€)	Haben (€)
6			
7			

7. Erfassen Sie die Ausgangsrechnung an die Weyermann & Söhne KG (Beleg 8) im nachfolgenden Grundbuchauszug!

Beleg	Konten	Soll (€)	Haben (€)
8			

Das merke ich mir:

8. Buchen Sie die Belege 3 bis 8 auf den folgenden Konten und nehmen Sie die betriebswirtschaftliche Auswertung vor:

S	2280 Handelswaren		H
AB	70.000,00	SB	68.000,00

S	6080 Aufwendungen für Waren	H

S	5100 Umsatzerlöse	H

S	6140 Ausgangsfrachten	H

S	6081 Bezugskosten	H

S	2600 Vorsteuer	H

S	4800 Umsatzsteuer	H

S	8020 Gewinn- und Verlustkonto	H

Betriebswirtschaftliche Auswertung:

8.1 Wie viel Euro beträgt der Warenaufwand/Wareneinsatz? ______

8.2 Wie hoch ist die Umsatzsteuerzahllast bzw. der Vorsteuerüberhang? ______

8.3 Wie viel Euro beträgt der Rohgewinn? ______

8.4 Wie viel Euro betragen die Bezugskosten? ______

8.5 Wie viel Euro beträgt der Reingewinn? ______

Beleg 1

Naturholz AG Augsburg

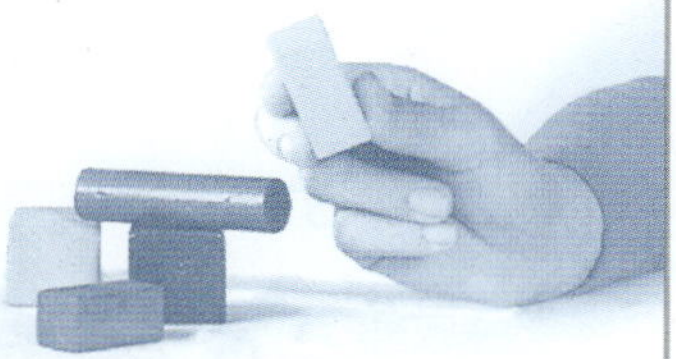

Naturholz AG · Schäfflerbachstraße 26 · 86003 Augsburg
Heinrich KG
Rahlstedter Str. 144
22143 Hamburg

Kundennummer:	440309
Rechnung vom:	12.01.20..
Rechnungs-Nr.:	00-00-034
Sachbearbeiter:	Herr Sittig
Bestellnummer:	941104
Bestelldatum:	09.01.20..
Lieferung am:	12.01.20..

Rechnung

Artikel-Nr.	Artikelbezeichnung	Anzahl	Einzelpreis	Bestellwert
706304	Archiv-Regal, 5 Einlegeböden, Softkanten, Ahorn massiv	15	130,00 €	1.950,00 €
	abzüglich 12,5 % Rabatt			– 243,75 €
			Warenwert	1.706,25 €
			+ 19 % MwSt	324,19 €
			Rechnungsbetrag	2.030,44 €

Zahlungsziel: 12.02.20..
– 3 % Skonto bei Zahlung bis zum: 22.01.20..

Skonto	Skonto-Zahlungsbetrag
60,91 €	1.959,53 €

Beleg 2

Heinrich KG
Büromöbel und Zubehör

Heinrich KG · Rahlstedter Str. 144 · 22143 Hamburg
Innovations AG
Leipziger Str. 120
01127 Dresden

Ihr Zeichen: wip
Ihre Nachricht vom:
Unser Zeichen: wal
Unsere Nachricht vom:

Name: Herr Walter
Telefon: 040 67245-140
Telefax: 040 67245-87
E-Mail: walter@heinrich-kg.de

Datum: 20.01.20..

Rechnung Nr. 1-1949

Auftrags-Nr. 1-1949
Kunden-Nr. D 2407
Rechnungsdatum 20.01.20..
Auftrags-Datum 12.01.20..
Lieferdatum 20.01.20..

Artikel-Nr.	Artikelbezeichnung	Menge	Preis pro Stück	Gesamt
B-2501170	Wolga TV-Lowboard, zwei Schiebetüren, Fach mit verstellbarem Boden, Buche massiv abzüglich 10 % Rabatt	20	340,00 €	6.800,00 € – 680,00 €

Warenwert	6.120,00 €
+ Frachtkosten	0,00 €
+ 19 % USt	1.162,80 €
Rechnungsbetrag	**7.282,80 €**

2 % Skonto bei Zahlung bis:	Skontobetrag:	Skonto-Zahlungsbetrag:
30.01.20..	145,66 €	7.137,14 €

Beleg 3

Bürotec GmbH
Büroausstattungen

Bürotec GmbH – An der Industriebahn 15 – 13129 Berlin
Heinrich KG
Rahlstedter Str. 144
22143 Hamburg

Bei Zahlung bitte angeben:
R-Nr.: 20-R00901
R-Datum: 20.01.20..

Lieferung am: 14.01.20..
L-Nr.: 20-L00901

Rechnung

Art.-Nr.	Art.-Bezeichnung	Stück	Einzelpreis	Rabatt	Gesamtpreis
1020	Pinnwand Pintex abzüglich 12 % Rabatt	100	80,00 €		8.000,00 € – 960,00 €
9991	Fracht				125,00 €

Rechnungsbetrag (netto)	7.165,00 €
19 % Umsatzsteuer	1.361,35 €
Rechnungsbetrag (brutto)	8.526,35 €

Zahlungsziel 30 Tage, 3 % Skontoabzug bei Zahlung bis zum 28.01.20..

Beleg 4

FRANZ MEYER e.K.
Großhandel für Papier- und Bürobedarf

Tel.:	040 7642-0
Fax:	040 7642-9
E-Mail:	franz.meyer@t-online.de

Franz Meyer e.K. · Hamburger Straße 111 · 22083 Hamburg
Heinrich KG
Rahlstedter Str. 144
22143 Hamburg

Ihr Zeichen:	Mey
Unser Zeichen:	Bas
Datum:	15.01.20..

Rechnung Nr. 430-12

Kunden-Nr.	24430	Auftrags-Datum	09.01.20..
Auftrags-Nr.	430-12	Lieferdatum	10.01.20..

Artikel-Nr.	Artikelbezeichnung	Menge	Preis pro 1.000 Bogen	Gesamt
200-9249045	Papierbogen DIN A4 80 g/m² weiß mit Logo	600.000	24,37 €	14.622,00 €
	Mengenrabatt: 22,70 %			−3.319,19 €

Warenwert	**11.302,81 €**
+ 19 % USt	2.147,53 €
Bruttobetrag	**13.450,34 €**
+ Frachtkosten	0,00 €
Rechnungssumme	**13.450,34 €**

Bei Zahlung bis zum 25.01.20.. 3 % Skonto,
Zahlungsziel 60 Tage

Skontobetrag: 269,01 €
Skonto-Zahlungsbetrag: 13.181,33 €

Beleg 5

Quittung

Netto EUR	190,00
+ 19 % MwSt./EUR	36,10
Gesamt EUR	226,10

Nr. 27

EUR in Worten: zweihundertsechsundzwanzig — Cent wie oben

von: Heinrich KG

für: Warenlieferung von Franz Meyer e. K.

dankend erhalten.

Ort/Datum: Hamburg, 15.01.20..

Buchungsvermerke

Stempel/Unterschrift des Empfängers
Yildiz, Fahri
Blitz-Spedition GmbH

Quittung

Beleg 6

Heinrich KG
Büromöbel und Zubehör

Ihr Zeichen:	zur
Ihre Nachricht vom:	
Unser Zeichen:	wal
Unsere Nachricht vom:	
Name:	Herr Walter
Telefon:	040 67245-140
Telefax:	040 67245-87
E-Mail:	walter@heinrich-kg.de
Datum:	21.01.20..

Heinrich KG · Rahlstedter Str. 144 · 22143 Hamburg
Gertrud Brandt KG
Südstraße 7
20083 Hamburg

Rechnung Nr. 1-1978

Auftrags-Nr.	1-1978		
Kunden-Nr.	D 2401	Auftrags-Datum	17.01.20..
Rechnungsdatum	21.01.20..	Lieferdatum	21.01.20..

Artikel-Nr.	Artikelbezeichnung	Menge	Preis pro Stück	Gesamt
B-2103138	Optima Schreibtischleuchte in Aluminium, extrem langer Leuchtenkopf	30	90,00 €	2.700,00 €

Warenwert	2.700,00 €
+ Frachtkosten	0,00 €
+ 19 % USt	513,00 €
Rechnungsbetrag	**3.213,00 €**

2 % Skonto bei Zahlung bis:	Skontobetrag:	Skonto-Zahlungsbetrag:
31.01.20..	64,26 €	3.148,74 €

Beleg 7

Quittung

Netto EUR	80,00
+ 19 % MwSt./EUR	15,20
Gesamt EUR	95,20

Nr. 43

EUR in Worten: fünfundneunzig — Cent wie oben

von: Heinrich KG

für: Warenlieferung von Gertrud Brandt KG

dankend erhalten.

Ort/Datum: Hamburg, 15.01.20..

Buchungsvermerke

Stempel/Unterschrift des Empfängers: Yildiz, Fahri Blitz-Spedition GmbH

Quittung

Beleg 8

Heinrich KG
Büromöbel und Zubehör

Heinrich KG · Rahlstedter Str. 144 · 22143 Hamburg
Weyermann & Söhne KG
Falkenseestraße 15
73252 Lenningen

Ihr Zeichen: wey
Ihre Nachricht vom:
Unser Zeichen: wal
Unsere Nachricht vom:

Name: Herr Walter
Telefon: 040 67245-140
Telefax: 040 67245-87
E-Mail: walter@heinrich-kg.de

Datum: 22.01.20..

Rechnung Nr. 1-1003

Auftrags-Nr. 1-1003
Kunden-Nr. D 2408 — Auftrags-Datum 17.01.20..
Rechnungsdatum 22.01.20.. — Lieferdatum 22.01.20..

Artikel-Nr.	Artikelbezeichnung	Menge	Preis pro Stück	Gesamt
B-2001141	Intimus besonders leiser Aktenvernichter mit Vollstahl-Schneidwellen aus Spezialstahl	25	975,00 €	24.375,00 €

Warenwert	24.375,00 €
+ Frachtkosten	15,00 €
+ 19 % USt	4.634,10 €
Rechnungsbetrag	**29.024,10 €**

2 % Skonto bei Zahlung bis:	Skontobetrag:	Skonto-Zahlungsbetrag:
01.02.20..	580,48 €	28.443,62 €

Heinrich KG
Geschäftsführung: Gerda Heinrich
Amtsgericht Hamburg: HRA 1101
St-Nr.: 27/430/0027
USt-ID Nummer: DE 68 609 3911

Bankverbindungen:
Hamburger Sparkasse
IBAN: DE07 2005 0550 1120 2399 08
BIC:HASPDEHHXXX

Postbank Hamburg
IBAN: DE61 2001 0020 0064 0697 54
BIC:PBNKDEFF200

Schulbuch Kap. 6.1

13 Nachlässe wegen Schlechtleistung beim Ein- und Verkauf von Waren buchen

Situation:

Aufgrund einer gerechtfertigten Reklamation hat die Heinrich KG von der Lenz KG eine Gutschrift erhalten. Aber auch die Heinrich KG muss wegen einer mangelhaften Lieferung (Schlechtleistung) einen Nachlass gewähren: Wegen verschmutzter Rückwände der an die Möblix GmbH gelieferten Archiv-Regale muss sie dem Unternehmen einen Teil des Warenwerts gutschreiben.

Heinrich KG
Büromöbel und Zubehör

Herr Fitschen beauftragt den Auszubildenden Leon Laus, die zwei Geschäftsvorfälle sachgerecht zu buchen.

Arbeitsaufträge:

1. Informieren Sie sich in Ihrem Schulbuch über die buchhalterische Behandlung von Nachlässen wegen mangelhafter Lieferung beim Ein- und Verkauf von Waren!

Nachlässe von Lieferern wegen Schlechtleistung

2. Erfassen Sie die Eingangsrechnung (Beleg 1) und die Gutschrift (Beleg 2) der Lenz KG sowie die Überweisung des Restbetrages der Heinrich KG (Beleg 3) im nachfolgenden Grundbuchauszug!

Beleg	Konten	Soll (€)	Haben (€)
1			
2			
3a			

Das merke ich mir:

Nachlässe an Kunden wegen Schlechtleistung

3. Erfassen Sie die Ausgangsrechnung (Beleg 4) und die Gutschrift (Beleg 5) der Heinrich KG an die Möblix GmbH sowie die Überweisung des Restbetrages der Möblix GmbH (Beleg 3) im nachfolgenden Grundbuchauszug!

Beleg	Konten	Soll (€)	Haben (€)
4			
5			
3b			

Das merke ich mir:

Beleg 1

LENZKG Leuchtmittel

Lenz KG – Industriestraße 12 – 90441 Nürnberg
Heinrich KG
Rahlstedter Str. 144
22143 Hamburg

Rechnung vom: 20.01.20..
Rechnung-Nr.: 001198

Lieferung am: 19.01.20..
Lieferschein-Nr.: 001198

Rechnung

Art.-Nr.	Art.-Bezeichnung	Stück	Einzelpreis	Rabatt	Gesamtpreis
2342-09	Luna Schreibtischlampe in Chrom, Schnurzwischenschalter, Opalglas weiß	500	45,00 €	12,00 %	19.800,00 €
9999-00	Fracht				70,00 €

Warenwert	19.870,00 €
Umsatzsteuer 19 %	3.775,30 €
Rechnungsbetrag	23.645,30 €

Die Lieferung erfolgt auf der Grundlage unserer Allgemeinen Geschäftsbedingungen.
Bei Zahlung innerhalb 10 Tagen 3 % Skonto, Zahlungsziel 60 Tage.

Beleg 2

LENZKG
Leuchtmittel

Lenz KG – Industriestraße 12 – 90441 Nürnberg
Heinrich KG
Rahlstedter Str. 144
22143 Hamburg

Datum: 25.01.20..
Gutschrift-Nr.: 000167

Rechnung vom: 20.01.20..
Rechnung-Nr.: 001198

Gutschrift

Art.-Nr.	Art.-Bezeichnung	Gesamt
2342-09	Luna Schreibtischlampe in Chrom, Schnurzwischenschalter, Opalglas weiß	
	Aufgrund Ihrer Reklamation schreiben wir Ihnen 5 % von 19.800,00 € gut:	990,00 €
	Gutschriftsbetrag	990,00 €
	Umsatzsteuer 19 %	188,10 €
	Gutschriftsbetrag gesamt	1.178,10 €

Mit freundlichen Grüßen

i. A. Hannah Siebert

Sitz der Gesellschaft: Nürnberg
Geschäftsführung: Silke Lenz

Amtsgericht Nürnberg
HRA 112294 A
Steuernummer 241/120/60703

Telefon 0911-3307-40
Telefax 0911-3307-60
E-Mail info@lenz-nuernberg.de

Bankverbindung:
Sparkasse Nürnberg
BIC: SSKNDE77XXX
IBAN: DE49 7605 0101 0032 0946 09

Beleg 3

SIK – KAD 8/98 S

Bitte beachten Sie die Hinweise auf der Rückseite

IBAN: DE07 2005 0550 1120 2399 08 HAMBURGER SPARKASSE

BIC: HASPDEHHXXX

alter Kontostand: + 172.182,00

Buchungstag	Tag der Wertstellung	Verwendungszweck/Buchungstext	
13.02.	13.02.	Überweisungsauftrag Lenz KG Rechnungs-Nr. 001198 abzüglich Gutschrift vom 25.01.20..	– 22.467,20
13.02.	13.02.	Zahlungseingang Möblix GmbH Rechnungs-Nr. 1-1789	+ 5.622,75

Heinrich KG
Rahlstedter Str. 144
22143 Hamburg

+ 155.337,55
neuer Kontostand

Kontoauszug vom	Auszug	Blatt
13.02.20..	34	1

50/00

Beleg 4

Heinrich KG
Büromöbel und Zubehör

Ihr Zeichen: bre
Ihre Nachricht vom:
Unser Zeichen: wal
Unsere Nachricht vom:

Name: Herr Walter
Telefon: 040 67245-140
Telefax: 040 67245-87
E-Mail: walter@heinrich-kg.de

Datum: 08.02.20..

Heinrich KG · Rahlstedter Str. 144 · 22143 Hamburg
Möblix GmbH
Schönhauser Allee 187
10437 Berlin

Rechnung Nr. 1-1019

Auftrags-Nr. 1-1019
Kunden-Nr. D 2403
Rechnungsdatum 08.02.20..
Auftrags-Datum 07.02.20..
Lieferdatum 08.02.20..

Artikel-Nr.	Artikelbezeichnung	Menge	Preis pro Stück	Gesamt
B-2502100	Rimini Archiv-Regal für CDs, 5 Einlegeböden, Softkanten, aus Ahorn massiv	30	175,00 €	5.250,00 €

Warenwert	5.250,00 €
+ Frachtkosten	0,00 €
+ 19 % USt	997,50 €
Rechnungsbetrag	**6.247,50 €**

2 % Skonto bei Zahlung bis:	Skontobetrag:	Skonto-Zahlungsbetrag:
18.02.20..	124,95 €	6.122,55 €

Beleg 5

Heinrich KG
Büromöbel und Zubehör

Ihr Zeichen: bre
Ihre Nachricht vom:
Unser Zeichen: wal
Unsere Nachricht vom:

Name: Herr Walter
Telefon: 040 67245-140
Telefax: 040 67245-87
E-Mail: walter@heinrich-kg.de

Datum: 10.02.20..

Heinrich KG · Rahlstedter Str. 144 · 22143 Hamburg
Möblix GmbH
Schönhauser Allee 187
10437 Berlin

Gutschrift Nr. 2-0777

Kunden-Nr. D 2403
Rechnungs-Nr. 1-1019
Rechnung vom 08.02.20..

Artikel-Nr.	Artikelbezeichnung	Gesamt
B-2502100	Rimini Archiv-Regal für CDs, 5 Einlegeböden, Softkanten, aus Ahorn massiv Aufgrund Ihrer telefonischen Reklamation wegen der Verschmutzung der Rückwände schreiben wir Ihnen 10% des Warenwertes gut:	525,00 €

Warenwert	525,00 €
+ Frachtkosten	0,00 €
+ 19 % USt	99,75 €
Gutschriftsbetrag	**624,75 €**

Schulbuch
Kap. 6.1

14 Skonti beim Ein- und Verkauf von Waren buchen

Situation 1: Liefererskonti wegen vorzeitiger Zahlung

Am 14. Februar 20.. überweist Max Tietgen, Sachbearbeiter im Rechnungswesen der Heinrich KG, zwei Lieferantenrechnungen unter Abzug von Skonto.

SIK – KAD.8/98 S

Bitte beachten Sie die Hinweise auf der Rückseite

IBAN: DE07 2005 0550 1120 2399 08 — HAMBURGER SPARKASSE — BIC: HASPDEHHXXX

Buchungstag	Tag der Wertstellung	Verwendungszweck/Buchungstext	
		alter Kontostand	+ 155.337,55
14.02.	14.02.	Lastschrift Lenz KG Rechnung-Nr. 001215 abzüglich 3 % Skonto	– 27.703,20
14.02.	14.02.	Lastschrift Bürotec GmbH Rechnung-Nr. 20-R04437 abzüglich 2 % Skonto	– 10.262,56
		neuer Kontostand	+ 117.371,79

Heinrich KG
Rahlstedter Str. 144
22143 Hamburg

50/00

Kontoauszug vom	Auszug	Blatt
14.02.20..	35	1

Arbeitsaufträge:

1. Ermitteln Sie für beide Rechnungen den ursprünglich in Rechnung gestellten Warenwert und die enthaltene Vorsteuer!

Rechnung Lenz KG:

Rechnung Bürotec GmbH:

2. Schlüsseln Sie mithilfe der beiden nachstehenden Tabellen die Rechnungs-, Skonti- und Zahlungsbeträge auf!

Rechnung Lenz KG:

	Rechnung	abzüglich 3 % Skonto	= Zahlungsbetrag
Warenwert			
Vorsteuer			
Rechnungsbetrag			

Rechnung Bürotec GmbH:

	Rechnung	abzüglich 2 % Skonto	= Zahlungsbetrag
Warenwert			
Vorsteuer			
Rechnungsbetrag			

3. Erfassen Sie die Zahlungsausgänge (Beleg in Situation 1) der Heinrich KG im nachfolgenden Grundbuchauszug!

Beleg	Konten	Soll (€)	Haben (€)
1a			
1b			

4. Vervollständigen Sie die folgenden Merksätze:

➤ Von Lieferern gewährte Skonti werden als ______________________ auf dem Konto ______________________ im ________________ gebucht.

➤ Der Kontenabschluss erfolgt über das Konto ________________________________.

➤ Die Heinrich KG erzielt allerdings nur eine ____________________ in Höhe des Nettoskontos, denn die nicht gezahlte Vorsteuer muss auf der _________________seite des ________________kontos zurückgebucht werden.

Situation 2: Kundenskonti wegen vorzeitiger Zahlung

Am 15. Februar 20.. erhält die Heinrich KG zwei Kundenüberweisungen unter Abzug von Skonto.

SIK – KAD 8/98 S

Bitte beachten Sie die Hinweise auf der Rückseite

IBAN		BIC
DE07 2005 0550 1120 2399 08	HAMBURGER SPARKASSE	HASPDEHHXXX

Buchungstag	Tag der Wertstellung	Verwendungszweck/Buchungstext	
		alter Kontostand	+ 117.371,79
15.02.	15.02.	Zahlungseingang Westmoor KG RNR 24-02134 abzüglich 2 % Skonto	+ 17.493,00
15.02.	15.02.	Zahlungseingang Junges Wohnen GmbH Rechnung-Nr. 240102 abzüglich 2 % Skonto	+ 4.664,80
		neuer Kontostand	+ 139.529,59

Heinrich KG
Rahlstedter Str. 144
22143 Hamburg

Kontoauszug vom	Auszug	Blatt
15.02.20..	36	1

50/00

Arbeitsaufträge:

1. Ermitteln Sie für beide Rechnungen den ursprünglich in Rechnung gestellten Warenwert und die enthaltene Umsatzsteuer!

Rechnung Westmoor KG:

Rechnung Junges Wohnen GmbH:

2. Schlüsseln Sie mithilfe folgender Tabellen die Rechnungs-, Skonti- und Zahlungsbeträge auf!

Rechnung Westmoor KG:

	Rechnung	abzüglich 2 % Skonto	= Zahlungsbetrag
Warenwert			
Umsatzsteuer			
Rechnungsbetrag			

Rechnung Junges Wohnen GmbH:

	Rechnung	abzüglich 2 % Skonto	= Zahlungsbetrag
Warenwert			
Umsatzsteuer			
Rechnungsbetrag			

3. Erfassen Sie die Zahlungseingänge (Beleg in Situation 2) der Heinrich KG im nachfolgenden Grundbuchauszug!

Beleg	Konten	Soll (€)	Haben (€)
2a			
2b			

4. Vervollständigen Sie die folgenden Merksätze:

- An Kunden gewährte Skonti werden als ________________ auf dem Konto ________________ im ________________ gebucht.
- Der Kontenabschluss erfolgt über das Konto ________________.
- Die Heinrich KG trägt allerdings nur eine ________________ in Höhe des Nettoskontos, denn die nicht eingenommene Umsatzsteuer muss auf der ________________ seite des ________________kontos zurückgebucht werden.

Schulbuch Kap. 6.1

15 Skontoabzug und Zielausnutzung beim Einkauf von Waren abwägen

Situation:

Heinrich KG
Büromöbel und Zubehör

Herr Fitschen legt Leon Laus am 12. Oktober 20.. eine Rechnung des Lieferanten Bernhard Müller OHG vom 10. Oktober 20.. über 92.820,00 € vor und bittet Leon um einen begründeten Vorschlag zum Zahlungszeitpunkt.

Auf der Rechnung ist „Zahlbar innerhalb von 10 Tagen mit 3 % Skonto oder 30 Tage netto" vermerkt. Herr Fitschen weist Leon darauf hin, dass die Geschäftskonten der Heinrich KG zurzeit kein Guthaben ausweisen und der Zinssatz für kurzfristige Kontoüberziehungen 12 % beträgt.

Arbeitsaufträge:

1. An welchem Tag muss die Heinrich KG die Rechnung der Bernhard Müller OHG spätestens überweisen, um den Skonto von 3 % in Anspruch nehmen zu können? Der Kaufvertrag enthält keine Angaben zum Erfüllungsort.

Datum	

2. Rechnen Sie den Skontosatz von 3 % mit dem Dreisatz in einen Zinssatz um und erläutern Sie Ihr Ergebnis!

3. Überprüfen Sie Ihr Ergebnis aus Aufgabe 2 mit der Zinssatz-Formel!

$$\text{Zinssatz} = \frac{\text{Zinsen} \cdot 100 \cdot 360}{\text{Kapital} \cdot \text{Tage}}$$

4. Berechnen Sie den konkreten Vorteil in Euro für die Heinrich KG, wenn die Rechnung innerhalb der Skontofrist gezahlt wird und der Kontokorrentkredit für 12 % Zinsen in Anspruch genommen wird!

5. Erfassen Sie die Überweisung der Rechnung der Bernhard Müller OHG über 92.820,00 € unter Abzug von 3 % Skonto vom Bankkonto im nachfolgenden Grundbuchauszug!

	Konten	Soll (€)	Haben (€)
Über-weisung			

Schulbuch Kap. 6.2

16 Abschreibungen vornehmen

Situation:

Heute ist ein großer Tag für den Fahrer Arno Jansen: Sein bereits heiß erwarteter neuer Pkw soll geliefert werden. Dann hätten die ewigen Abstimmungen mit seinem Fahrerkollegen Lutz Laumann endlich ein Ende und jeder hätte seinen eigenen Pkw zur Verfügung. Am Nachmittag ist es dann soweit, Arno Jansen kommt freudestrahlend ins Büro und berichtet seinem Freund Leon Laus von seinem neuen Wagen.

Heinrich KG
Büromöbel und Zubehör

Nach einer ausführlichen Besichtigung und einer kleinen Probefahrt auf dem Firmengelände widmet sich Leon wieder seiner Arbeit. Als er Herrn Fitschen ein paar Schriftstücke zur Unterschrift auf den Schreibtisch legt, findet er dort einen Zettel mit dem Vermerk „Abschreibungsverfahren für neuen Pkw überdenken".

Als Herr Fitschen kurz darauf das Büro betritt, spricht Leon ihn auf die Notiz an. Herr Fitschen gibt Leon einige Unterlagen und bittet ihn, sich zunächst selber einen Überblick über dieses Thema zu verschaffen. Für den folgenden Arbeitstag vereinbaren die beiden ein ausführliches Gespräch.

Arbeitsaufträge:

1. Buchen Sie die Anschaffung des Pkw (siehe Beleg 1) und den Rechnungsausgleich (siehe Beleg 2) im folgenden Grundbuchauszug! Ermitteln Sie anschließend die Anschaffungskosten des Pkw!

Anschaffungsbuchung für den Pkw (Beleg 1):

Konten	Soll (€)	Haben (€)

Rechnungsausgleich für den Pkw (Beleg 2):

Konten	Soll (€)	Haben (€)

Berechnung der Anschaffungskosten:

Beleg 1

HANSEN & SCHULTE
GmbH + Co. KG

Hansen & Schulte GmbH + Co. KG, Brinkstr. 14-18, 51065 Köln
Heinrich KG
Gerda Heinrich
Rahlstedter Str. 144
22143 Hamburg

Ihr Zeichen:	bm
Ihre Nachricht vom:	22.11.20..
Unser Zeichen:	bs/schr
Unsere Nachricht vom:	25.11.20..
Name:	
Telefon:	0221 4782-00
Telefax:	
E-Mail:	
Datum:	05.05.20..

Rechnung Nr. 1055

Sehr geehrte Frau Heinrich,

gemäß unseren Lieferbedingungen erhielten Sie heute von uns folgendes Fahrzeug:

1 Pkw, geschlossen, TDI, 103 KW, 6-Gang

einschließlich Überführungskosten und Zulassungsgebühren berechnen wir Ihnen dafür:

	Gesamtpreis
1 Pkw	45.000,00 €
Überführungskosten	261,49 €
Rechnungsbetrag, netto	45.261,49 €
Umsatzsteuer 19 %	8.599,68 €
Rechnungsbetrag, brutto	53.861,17 €

Wir erbitten die Zahlung innerhalb von 10 Tagen abzüglich 2 % Skonto oder innerhalb von 30 Tagen netto.

Bitte beachten Sie unsere Allgemeinen Geschäftsbedingungen.

Wir danken Ihnen für Ihren Auftrag und wünschen gute Fahrt. Bei Rückfragen wenden Sie sich bitte an Herrn Benschneider.

Geschäftsführung: Hanna Hansen, Peter Schulte
Amtsgericht Köln: HRA 3804
Bankverbindung: Kreissparkasse Köln
IBAN: DE20 3705 2990 0000 0100 44
BIC:COKSDE33XXX
UST-ID-Nr. 813114007

Beleg 2

IBAN		BIC
DE07 2005 0550 1120 2399 08	HAMBURGER SPARKASSE	HASPDEHHXXX

Buchungstag	Tag der Wertstellung	Verwendungszweck/Buchungstext	alter Kontostand + 192.987,60
15.05.	15.05.	Online-Auftrag 15.05.20.., 13:05 Uhr, 1. TAN 374397 Hansen & Schulte GmbH + Co. KG Rechnung Nr. 1055 abzüglich 2 % Skonto	– 52.783,95

Heinrich KG
Rahlstedter Str. 144
22143 Hamburg

+ 140.203,65
neuer Kontostand

Kontoauszug vom	Auszug	Blatt
15.05.20..	73	1

SIK – KAD.8/98 S
Bitte beachten Sie die Hinweise auf der Rückseite
50/00

2. Führen Sie nun unter Zuhilfenahme der folgenden AfA-Tabelle die Abschreibung für den neuen Pkw nach der linearen Methode bis zum Ende der Nutzungsdauer durch!

Abschreibungstabellen (AfA) Fahrzeuge (Auszug)

Fundstelle	Fahrzeuge	Nutzungsdauer (in Jahren)
4.1	Schienenfahrzeuge	25
4.2	Straßenfahrzeuge	
4.2.1	Personenkraftwagen und Kombiwagen	6
4.2.2	Motorräder, Motorroller, Fahrräder u. ä.	7
4.2.3	Lastkraftwagen, Sattelschlepper, Kipper	9
4.2.4	Traktoren und Schlepper	12
4.2.5	Kleintraktoren	8
4.2.6	Anhänger, Auflieger, Wechselaufbauten	11
4.2.7	Omnibusse	9
4.2.8	Sonderfahrzeuge	
4.2.8.1	Feuerwehrfahrzeuge	10
4.2.8.2	Rettungsfahrzeuge und Krankentransportfahrzeuge	6
4.2.9	Wohnmobile, Wohnwagen	8
4.2.10	Bauwagen	12
4.3	Luftfahrzeuge	
4.3.1	Flugzeuge unter 20 t höchstzulässigem Fluggewicht	21
4.3.2	Drehflügler (Hubschrauber)	19
4.3.3	Heißluftballone	5
4.3.4	Luftschiffe	8

Quelle: Bundesfinanzministerium

Berechnung der Abschreibung des neuen Pkw nach der linearen Methode:

Vorgang	Abschreibungsbetrag (€)	Buchwert (€)
Anschaffungskosten		
– Abschreibung 1. Jahr		
= Buchwert am Ende des 1. Jahres		
– Abschreibung 2. Jahr		
= Buchwert am Ende des 2. Jahres		
– Abschreibung 3. Jahr		
= Buchwert am Ende des 3. Jahres		
– Abschreibung 4. Jahr		
= Buchwert am Ende des 4. Jahres		
– Abschreibung 5. Jahr		
= Buchwert am Ende des 5. Jahres		
– Abschreibung 6. Jahr		
= Buchwert am Ende des 6. Jahres		
– Abschreibung 7. Jahr		
= Buchwert am Ende des 7. Jahres		

3. Buchen Sie exemplarisch am Ende des ersten Jahres die lineare Abschreibung des Pkw!

Buchung der Abschreibung am Jahresende:

Konten	Soll (€)	Haben (€)

4. Führen Sie unter Zuhilfenahme der vorstehenden AfA-Tabelle (siehe Aufgabe 2) die Abschreibung für den neuen Pkw nach der degressiven Methode bis zum Ende der Nutzungsdauer durch!

   Berücksichtigen Sie hierbei die folgenden Vorgaben: Für bewegliche Wirtschaftsgüter des Anlagevermögens darf degressiv das 3-fache der linearen Abschreibung angesetzt werden, allerdings nicht mehr als 30 % der Anschaffungs- oder Herstellungskosten.

Vorgang	Abschreibungsbetrag (€)	Buchwert (€)
Anschaffungskosten		
– Abschreibung 1. Jahr		
= Buchwert am Ende des 1. Jahres		
– Abschreibung 2. Jahr		
= Buchwert am Ende des 2. Jahres		
– Abschreibung 3. Jahr		
= Buchwert am Ende des 3. Jahres		
– Abschreibung 4. Jahr		
= Buchwert am Ende des 4. Jahres		
– Abschreibung 5. Jahr		
= Buchwert am Ende des 5. Jahres		
– Abschreibung 6. Jahr		
= Buchwert am Ende des 6. Jahres		
– Abschreibung 7. Jahr		
= Buchwert am Ende des 7. Jahres		

5. Führen Sie den Wechsel von der degressiven zur linearen Abschreibung in dem Jahr durch, in dem der Wechsel sinnvoll ist!

Vorgang	**Abschreibungsbetrag bei degressiver Abschreibung (€)**	**Restlicher Buchwert (€)**	**Betrag bei einem Wechsel zur linearen Abschreibung (€)**
Anschaffungskosten			
– Abschreibung 1. Jahr			
= Buchwert am Ende des 1. Jahres			
– Abschreibung 2. Jahr			
= Buchwert am Ende des 2. Jahres			
– Abschreibung 3. Jahr			
= Buchwert am Ende des 3. Jahres			
– Abschreibung 4. Jahr			
= Buchwert am Ende des 4. Jahres			
– Abschreibung 5. Jahr			
= Buchwert am Ende des 5. Jahres			
– Abschreibung 6. Jahr			
= Buchwert am Ende des 6. Jahres			
– Abschreibung 7. Jahr			
= Buchwert am Ende des 7. Jahres			

Ergebnis:

Fortsetzung der Situation: Abschreibung nach erbrachten Leistungseinheiten

Herr Fitschen erklärt Leon, dass in der Heinrich KG nicht nur das lineare Verfahren Anwendung findet, sondern dass bestimmte Wirtschaftsgüter nach einer anderen Methode abgeschrieben werden.

„*Wenn es praktisch möglich ist*", so Herr Fitschen, „*kann bei beweglichen Wirtschaftsgütern des Anlagevermögens die Abschreibung auch aufgrund der im Geschäftsjahr erbrachten Leistungseinheiten, also z. B. der Stückzahl, der Maschinenlaufstunden oder der gefahrenen Kilometer, berechnet werden. Voraussetzung dafür ist allerdings, dass der Umfang der insgesamt möglichen Leistungseinheiten geschätzt werden kann und die auf den Abschreibungszeitraum entfallenden Leistungseinheiten nachgewiesen werden können.*"

Als Beispiel dafür nennt Herr Fitschen die große Kopieranlage, die im ersten Stock der allgemeinen Verwaltung untergebracht ist.

6. Für die allgemeine Verwaltung hat die Heinrich KG vor einigen Jahren eine Kopieranlage angeschafft. Da die Anzahl der erstellten Kopien in den einzelnen Jahren erheblichen Schwankungen unterworfen war, hat sich die Geschäftsleitung entschieden, diese Anlage nach erbrachten Leistungseinheiten abzuschreiben.

   Für die Kopieranlage gelten folgende Daten:

   - Anschaffungskosten: 30.000,00 €
   - laut Hersteller maximale Leistung: 3.000.000 Kopien.

   Aus den vergangenen Jahren liegen folgende Zahlen vor:

Jahr	Anzahl der Kopien	AfA-Betrag/Kopie (€)	AfA-Betrag/Jahr (€)
Anschaffungsjahr	380.000		
2. Jahr der Nutzung	425.000		
3. Jahr der Nutzung	610.000		
4. Jahr der Nutzung	296.000		
5. Jahr der Nutzung	1.230.000		
6. Jahr der Nutzung	580.000		

6.1 Führen Sie rechnerisch unter Zuhilfenahme der folgenden Formeln die Abschreibung nach erbrachten Leistungseinheiten für die Kopieranlage durch:

$$\text{Abschreibungsbetrag je Leistungseinheit (LE)} = \frac{\text{Anschaffungskosten}}{\text{mögliche Gesamtleistungseinheiten}}$$

$$\text{jährlicher Abschreibungsbetrag} = \text{Menge der jährlichen LE} \cdot \text{Abschreibungsbetrag je LE}$$

6.2 Alternativ hätte die Kopieranlage auch linear abgeschrieben werden können. Die Heinrich KG hätte dann von einer Nutzungsdauer von sechs Jahren ausgehen müssen.

Berechnen Sie den linearen Abschreibungsbetrag für das erste Jahr der Nutzung (die Anschaffung erfolgt im Januar) und entscheiden Sie begründet, welche Abschreibungsmethode die Heinrich KG hätte wählen sollen, wenn die Gewinnsituation im Jahr der Anschaffung sehr gut gewesen wäre!

empfohlene Abschreibungsmethode	

Begründung: ____________________

____

____

7. Vervollständigen Sie zur Festigung Ihres Wissens den folgenden Lückentext:

Zusammenfassung: Grundlagen der Abschreibung

Anlagegüter (z. B. Gebäude, Maschinen, Kraftfahrzeuge, Betriebs- und Geschäftsausstattung) stehen dem Unternehmen ____________ zur Verfügung. Ihre Nutzungsdauer ist jedoch ____________ begrenzt.

Der Wert der Anlagegüter nimmt im Zeitablauf _____ (Ausnahme: Grund und Boden). Die Ursachen der Wertminderung der Anlagegüter liegen hauptsächlich begründet:

- ____________: Je nach Häufigkeit der Nutzung hat ein Anlagegut eine längere oder kürzere Lebensdauer, in jedem Fall aber ist sie begrenzt.
- **im ____________ Fortschritt:** In unserer hochtechnologisierten Welt werden ständig neue Produkte auf den Markt gebracht, die die alten an ____________ übertreffen. Sobald ein verbessertes Produkt auf den Markt kommt, verliert das alte automatisch an Wert.
- **in der wirtschaftlichen Überholung:** In unserer schnelllebigen Zeit verändert sich die ____________ nach bestimmten Gütern z.B. aufgrund von Modetrends wesentlich schneller als früher. Geht dann die Nachfrage nach anderen Gütern zurück, so wirkt sich dies ____________ auf diese Güter und auch auf die zu ihrer Herstellung benötigten Maschinen aus.
- ____________: Selbst längere Zeit nicht benötigte Anlagegüter unterliegen einer natürlichen Abnutzung (Witterungseinflüsse wie Wärme, Kälte, Nässe usw.) und ____________ mit der Zeit an Wert.

Beim **linearen Abschreibungsverfahren** wird mit ____________ Beträgen von den Anschaffungs- oder Herstellungskosten abgeschrieben. Die gesamten Anschaffungs- oder Herstellungskosten werden so ____________ auf die Nutzungsdauer verteilt.

Nach Ablauf der Nutzungsdauer ist der ____________ gleich null. Auch wenn das Anlagegut weiter im Unternehmen bleibt, wird der früher übliche Erinnerungswert von 1,00 € heute nicht mehr ausgewiesen.

Schulbuch Kap. 7

17 Den Betriebserfolg ermitteln und bewerten

Situation:

Leon Laus ist zufrieden! Nach tagelanger Arbeit ist der Jahresabschluss für die Heinrich KG erstellt. Für das Unternehmen scheint es ein sehr erfolgreiches Jahr gewesen zu sein, schließlich hat die KG doch einen guten Jahresüberschuss erwirtschaftet.

Heinrich KG
Büromöbel und Zubehör

Herr Fitschen bremst Leon und erklärt ihm, dass man erst nach der Auswertung des aktuellen Jahresabschlusses zu einer fundierten Meinung gelangen könne. Und eben diese Auswertung stehe noch aus.

Für den kommenden Arbeitstag bittet Herr Fitschen Leon daher um Mitarbeit bei der Ermittlung einiger Kennzahlen, die für die Beurteilung der wirtschaftlichen Lage des Unternehmens wichtig sind.

Arbeitsaufträge:

1. Ermitteln Sie unter Beachtung der Bilanz zum 31. Dezember 20.. (Material 1) und der Erfolgsrechnung zum 31. Dezember 20.. (Material 2) den Gewinn der Heinrich KG für das abgelaufene Geschäftsjahr!

   1.1 Über die Bilanz mithilfe des Eigenkapitalvergleichs:

Eigenkapital am Ende des Geschäftsjahres	
– Eigenkapital am Anfang des Geschäftsjahres	
= Gewinn des abgelaufenen Geschäftsjahres	

   1.2 Mithilfe der Gewinn- und Verlustrechnung:

Summe der Erträge	
– Summe der Aufwendungen	
= Gewinn des abgelaufenen Geschäftsjahres	

2. Ermitteln Sie die Eigenkapitalrentabilität sowie die Wirtschaftlichkeit für das abgelaufene Geschäftsjahr!

Eigenkapitalrentabilität (Unternehmerrentabilität)	
Wirtschaftlichkeit	

3. Beurteilen Sie die aktuellen Zahlen unter Berücksichtigung von Material 3!

Material 1: Bilanz der Heinrich KG (Auszug)

Aktiva	**Bilanz der Heinrich KG zum 31. Dezember 20.. in Euro**		Passiva
A. Anlagevermögen		**A. Eigenkapital***	
Grundstücke und Gebäude	2.853.500,00	Kapital Gerda Heinrich	4.500.000,00
TA und Maschinen	611.850,00	Kommanditkapital	1.400.000,00
Fuhrpark	435.000,00	Gewinnrücklagen	1.072.000,00
Büromöbel und GA	1.387.150,00	Jahresüberschuss	
B. Umlaufvermögen		**B. Fremdkapital**	
Roh-, Hilfs- und Betriebsstoffe	2.633.718,00	Pensionsrückstellungen	1.284.400,00
Unfertige Erzeugnisse	986.000,00	Sonstige Rückstellungen	989.000,00
Fertige Erzeugnisse	2.082.500,00	Darlehensschulden	5.313.733,00
Waren	3.015.330,00	Verbindlichkeiten a. L. u. L.	3.804.728,00
Forderungen	5.417.739,00	Sonstige Verbindlichkeiten	593.154,00
Bank	463.358,00		
Kasse	35.870,00		
Summe Aktiva	19.922.015,00	Summe Passiva	19.922.015,00

* Das Eigenkapital betrug zu Beginn des Geschäftsjahres 6.972.000,00 €!

Material 2: Erfolgsrechnung der Heinrich KG (Auszug)

Aufwendungen	**Erfolgsrechnung der Heinrich KG zum 31. Dezember 20.. in Euro**		Erträge
Aufw. für Roh-, Hilfs- und Betriebsst.	34.940.400,00	UE für eigene Erzeugnisse	51.940.450,00
Aufw. für Energie	1.870.400,00	UE für Handelswaren	7.450.320,00
Aufw. für Waren	4.570.870,00	Erträge aus Vermietung ...	225.000,00
Fremdinstandhaltung	1.350.000,00	Zinserträge	56.374,00
Löhne	3.010.000,00		
Gehälter	3.714.019,00		
Soziale Abgaben	2.360.450,00		
Abschreibungen	698.440,00		
Leasing	610.000,00		
Kosten des Geldverkehrs	41.550,00		
Büromaterial	724.330,00		
Post, Telefon	233.880,00		
Werbung	2.010.145,00		
Beiträge	20.000,00		
Betriebliche Steuern	1.912.660,00		
Zinsaufwendungen	640.000,00		
Jahresüberschuss			
Summe		Summe	

Material 3: Rentabilitätskennziffern der Heinrich KG aus dem Vorjahr

Aus dem vergangenen Geschäftsjahr liegen die folgenden Bilanzkennziffern für die Heinrich KG vor:

Rentabilitätskennziffern

Kapitalrentabilität:
Eigenkapitalrentabilität (Unternehmerrentabilität) = 9,40 %

Wirtschaftlichkeit: = 1,05

Beurteilung der aktuellen Entwicklung: